FILOSOFIA CONTEMPORÂNEA DO DIREITO E CONECTIVIDADES

TEORIA E PRAGMÁTICA

ADRUALDO DE LIMA CATÃO
BRUNO DE LIMA ACIOLI
HÉLIO PINHEIRO PINTO
MARIANA OLIVEIRA DE MELO CAVALCANTI

Coordenadores

FILOSOFIA CONTEMPORÂNEA DO DIREITO E CONECTIVIDADES

TEORIA E PRAGMÁTICA

Belo Horizonte

2019

© 2019 Editora Fórum Ltda.

É proibida a reprodução total ou parcial desta obra, por qualquer meio eletrônico, inclusive por processos xerográficos, sem autorização expressa do Editor.

Conselho Editorial

Adilson Abreu Dallari
Alécia Paolucci Nogueira Bicalho
Alexandre Coutinho Pagliarini
André Ramos Tavares
Carlos Ayres Britto
Carlos Mário da Silva Velloso
Cármen Lúcia Antunes Rocha
Cesar Augusto Guimarães Pereira
Clovis Beznos
Cristiana Fortini
Dinorá Adelaide Musetti Grotti
Diogo de Figueiredo Moreira Neto
Egon Bockmann Moreira
Emerson Gabardo
Fabrício Motta
Fernando Rossi
Flávio Henrique Unes Pereira

Floriano de Azevedo Marques Neto
Gustavo Justino de Oliveira
Inês Virgínia Prado Soares
Jorge Ulisses Jacoby Fernandes
Juarez Freitas
Luciano Ferraz
Lúcio Delfino
Marcia Carla Pereira Ribeiro
Márcio Cammarosano
Marcos Ehrhardt Jr.
Maria Sylvia Zanella Di Pietro
Ney José de Freitas
Oswaldo Othon de Pontes Saraiva Filho
Paulo Modesto
Romeu Felipe Bacellar Filho
Sérgio Guerra
Walber de Moura Agra

FÓRUM
CONHECIMENTO JURÍDICO

Luís Cláudio Rodrigues Ferreira
Presidente e Editor

Coordenação editorial: Leonardo Eustáquio Siqueira Araújo
Aline Sobreira de Oliveira

Av. Afonso Pena, 2770 – 15º andar – Savassi – CEP 30130-012
Belo Horizonte – Minas Gerais – Tel.: (31) 2121.4900 / 2121.4949
www.editoraforum.com.br – editoraforum@editoraforum.com.br

Técnica. Empenho. Zelo. Esses foram alguns dos cuidados aplicados na edição desta obra. No entanto, podem ocorrer erros de impressão, digitação ou mesmo restar alguma dúvida conceitual. Caso se constate algo assim, solicitamos a gentileza de nos comunicar através do *e-mail* editorial@editoraforum.com.br para que possamos esclarecer, no que couber. A sua contribuição é muito importante para mantermos a excelência editorial. A Editora Fórum agradece a sua contribuição.

F488   Filosofia contemporânea do Direito e conectividades: teoria e pragmática /
Adrualdo de Lima Catão et al. (Coord.).– Belo Horizonte : Fórum, 2019.

331p.; 14,5cm x 21,5cm
ISBN: 978-85-450-0630-5

1. Filosofia. 2. Direito Público. 3. Direitos Humanos. I. Catão, Adrualdo
de Lima. II. Acioli, Bruno de Lima. III. Pinto, Hélio Pinheiro. IV. Cavalcanti,
Mariana Oliveira de Melo. V. Título.

CDD 340.1
CDU 340

Elaborado por Daniela Lopes Duarte - CRB-6/3500

Informação bibliográfica deste livro, conforme a NBR 6023:2002 da Associação Brasileira de Normas Técnicas (ABNT):

CATÃO, Adrualdo de Lima et al. (Coord.). *Filosofia contemporânea do Direito e conectividades*: teoria e pragmática. Belo Horizonte: Fórum, 2019. 331p. ISBN 978-85-450-0630-5.

A vida do direito não tem sido a lógica; tem sido a experiência.

(Oliver Wendell Holmes Jr.)

SUMÁRIO

APRESENTAÇÃO 13

A FUNDAMENTAÇÃO DOS DIREITOS HUMANOS: DEBATE TEÓRICO CONTEMPORÂNEO

ADRUALDO DE LIMA CATÃO 17

    Considerações introdutórias 17

1   As teorias do reconhecimento e a crítica ao universalismo 18

2   O multiculturalismo e sua relação com a teoria política do reconhecimento 23

3   Liberalismo, democracia e direitos humanos: a defesa dos direitos individuais pelos liberais contemporâneos 27

4   O pragmatismo e a rejeição do relativismo cultural 34

    Conclusão: aproximações entre pragmatismo e liberalismo (fundamentos para um discurso em defesa da universalidade dos direitos humanos) 36

    Referências 41

PRAGMATISMO, EVOLUCIONISMO E ANÁLISE ECONÔMICA DO DIREITO

BRAINSTORMING JURÍDICO: O PRAGMATISMO DE CHARLES S. PEIRCE COMO MÉTODO E A ABDUÇÃO NA APLICAÇÃO DO DIREITO

GUSTAVO GUILHERME MAIA NOBRE SILVA 45

    Introdução 45

1   Abdução como método investigativo e revelador do Direito.............46

2   Consequencialismo *versus* Lógica Pragmática da Abdução.................49

    Considerações finais 51

    Referências 52

RICHARD POSNER E A HONESTIDADE INTELECTUAL DE UM PRAGMÁTICO METAMORFÓSICO
GUSTAVO HENRIQUE GONÇALVES NOBRE 53

    Introdução 53

1   Análise econômica do direito em Posner 54

2   Posner e a consolidação do seu foco pragmático 57

3   Pragmático e macroeconômico 59

    Considerações finais 61

    Referências 62

ATIVISMO JUDICIAL, *SELF RESTRAINT* E EVOLUCIONISMO: SUPERANDO OS POLOS DE TENSÃO
MÁRCIO ROBERTO TORRES 65

    Noções: situando o problema 65

1   Breve visão do ativismo judicial e suas nuances 67

2   Objeções ao ativismo judicial 71

3   Evolucionismo e direito 74

    Considerações finais 80

    Referências 82

VERDADE E NEGÓCIO JURÍDICO PROCESSUAL: UMA CRÍTICA À VISÃO ESSENCIALISTA NO PROCESSO
BRUNO OLIVEIRA DE PAULA BATISTA 85

    Introdução 85

1   A prova e a verdade 86

2   O negócio jurídico processual 90

2.1   Delimitação do conceito de negócio jurídico processual 92

3   O negócio jurídico processual sobre a prova: negociação da verdade? 94

    Considerações finais 98

    Referências 98

A CRISE IRREVERSÍVEL PARA A DECRETAÇÃO DE FALÊNCIA SOB A ÓTICA DA ANÁLISE ECONÔMICA PRAGMÁTICA DO DIREITO
PAULA FALCÃO ALBUQUERQUE 101

    Considerações iniciais 101

1   Aspectos da análise econômica do Direito e seu viés pragmático ... 102

2   A atual legislação falimentar e as hipóteses legais que
determinam a decretação da falência 105

3   Da insuficiência da lei para a identificação da crise irreversível
e a necessária interação com a análise econômica pragmática
do direito 108

Considerações finais 111

Referências 112

O EFICIENTISMO DE RICHARD POSNER COMO CRITÉRIO DE EFICIÊNCIA ADMINISTRATIVA: O GERENCIALISMO SOB A ÓTICA DA ANÁLISE ECONÔMICA DO DIREITO

DANIEL ALLAN MIRANDA BORBA 115

Introdução 115

1   A Administração Pública brasileira: elementos do gerencialismo
e a noção da eficiência 116

2   A análise econômica do Direito e o critério do eficientismo de
Richard Posner..122

3   Direitos fundamentais x eficiência administrativa x eficientismo
econômico..126

Conclusão 131

Referências 132

ANÁLISE ECONÔMICA DO DIREITO NA REALIZAÇÃO DO PLANEJAMENTO TRIBUTÁRIO

FRANCISCO MALAQUIAS DE ALMEIDA NETO 135

Introdução 135

1   Interpretação econômica e análise econômica do Direito 136

2   O eterno conflito entre Fisco e contribuinte: sobre a legitimidade
jurídica do ato de planejar 142

Conclusão 146

Referências 147

LIBERALISMO, JUSTIÇA E AS TEORIAS DO ESTADO DE DIREITO

A CONCEPÇÃO LIBERAL DOS DIREITOS HUMANOS E O ARGUMENTO CONTRA O PERFECCIONISMO ESTATAL

BRUNO DE LIMA ACIOLI,

MARIANA OLIVEIRA DE MELO CAVALCANTI 153

Introdução 153

1	A concepção liberal dos Direitos Humanos	154
2	O liberalismo contra o perfeccionismo do Estado: a neutralidade liberal	158
3	Algumas críticas comunitaristas ao liberalismo	164
	Considerações finais	168
	Referências	170

A JUSTIFICAÇÃO DA LIBERDADE NO ESTADO DE DIREITO: A ORDEM POLÍTICA ESPONTÂNEA DE HAYEK

JÉSSICA FERREIRA NUNES 173

	Introdução	173
1	A razão humana e a ordem social e econômica	174
1.1	Liberdade como valor	174
1.2	A tradição, a sociedade e o mercado como espécie de ordem social espontânea	176
2	A dimensão legítima do Estado de Direito	181
	Considerações finais	186
	Referências	187

REFLEXÕES ACERCA DA CRIMINALIZAÇÃO DE CONDUTAS IMORAIS: ANÁLISE A PARTIR DA FILOSOFIA LIBERAL DE RONALD DWORKIN

NIGEL STEWART NEVES PATRIOTA MALTA 189

	Introdução	189
1	A relação entre Direito, moral e liberdade	190
2	A criminalização de condutas imorais: pornografia, aborto e eutanásia	195
3	Reflexões a partir da filosofia liberal de Ronald Dworkin	199
3.1	A questão da pornografia	199
3.2	A questão do aborto	202
3.3	A questão da eutanásia	205
	Considerações finais	207
	Referências	208

A LIVRE-INICIATIVA COMO EXPRESSÃO DA LIBERDADE INDIVIDUAL: UMA RELEITURA À LUZ DE HAYEK

VAGNER PAES CAVALCANTI FILHO 211

	Introdução	211
1	Considerações acerca da livre-iniciativa	213

2 A concepção reducionista da livre-iniciativa pela doutrina tradicional...............215

3 A livre-iniciativa como expressão da liberdade individual: uma releitura à luz de Hayek...............218

Considerações finais...............227

Referências...............228

DA JUSTIFICAÇÃO COLETIVISTA À SUPREMACIA DO INTERESSE PÚBLICO SOBRE O PRIVADO EM CONTRAPONTO À PERSPECTIVA LIBERAL: A PONDERAÇÃO DE INTERESSES EM CONFLITO NO CASO CONCRETO
DANILO MOURA LACERDA...............229

Introdução...............229

1 Divergências doutrinárias sobre a existência de um princípio de supremacia do interesse público sobre o privado...............230

2 Coletivismo x liberalismo: a dicotomia entre interesse público e interesse privado...............236

3 A ponderação como instrumento hermenêutico adequado para a definição de qual interesse deve prevalecer no caso concreto...........241

Conclusão...............245

Referências...............246

A TEORIA DA JUSTIÇA DE JOHN RAWLS E A TRIBUTAÇÃO
LUCAS TELES BENTES, HELDER GONÇALVES LIMA...............249

Introdução...............249

1 A teoria de justiça de John Rawls...............251

2 A tributação como meio de redistribuição...............254

Conclusão...............257

Referências...............257

O FUNDAMENTO FILOSÓFICO DO COPYRIGHT À LUZ DAS CONCEPÇÕES UTILITARISTAS EM JEREMY BENTHAM E JOHN STUART MILL
GERALDO MAGELA FREITAS TENÓRIO FILHO...............259

Introdução...............259

1 O sistema inglês (copyright) e francês (droit d'auteur) dos direitos autorais: um debate entre a teoria utilitarista e a concepção de direito natural do autor em Locke...............260

2 A justificação utilitarista do copyright em Jeremy Bentham...............266

3   Em defesa da liberdade: as contribuições de John Stuart Mill para a conciliação entre o direito individual do autor e a filosofia utilitarista 270

     Considerações finais 274

     Referências 275

REPÚBLICA E FORMA REPUBLICANA DE GOVERNO: UMA DISTINÇÃO AXIOLOGICAMENTE ORIENTADA
HÉLIO PINHEIRO PINTO 279

     Introdução 279

1   A dimensão substantiva ou axiológica do termo *república*: uma *sociologia da virtude* 280

1.1   As experiências republicanas clássicas: liberdade negativa? Não, obrigado!...281

1.2   Os autores clássicos: a compatibilidade da *República* com qualquer forma de governo justo e regulado por leis 284

2   A dimensão negativa do termo *república* e a *forma republicana de governo*: duas faces de uma mesma realidade? 286

3   O resgate do republicanismo clássico: o neorrepublicanismo e a ênfase na cidadania...290

     Conclusão 292

     Referências 295

UMA CRÍTICA AO MODELO LIBERAL DE CIDADANIA? SOBRE A NOÇÃO DE CIDADANIA NA MODERNIDADE POLÍTICA
BRUNO JORGE RIJO LAMENHA LINS 299

     Introdução 299

1   Por uma noção clássica de cidadania..............................300

2   Cidadania e modernidade: o ocaso do político 304

3   Problematizando a concepção liberal de cidadania 312

3.1   A concepção clássica de cidadania em T.H. Marshall......312

3.2   A cidadania liberal no contexto do pensamento rawlsiano 316

4   Uma crítica ao modelo liberal de cidadania?..................322

     Conclusão 326

     Referências 327

SOBRE OS AUTORES...329

APRESENTAÇÃO

Neste presente livro, denominado de *"Filosofia Contemporânea do Direito e Conectividades: Teoria e Pragmática"*, nós apresentamos uma série de artigos compilados, a grande maioria deles desenvolvidos no âmbito do Programa de Pós-Graduação em Direito da Universidade Federal de Alagoas, durante a disciplina de "Fundamentos Filosóficos do Direito", ministrada pelo professor doutor Adrualdo Catão, quem também assina este livro.

Desde a crise sofrida pelo positivismo jurídico no pós-Segunda Guerra, alguns métodos e temáticas que haviam sido renegados anteriormente pelo cientificismo jurídico novecentista foram retomados no debate acadêmico de alto nível. Parte destes métodos e temáticas da filosofia contemporânea do Direito está contemplada nos textos escritos pelos colaboradores deste livro, sendo esses divididos em duas grandes linhas: a primeira, dissertando sobre o pragmatismo jurídico, o evolucionismo e a análise econômica do Direito; e a segunda trabalhando com princípios do liberalismo, das teorias da justiça – em sentido amplo – e das teorias do Estado de Direito. Na primeira linha, a metodologia pragmática aplicada ao Direito trouxe um (novo) olhar externo ao positivismo ideológico que tomou conta de boa parte das ciências jurídicas. O pragmatismo jurídico, corrente metodológica da filosofia do Direito com forte aplicação nos países do *common Law*, mas com pouca representação no Brasil, tem por bases teóricas a análise das escolhas e decisões jurídicas a partir dos efeitos e consequências práticas que estas causam no *mundo dos fatos*. Afastam-se, pois, na análise pragmática, os dogmas jurídicos racionalistas – por vezes inconsequentes de sua eficácia metajurídica – em favor de estudos empíricos sobre o alcance real das normas jurídicas e do próprio Direito. Conexos à opção empirista do pragmatismo, estão as escolas do evolucionismo jurídico – cujo maior representante moderno é Hayek– e da *Law and Economics*, essa última geralmente conhecida em nosso país pelo nome de análise econômica do Direito, tendo por principais representantes economistas e juristas formados pela *Chicago School of Economics* – e, dentre estes, destacamos Richard A. Posner.

Claro, quando se lida, dentro do âmbito acadêmico do Direito, com métodos pouco ortodoxos para nossa realidade jurídica, há de se afastar certos preconceitos: a análise econômica do Direito, em especial, tem sofrido muita resistência da parte de alguns juristas notáveis de nosso país, comumente sendo mal vista como uma tentativa de sujeição dos princípios jurídicos mais elevados ao puro pensamento utilitarista econômico dos mercados. Ou, tratando-se de forma mais vulgar, como uma tentativa de "americanização" do Direito brasileiro por forças da "direita" política. Acusações falaciosas semelhantes foram ou poderiam ter sido imputadas ao pragmatismo – e sua preferência pelos efeitos concretos das escolhas jurídicas – e ao evolucionismo – e sua dileção "conservadora" pelos institutos jurídicos tradicionais em oposição ao construtivismo progressista. Porém, parafraseando o ilustre ministro Luís Roberto Barroso: *"a aritmética não é nem de esquerda e nem de direita"*. Os métodos pragmáticos são apenas mais uma ferramenta de compreensão filosófica do Direito, não sendo, em essência, produtos ou justificadores de uma ideologia, tal como pode ser confirmado pela variedade de posições políticas que compõe o quadro de autores que colaboram com este livro.

Na segunda linha, tendo como grande marco teórico a teoria da justiça do jusfilósofo americano John Rawls, o liberalismo e as teorias da justiça e do Estado de Direito voltam a ter uma importância verdadeiramente considerável. A crise e posterior fracasso do projeto socialista de justiça e de Estado trouxeram uma revitalização do debate na filosofia política e do Direito não só no campo progressista de esquerda, como possibilitaram a concorrência de uma série de visões antagônicas ou complementares da justiça e do Direito, consubstanciadas nas correntes de pensamento libertário, republicano, comunitarista, socialista e no liberalismo renovado. O argumento liberal, firmado na precedência dos direitos individuais dos homens sobre o Estado, reacendeu-se frente aos grandes abusos aos direitos humanos praticados pelos estados totalitários do século XX.

O contratualismo social do liberalismo, a base das primeiras teorias modernas do Estado de Direito escritas por Locke, Kant e Rousseau, é retomado por John Rawls, o qual propõe uma refundação das bases filosóficas do *welfare state* a partir de princípios liberais kantianos. Opostos a Rawls, alguns filósofos se levantaram contra a insuficiência dos pressupostos do liberalismo para a defesa da democracia social em um Estado de Direito, enquanto outros, tal como Nozick e os *libertarians*

APRESENTAÇÃO | 15

austríacos, buscaram recuperar elementos do pensamento libertário clássico, perdidos desde Locke, para sustentar suas teorias da justiça.

O embate entre liberais e *não* liberais, em especial os comunitaristas, põe em retaguarda as antigas instituições e sínteses democráticas do pensamento liberal-iluminista, propondo novas formas de se fazer Direito, política e de se exercer a cidadania, mudando o enfoque de paradigmas universalistas para o localismo e o multiculturalismo, apresentando-se tanto como uma promessa de libertação do indivíduo-minoria, quanto, de outro ponto de vista, seu próprio cadafalso.

Enfim, dada esta apresentação geral sobre os principais temas trabalhados nos artigos do presente livro, esperamos que a leitura seja bastante proveitosa para todos os profissionais, estudantes e acadêmicos que se debrucem sobre as páginas desta compilação organizada com grande carinho, e na esperança de que dela se faça uma contribuição significativa para o estudo e o desenvolvimento da filosofia contemporânea do Direito.

Os Coordenadores

A FUNDAMENTAÇÃO DOS DIREITOS HUMANOS: DEBATE TEÓRICO CONTEMPORÂNEO

ADRUALDO DE LIMA CATÃO

Considerações introdutórias

Este artigo pretende apresentar a tese de que o pragmatismo filosófico está mais próximo das concepções liberais do que do relativismo das teorias comunitaristas. O desafio do trabalho existe, pois o pragmatismo jurídico normalmente é apresentado como uma teoria antiessencialista e crítica ao universalismo, o que a aproxima de uma visão comunitarista, que tem no relativismo cultural um de seus elementos.

Nesse sentido, a abordagem pretende mostrar visões teóricas distintas sobre o dualismo universalismo-relativismo. As teorias comunitaristas, que estão preocupadas em negar a visão liberal universalista, e que servem como um dos fundamentos para o discurso multiculturalista, serão apresentadas por meio da teoria do reconhecimento de Axel Honneth e sua versão *hegeliana* do comunitarismo. Depois, apresenta-se a visão de Nancy Fraser e Boaventura de Sousa Santos sobre o multiculturalismo e a interpretação dos direitos humanos.

O pragmatismo é apresentado aqui como crítico ao multiculturalismo, mas, ao mesmo tempo, sem ser confundido com uma forma de essencialismo universalista. É o pragmatismo de Richard Rorty, que se mostra como uma continuidade da tradição pragmática americana que remonta a Peirce, James e, principalmente, Dewey.

Já o liberalismo contemporâneo é apresentado pela leitura da Escola Austríaca de Economia e pela crítica aos modelos de economia centralizada, além da teoria da justiça de Robert Nozick e sua crítica ao

Estado interventor. Aqui o objetivo é apresentar a defesa dos direitos humanos como direitos individuais.

Ao final, apresentar-se-á o pragmatismo não simplesmente como síntese de posturas contraditórias. O pragmatismo filosófico, apesar de negar o essencialismo e o universalismo, não deixa de ser uma teoria capaz de servir de fundamento para a defesa de direitos humanos. O pragmatismo não se confunde com a visão filosófica do liberalismo clássico ou contemporâneo, apesar de, politicamente, alinhar-se em muitos pontos com ela. Ao concordar, porém, com a fundamentação dos direitos humanos com base numa ideia de universalidade, o pragmatismo recusará o discurso do multiculturalismo, evitando assim o relativismo cultural.

1 As teorias do reconhecimento e a crítica ao universalismo

Como modelo a ser analisado, pretende-se lidar com a teoria proposta por Axel Honneth, sem deixar de apresentar as ideias de outros teóricos do reconhecimento, buscando reunir as premissas teóricas trazidas pelos autores para sustentar a necessidade e a utilidade de uma teoria do reconhecimento no contexto da sociedade contemporânea.

Inicia-se apresentando a teoria do reconhecimento e suas premissas, além do conceito de multiculturalismo e da preocupação com que as diferenças culturais sejam levadas em consideração pela teoria social, numa crítica à visão universalista da justiça e dos direitos humanos.

As teorias do reconhecimento surgem como alternativa teórica tanto ao liberalismo quanto ao socialismo, na medida em que apresentam a tese de que determinados grupos, com identidades específicas, não podem ser tratados na forma da igualdade formal do liberalismo, nem a eles bastam as providências materiais propostas por uma teoria socialista. Algo como uma transformação do foco da teoria crítica pós-marxista do trabalhador para o cidadão, reconstruindo-se a teoria crítica com base numa teoria do reconhecimento. Utiliza-se de premissas filosóficas *hegelianas* para afirmar a existência de uma dialética consubstanciada na luta por reconhecimento, introduzindo a noção de conflito sem, todavia, recair num modelo *hobbesiano*, no qual a autopreservação adquire papel preponderante.[1]

---

[1] PEREIRA DA SILVA, Josué. Cidadania e reconhecimento. In: AVRITZER, Leonardo; DOMINGUES, José Mauricio (orgs.). *Teoria social e modernidade no Brasil*. Belo Horizonte: UFMG, 2000. p. 123-135.

De Hegel, Axel Honneth toma a noção de reconhecimento no sentido de que uma filosofia deve levar em consideração os

> vínculos éticos, em cujos quadros os sujeitos se movem juntos desde o princípio, em vez de partir dos atos de sujeitos isolados; portanto, deve ser aceito como uma espécie de base natural da socialização humana um estado que desde o início se caracteriza pela existência de formas elementares de convívio intersubjetivo.[2]

Aproveita-se o argumento de que a eticidade é o modo de vida natural do ser humano e, nesse sentido, as formas mais evoluídas de eticidade são nada mais que desdobramentos de uma dialética de reconhecimento que ocorre desde o início, havendo, entre a relação familiar, as sociedades mais primitivas e o estado moderno, uma diferença muito mais de grau do que de gênero.

Deve-se ressaltar que não há, aqui, a intenção de discutir especificamente a premissa tomada de Hegel, pois seria necessária uma análise própria sobre tema de tamanha importância. Notadamente, quanto à utilização, por Honneth, do conceito desta "base natural da socialização humana" ou desses estados que "desde o início" evocam formas de eticidade.

Pode-se destacar, todavia, a consideração de que este "início", que se caracteriza por formas de eticidade "natural", é encarado por Honneth como um início material, ou empírico, retomando uma dialética social dita natural. Destaca-se que, na *Fenomenologia do Espírito*, esse aspecto do reconhecimento é muito mais um modelo teórico ligado a um fundamento lógico-filosófico, ou até mesmo metafísico, segundo o qual a "consciência-de-si é *em si* e *para si* quando e por que é em si e para si para uma Outra; quer dizer, só é como algo reconhecido".[3]

Esse reconhecimento assume, na filosofia do Hegel tardio, um aspecto mais desligado de uma concepção material ou empírica, aparecendo como um modelo teórico-filosófico mais amplo e que se refere ao conjunto da filosofia do espírito ou do idealismo *hegeliano*.

Daí que, ao resgatar os escritos *hegelianos* da fase em que estava em Jena, Axel Honneth[4] pretende enfatizar o conceito material de luta, que começa a desaparecer na fase posterior do pensamento *hegeliano*, quando, já na *Fenomenologia do Espírito*, aparece como uma noção mais

---

[2] HONNETH, Axel. *Luta por reconhecimento*. São Paulo: Editora 34, 2003. p. 43.
[3] HEGEL, Georg Wilhem Friedrich. *Fenomenologia do espírito*. Petrópolis: Vozes, 2002. p. 142.
[4] HONNETH, Axel. *Luta por reconhecimento*. São Paulo: Editora 34, 2003. p. 67-117.

abstrata, que adquire um aspecto metafísico, condizente com a proposta filosófica *hegeliana*:

> Em sua reconstrução do argumento hegeliano, Honneth pretende deixar de lado o desenvolvimento metafísico desta ideia como acontece no Hegel maduro, e preservar o estímulo da intuição hegeliana da luta por reconhecimento como fundamento do processo de aprendizado moral de sociedades concretas.[5]

Assim, levando-se em consideração que naturalmente o ser humano participa da eticidade numa luta por reconhecimento, tem-se que se afasta da esfera do reconhecimento da natureza para o reconhecimento intersubjetivo numa luta para a obtenção de espaço de reconhecimento pelo outro.

Tal reconhecimento se dá em três formas de relação consigo mesmo, que designam três esferas ou graus de eticidade. As relações primárias se referem ao amor e à amizade, as relações legais se referem aos direitos e, na comunidade de valor, tem-se a solidariedade. Em cada um desses três âmbitos, há uma relação específica do indivíduo consigo mesmo, que se refere à autoconfiança, ao autorrespeito e à autoestima, respectivamente.

Assim, a possibilidade de desenvolvimento de uma identidade por parte dos indivíduos tem a ver com o desenvolvimento dessas três formas de relação consigo mesmo (*self*). Todavia, tais relações só podem ser desenvolvidas com o reconhecimento dos outros, pois as condições de autorrealização dos indivíduos dependem de relações de reconhecimento mútuo:[6]

> Neste sentido, o sujeito deve ser visto como alguém que, precisamente através da aceitação por parte de outros sujeitos de suas capacidades e qualidades, sente-se reconhecido e consequentemente em comunhão com estes, possibilitando sua disposição de também reconhecer o outro em sua originalidade e singularidade.[7]

---

[5] SOUZA, Jessé. A dimensão política do reconhecimento social. In: AVRITZER, Leonardo; DOMINGUES, José Mauricio (orgs.). *Teoria social e modernidade no Brasil*. Belo Horizonte: UFMG, 2000. p. 159-206.

[6] PEREIRA DA SILVA, Josué. Cidadania e reconhecimento. In: AVRITZER, Leonardo; DOMINGUES, José Mauricio (orgs.). *Teoria social e modernidade no Brasil*. Belo Horizonte: UFMG, 2000. p. 123-135.

[7] SOUZA, Jessé. A dimensão política do reconhecimento social. In: AVRITZER, Leonardo; DOMINGUES, José Mauricio (orgs.). *Teoria social e modernidade no Brasil*. Belo Horizonte: UFMG, 2000. p. 159-206.

Essa perspectiva vai de encontro ao pensamento liberal, que pensa o indivíduo como entidade atomista, superando uma moral formalista *kantiano-hobbesiana* e passando a visualizar o indivíduo num contexto intersubjetivo de interesses voltados ao reconhecimento pelo outro. O conceito de "luta por reconhecimento" só começa a fazer sentido quando ultrapassa a esfera da relação intersubjetiva primária (amor) e alcança o estágio em que experiências concretas de desrespeito são interpretadas como típicas experiências de um grupo relativamente homogêneo, de forma tal que possam influir na ação conjunta e organizada desse grupo na luta pelo reconhecimento e pela cessação das formas de desrespeito, além do sentimento individual de resgate da autoestima perdida.[8]

Tal ruptura também proporciona um pensamento teórico voltado a uma perspectiva dialética não mais simplesmente socialista ou liberal, já que leva em consideração o reconhecimento amplo das necessidades de autoconfiança, autorrespeito e autoestima, dimensões da subjetividade humana que não se resumem a uma proteção de direitos individuais nem à manutenção de um mínimo material.

No caminho desconstrutivista, Nancy Fraser considera que a temática do reconhecimento pode tornar-se operacional para o esclarecimento dos conflitos políticos da pós-modernidade, caracterizados pelas múltiplas identidades de grupos específicos pleiteando reconhecimento. É nesse sentido que uma teoria do reconhecimento explicaria melhor a dinâmica dos conflitos sociais do século XX:

> Demandas por "reconhecimento das diferenças" alimentam a luta de grupos mobilizados sob as bandeiras da nacionalidade, etnicidade, raça, gênero e sexualidade. Nesses conflitos pós-socialistas, identidades grupais substituem interesses de classe como principal incentivo para a mobilização política.[9]

Desloca-se, pois, a ideia de redistribuição econômica como solução de todos os problemas sociais, já que os grupos pleiteiam muito mais que pautas de interesses materiais. Sem negar, todavia, a necessidade de redistribuição, diante da alegada disparidade entre detentores

---

[8] HONNETH, Axel. *Luta por reconhecimento*. São Paulo: Editora 34, 2003. p. 257.

[9] FRASER, Nancy. Da redistribuição ao reconhecimento? Dilemas da justiça na era pós-socialista. In: SOUZA, Jessé (org.). *Democracia hoje*: novos desafios para a teoria democrática contemporânea. Brasília: UnB, 2001. p. 245-282.

da riqueza e as populações excluídas de bens materiais, Nancy Fraser pretende afirmar que uma teoria social não pode prescindir de redistribuição nem de reconhecimento.

A questão do reconhecimento está ligada ao que a autora chama de complexidades da vida política pós-socialista. "Com a perda de centralidade do conceito de classe, movimentos sociais diversos mobilizam-se ao redor de eixos de diferença inter-relacionados".[10] Assim, nesse novo contexto de movimentos sociais com interesses múltiplos, que envolvem pautas as mais diversas, só uma teoria do reconhecimento seria cabível.

Todavia, Fraser destaca que tais pautas envolvem o que se chama de injustiça cultural (ligada às pautas de reconhecimento) e injustiça econômica (ligada às pautas de redistribuição), cuja distinção é enfatizada pela autora ao tempo que destaca que, na prática, tais pretensões estão interligadas e, portanto, muitos movimentos sociais pleiteiam bens que se encaixam em ambas as categorias.

Segundo Fraser:

> Normas culturais enviesadas de forma injusta contra alguns são institucionalizadas no Estado e na economia, enquanto as desvantagens econômicas impedem participação igual na fabricação da cultura em esferas públicas e no cotidiano. O resultado é frequentemente um ciclo vicioso de subordinação cultural e econômica.[11]

A distinção serve, pois, para categorizar os movimentos sociais, de forma a possibilitar a elaboração de uma teoria crítica do reconhecimento que contemple tanto as demandas por reconhecimento quanto as demandas redistributivas. O problema é que, muitas vezes, tais demandas podem apresentar remédios contraditórios, donde em se lutando por um aspecto, reduz-se a importância de se lutar pelo outro aspecto.[12]

---

[10] FRASER, Nancy. Da redistribuição ao reconhecimento? Dilemas da justiça na era pós-socialista. In: SOUZA, Jessé (org.). *Democracia hoje*: novos desafios para a teoria democrática contemporânea. Brasília: UnB, 2001. p. 245-282.

[11] FRASER, Nancy. Da redistribuição ao reconhecimento? Dilemas da justiça na era pós-socialista. In: SOUZA, Jessé (org.). *Democracia hoje*: novos desafios para a teoria democrática contemporânea. Brasília: UnB, 2001. p. 245-282.

[12] PEREIRA DA SILVA, Josué. Cidadania e reconhecimento. In: AVRITZER, Leonardo; DOMINGUES, José Mauricio (orgs.). *Teoria social e modernidade no Brasil*. Belo Horizonte: UFMG, 2000. p. 123-135.

Assim é que só com uma reestruturação profunda de relações de produção conjugada com uma reestruturação das relações de reconhecimento, de forma a desestabilizar as diferenciações entre grupos, é que o dilema reconhecimento-redistribuição seria suavizado, possibilitando uma teoria crítica do reconhecimento mais condizente com a complexidade dos pleitos sociais.

Neste sentido, a proposta de uma teoria do reconhecimento se encaixa na pretensão de analisar os movimentos sociais contemporâneos sem repetir a previsão de igualdade formal do liberalismo ou a pretensão de igualdade material do socialismo. Evidentemente, uma leitura dogmática de tais propostas poderia resultar em teorias do reconhecimento que tratam as diferenças como categorias fixas, ou que pretendem apresentar estruturas conceituais escatológicas.

2 O multiculturalismo e sua relação com a teoria política do reconhecimento

Multiculturalismo é palavra que expressa o entendimento de que há valores específicos dentro das sociedades contemporâneas, de forma tal que a redução dessa pluralidade à consideração de uma teoria política universalista ou meramente formal seria incapaz de analisar com correção o cenário social contemporâneo, podendo gerar pensamentos dogmáticos.

Assim é que Multiculturalismo e Teorias do Reconhecimento estão relacionados. "O multiculturalismo é a expressão da afirmação e da luta pelo reconhecimento dessa pluralidade de valores e diversidade cultural no arcabouço institucional do estado democrático de direito".[13]

Nesse sentido, no contexto específico dos países periféricos, seria evidente a necessidade de reconhecimento de grupos excluídos da economia, da participação política, na mídia, e, enfim, da construção da sociedade para a aquisição dos pleitos de reconhecimento já mencionados de autoconfiança, autorrespeito e autoestima.

Grupos de excluídos formariam os mais variados tipos de identidade, como aqueles relativos à raça, ao gênero, à preferência sexual, ao local de moradia, à classe social, entre outros que, através

---

[13] COSTA, Sérgio; WERLE, Denilson Luís. Reconhecer as diferenças: liberais, comunitaristas e as relações raciais no Brasil. In: AVRITZER, Leonardo; DOMINGUES, José Mauricio (orgs.). *Teoria social e modernidade no Brasil*. Belo Horizonte: UFMG, 2000. p. 207-238.

de organização social, aparecem na mídia ou na política com suas necessidades específicas.

Para Boaventura de Souza Santos, o multiculturalismo é uma visão de mundo não eurocêntrica que pretende assegurar a visibilidade de culturas marginalizadas ou excluídas da modernidade ocidental. Esse reconhecimento, todavia, não se refere à *inclusão* dessas culturas, mas a uma espécie de "diálogo intercultural com o objetivo de forjar alianças e coligações políticas para a promoção das culturas e de grupos subalternos".[14]

É nesse contexto que uma teoria do reconhecimento pretende teorizar a sociedade. Na visão do multiculturalismo, portanto, essa metodologia seria essencial especialmente para a análise das demandas sociais em países periféricos como o Brasil.

O multiculturalismo seria especialmente interessante, também nas discussões sobre o papel do Estado moderno diante de demandas internas de grupos de culturas diferentes da "hegemônica" que vivem sob a égide das mesmas leis. Segundo Boaventura de Sousa Santos, "a expressão *multiculturalismo* designa, originalmente, a coexistência de formas culturais ou de grupos caracterizados por culturas diferentes no seio de sociedades *modernas*".[15]

De acordo com Boaventura de Sousa Santos, a consideração do multiculturalismo pretende enfatizar a realização da igualdade pela consideração dos diferentes contextos e grupos sociais. Busca superar a distinção entre sociedades que "têm" cultura e sociedades que "são" cultura. Tal distinção encerraria uma consideração de que determinados povos e grupos seriam meros objetos culturais das sociedades estruturadas no modelo europeu, que seriam as sociedades que "têm" cultura.[16]

Ao se encarar a sociedade do ponto de vista das teorias do reconhecimento ou do multiculturalismo, há de se entender as discordâncias

---

[14] SOUSA SANTOS, Boaventura de; NUNES ARRISCADO, João. Introdução: para ampliar o cânone do reconhecimento, da diferença e da igualdade. In: SOUSA SANTOS, Boaventura de (org.). *Reconhecer para libertar*: os caminhos do cosmopolitismo multicultural. Rio de Janeiro: Civilização Brasileira, 2003. p. 29.

[15] SOUSA SANTOS, Boaventura de; NUNES ARRISCADO, João. Introdução: para ampliar o cânone do reconhecimento, da diferença e da igualdade. In: SOUSA SANTOS, Boaventura de (org.). *Reconhecer para libertar*: os caminhos do cosmopolitismo multicultural. Rio de Janeiro: Civilização Brasileira, 2003. p. 25.

[16] SOUSA SANTOS, Boaventura de; NUNES ARRISCADO, João. Introdução: para ampliar o cânone do reconhecimento, da diferença e da igualdade. In: SOUSA SANTOS, Boaventura de (org.). *Reconhecer para libertar*: os caminhos do cosmopolitismo multicultural. Rio de Janeiro: Civilização Brasileira, 2003. p. 25-68.

sobre o conteúdo dos direitos humanos como legítimas e, além disso, entender que o conteúdo clássico dos direitos humanos seria nada mais que a imposição de valores de uma cultura sobre outra. Assim, o universalismo seria uma violência contra culturas não hegemônicas.

Diante de tantas diferentes visões sobre os direitos humanos, o correto seria tratar as culturas como iguais e entender as diferenças. A aproximação seria dada pela conversação hermenêutica, capaz de aproximar valores distintos sem o uso da força ou da imposição cultural.

Para Boaventura de Souza Santos, o multiculturalismo vê os direitos humanos como uma "constelação de ideias distintas de dignidade humana". Essas visões distintas deveriam ser tornadas inteligíveis por meio de um diálogo intercultural. A esse diálogo, o autor dá o nome de "hermenêutica diatópica".[17]

Ao tratar de um exemplo da aplicação da hermenêutica diatópica, Boaventura fala das diferenças entre o *dharma* indiano e a cultura ocidental individualista dos direitos humanos. Alega que a incompletude do *dharma* se refere exatamente à falta de preocupação com princípios de liberdade individual e autonomia, negligenciando os direitos primordiais do indivíduo.

Enquanto isso, a incompletude do modelo baseado na cultura ocidental dos direitos humanos estaria ligada exatamente à falta de conexão entre as partes e o todo, esquecendo-se dos deveres em favor dos direitos, algo que está presente na cultura indiana.

Boaventura utiliza outro exemplo. Tenta conciliar a *Sharia* dos muçulmanos e os direitos humanos. O problema é que a *Sharia* não reconhece os não muçulmanos como cidadãos, violando um pressuposto básico da dignidade humana e criando uma incompatibilidade.

Como conciliar valores tão diversos? A tentativa de conciliação partiria da possibilidade de encontrar, no próprio Corão, princípios que fundamentassem a possibilidade de incluir todos os seres humanos. Desse modo, a solução para compatibilizar as culturas seria encontrar no próprio ambiente da cultura muçulmana, valores que justifiquem a aplicação do princípio da igualdade formal.

Da mesma forma, no caso da Índia, a tentativa é a de encontrar argumentos presentes nas próprias visões de mundo dos hindus.

---

[17] SOUSA SANTOS, Boaventura de; NUNES ARRISCADO, João. Introdução: para ampliar o cânone do reconhecimento, da diferença e da igualdade. In: SOUSA SANTOS, Boaventura de (org.). *Reconhecer para libertar*: os caminhos do cosmopolitismo multicultural. Rio de Janeiro: Civilização Brasileira, 2003. p. 56.

A defesa dos intocáveis estaria baseada, então, na releitura do *dharma* como "*dharma* comum", ao invés de um "*dharma* especial".

Ao que parece, a hermenêutica diatópica levaria ao entendimento de que os teóricos indianos e muçulmanos poderiam, eles mesmos, encontrar fundamentos em suas próprias culturas para serem compatibilizadas com os valores ocidentais. Nesse sentido, os valores ocidentais seriam absorvidos pelos princípios presentes nas próprias culturas indiana e muçulmana.

Visto assim, o pensamento de Boaventura parece até ser liberal. Mas não é bem isso. Ele faz questão de enfatizar que a hermenêutica diatópica exige a produção de conhecimento coletivo, pelo que a cultura ocidental também teria de fazer concessões, que estariam relacionadas ao reconhecimento de direitos coletivos e de futuras gerações, como os direitos ecológicos, mais afeitos à visão de mundo indiana, por exemplo.[18]

Evidentemente, o grande problema da consideração do multiculturalismo e das teorias do reconhecimento é a possibilidade de identificação de tais posturas com alguma espécie de *relativismo cultural*, que inviabilizaria qualquer discurso sobre ética, tolerância ou comensurabilidade entre os grupos conflitantes. Para o autor, todavia, o relativismo cultural não é a melhor visão filosófica. Ele destaca que o que deve ser superado é o próprio debate entre universalismo e relativismo. O próprio Boaventura chama a atenção para que o multiculturalismo não sirva como justificativa à opressão de minorias ou à segregação e ao fechamento cultural. Boaventura admite que "o multiculturalismo pode ser o novo rótulo de uma política reacionária".[19]

A proposta de Boaventura, no entanto, se dá nas bases de uma argumentação vaga: defende que o relativismo deve ser combatido a partir de critérios que distingam uma política progressista de uma política conservadora de direitos humanos.

---

[18] SOUSA SANTOS, Boaventura de. Por uma concepção multicultural dos direitos humanos. In: SOUSA SANTOS, Boaventura de (org.). *Reconhecer para libertar*: os caminhos do cosmopolitismo multicultural. Rio de Janeiro: Civilização Brasileira, 2003. p. 445 e ss.

[19] SOUSA SANTOS, Boaventura de. Por uma concepção multicultural dos direitos humanos. In: SOUSA SANTOS, Boaventura de (org.). *Reconhecer para libertar*: os caminhos do cosmopolitismo multicultural. Rio de Janeiro: Civilização Brasileira, 2003. p. 456.

3 Liberalismo, democracia e direitos humanos: a defesa dos direitos individuais pelos liberais contemporâneos

O caminho da filosofia contemporânea liberal para a fundamentação dos direitos humanos passa pela reafirmação radical dos direitos individuais e da crítica veemente aos chamados direitos sociais e ao coletivismo em todas as suas vertentes, tanto comunitarista quanto igualitarista.

A ideia básica que se encontra nos liberais contemporâneos é a de que burocratas governamentais não têm informação suficiente para planejar políticas econômicas ou culturais e que a manutenção de decisões centralizadas sempre leva a alguma forma de autoritarismo.

Tais informações são operadas, numa economia de mercado, por meio das escolhas individuais e do sistema de preços, informações distribuídas entre os bilhões de indivíduos que fazem escolhas sobre o que comprar e vender e sobre o que consumir ou produzir todos os dias.

Assim, por meio de um movimento sistêmico, o mercado distribui os bens escassos produzidos por meio de decisões individuais, evitando que uma elite escolha quais bens serão produzidos e a que preço serão vendidos. A tese é a de que quando o governo central planeja, ele escolhe pelos indivíduos e, com isso, toma decisões equivocadas, ineficientes e autoritárias.

Segundo Mises:

> Ademais, a mente de um só homem, por mais brilhante que seja, é incapaz de compreender a importância de qualquer um dos inúmeros bens de ordem mais alta. Nenhum homem pode jamais dominar todas as possibilidades de produção – que são inúmeras – de modo a estar apto a fazer juízos de valor diretamente evidentes, sem a ajuda de algum sistema de computação. Se distribuíssemos para alguns indivíduos os controles administrativos sobre os bens de toda uma comunidade – cujos homens que trabalham na produção desses bens estão também economicamente interessados neles – teríamos de ter algum tipo de divisão intelectual do trabalho, algo que não seria possível sem algum sistema que calculasse a produção.[20]

Seguindo essa linha de pensamento, economistas e filósofos do século XX como Mises, Hayek e Nozick abordaram o direito do ponto de

---

[20] MISES, Ludwig Von. *O cálculo econômico sob o socialismo*. (Trad. Leandro Augusto Gomes Roque). São Paulo: Instituto Ludwig Von Mises. Brasil, 2012. p. 27.

vista liberal, mantendo a defesa do Estado mínimo como essencial para a manutenção dos direitos individuais e, portanto, condenando toda forma de intervencionismo estatal como nociva aos direitos individuais. A defesa enfática do capitalismo como sistema econômico decorre, nesses autores, tanto de argumentos morais quanto de consequência. Como afirma Mises, o capitalismo é um sistema econômico que serve às massas e, portanto, os ataques de igualitaristas aos direitos individuais e, essencialmente, à propriedade privada e ao lucro, são prejudiciais justamente aos mais pobres:

> Este é o principio fundamental do capitalismo tal como existe hoje em todos os países onde há um sistema de produção em massa extremamente desenvolvido: as empresas de grande porte, alvo dos mais fanáticos ataques desfechados pelos pretensos esquerdistas, produzem quase exclusivamente para suprir a carência das massas. As empresas dedicadas à fabricação de artigos de luxo, para uso apenas dos abastados, jamais têm condições de alcançar a magnitude das grandes empresas. E, hoje, os empregados das grandes fábricas são, eles próprios, os maiores consumidores dos produtos que nelas se fabricam. Esta é a diferença básica entre os princípios capitalistas de produção e os princípios feudalistas de épocas anteriores.[21]

A defesa do capitalismo também se desenvolve com argumentos de conteúdo moral em defesa dos direitos individuais, algo que serve ao propósito da Filosofia contemporânea do Direito na discussão do conteúdo e na fundamentação dos direitos humanos fundamentais.

Robert Nozick,[22] seguindo esse caminho, defende um princípio de justiça da distribuição que depende de três regras fundamentais. Quem adquire uma propriedade de acordo com o princípio da justiça da aquisição tem direito a esta propriedade. Quem adquire uma propriedade de acordo com o princípio de justiça da transferência de alguém que adquiriu a propriedade de forma justa, tem direito à propriedade. Ninguém tem direito a uma propriedade senão pela aplicação repetida dos dois princípios anteriores.

Inspirado em Locke e nos jusnaturalistas modernos, Nozick formula seu conceito de justiça na distribuição tomando por base a ocupação (na aquisição originária) e a legitimidade da transferência.

---

[21] MISES, Ludwig Von. *As seis lições*. (Trad. Maria Luiza Borges). São Paulo: Instituto Ludwig Von Mises Brasil, 2009. p. 12.

[22] NOZICK, Robert. *Anarquia, estado e utopia*. Rio de Janeiro: Jorge Zahar, 1991. p. 172.

Havendo justiça na aquisição e nas transferências, qualquer *status quo* a respeito da distribuição de bens deve ser considerado justo. Ele chama de "princípios históricos" em contraposição às teorias da justiça baseadas em princípios de "resultado final".[23]

Nesse contexto, uma teoria baseada em resultados finais ou em padrões tende a substituir a noção clássica de autopropriedade pela noção de propriedade parcial de umas pessoas por outras. Nozick reinterpreta a teoria da aquisição de Locke. Ao defender a aquisição como decorrente da "mistura" entre o trabalho e a coisa ocupada, Locke cria uma ressalva, que também está presente em Pufendorf. Devem restar daquilo que foi adquirido "tanto e tão bom em comum para todos". Nozick defende uma interpretação fraca dessa condição,[24] significando simplesmente que cada nova aquisição não pode piorar a condição dos demais. Assim, se um cientista inventa um novo medicamento e se recusa a vendê-lo, não piora a situação dos demais e, portanto, não viola o princípio de aquisição.[25]

Por isso, qualquer forma de redistribuição que viole os direitos de propriedade significa uma violação aos direitos individuais e seria, portanto, necessariamente injusta. Assim, a teoria de Nozick condena todo Estado maior que o Estado mínimo como violador do direito à propriedade.

O que cada pessoa ganha, recebe de outros, que o dão em troca de alguma coisa ou como presente. Na sociedade livre, pessoas diferentes podem controlar recursos diferentes e novos títulos de propriedade surgem das trocas e ações voluntárias de pessoas.[26]

---

[23] NOZICK, Robert. *Anarquia, estado e utopia*. Rio de Janeiro: Jorge Zahar, 1991. p. 174.

[24] Locke também defendeu uma limitação dessa cláusula de restrição: "Mas uma vez que o ouro e a prata, sendo de pouca utilidade para a vida do homem em relação ao alimento, ao vestuário e aos meios de transporte, retira seu valor apenas da concordância dos homens, de que o trabalho ainda proporciona em grande parte a medida, é evidente que o consentimento dos homens concordou com uma posse desproporcional e desigual da terra; através de um consentimento tácito e voluntário, eles descobriram e concordaram em uma maneira pela qual um homem pode honestamente possuir mais terra do que ele próprio pode utilizar seu produto, recebendo ouro e prata em troca do excesso, que podem ser guardados sem causar dano a ninguém; estes metais não se deterioram nem perecem nas mãos de seu proprietário". LOCKE, John. *Segundo tratado sobre o Governo Civil*. São Paulo: Editora Vozes, 2007. p. 48.

[25] NOZICK, Robert. *Anarquia, estado e utopia*. Rio de Janeiro: Jorge Zahar, 1991. p. 200.

[26] NOZICK, Robert. *Anarquia, estado e utopia*. Rio de Janeiro: Jorge Zahar, 1991. p. 171.

Quando se fala em "distribuição de renda", portanto, tais autores ignoram completamente a seguinte observação de Thomas Sowell, segundo a qual, em resumo, a renda só pode advir da produção. Nesse sentido:

> A própria frase "distribuição de renda" é tendenciosa, pois ela começa a contar a história do processo econômico quando ele já se encontra em pleno funcionamento, contabilizando somente o montante da renda ou riqueza que já existe. [...] No mundo real, todavia, a situação é bem diferente. Numa economia de mercado, a maior parte das pessoas recebe renda a partir do que produz, fornecendo a outras pessoas bens ou serviços de que necessitam ou desejam, mesmo que esse serviço seja só trabalho. Cada beneficiário desses bens e serviços paga segundo um valor determinado em relação ao que é recebido, escolhendo entre fornecedores alternativos, a fim de encontrar a melhor combinação custo-benefício.[27]

Nesse sentido, Hayek vê o intervencionismo estatal (que leva à defesa dos chamados "direitos sociais") como sendo um ataque aos direitos individuais, que não se justificaria nem do ponto de vista moral nem do ponto de vista econômico. Por isso, alerta para a confusão semântica e caracteriza o socialismo como uma forma de coletivismo:

> Os problemas causados pela ambiguidade na linguagem política comum não desaparecerão, mesmo que passemos a aplicar o termo "coletivismo" para indicar todos os tipos de "economia planificada", seja qual for a finalidade do planejamento. O significado do termo tornar-se-á mais preciso se deixarmos claro que por ele entendemos a espécie de planejamento necessário à realização de qualquer ideal distributivo. Mas como a ideia de planejamento econômico central seduz em grande parte pela própria indefinição de seu significado, é indispensável estabelecer-lhe o sentido preciso antes de discutirmos suas consequências.[28]

Hayek prefere, portanto, a sinceridade de quem argumenta claramente que o problema do sistema capitalista está em sua ética, que é baseada na proteção dos direitos individuais. O coletivismo, portanto, ao ser defendido, deve necessariamente ser acompanhado de um ataque aos direitos individuais. Sendo assim, afirma Hayek:

---

[27] SOWELL, Thomas. *Os intelectuais e a sociedade*. São Paulo: Realizações, 2011. p. 177.

[28] HAYEK, F.A. *O caminho da servidão*. São Paulo: Instituto Ludwig Von Mises Brasil, 2010. p. 25.

Nesse particular, são muito mais coerentes os numerosos reformadores que, desde o início do movimento socialista, atacaram a ideia "metafísica" dos direitos individuais, insistindo em que num mundo racionalmente organizado o indivíduo não terá direitos, mas apenas deveres. Esta se tornou, na verdade, a atitude mais comum dos chamados progressistas; e nunca alguém se expõe tanto ao risco de ser tachado de reacionário como quando protesta contra uma medida alegando que ela constitui violação dos direitos individuais.[29]

No Brasil, fica claro que os autores de Direito Constitucional, por exemplo, têm clara simpatia pela ideia de um Estado interventor e prestador de serviços públicos, reconhecendo ser essa a única forma de realizar o princípio da dignidade humana. Tais autores defendem abertamente uma postura intervencionista estatal com base na linguagem dos direitos sociais, desprezando solenemente qualquer abordagem liberal dos direitos, como deixa claro Ingo Sarlet:

> No embate entre o paradigma do Estado Social intervencionista e altamente regulador e a nefasta tentativa de implantar um Estado minimalista à feição dos projetos globalizantes do modelo econômico e da ideologia neoliberal, o correto manejo da proibição do retrocesso na esfera dos direitos fundamentais sociais poderá constituir uma importante ferramenta jurídica para a afirmação do Estado necessário, do qual nos fala Juarez Freitas.[30]

O problema está no fato de que, ao longo dos anos, o que significou a proteção do cidadão contra os abusos do Estado transformou-se na principal justificativa para o alargamento do poder estatal. As cartas de direitos e a constitucionalização moderna provocaram a transformação dos direitos naturais individuais em direito positivo escrito. Porém, com a vitória da ideologia coletivista, o direito constitucional foi incorporando limitações cada vez mais drásticas à liberdade e à propriedade, transformando completamente o Estado de Direito em Estado Social.

Tal crescente poder governamental foi justificado, portanto, não só com as constituições sociais como a de Weimar (1919), mas também pela incorporação, na Constituição americana, de uma visão intervencionista por meio da reinterpretação de seu texto pelo Judiciário:

---

[29] HAYEK, F.A. *O caminho da servidão*. São Paulo: Instituto Ludwig Von Mises Brasil, 2010. p. 99.

[30] SARLET, Ingo. *A eficácia dos direitos fundamentais*. Porto Alegre: Livraria do Advogado, 2008. p. 455.

É certo que a mais ambiciosa tentativa de impor limites ao Estado foi a Carta dos Direitos e outras partes restritivas da Constituição Americana, na qual foram escritos limites explícitos ao governo, os quais deveriam servir como lei fundamental a ser interpretada por um sistema judicial supostamente independente dos outros ramos do governo. Todos os americanos estão cientes do processo ao longo do qual esta construção de limites presentes na Constituição foi sendo alargada de modo inexorável durante o século passado. Mas poucos foram tão perspicazes como o Professor Charles Black em notar que, neste processo, o Estado transformou a própria revisão judicial, a qual, de um mecanismo limitador passou a ser cada vez mais um instrumento que provê legitimidade ideológica às ações do governo. Pois se um decreto judicial "inconstitucionalidade" é um poderoso entrave ao poder do governo, um veredicto implícito ou explícito de "constitucionalidade" é uma arma poderosa para promover a aceitação pública de um crescente poder governamental.[31]

O discurso pragmático, cético e falibilista possibilitou a consolidação das inovações legislativas que vieram configurar o direito do trabalho e as demais legislações sociais intervencionistas, modificando, ao longo do tempo, a própria interpretação da décima quarta emenda e de toda a Constituição americana. A chamada "era progressista", que veio após o caso Lockner, significou um ataque aos direitos individuais e à propriedade privada, permitindo que a legislação antiliberal substituísse os processos competitivos pelos cartéis estatais.[32]

O pragmatismo, porém, não pode ser responsabilizado pela ideologia intervencionista, pois tende a ser, na verdade, muito mais próximo do liberalismo, ao menos do ponto de vista metodológico e, principalmente, da defesa intransigente dos direitos e liberdades individuais.

A teoria pragmática da democracia de Richard Posner, nesse sentido, pretende descrever princípios necessários para proteger os indivíduos contra ações governamentais iliberais e ineficientes. Isso ocorre quando fica evidente que políticas de redistribuição exageradas e mal planejadas põem em risco o equilíbrio fiscal do país, podendo prejudicar justamente aqueles a quem querem proteger. Mesmo a ideia

---

[31] ROTHBARD, Murray N. *A anatomia do Estado*. (Trad. Tiago Chabert). São Paulo: Instituto Ludwig Von Mises Brasil, 2012. p. 26.

[32] EPSTEIN, Richard A. *How progressives rewrote the constitution*. Washington, D. C.: Cato Institute, 2006. p. 52.

de redistribuição não pode deixar de lado o fato de que para redistribuir algo, é preciso antes produzir. Nesse sentido, uma taxação exagerada, por exemplo, pode vir a desestimular a produção.[33]

A experiência política de sociedades mais liberais (ainda que sejam sociedades com alguma intervenção econômica estatal) mostra que o liberalismo não só diminui a pobreza como torna possível a existência de uma sociedade mais aberta e plural. Mesmo aqueles que defendem algum grau de intervenção jamais deixam de levar em conta que o liberalismo político e econômico é o único capaz de proporcionar uma sociedade com bem-estar, mas, além disso, o liberalismo garante a liberdade política. Por tudo isso, o pragmatismo pode justificar o liberalismo, segundo Posner:

> O liberalismo fomenta as trocas de informação de que depende o progresso científico e tecnológico; arregimenta, sem coerção, o apoio dos cidadãos; maximiza a produção eficiente; estimula e recompensa a competência; previne a excessiva centralização das decisões; enfraquece as rivalidades entre famílias ou clãs e reduz os conflitos ideológicos. A justificação do liberalismo é pragmática.[34]

Há, portanto, além das questões morais e econômicas de eficiência e distribuição, também a questão sobre a centralização do poder, a democracia e os direitos individuais. Na verdade, o ponto fundamental é que a concessão de mais poderes ao Estado, mesmo com o propósito supostamente nobre de promover a redistribuição de riqueza ou a proteção social à população mais pobre, implica, necessariamente, em tolher direitos individuais, seja pela cobrança de mais impostos, seja pela necessidade de restringir a liberdade individual num controle de preços ou de produção artística e cultural.

É nesse sentido que as políticas típicas do intervencionismo já serviram para justificar regimes coletivistas que, como a história bem demonstrou, não se coadunam com a democracia:

> As políticas econômicas da Itália de Mussolini e da Alemanha de Hitler assemelhavam-se ao "socialismo estatal" que Lenin quis instituir na Rússia soviética ao chegar ao poder, sob o qual a empresa privada trabalharia para o governo – uma ideia que Lenin foi forçado a abandonar sob

---

[33] POSNER, Richard. *Direito, pragmatismo e democracia*. Rio de Janeiro: Forense, 2010. p. 157.
[34] POSNER, Richard. *Para além do direito*. São Paulo: WMF Martins Fontes, 2009. p. 26.

a pressão dos "comunistas de esquerda". Esse sistema foi introduzido com sucesso na Itália e na Alemanha porque os negócios incorporados provaram por si nesses países e também em outros lugares (inclusive os Estados Unidos), ser flexíveis, submetendo-se a qualquer tipo de controle e de regulamentação enquanto pudessem recuperar seus lucros.[35]

Apesar da existência de diversas formas de intervenção estatal nas democracias ocidentais, pode-se dizer que a história recente prova que as alternativas coletivistas ao liberalismo, sejam fascistas ou socialistas, além de inviáveis economicamente, são também aberrações políticas. Por isso, é direito de uma comunidade escolher afastar-se de soluções coletivistas e abraçar a defesa enfática dos direitos humanos individuais.[36]

4 O pragmatismo e a rejeição do relativismo cultural

É com Peirce que o pragmatismo ganha seus contornos filosóficos mais delimitados. Com ele se demonstra o consequencialismo pragmatista. São os efeitos de um dado objeto que definem o seu conceito. Como os efeitos de um objeto podem ser vários a depender do contexto, o pragmatismo é também um antiessencialismo.

Para Peirce, ao se considerar todos os efeitos possíveis de um determinado objeto, a concepção desses efeitos é a concepção completa do objeto. Assim é que, como não é possível afirmar quais são todos os efeitos possíveis que um determinado objeto possui agora ou virá a possuir no futuro, a concepção do objeto está limitada pelos efeitos que se apresentam no momento da investigação, considerada historicamente.[37]

Essências e conceitos só fazem sentido na medida em que tenham efeitos práticos no mundo. Características intrínsecas não existem em si. São apenas características do objeto que se referem aos efeitos práticos, mediatos e imediatos que o objeto vai gerar no ambiente.

---

[35] PIPES, Richard. *Propriedade e liberdade*. Rio de Janeiro: Record, 2010. p. 260.

[36] POSNER, Richard. *Para além do direito*. São Paulo: WMF Martins Fontes, 2009. p. 29.

[37] "It appears, then, that the rule for attaining the third grade of clearness of apprehension is as follows: consider what effects, which might conceivably have practical bearings, we conceive the object of our conception to have. Then, our conception of these effects is the whole of our conception of the object". PEIRCE, Charles Sanders. How to make our ideas clear. In: *Selected writings*. New York: Dover Publications, 1966. p. 124.

O pragmatismo de Peirce apresenta a noção de crença como possibilidade de lidar com os problemas da realidade, mas não como algo representativo dessa realidade. A crença, nesse sentido, não necessariamente se relaciona diretamente à verdade. As crenças são verdadeiras e falsas, mas servem para lidar bem ou mal com os problemas da realidade.

A verdade, então, não poderia ser nada além do que um "estado de crença inatacável pela dúvida".[38] Peirce admite que existem coisas das quais o sujeito não duvida, e, portanto, não recai num relativismo. Destaca, porém, que as crenças podem ser suplantadas por novas crenças, numa admissão explícita do falibilismo: "É certo que aquilo em que o leitor não se pode impedir de acreditar hoje poderá amanhã ser inteiramente desacreditado pelo próprio leitor".[39]

Há uma relação entre o pragmatismo e uma visão histórica e experimentalista ligada ao método científico. Trata-se de submeter as nossas concepções intelectuais ao teste da experiência, considerando todas as consequências práticas que podem ser concebidas a respeito da matéria a ser analisada.[40]

A crença é, na verdade, uma forma de criação de um hábito, uma regra de ação. Para Peirce, a crença suplanta a dúvida num primeiro momento, mas inicia outro estágio do conhecimento que se refere à ação. A função da crença é estabelecer um hábito. Neste ponto, diferentes crenças distinguem-se pelos diferentes hábitos que provocam. Daí o pragmatismo ser uma filosofia da ação que, como tal, deve ter uma concepção de verdade referente a essa característica.[41]

Deve-se destacar que as crenças que conseguem melhor lidar com os problemas não necessariamente são verdadeiras. A utilidade não substitui a verdade, mas uma fundamentação da verdade não pode estar completamente desligada das consequências que a crença provoca. *Nesse sentido, as crenças úteis não são necessariamente verdadeiras, mas as crenças verdadeiras são úteis para a solução de problemas.* "Em outras palavras, o maior inimigo de qualquer de nossas verdades pode ser o resto de nossas verdades".[42]

---

[38] PEIRCE, Charles Sanders. *Semiótica*. São Paulo: Editora Perspectiva, 2000.

[39] PEIRCE, Charles Sanders. *Semiótica*. São Paulo: Editora Perspectiva, 2000. p. 289.

[40] REGO, George Browne. O pragmatismo de Charles Sanders Peirce: conceitos e distinções. In: *Anuário dos cursos de pós-graduação em Direito*. Recife: Universidade Federal de Pernambuco, n. 13, 2003. p. 241.

[41] PEIRCE, Charles Sanders. How to make our ideas clear. In: *Selected writings*. New York: Dover Publications, 1966. p. 121.

[42] JAMES, William. *Pragmatismo*: e outros ensaios. Rio de Janeiro: Lidador, 1967. p. 59.

A tradição do pragmatismo americano, notadamente após o advento das teorias pragmáticas da linguagem, invoca um antiessencialismo hermenêutico, pois se preocupa com a visão de que a filosofia não tem o papel de fundar as bases da ciência, ou de impor limites a esta.

O pragmatismo, porém, não pode ser comparado com uma forma de relativismo e, nesse sentido, não se identifica com o multiculturalismo, aproximando-se do liberalismo. Isso quer dizer que, apesar de não tratar os direitos humanos como parâmetros definitivos e indiscutíveis de um ponto de vista metafísico, ao mesmo tempo rejeita que culturas distintas tenham necessariamente o mesmo *status* moral. A incomensurabilidade dos discursos não deveria obstar a conversação histórica.

Conclusão: aproximações entre pragmatismo e liberalismo (fundamentos para um discurso em defesa da universalidade dos direitos humanos)

O problema da visão multiculturalista é que as culturas são tomadas em pé de igualdade na hermenêutica diatópica. Assim, diante de culturas que desconsideram o valor dos direitos individuais, o discurso dos direitos humanos deve ser visto simplesmente como o outro lado da moeda, mesmo que esteja debatendo contra violações à integridade física, por exemplo. Desta forma, não há como reconhecer quando o multiculturalismo está a serviço de uma política conservadora ou progressista.

Na verdade, a proposta de Boaventura, por exemplo, é somente uma forma de anticapitalismo. O próprio autor identifica nos direitos humanos uma imposição das nações ocidentais e afirma que "as políticas de direitos humanos estiveram em geral a serviço dos interesses econômicos e geopolíticos dos Estados capitalistas hegemônicos".[43]

Boaventura afirma que uma das condições para a hermenêutica diatópica é que, diante de duas interpretações possíveis sobre a dignidade humana, escolhe-se aquela que alargaria o círculo de reciprocidade entre as culturas. Assim, o indiano deve preferir o "*dharma* comum" em detrimento do "*dharma* especial", permitindo a proteção aos intocáveis mesmo sob o paradigma indiano.

---

[43] SOUSA SANTOS, Boaventura de. Por uma concepção multicultural dos direitos humanos. In: SOUSA SANTOS, Boaventura de (org.). *Reconhecer para libertar*: os caminhos do cosmopolitismo multicultural. Rio de Janeiro: Civilização Brasileira, 2003. p. 440.

E quando isso não for possível? Nesse sentido, o que fazer quando os interesses são inconciliáveis? E quando o discurso contrário aos direitos humanos argumenta não haver possibilidade de "alargar o círculo de reciprocidade"? Diante da incomensurabilidade, o que a hermenêutica diatópica propõe?

Na verdade, nem mesmo haveria legitimidade da hermenêutica diatópica enquanto as culturas não se considerarem prontas para o diálogo. Enquanto isso, teóricos devem simplesmente negligenciar violações de direitos humanos? Sendo assim, culturas indígenas que praticam infanticídio devem ser encaradas como o simples "outro lado" de uma cultura "europeia" dos direitos humanos?

É a isso que a hermenêutica diatópica não responde, chegando a tolerar práticas e valores que desprezam direitos individuais em nome do multiculturalismo, mesmo que essa tolerância se manifeste numa forma de respeito às culturas que ainda não estão no "tempo do diálogo intercultural".[44]

Na verdade, o problema do multiculturalismo é intrínseco. A premissa de que ele parte está centrada na ideia de diferença entre culturas. Essa diferença não poderia ser julgada, já que seria impossível a alguém julgar a cultura alheia com base na sua própria cultura.

Para evitar o relativismo cultural, deve-se reconhecer que os valores e as práticas baseados na ideia clássica de tolerância e valorização do indivíduo são, sim, um produto cultural do Ocidente. Essa constatação histórica não significa que se deve abrir mão de defender os direitos humanos como valores moralmente superiores. A base desses valores é, justamente, a tolerância para com as diferenças e um moralismo individualista. Todos os valores coletivos precisam respeitar o mínimo de proteção individual que, do ponto de vista liberal, seria a propriedade do próprio corpo.[45]

Isso implica, no âmbito local, um Estado que deixe as diferenças de lado e trate todos como iguais; e, no âmbito internacional, que o discurso sobre os direitos humanos se fundamente num universalismo político, funcionando como pautas emancipatórias e de proteção básica contra a opressão coletiva.[46]

---

[44] SOUSA SANTOS, Boaventura de. Por uma concepção multicultural dos direitos humanos. In: SOUSA SANTOS, Boaventura de (org.). *Reconhecer para libertar*: os caminhos do cosmopolitismo multicultural. Rio de Janeiro: Civilização Brasileira, 2003. p. 445 e ss.

[45] Cf. NOZICK, Robert. *Anarquia, estado e utopia*. Rio de Janeiro: Jorge Zahar, 1991.

[46] Mesmo o igualitarismo deve basear-se em diferenças individuais para não violar princípios de isonomia. Eventuais compensações sociais servem ao princípio da igualdade

O pragmatismo e o liberalismo, nesse sentido, pretendem construir uma abordagem da realidade social sem um dos maiores problemas teóricos das teorias do reconhecimento e do multiculturalismo. Trata-se de se livrar da ênfase na diferença e no conceito de luta, evitando-se cair numa espécie de relativismo cultural.

A suspensão da conversa na hermenêutica diatópica, quando não há o "tempo do diálogo intercultural" leva ao relativismo cultural. Enquanto não se chega ao tempo, a conversação intergrupal fica sem legitimação, passando por imposição da cultura ocidental. Isto levaria o pleito pelo reconhecimento a um estado de luta, imposição, intolerância e, finalmente, de violência.

O perigo do multiculturalismo é evidente quando se percebe que a falta de identificação entre grupos culturais pode levar, muitas vezes, a resoluções violentas de seus conflitos de interesses e elas estariam legitimadas pela hermenêutica diatópica, pelo menos enquanto não se conseguiu alargar o círculo de reciprocidade.

Uma perspectiva como essa no âmbito do debate sobre os direitos humanos efetivamente justificaria determinados atos vistos como cruéis e atentatórios a uma moral democrática. Na verdade, o multiculturalismo é contra o próprio discurso em defesa dos chamados direitos humanos, valores liberais democráticos que formam a base de sustentação da sociedade ocidental, claramente inseridos no contexto liberal e de defesa da tolerância e da democracia.

Afirmar que o discurso pela defesa dos direitos humanos é viável significa afirmar que é possível a comunicação entre povos que utilizam linguagens diferentes, inserindo-os no debate acerca de como as necessidades dos homens e mulheres podem ser cada vez mais bem adimplidas. Ver, portanto, o discurso pela universalização dos direitos humanos como uma tentativa de persuasão, sempre contextualizada, não a defesa de uma moralidade universal, significa reconhecer os direitos humanos como pauta que alarga a possibilidade de conversação entre culturas.

(tratar desigualmente os desiguais), mas devem ser efetivadas por meio da identificação de indivíduos e não de coletividades, sob pena de violação à igualdade formal e ao tratamento isonômico. O caso das cotas raciais aponta para a importância do debate entre multiculturalismo e pragmatismo. Numa visão pragmática, não posso penalizar o pobre que tem a pele branca simplesmente porque ele faria parte de um grupo que escravizou os negros. Ora, indivíduos não podem ser responsabilizados por demandas de uma coletividade abstrata. O branco pobre, ademais, pode até ser descendente de um escravo, o que mostra a irracionalidade desse tipo de proposta baseada numa "reparação histórica".

O pragmatista, portanto, pode defender os direitos humanos e, neste ponto, está ao lado do liberal. Pode, pois, ser contra determinadas descrições, mesmo que feitas em contextos diversos daquele em que ele vive. Pode ser contra a violação do que considera serem direitos humanos.

Segundo Richard Rorty, é possível justificar por que a postura pragmatista pode servir à discussão sobre os direitos humanos numa sociedade democrática complexa. Nesse sentido, uma visão pragmatista deixará de lado questões metafísicas sobre a existência ou não de direitos universais, para que a energia dos homens esteja concentrada em educar e incluir, ou seja, educar para aumentar a identificação entre os seres que podem ser chamados de humanos, renovando a crença na dignidade humana e na proteção contra as arbitrariedades.[47]

Não se pode negar que todo o debate de homens e mulheres sobre direitos humanos gira em torno de quais descrições são melhores ou piores. Mas esse debate sempre se dá com base no pressuposto de que as descrições devem suprir as necessidades dos seus semelhantes, daqueles com quem se identificam. A constatação de que um alto grau de incomensurabilidade permeia a comunicação sobre direitos humanos demonstra a necessidade de se perquirir a respeito de como os humanos devem lidar com esta dificuldade de comunicação e, portanto, de identificação.

Os conflitos étnicos, o terrorismo e as intervenções humanitárias são a prova de que, muitas vezes, a constatação da diferença traz como consequência o uso da força. Muitas vezes o grau de incomensurabilidade entre os discursos é tão alto, que só a intolerância parece ser a resposta. Todavia, não é isso que uma postura pragmatista propõe, dada sua atenção à tolerância.

É como se, neste tipo de conflito de interesses, a mínima base necessária para a conversação não existisse. Não há sequer a identificação de um e de outro como seres humanos, e a força prevalece. Destarte, um pragmatista não precisa estar alheio a isto ao defender a continuidade da conversação.

Manter abertas as pautas para a conversação significa tentar justificar valores que evitem a violência. Se assim o é, o discurso sobre direitos humanos, baseado na proteção ao indivíduo, servirá justamente

---

[47] RORTY, Richard. *Truth and progress*: philosophical papers. New York: Cambridge University Press, 1999. p. 176.

para propiciar a conversação intergrupal, evitando-se a legitimação do uso da força dentro ou fora do âmbito cultural.

Aqui reside a diferença entre o multiculturalismo e a fundamentação dos direitos humanos num viés pragmatista. A diferença é que quando se defende os direitos humanos, defende-se um determinado tipo de descrição que, apesar de necessitar de fundamentos para ser aceita, pode ser encarada como pautas para a *educação cultural*. Trata-se de persuadir uma determinada comunidade de seres, que acham natural agir de certa maneira (imoral do ponto de vista dos direitos humanos), a agir respeitando e incluindo seus semelhantes. Isso a hermenêutica diatópica não aceita, pois trata qualquer cultura inicialmente como legítima, propondo não educação, mas troca cultural. Os direitos humanos podem, assim, ser considerados como pautas para a educação humana. O tipo de educação que leva pessoas de diferentes tipos a estarem suficientemente identificadas entre si, de forma tal que possam vê-las como semelhantes. "A meta desse tipo de manipulação de sentimentos é expandir a referência às expressões *nosso tipo de gente* ou *pessoas como nós*".[48]

Essa visão está na base da construção da dignidade humana pelo pensamento ocidental. A proposta do pragmatismo é, portanto, encarar os direitos humanos como descrições a serem analisadas em uma comunidade cada vez mais plural e mais tolerante, de forma a que se lide com a incomensurabilidade com menos força bruta, mas nunca abrindo mão da educação com base nas pautas que defende.

Isso implica a necessidade de agir como inserido numa cultura e valorando os direitos humanos como pautas moralmente superiores, que devem servir para a inclusão daqueles indivíduos que ainda estão desprotegidos e vulneráveis dentro de seus grupos ou culturas.

Tanto o pragmatismo quanto o liberalismo, portanto, evitam descrever conteúdos morais incondicionais. Todavia, não se pode deixar de lado a visão de que, quanto mais os humanos deixam de se identificar com seus semelhantes, apenas porque não conseguem se comunicar imediatamente, mais o mundo estará propenso a resolver seus conflitos de interesses pelo uso da força.

A hermenêutica diatópica abre mão da educação, pois não quer parecer impositiva. Já o pragmatismo liberal investe na visão dos direi-

---

[48] RORTY, Richard. *Truth and progress*: philosophical papers. New York: Cambridge University Press, 1999. p. 177.

tos humanos como pautas para a educação da humanidade, permitindo a manutenção do discurso político universalista.

Uma postura pragmatista é, nesse sentido, também uma postura liberal, já que o progresso no discurso em defesa dos direitos humanos seria nada mais que a possibilidade de os seres humanos se autodescreverem, sem empecilhos que propiciem o fim da conversação, nunca abrindo mão da possibilidade da conversa e da necessidade de reconhecer os valores que possibilitam que essa mesma conversação continue indefinidamente.

Referências

COSTA, Sérgio; WERLE, Denilson Luís. Reconhecer as diferenças: liberais, comunitaristas e as relações raciais no Brasil. In: AVRITZER, Leonardo; DOMINGUES, José Mauricio (orgs.). *Teoria social e modernidade no Brasil*. Belo Horizonte: UFMG, 2000.

EPSTEIN, Richard A. *How progressives rewrote the constitution*. Washington, D. C.: Cato Institute, 2006.

FRASER, Nancy. Da redistribuição ao reconhecimento? Dilemas da justiça na era pós-socialista. In: SOUZA, Jessé (org.). *Democracia hoje*: novos desafios para a teoria democrática contemporânea. Brasília: UnB, 2001.

HAYEK, F.A. *O caminho da servidão*. São Paulo: Instituto Ludwig Von Mises Brasil, 2010.

HEGEL, Georg Wilhem Friedrich. *Fenomenologia do espírito*. Petrópolis: Vozes, 2002.

HONNETH, Axel. *Luta por reconhecimento*. São Paulo: Editora 34, 2003.

JAMES, William. *Pragmatismo*: e outros ensaios. Rio de Janeiro: Lidador, 1967.

LOCKE, John. *Segundo tratado sobre o Governo Civil*. São Paulo: Editora Vozes, 2007.

MISES, Ludwig Von. *As seis lições*. (Trad. Maria Luiza Borges). São Paulo: Instituto Ludwig Von Mises Brasil, 2009.

MISES, Ludwig Von. *O cálculo econômico sob o socialismo*. (Trad. Leandro Augusto Gomes Roque). São Paulo: Instituto Ludwig Von Mises. Brasil, 2012.

NOZICK, Robert. *Anarquia, estado e utopia*. Rio de Janeiro: Jorge Zahar, 1991.

PEIRCE, Charles Sanders. How to make our ideas clear. In: *Selected writings*. New York: Dover Publications, 1966.

PEIRCE, Charles Sanders. *Semiótica*. São Paulo: Editora Perspectiva, 2000.

PEREIRA DA SILVA, Josué. Cidadania e reconhecimento. In: AVRITZER, Leonardo; DOMINGUES, José Mauricio (orgs.). *Teoria social e modernidade no Brasil*. Belo Horizonte: UFMG, 2000.

PIPES, Richard. *Propriedade e liberdade*. Rio de Janeiro: Record, 2010.

POSNER, Richard. *Para além do direito*. São Paulo: WMF Martins Fontes, 2009.

POSNER, Richard. *Direito, pragmatismo e democracia*. Rio de Janeiro: Forense, 2010.

REGO, George Browne. O pragmatismo de Charles Sanders Peirce: conceitos e distinções. In: *Anuário dos cursos de pós-graduação em Direito*. Recife: Universidade Federal de Pernambuco, n. 13, 2003.

RORTY, Richard. *Truth and progress*: philosophical papers. New York: Cambridge University Press, 1999.

ROTHBARD, Murray N. *A anatomia do Estado*. (Trad. Tiago Chabert). São Paulo: Instituto Ludwig Von Mises Brasil, 2012.

SARLET, Ingo. *A eficácia dos direitos fundamentais*. Porto Alegre: Livraria do Advogado, 2008.

SOUSA SANTOS, Boaventura de; NUNES ARRISCADO, João. Introdução: para ampliar o cânone do reconhecimento, da diferença e da igualdade. In: SOUSA SANTOS, Boaventura de (org.). *Reconhecer para libertar*: os caminhos do cosmopolitismo multicultural. Rio de Janeiro: Civilização Brasileira, 2003.

SOUSA SANTOS, Boaventura de. Por uma concepção multicultural dos direitos humanos. In: SOUSA SANTOS, Boaventura de (org.). *Reconhecer para libertar*: os caminhos do cosmopolitismo multicultural. Rio de Janeiro: Civilização Brasileira, 2003.

SOUZA, Jessé. A dimensão política do reconhecimento social. In: AVRITZER, Leonardo; DOMINGUES, José Mauricio (orgs.). *Teoria social e modernidade no Brasil*. Belo Horizonte: UFMG, 2000.

SOWELL, Thomas. *Os intelectuais e a sociedade*. São Paulo: Realizações, 2011.

Informação bibliográfica deste texto, conforme a NBR 6023:2002 da Associação Brasileira de Normas Técnicas (ABNT):

CATÃO, Adrualdo de Lima. A fundamentação dos direitos humanos: debate teórico contemporâneo. In: CATÃO, Adrualdo de Lima *et al.* (Coord.). *Filosofia contemporânea do direito e conectividades*: teoria e pragmática. Belo Horizonte: Fórum, 2019. p. 17-42. ISBN 978-85-450-0630-5.

PRAGMATISMO, EVOLUCIONISMO E ANÁLISE ECONÔMICA DO DIREITO

BRAINSTORMING JURÍDICO: O PRAGMATISMO DE CHARLES S. PEIRCE COMO MÉTODO E A ABDUÇÃO NA APLICAÇÃO DO DIREITO

GUSTAVO GUILHERME MAIA NOBRE SILVA

Introdução

Charles Sanders Peirce foi tido como o "pai" do pragmatismo por suas grandes contribuições para tal ciência, sobretudo por visualizar esse dogma como verdadeiro método da filosofia do Direito. As promissoras ideias partiam de uma bem elaborada noção do processo abdutivo como meio investigativo para a correta elaboração da decisão judicial.

A ideologia jusfilosófica, surgida no final do século XIX, advém do renomado Clube Metafísico da Universidade americana de Cambridge. Com o desenvolvimento do estudo, denota-se que o ponto de partida das construções ali determinadas é, tambem, a disposição de métodos do raciocínio abdutivo como meio que confere funcionalidade ao pragmatismo, especialmente quanto ao momento de tomada da decisão judicial, bem como quanto à argumentação jurídica *per si.*

A esse propósito, é inegável sua peculiaridade e "inovação" para a argumentação jurídica, haja vista ser franca a ideologia de Peirce ao enquadrar o pragmatismo como meio de tornar ideias claras, onde seria impossível, senão por meio da prática, operar distinções ou estabelecer verdades teóricas.

Quanto ao método abdutivo propriamente dito, o autor defende uma premente vivacidade (até mesmo no campo da imaginação) do intérprete ou do aplicador do Direito, na medida em que abraça a concepção de compatibilizar, ao mesmo tempo, a abdução como "meio de conclusão" (o que também chama de "inferência") e *"insight"* na construção do raciocínio.

Portanto, o uso de elementos psicológicos (até então, amplamente banidos pela lógica racional da ciência jurídica) é a grande perspectiva para operacionalizar hipóteses ou soluções no contexto investigativo da atividade jurisdicional, mormente para debater o que Peirce classifica como "crenças" e "dúvidas".

Claramente, percebe-se uma preocupação desse método científico com a abstração das definições estanques no Direito, o que é refutado sob a forte sustentação de que a abdução possibilitaria liberdade, falibilidade e continuidade no processo de descoberta do melhor desfecho para casos concretos.

Como se verá, a ideia basilar da teoria *peirceniana* é a da inferência considerativa dos efeitos e das possíveis consequências pragmáticas de uma concepção como o legítimo método hábil a revelar a verdadeira concepção, isto é, para examinar profundamente uma fonte de conhecimento é imperioso tomar em consideração os efeitos concebíveis que somente a prática pode proporcionar.

Com esse aparato dogmático, observa-se um sutil surgimento e valoração do consequencialismo, haja vista a forte tendência de o método investigativo abdutivo incutir no imaginário do intérprete conjecturas e projeções hipotéticas futuras para dar vida ao Direito por meio da lógica empírica.

1 Abdução como método investigativo e revelador do Direito

A teoria de Charles S. Peirce é peremptória ao defender que nada pode ser aprendido e nenhum conhecimento pode ser plenamente determinado, examinando apenas suas definições genéricas e abstratas. Os conceitos devem ser desafiados, dirimidos, concretizados e, então, postos em operação na prática.

Além de, aparentemente, conceber soluções mais tangíveis, essa premissa é sistematizada para fazer frente a e solucionar dois pontos fundamentais na construção do método investigativo das decisões: (a) clarear ideais; (b) tornar distintas ideias claras.[1]

---

[1] PEIRCE, Charles Sanders. *Semiótica*. São Paulo: Perspectiva, 2003.

Simploriamente, para Peirce, abdução é pragmatismo. Apesar da concepção reduzida, o autor não minimiza o segundo dogma, restringindo-o ao primeiro, já que aceita o raciocínio por dedução e indução, porém, salienta que é pelo exclusivo campo da abdução que se deve inaugurar qualquer investigação científica.[2]

Então, nessa lógica, o que seria o raciocínio abdutivo? Segundo o autor, a hipótese abdutiva surge de uma reflexão momentânea que se funda numa introvisão (*"insight"*) que, inclusive, pode ser falível do ponto de vista teórico. Vale ressaltar que Peirce explora – com muita propriedade – a noção de *falibilidade* como consequência do exercício de lançamento de hipóteses e conjecturas advindo dos *insights*.

Em síntese, retomando a temática da abdução argumentativa, tem-se que essa espécie de raciocínio é impulsionada pelo estado de dúvida e desassossego, o qual motiva o estudo, conduzindo o intérprete na produção de soluções audazes e inovadoras.

Em outros dizeres: a preocupação investigativa em relação às concepções e asserções parte do pressuposto de que é a lógica abdutiva o ponto de partida para gerar a fagulha inquietante que conduz o aplicador do Direito do *insight* à investigação e à solução.

Portanto, tendo em vista nascer duma mera introvisão, a investigação por abdução proporciona um evidente método de exame prospectivo de hipóteses e conjecturas sobre consequências futuras para a correta aplicação do Direito:

> A abdução é um processo criativo de inferência que permite voos da imaginação para prever consequências futuras não apenas as mais óbvias, mas também as possibilidades mais amplas e de longo alcance.[3]

Flavianne Nóbrega ressalta que é nesse ponto que a doutrina de Peirce inova e desafia a tradição racionalista da ciência lógica (em que a dedução e não a abdução é tida como processo de inferência), ao conciliar a inferência e o *insight* no raciocínio abdutivo.

Com isso, é de observar que o método defendido por Peirce é frutífero ao tratar a abdução como lógica pragmática peculiar, em que tais *insights* são tidos como os primeiros atos deflagradores do/no

---

[2] PEIRCE, Charles Sanders. *Semiótica*. São Paulo: Perspectiva, 2003. p. 232-239.

[3] NÓBREGA, Flavianne Fernanda Bitencourt. *Um método para a investigação das consequências*: a lógica pragmática da abdução de C. S. Peirce aplicada ao Direito. João Pessoa: Ideia, 2013. p. 24.

processo de inferência. Enfim, valoriza-se o pensamento investigativo prospectivo e construtivo de cogitações teóricas válidas.

Tornando mais concreta a noção acima explanada, o próprio Peirce detém uma reflexão, deveras prudente e pertinente, ao afirmar que, se toda concepção (para os pragmatistas) é a concepção advinda dos efeitos práticos, implica afirmar que a concepção tem alcance para além da prática, podendo ser situada no plano da imaginação.[4]

Em suma, o autor defende essa noção e reforça que o dinamismo do método racional de abdução em muito valoriza a ato de imaginar quais serão os resultados/efeitos práticos de uma noção advinda de um *insight*.

Contudo, um alerta importante é destacado por Nóbrega:

> A soma de todos os resultados previsíveis constitui o significado de um conceito geral e isso decorre de o pragmatismo assumir que o número de consequências práticas é indefinido e o conhecimento jamais é absoluto, sendo um *continuum* de incerteza e indeterminação.[5]

De fato, ao assumir uma postura abdutiva como lógica pragmática de seu raciocínio, o acautelamento acima é mais do que pertinente, sendo prudente afirmar que as premissas científicas de tal didática "não oferecem um método para determinar um significado definitivo ou preciso de algum conceito ou objeto".[6]

A esse propósito, mostra-se pertinente um adendo para ressaltar o que se poderia chamar de "o consequencialismo na visão de Charles S. Peirce". Esse discurso direciona a atenção às consequências que o agir interpretativo pragmatista gera ao dirigir seu olhar para o futuro, o que Thamy Pogrebinschi chama de *foward-looking*.[7]

---

[4] PEIRCE, Charles Sanders. *Semiótica*. São Paulo: Perspectiva, 2003. p. 232-239.

[5] NÓBREGA, Flavianne Fernanda Bitencourt. *Um método para a investigação das consequências*: a lógica pragmática da abdução de C. S. Peirce aplicada ao Direito. João Pessoa: Ideia, 2013. p. 19.

[6] STROH, Guy W. *A filosofia americana*: uma introdução (de Edwards a Dewey). (Trad. Jamir Martins). São Paulo: Cultrix, 1968. p. 121.

[7] POGREBINSCHI, Thamy. *Pragmatismo*: teoria social e política. Rio de Janeiro: Relume Dumará, 2005. p. 25.

2 Consequencialismo *versus* Lógica Pragmática da Abdução

Como visto no último parágrafo do tópico anterior, para Peirce, o exercício de cogitar hipóteses e previsões é – nitidamente – um raciocínio de análise de consequências futuras. Flavianne Nóbrega[8] é categórica ao afirmar que, para o autor, o *significado racional de toda proposição está no futuro.*

A lógica do pragmatismo abdutivo de Peirce advém de estudos de casos concretos. Conforme opina Oliver W. Holmes, o autor acolhe o que este defende ao declarar que "a vida do Direito não é lógica, mas experiência".[9]

Aliada a essa digressão, ao partir da análise de dogmas como os *insights criativos*, bem como das noções de "dúvida" e "crença", é possível afirmar que Peirce elaborou um fértil caminho para o estudo do consequencialismo, notadamente ao admitir que seu método abdutivo de investigação possa ser situado no plano da imaginação de possíveis resultados. Suas ideias, portanto, reforçam que é nesse plano racional imaginário que sua peculiar visão de pragmatismo realiza o exercício de lançar hipóteses e consequências futuras.

É seguro sustentar, então, que o significado ou a concepção pragmática de Peirce está nas projeções imaginárias de suas consequências eventuais.

O liame entre as concepções de Peirce e a dogmática do consequencialismo encontra um ponto de interseção à luz do raciocínio de que, quando as decisões são tomadas e se têm por critério de julgamento as consequências, a lógica abdutiva é o método pragmático hábil para avaliar as projeções imaginadas pelo aplicador do Direito.

Apesar de não caberem – neste breve ensaio – discussões acerca de critérios deontológicos, políticos, sociais ou econômicos no processo de investigação das decisões judiciais, é digna de registro a definição de *consequencialismo* exposta no *Dicionário de Filosofia* de Nicola Abbagnano:

> Vertente peculiar das éticas teológicas, ou seja, morais que avaliam e prescrevem as ações, tendo em vista seus resultados, considerando moralmente bons os comportamentos que produzem consequências boas.[10]

---

[8] NÓBREGA, Flavianne Fernanda Bitencourt. *Um método para a investigação das consequências*: a lógica pragmática da abdução de C. S. Peirce aplicada ao Direito. João Pessoa: Ideia, 2013. p. 24.

[9] HOLMES, Oliver Wendell. *The Common Law*. Boston: Little, Brown, 1881. p. 1-2.

[10] ABBAGNANO, Nicola. *Dicionário de Filosofia*. São Paulo: Martins Fontes, 2000.

A bem da verdade, o que se pretende evidenciar é a importância dos resultados e das repercussões de uma decisão para a construção do método abdutivo de Charles S. Peirce.

Claramente, cogitar projeções imaginárias ou visualizar o irreal pode aparentar um agudo distanciamento da realidade dogmática diante do que hodiernamente se dispõe nas técnicas de interpretação e de argumentação jurídicas, contudo, não se deve olvidar o fato de que Peirce foi um dos grandes precursores de estudos metafísicos – o que não desmerece suas análises, ao contrário. A perspicácia genial de Peirce foi apontar o pragmatismo filosófico não inicialmente para o Direito, mas para diversas áreas de conhecimento que não são facilmente classificáveis, a exemplo da *moral,* e isso demonstra o acerto de sua teoria.[11]

De mais a mais, um modesto "alerta" merece ser proferido: a impressão que se obtém da lógica pragmática abdutiva de Peirce é que sua metodologia é voltada a um momento antecedente (o autor, inclusive, faz uso do vocábulo "investigação" num contexto que precede a aplicação do Direito). Todavia, entende-se que o consequencialismo é um dogma mais abrangente, uma vez que (para os adotantes desta filosofia) as consequências das decisões denotam uma avaliação plúrima, isto é, não limitada ou restrita ao momento inicial de aplicação do Direito.

Para os consequencialistas, ao contrário, as repercussões decorrentes de uma decisão importam no reconhecimento de seu sucesso ou fracasso, independentemente de a avaliação desses impactos ocorrer antes da, durante a ou posteriormente à decisão examinada.

A concepção consequencialista, deveras, é mais dilatada, dado o fato de que não há uma delimitação (nesta dogmática) de que o estudo das repercussões será sempre realizado num momento antecedente, em que se avaliam exclusivamente conjecturas ou hipóteses para investigar a melhor aplicação do Direito.

Richard Posner, com marcante coesão, avalia genericamente o *consequencialismo* como um movimento *preocupado com as melhores consequências,* distinguindo-o do pragmatismo, porquanto este, "simploriamente", se *fundaria na decisão mais razoável.*[12]

Daí, então, a inferência de que a lógica pragmática da abdução estaria "inserida" no consequencialismo, desde que se considere este movimento filosófico como viés ou segmento da doutrina pragmatista – o que não seria nenhum absurdo:

---

[11] PEIRCE, Charles Sanders. *Semiótica.* São Paulo: Perspectiva, 2003. p. 291.

[12] CHRISTOPOULOS, Basile. *Orçamento público e controle de constitucionalidade*: argumentação consequencialista nas decisões do STF. Rio de Janeiro: Lumen Juris, 2016.

No pragmatismo, portanto, o estímulo ao uso das consequências seria derivado da ideia de que o juiz deve criar a decisão tendo em vista todas as coisas consideradas no caso concreto, em detrimento do que foi previsto.[13]

Em desfecho, é útil expor que essa aproximação defendida entre a lógica abdutiva e o consequencialismo não deve ser vista como uma inovação absurda ou descomedida. Isso porque tal encontro de dogmas pode ser ventilado e trazido à tona pelas noções do "pai" da Análise Econômica do Direito.

É possível dizer que, para Posner, a abordagem de problemas jurídicos deve levar em conta os efeitos das soluções propostas (claramente, um exemplo de lógica abdutiva), sobretudo aquelas advindas de pesquisas empíricas sobre os custos/benefícios e do critério da racionalidade meios/fins.

Considerações finais

Apesar da marcante uberdade na construção do raciocínio, é seguro afirmar que a lógica pragmática abdutiva de Charles Sanders Peirce é útil, contudo insuficiente. Ao admitir a falibilidade como elemento construtivo das inferências hipotéticas advindas do dinamismo investigativo, o autor é responsável e prudente ao consentir que, das diversas hipóteses e elucubrações possíveis no imaginário do intérprete, algumas concepções podem se tornar perigosamente amplas.

Naturalmente, sua convergência ideológica em delinear a abdução como meio apto a auxiliar o esclarecimentos de ideias é notável, sobretudo por não denegar valor à dedução (amplamente aceita pelos racionais) e por defender que as concepções, de fato, são as concepções dos efeitos práticos concebíveis.

A despeito de a lógica abdutiva estar ou não apta a encerrar meios eficazes na aplicação do Direito, vislumbrou-se que o consequencialismo (ao lado da filosofia do pragmatismo) pode ser tido como sustentáculo da teoria de Peirce e não como originário desta. Assim se entende, especialmente pelo fato de o consequencialismo gerar argumentação jurídica não somente numa fase antecedente de aplicação do Direito – como a abdução lógica o faz.

---

[13] CHRISTOPOULOS, Basile. *Orçamento público e controle de constitucionalidade*: argumentação consequencialista nas decisões do STF. Rio de Janeiro: Lumen Juris, 2016. p. 61.

Num primeiro momento, poder-se-ia dizer que há certa lacuna quanto aos instrumentais empíricos da lógica abdutiva isoladamente considerada. Apesar disso, não se pode negar que o ponto de partida das investigações jurídicas (não a visão abdutiva) são, em larga escala, *insights* que geram inquietação e motivam o pesquisador a buscar suposições criativas e prospectivas.

Ao ser aplicada ao Direito, portanto, tem-se que na lógica abdutiva, em contraponto ao silogismo dedutivo, seu ponto de partida não é a norma jurídica abstratamente disposta, mas uma suspeita ou um ceticismo legítimo advindo da realidade prática, induzindo o pesquisador jurídico a produzir conjecturas, o que se comportaria como um verdadeiro *brainstorming* jurídico.

Referências

ABBAGNANO, Nicola. *Dicionário de Filosofia*. São Paulo: Martins Fontes, 2000.

CHRISTOPOULOS, Basile. *Orçamento público e controle de constitucionalidade*: argumentação consequencialista nas decisões do STF. Rio de Janeiro: Lumen Juris, 2016.

HOLMES, Oliver Wendell. *The Common Law*. Boston: Little, Brown, 1881.

NÓBREGA, Flavianne Fernanda Bitencourt. *Um método para a investigação das consequências*: a lógica pragmática da abdução de C. S. Peirce aplicada ao Direito. João Pessoa: Ideia, 2013.

PEIRCE, Charles Sanders. *Semiótica*. São Paulo: Perspectiva, 2003.

POGREBINSCHI, Thamy. *Pragmatismo*: teoria social e política. Rio de Janeiro: Relume Dumará, 2005.

STROH, Guy W. *A filosofia americana*: uma introdução (de Edwards a Dewey). (Trad. Jamir Martins). São Paulo: Cultrix, 1968.

Informação bibliográfica deste texto, conforme a NBR 6023:2002 da Associação Brasileira de Normas Técnicas (ABNT):

NOBRE SILVA, Gustavo Guilherme Maia. *Brainstorming* jurídico: o pragmatismo de Charles S. Peirce como método e a abdução na aplicação do direito. In: CATÃO, Adrualdo de Lima *et al.* (Coord.). *Filosofia contemporânea do direito e conectividades*: teoria e pragmática. Belo Horizonte: Fórum, 2019. p. 45-52. ISBN 978-85-450-0630-5.

RICHARD POSNER E A HONESTIDADE INTELECTUAL DE UM PRAGMÁTICO METAMORFÓSICO

GUSTAVO HENRIQUE GONÇALVES NOBRE

Introdução

O direito é pluridimensional; sua estrutura dialoga, para além da tentativa purificante da normatividade, com outros núcleos do conhecimento social aplicado, o que resulta em sua necessidade de complementação enquanto fenômeno interdisciplinar.

Richard Posner, expoente quase que midiático dessa perspectiva plural do direito, dado seu apreço à economia, conseguiu em seu histórico produtivo representar o funcionamento dessa engrenagem multifacetada, principalmente por seu viés pragmático, que lhe impõe uma reação intelectual metamórfica aos problemas apresentados, sem menosprezo da polêmica que sua postura lhe traz, principalmente aos olhos de seus críticos mais vorazes.

Tal conduta intelectual – se é que seja possível tratá-lo como pensador de tal jaez, dada a aversão do pragmatismo ao intelectualismo academicista, principalmente o de viés teórico e formalista – provém da necessidade de o analista do direito buscar compreender a "norma" em sua contextura sistêmica, portanto, entregando-a ao plano prático-funcional.

Essa é, de fato, uma perspectiva interacionista do próprio direito, de onde seu referencial, superando o caráter puramente formal, repercute na construção da operação decisória, imprescindível aos mais diversos arranjos (ou jogos) jurídicos.

Percebe-se que o trabalho de Posner, também legatário do realismo jurídico americano, mais especificamente na linha de Oliver Wendell Holmes Jr. e Benjamin Cardozo, é fruto desse fenômeno que entrega ao pragmático do Direito a chance de enfrentar/decifrar seu momento histórico com desapego a supostas ou pressupostas bases axiológicas universalistas.

Com tal perspectiva, ora arrimada no movimento da Análise Econômica do Direito como cerne analítico, apresentada como mera ferramenta tangente à obra posneriana, a imagem de justiça, em Posner, é transfigurada no elemento da maximização da riqueza, de forte apego às influências neoclássicas, as quais, no pós-crise de 2008, foram abandonadas, cedendo espaço ao keynesianismo. Aqui vibra a repercussão prática que o consequencialismo jurídico terce na vida/obra de seus coerentes adeptos.

Essa é uma tendência vigente e até mesmo fulgente na hodierna produção de Richard Posner, sendo, aliás, a perspectiva enunciada em seus últimos livros. Saber de sua consistência é algo que pulula na cabeça de vários críticos, seguidores ou meros interessados na obra de Posner. Com isso se explica o problema epigrafado no título do presente artigo, a própria compreensão das fases e mutações vivenciadas pela obra posneriana.

É consignável que por se tratar de matéria árdua diante da vastidão e multiplicidade da construção posneriana, responder-se-á, por óbvio, a tal problemática proposta, passando-se por três grandes fases da produção do referido autor.

Por fim, para uma melhor compreensão do que se apresentará ao longo destas linhas, releve-se que a separação das fases de produção posneriana, tripartidas ao longo deste trabalho, busca focalizar uma pretensa visão linear dos estudos de Posner. Isso se deve, apenas, a um esforço de se sistematizar o artigo ora apresentado, desde já se anunciando que tal repartição, como se categorias de ideias estanques existissem, não é algo percebido na realidade da obra analisada, tendo em vista a profusão de pensamentos livres e difusos que é, de certa forma, uma marca na produção do jurista americano e da sua vocação pragmática.

1 Análise econômica do direito em Posner

A expressão Análise Econômica do Direito, ou simplesmente AED, será utilizada aqui para designar a primeira e, talvez, a mais marcante/influente fase de produção intelectual de Posner a ser analisada, vinculada mesmo a uma perspectiva (re)novadora teorética – a despeito de esse caráter intelectualizado ser rejeitado pelo autor, como já anunciado introdutoriamente – amparada no imperativo da eficiência jurídico-econômica, cujo termômetro seria a maximização da riqueza.

Cumpre notar, igualmente, que a AED é fruto de um processo de maturação que perdura no tempo e que buscou controlar, ou ao menos logicizar, o direito pelo prisma balizador da economia, tendo suas origens mais remotas no realismo jurídico e no utilitarismo de matiz *benthamniano*,[1] sendo, portanto, uma condensação/herança acadêmica recebida, mantida e aumentada pelos esforços posnerianos e de muitos outros autores de igual quilate, a exemplo de Ronald Coase.

Para Posner, existiria uma espécie de condão que unificou os pensamentos de Bentham a Gary Becker, os dois maiores nomes da teoria econômica do direito apontados por Posner, tendo suas produções jurídicas afastadas por um lapso temporal de duzentos anos.[2] O referido condão foi fundamental ao surgimento da AED[3] propriamente dita, a saber, a justaposição do raciocínio econômico à busca de decodificação do comportamento humano e a rejeição da casualidade, essa última característica, ao que se compreende, quase que um desenrolar factual da própria economia, em perspectiva micro.[4]

De tal liame, é admissível depreender-se a AED como uma espécie de leitura atualizada da manifestação do citado condão e que

---

[1] Em que pese indicar-se a obra de Bentham como marco histórico, ainda que de maneira transversa, o próprio Posner identifica em autores ainda mais clássicos, como Hobbes, Hume e Adam Smith, alguns traços marcantes do que mais tarde viria a se chamar de Análise Econômica do Direito. Cf. POSNER, Richard. *Fronteiras da Teoria do Direito*. (Trad. Evandro Ferreira e Silva, Jefferson Luiz Camargo, Paulo Salles e Pedro Sette-Câmara). São Paulo: WMF Martins Fontes, 2011. p. 33-34.

[2] POSNER, Richard. *Fronteiras da Teoria do Direito*. (Trad. Evandro Ferreira e Silva, Jefferson Luiz Camargo, Paulo Salles e Pedro Sette-Câmara). São Paulo: WMF Martins Fontes, 2011. p. 31.

[3] Importante salientar que a aplicação da expressão Análise Econômica do Direito (EAD) engloba diversos matizes e vertentes da relação entre Direito e Economia. Assim, por uma questão de honestidade intelectual, assume-se aqui um corte metodológico para focar na expressão atrelada aos elementos da produção e pensamento vinculado à obra de Posner, não se olvidando que outros tantos autores, que também contribuíram para o desenvolvimento dessa Escola, representam pontos de grandeza a serem ressaltados. Cabe lembrar que alguns autores acabam diferençando Direito e Economia da AED, indicando esta como "a análise econômica do funcionamento das normas jurídicas, a partir da ideia de escolha racional", enquanto aquela seria "o estudo da influência das regras jurídicas no funcionamento do sistema econômico". Para uma maior compreensão dessa distinção, remete-se o leitor ao texto de: KLEIN, Vinícius. Posner é a única opção? In: RIBEIRO, Márcia Carla Pereira; KLEIN, Vinícius (*coord.*). *O que é análise econômica do Direito.* Belo Horizonte: Fórum, 2011. p. 171-178.

[4] POSNER, Richard. *Fronteiras da Teoria do Direito*. (Trad. Evandro Ferreira e Silva, Jefferson Luiz Camargo, Paulo Salles e Pedro Sette-Câmara). São Paulo: WMF Martins Fontes, 2011. p. 31.

ganha suas feições hodiernas principalmente com a revista *Journal of Law and Economics*, inaugurada em 1958, que serviu como verdadeiramente provedora de conteúdo dessa Escola vinculada à produção acadêmica da Universidade de Chicago, a qual, sobretudo a partir de 1960, superou a restrição da velha AED aos ramos do direito ligados, por natureza, à economia, a exemplo do Direito Antitruste, do Direito Comercial e do Direito Tributário, para expandi-la a áreas não diretamente afeitas à economia, como foi o caso da Responsabilidade Civil, do Direito Penal e Processual.[5]

Não obstante o que já fora dito, é imprescindível que se compreenda que a Análise Econômica do Direito assume uma bifurcação que conduz o analista a dois caminhos: ao da AED positiva (ligada ao ser, ao fato bruto propriamente dito e analisado) e ao da AED normativa (ligada ao dever ser, numa perspectiva mais concatenada ao vetor normativo como fonte de valor, ressalte-se, diretamente vinculado ao perfil maximizador de bens ser humano).

Em outras palavras, a AED, na primeira fase de Posner, passa aos poucos a se expandir, a ponto de englobar desde a explicação do comportamento dos juízes através de demonstrações matemáticas, calhando pela análise comportamental das uniões de pessoas do mesmo sexo, até a ineficiência de leis que impedem o livre exercício do poder potestativo de empregadores de rescindir unilateralmente o contrato de trabalho. Assim, praticamente "todo" problema jurídico poderia ser reduzido a um problema de cognição do aparelho analítico da AED.[6]

Daí a percepção do elevado nível de complexidade da Análise Econômica do Direito. Abandona-se, ou ao menos se arrefece, o velho modelo analítico, teorético, formalista e focado em categorias jurídicas universalmente preconcebidas e conhecidas, quase sempre subordinadas ao esquema pré-moldado do silogismo, para constatar na aplicação, ou melhor, na ciência aplicada da economia, o embasamento técnico necessário à compreensão do direito como objeto, chegando-se mesmo

---

[5] Para se fazer uma deferência histórica, cumpre salientar que Gary Becker foi o grande responsável por essa ampliação de áreas de incidência da AED, tendência que fora acompanhado por Posner em sua primeira fase, em que pese, por exemplo, a relação Economia e Punição/Pena, por exemplo, já tivesse sido, há muito, analisada por Bentham. COELHO, Cristiane de Oliveira. A análise econômica do Direito enquanto Ciência: uma explicação de seu êxito sob a perspectiva da História do pensamento econômico. *Berkeley Program in Law & Economics*, 2007. Disponível em: <http://escholarship.org/uc/item/47q8s2nd>. Acesso em: 5 jan. 2017.

[6] POSNER, Richard A. *Para além do Direito*. (Trad. Evandro Ferreira e Silva). São Paulo: WMF Martins Fontes, 2009.

a um pragmatismo jurídico em manifestação matemática, para não dizer calculista.

Na linha desse raciocínio, é válido ressaltar que a AED foi concebida por Posner, conforme já anunciado, com fortíssimo espeque na configuração de matiz econômica neoclássica, na qual o foco principal seria o de que os homens tenderiam, sempre, a escolhas racionalmente maximizantes em toda e qualquer atividade que implicasse efetivamente uma ação optativa.

Cumpre notar que essa tendência eficientista, em Posner, acabou aos poucos sendo suavizada pela busca de uma centralização pragmática, alocando a economia a um papel meramente ferramental, um suporte às constatações do jurista, em suas incursões pragmáticas.

2 Posner e a consolidação do seu foco pragmático

Antes de se adentrar de fato no segundo momento das fases posnerianas, ressalte-se que a riqueza, no contexto de "maximização da riqueza", é referente

> à soma de todos os bens e serviços tangíveis e intangíveis, ponderados por dois tipos de preços: preços ofertados (o que a as pessoas se predispõem a pagar por bens que ainda não possuem) e preços solicitados (o que as pessoas pedem para vender o que possuem).[7]

É justamente no balizamento desses dois pontos, em sentido de melhor aproveitá-los como referenciais das escolhas, que a maximização da riqueza atua. Sendo assim, afasta-se toda e qualquer indicação de supressão da economia e, por conseguinte, da própria funcionalidade da riqueza, como algo não importante, nesta segunda fase.

Contudo, resta evidente que a lógica econômica, na fase ora analisada, passou a representar uma espécie de imperativo ético para os operadores do Direito. Tal imperativo passou por um enquadramento moral, tendo em vista a busca de focalização do aspecto econômico direcionado, também, pela tendência de rearticulação das "teorias da justiça" que povoou o ambiente acadêmico americano por influência de obras como *A Theory of Justice* (John Rawls, 1971), *Anarchy, State, and*

---

[7] POSNER, Richard A. *Problemas de Filosofia do Direito*. (Trad. Jeferson Luiz Camargo). São Paulo: Martins Fontes, 2007. p. 477.

Utopia (Robert Nozick, 1974) e *The Limits of Liberty: Between Anarchy and Leviathan* (James M. Buchanan, 1975).[8]

Fazendo-se um paralelo entre a primeira fase de Posner, a da AED em sua carga máxima, e sua segunda fase (consolidação e foco pragmático), tem-se que a economia restou presente e, inclusive, intacta em termos eficientistas, só que doravante atrelados a critérios que os tangenciariam.

Em outras palavras, nesta segunda fase, busca-se harmonizar o eficientismo com critérios morais, mostrando-se que conceitos voláteis como "equidade" e "justiça", por exemplo, quando possíveis de ser firmados em uma decisão judicial, pragmaticamente consideradas, remeteriam ao lugar comum da "maximização da riqueza". É como se a maximização de riqueza fosse enxergada não só como aspecto econômico, mas, também, como um valor social aderente a toda decisão judicial idônea.[9]

Note-se aqui que categorias como "valor social" não são uma nota axiológica ou universalista. O toque central é o próprio reconhecimento pragmático, funcional, economicamente viável, que, bem ou mal, transformará as estruturas sociais em ambientes melhores, sob o enfoque realista.

Ao comentar essa perspectiva, Rosa preleciona que:

> De um lado indica ajustes estruturais no Poder Judiciário, [...] por outro, a partir do *pragmatic turn*, refunda a "Teoria da Decisão Judicial" pelo critério da "maximização da riqueza", levado a efeito por agentes racionais enleados num processo de desenvolvimento social. Há uma rearticulação interna do Direito pela intervenção externa (e decisiva) da Economia.[10]

Esse enfoque traça limites de alcance à maximização da riqueza pelo fato de o pragmatismo posneriano, quase um "praticisismo", levar à percepção de que alguns resultados práticos eficientistas podem

---

[8] SALAMA, Bruno Meyerhof. A história do declínio e queda do eficientismo na obra de Richard Posner. In: LIMA, Maria Lúcia L. M. Pádua (Coord.). *Trinta anos de Brasil*: diálogos entre direito e economia. São Paulo: Saraiva, 2012.

[9] POSNER, Richard A. *Problemas de Filosofia do Direito*. (Trad. Jeferson Luiz Camargo). São Paulo: Martins Fontes, 2007. p. 484-485.

[10] ROSA, Alexandre Morais. Crítica ao discurso da Law and Economics: a exceção Econômica no Direito. In: ROSA, Alexandre Morais; AROSO LINHARES, José Manuel (Org.). *Diálogos com a Law & Economics*. Rio de Janeiro: Lumen Juris, 2011. p. 64.

ultrapassar os limites morais de uma dada sociedade, num dado momento histórico, causando, consequentemente, sua não aceitação social.

Nas palavras de Posner:

> A maximização da riqueza implica que, se a prosperidade da sociedade puder ser promovida por meio da escravização de seus membros menos produtivos, o sacrifício de sua liberdade terá sido válido. Essa implicação, porém, é contrária às inabaláveis instituições morais americanas e, como enfatizei no último capítulo, a conformidade com a intuição é o teste definitivo de uma teoria moral – *na verdade, de qualquer teoria*. (grifos aditados).[11]

Veja-se que o eficientismo não é negado, pois as vantagens e os resultados da maximização da riqueza, como critério consequencialista que permita a fundamentação de uma postura jurídica, continuam presentes. O problema é que tais resultados, pragmaticamente falando, podem ser indesejados pela sociedade, ainda que essa rejeição seja "quase" ilógica na ótica econômica, capaz de gerar algum paradoxo.

3 Pragmático e macroeconômico

A lógica das duas primeiras fases analisadas, ao que se depre-ende estruturalmente, apresenta uma certa constante: o livre mercado – mais na primeira fase, do que na segunda –, dada a quase completa passividade do direito à economia.

O jurista tem um apreço quase canônico – suavizado numa segunda fase – quanto à economia em seu aspecto micro. Sua conduta, ademais, possuía uma postura liberalizante que relegava ao Estado, unicamente, "as tarefas que os sistemas de preços não conseguem realizar bem".[12]

Porém, é de se frisar: o pragmatismo em Posner foi, cada vez mais, crescendo e ganhando amplitude em sua teoria. Já na segunda fase (ou tendência) analisada, tal postura prática, um tanto quanto permeada de preocupações com a eticidade, encobria o brilho das ideias

---

[11] POSNER, Richard A. *Problemas de Filosofia do Direito*. (Trad. Jeferson Luiz Camargo). São Paulo: Martins Fontes, 2007. p. 506.

[12] POSNER, Richard A. *Direito, pragmatismo e democracia*. (Trad. Teresa Dias Carneiro). Rio de Janeiro: Forense, 2010. p. 149.

microeconômicas que conduziam a um Estado Mínimo, à maximização da riqueza e à propensão ao potencial empreendedor da livre-iniciativa através da "mão invisível do mercado".

Na esteira dessa tendência, o viés econômico dos estudos de Posner foi colocado à prova em 2008, com o colapso financeiro do mercado americano. Em geral, tal crise é associada ao fracasso da desregulamentação do mercado financeiro estadunidense. Essa perspectiva trouxe a Posner a obrigação imposta por sua postura pragmática de reconhecer a falibilidade do sistema de desregulamentação do mercado. Segundo ele, em tradução livre:

> A desregulamentação fez do setor bancário (amplamente definido, como deveria ser, para incluir os outros intermediários financeiros, que eram mais e mais como bancos) mais competitivo, espremendo as margens de lucro. Alta alavancagem permitiu que margens de lucro pequenas se tornassem grandes – desde que a taxa de inadimplência dos empréstimos dos bancos fosse baixa. Alavancagem amplia lucros, mas igualmente as perdas, porque os débitos são obrigações fixadas, devidas, independentemente de quão lucrativos ou não lucrativos venham a ser os empréstimos e outros investimentos dos bancos.[13]

Não obstante, a tão propalada crise de 2008, na ótica pragmática de Posner, foi uma crise cuja culpa deveria ser atribuída integralmente à falta de responsabilidade dos setores governamentais responsáveis pelo mercado financeiro e que, nem sequer, continham um plano de contingenciamento suficiente a assegurar uma possível, ainda que não provável, crise no setor.[14]

Nesses mesmos termos, Dean Baker, um dos poucos economistas americanos a preverem a crise de 2008, também ponderou que o que permeou tal colapso foi a confirmação "de um fracasso: o de um programa de políticas públicas".[15] A propósito disso, o referido autor

---

[13] POSNER, Richard A. *A failure of capitalism*: the crisis of '08 and the descent into depression. Massachusetts: Harvard University Press, 2009. p. 319. No original: "Deregulation had made the banking industry (broadly defined, as it should be, to include the other financial intermediaries, as they were more and more like banks) more competitive, squeezing profit margins. High leverage enabled small profit margins to become large ones - as long as the rate of default on the banks' loans was low. Leverage magnifies profits, but equally losses, because debts are fixed obligation, due an dowing, regardless of how profitable or unprofitable the banks' lending and other investing turn out to be".

[14] POSNER, Richard A. *A failure of capitalism*: the crisis of '08 and the descent into depression. Massachusetts: Harvard University Press, 2009. p. 329.

[15] BAKER, Dean. *A economia levada a sério*. São Paulo: Martins Fontes, 2011. p. 3.

chega a reconhecer que a questão não seria da desregulamentação/regulamentação em si, mas sim, saber "a melhor maneira de estruturar a regulamentação, e não a oposição entre regulação e mercado".[16]

Para Posner, a chave pragmática que solucionaria a crise econômica de 2008 residiria na macroeconomia, mais especificamente amparada nas lições puras de John Maynard Keynes,[17] forte influenciador da agenda do *Welfare State*, tão fortemente combatido pelos direcionamentos microeconômicos. Esse seria, pois, o maior golpe pragmático na obra de Posner, reflexo de um total desapego à teoria, sendo, em conclusão, uma manifestação de sua honestidade intelectual.

É de se acompanhar de perto os próximos passos pragmáticos de Posner, afinal, já faz um bom tempo que o autor propugna "que os alicerces de um princípio abrangente para a solução das disputas jurídicas estão podres, o que nos faz voltar para a solidez dos abrigos pragmáticos".[18]

Considerações finais

Tendo em vista que as relações jurídico-econômicas, para Posner, já não podem ser pautadas pelo prisma ferrenho e, quiçá, estanque, das concepções neoclássicas, cujo arcabouço guarda nítida relação com os aspectos eficientistas atrelados à maximização de riqueza – primeira fase da produção posneriana aqui tratada –, surge, então, a necessidade de melhor analisar os fatos econômicos, máxime pós-crise de 2008, os quais devem passar por uma ampliação dos horizontes teóricos, ao ponto de Posner englobar as lições *keynesianas*, de escopo macroeconômico.

Nessa realidade, Posner vislumbra novos ares econômicos, em alguns pontos diametralmente opostos aos rumos indicados pela própria Análise Econômica do Direito, algo que de fato é revolucionário em sua teoria, mas que fora gestado quando do segundo momento produtivo de Posner: na ocasião em que seu foco central passa a ser o pragmatismo puro e simples, sem ser simplista, preocupado com a realidade e a funcionalidade dos caminhos perseguidos pelo Direito.

---

[16] BAKER, Dean. *A economia levada a sério*. São Paulo: Martins Fontes, 2011. p. 93.

[17] POSNER, Richard A. *The crisis of capitalist democracy*. Massachusetts: Harvard University Press, 2010. p. 8.

[18] POSNER, Richard A. *Problemas de Filosofia do Direito*. (Trad. Jeferson Luiz Camargo). São Paulo: Martins Fontes, 2007. p. 56.

Portanto, é inequívoca a admissão de que o pragmatismo se incorporou à estrutura de pensar posneriano, a ponto de fazer com que as bases do que seria considerada por muitos como sua principal contribuição ao direito, a AED da primeira fase neste trabalho analisada, passasse a perder relevância diante das novas constatações pragmáticas, postura que se considera coerente, dada a base fluida do pragmatismo – ainda que essa fluidez, ressalte-se, não represente, nem de longe, algo de relativista em Posner.

O atual momento posneriano vive, em última análise, uma conformação jurídico-econômica diferente, para não se dizer ousada, digna de uma postura pragmática, em que pese deixar o próprio autor numa situação delicada: a de um pai rejeitado por muitos de seus filhos, os quais não conseguem compreender as "estranhas" qualidades pragmáticas da figura paterna.

Referências

BAKER, Dean. *A economia levada a sério*. São Paulo: Martins Fontes, 2011.

COELHO, Cristiane de Oliveira. A análise econômica do Direito enquanto Ciência: uma explicação de seu êxito sob a perspectiva da História do pensamento econômico. *Berkeley Program in Law & Economics*, 2007. Disponível em: <http://escholarship.org/uc/item/47q8s2nd>. Acesso em: 5 jan. 2017.

KLEIN, Vinícius. Posner é a única opção? In: RIBEIRO, Márcia Carla Pereira; KLEIN, Vinícius (*coord.*). *O que é análise econômica do Direito*. Belo Horizonte: Fórum, 2011.

POSNER, Richard A. *A failure of capitalism*: the crisis of '08 and the descent into depression. Massachusetts: Harvard University Press, 2009.

POSNER, Richard A. *Direito, pragmatismo e democracia*. (Trad. Teresa Dias Carneiro). Rio de Janeiro: Forense, 2010.

POSNER, Richard. *Fronteiras da Teoria do Direito*. (Trad. Evandro Ferreira e Silva, Jefferson Luiz Camargo, Paulo Salles e Pedro Sette-Câmara). São Paulo: WMF Martins Fontes, 2011.

POSNER, Richard A. *Para além do Direito*. (Trad. Evandro Ferreira e Silva). São Paulo: WMF Martins Fontes, 2009.

POSNER, Richard A. *Problemas de Filosofia do Direito*. (Trad. Jeferson Luiz Camargo). São Paulo: Martins Fontes, 2007.

POSNER, Richard A. *The crisis of capitalist democracy*. Massachusetts: Harvard University Press, 2010.

ROSA, Alexandre Morais. Crítica ao discurso da Law and Economics: a exceção Econômica no Direito. In: ROSA, Alexandre Morais; AROSO LINHARES, José Manuel (Org.). *Diálogos com a Law & Economics*. Rio de Janeiro: Lumen Juris, 2011.

SALAMA, Bruno Meyerhof. A história do declínio e queda do eficientismo na obra de Richard Posner. In: LIMA, Maria Lúcia L. M. Pádua (Coord.). *Trinta anos de Brasil*: diálogos entre direito e economia. São Paulo: Saraiva, 2012.

Informação bibliográfica deste texto, conforme a NBR 6023:2002 da Associação Brasileira de Normas Técnicas (ABNT):

NOBRE, Gustavo Henrique Gonçalves. Richard Posner e a honestidade intelectual de um pragmático metamorfósico. In: CATÃO, Adrualdo de Lima *et al.* (Coord.). *Filosofia contemporânea do direito e conectividades*: teoria e pragmática. Belo Horizonte: Fórum, 2019. p. 53-63. ISBN 978-85-450-0630-5.

ATIVISMO JUDICIAL, *SELF RESTRAINT* E EVOLUCIONISMO: SUPERANDO OS POLOS DE TENSÃO

MÁRCIO ROBERTO TORRES

Noções: situando o problema

Ano de 2017. Brasil. Crise política e jogos midiáticos se entrecortam em meio a uma avalanche de manifestações em redes sociais. A "operação lava-jato" angaria apoio robusto da população e críticas ferrenhas de diversos operadores do Direito, devido a seu perfil ativista. O Supremo Tribunal Federal, de igual sorte, decide diversos casos levando em conta as consequências de suas decisões.

Não é incomum deparar-se com pessoas desalentadas nas ruas, descrentes das instituições jurídicas e preconizando até mesmo intervenções militares em um governo democrático.

Alguns juízes são vistos como heróis, a exemplo de Sérgio Moro.[1] A população passa a adotar uma postura mais ofensiva. Se a interpretação de dispositivos puder ser modificada para atingir determinados fins colimados socialmente, que assim seja. Eis o sentimento de grande parte dos brasileiros, ao arrepio das lições de muitos doutrinadores.

No constitucionalismo atual, democrático, o exercício do poder envolve a interação entre as cortes judiciais e o sentimento social, manifestado pela opinião pública e por instâncias representativas. A participação e o engajamento popular influenciam e legitimam as decisões judiciais. O que não se coaduna com a ordem jurídica é a

---

[1] BBC BRASIL. *Moro*: herói anticorrupção ou incendiário? Disponível em: <http://www.bbc.com/portuguese/noticias/2016/03/160317_sergio_moro_ru>. Acesso em: 28 abr. 2017.

ausência de limites, no sentido de que o mérito de uma decisão seja aferido em pesquisa pública.[2]

A conjuntura não se deve ao acaso. Tem-se, na maioria dos juristas, uma mentalidade de constitucionalismo dirigente, consagrando, nas palavras de Cláudio Pereira de Souza Neto,[3] o chamado constitucionalismo brasileiro da efetividade, algo que se situa no contexto da abertura democrática, no potencial emancipatório da Constituição, e cuja postura gera os seguintes reflexos:

(i) a vinculação da teoria constitucional ao constitucionalismo social e à problemática da Constituição dirigente (estabelecendo conteúdo a ser concretizado pelos agentes estatais e pela sociedade);

(ii) a vinculação a uma concepção material de legitimidade (serão legítimos os atos que, além de respeitar normas procedimentais, concretizarem determinado conteúdo vinculado a um projeto social materialmente igualitário);

(iii) a imposição à democracia ordinária do conteúdo material estabelecido no texto constitucional pela democracia constituinte;

(iv) o reconhecimento da força normativa da Constituição;

(v) o estabelecimento de maior efetividade às normas constitucionais;

(vi) normas de eficácia limitada podem ser parâmetro para a realização de controle de constitucionalidade por ação e por omissão;

(vii) o desenvolvimento de uma série de instrumentos jurídico-processuais adequados à realização, pelo Judiciário, do programa constitucional.

É inevitável, nesta senda, reconhecer um encontro entre Direito e política, (i) seja pela linguagem aberta dos textos jurídicos; (ii) seja pela existência de desacordos morais razoáveis); (iii) seja pela existência de colisões inevitáveis de normas constitucionais, o que acaba por favorecer posturas pragmáticas.[4]

---

[2] BARROSO, Luis Roberto. *Curso de Direito Constitucional contemporâneo*: os conceitos fundamentais e a construção do novo modelo. 3. ed. São Paulo: Saraiva, 2012. p. 441.

[3] SOUZA NETO, Cláudio Pereira de. Teoria da Constituição, democracia e igualdade. In: BERCOVICI, Gilberto *et al. Teoria da Constituição*: estudos sobre o lugar da política no Direito constitucional. Rio de Janeiro: Lumen Juris, 2003. p. 18-27.

[4] BARROSO, Luis Roberto. *Curso de Direito Constitucional contemporâneo*: os conceitos fundamentais e a construção do novo modelo. 3. ed. São Paulo: Saraiva, 2012. p. 422-424.

A decisão judicial implica emoção e volição. Os textos de lei devem ser compreendidos em cada momento e em cada situação concreta de uma maneira nova e distinta, adaptando-se o Direito às necessidades presentes e futuras da vida social, atualizando-o. Os textos jurídicos não veiculam enunciados semânticos cristalizados, congelados, porquanto se modificam no evolver da vida social. Realidade social é o presente, e presente é vida, vida em movimento. Direito é dinamismo, demandando-se a adesão à ideologia dinâmica da interpretação e à visualização do Direito como instrumento de mudança. Compreende-se, necessariamente, a Constituição ao interpretá-la na realidade.[5]

O que se narrou até agora pode ser visto como o pano de fundo para o que se denomina de ativismo judicial.

Os detratores do ativismo guerreiam contra a imprevisibilidade do Direito, alegando o comprometimento da autonomia do Direito.[6] O combate à discricionariedade judicial, ao ativismo e ao positivismo fático, que seriam para Lenio Streck[7] variantes do subjetivismo, representaria compromisso com a Constituição e com a legislação democraticamente construída.

A proposta do trabalho é analisar os dois polos de tensão, tentando fornecer uma abordagem através do evolucionismo.

Em um primeiro momento, será abordado brevemente o ativismo judicial. Na segunda seção, será feita uma crítica. Por fim, far-se-á uma análise através do evolucionismo jurídico, na tentativa de resolver a tensão.

A metodologia utilizada foi, predominantemente, a pesquisa bibliográfica com a inserção de algumas posições judiciais para melhor exemplificar o trabalho.

1 Breve visão do ativismo judicial e suas nuances

O constitucionalismo é uma realidade vitoriosa no Direito, já que conseguiu incluir no imaginário popular ideias como a legitimidade por meio da soberania popular, a limitação de poder (repartição de

---

[5] GRAU, Eros Roberto. *Por que tenho medo dos juízes*: a interpretação/aplicação do direito e os princípios. 7. ed. São Paulo: Malheiros, 2016. p. 74-85.

[6] STRECK, Lenio. *Verdade e consenso*: constituição, hermenêutica e teorias discursivas. 4. ed. São Paulo: Saraiva, 2011. p. 44.

[7] STRECK, Lenio. *O que é isto*: decido conforme minha consciência? 3. ed. Porto Alegre: Livraria do Advogado, 2012. p. 110.

competências, processos adequados de tomada de decisão, respeito aos direitos fundamentais) e a incorporação de valores à Constituição, diante das conquistas sociais, políticas e éticas. Supera-se a dogmática tradicional (cientificidade, objetividade e lógica formal), e no contexto da redemocratização se passou a uma institucionalização da vontade política. O Direito já não cabe no positivismo jurídico, na sua cisma entre Direito e ética, mas preconiza um retorno aos valores, possibilitando a ascensão dos princípios constitucionais.[8]

Com o crescimento da importância da jurisdição constitucional, em face da centralidade e da supremacia da Constituição, o Judiciário passa a ser criticado e questionado acerca do seu limite de atuação. O ativismo judicial está associado a uma postura ativa e interventiva dos tribunais, no sentido da concretização dos direitos fundamentais, algo discutido calorosamente diante da (i)legitimidade democrática do Estado-juiz, acusado de invadir competências reservadas aos poderes públicos e à discricionariedade legislativa ou administrativa, atuando de forma positiva, e não meramente negativa. A judicialização – que não se confunde com o ativismo – é o resultado de um processo histórico, típico do constitucionalismo democrático, de uma confluência de fatores que conduzem a uma transferência de decisões estratégicas sobre temas fundamentais (reservados tradicionalmente às esferas políticas e legislativas) ao Judiciário. Diante do fenômeno judicializante, a postura dos tribunais é que será ativista ou não.[9]

Surgido nos Estados Unidos, o ativismo é um termo polissêmico. Caracteriza como uma decisão ativista (i) porque anula os efeitos jurídicos de uma escolha ou decisão potencialmente constitucional de outros poderes. Também se chama de ativista uma decisão (ii) que não segue um precedente jurisprudencial e a (iii) que se refere à legislação judicial (sentença normativa trabalhista, decisão supletiva de lacuna legislativa em mandado de injunção ou ação de inconstitucionalidade por omissão, e proferida em sede de controle abstrato de constitucionalidade). Um quarto uso pode ser (iv) aquele que se refere aos cânones tradicionais de interpretação jurídica, lembrando que no Brasil inexiste técnica ou

---

[8] BARROSO, Luis Roberto. *Interpretação e aplicação da Constituição*. 7. ed. São Paulo: Saraiva, 2014. p. 312-329.

[9] LEAL, Mônia Clarissa Hennig. Corte interamericana de Direitos Humanos e jurisdição constitucional: judicialização e ativismo judicial em face da proteção dos direitos humanos fundamentais? In: SARLET, Ingo Wolfgang; GOMES, Eduardo Biacchi; STRAPAZZON, Carlos Luiz (orgs.). *Direitos humanos e fundamentais na América do Sul*. Porto Alegre: Livraria do Advogado, 2015. p. 59-64.

método que seja aceito como necessário ou obrigatório a todos os juízes. Por fim, fala-se em ativismo (v) quanto à noção de desvio de finalidades legais pelo Judiciário (lembrando que até os propósitos das leis devem estar de acordo com a Constituição).[10]

A doutrina observa que nos últimos anos houve uma alteração qualitativa e quantitativa no espaço que os tribunais, em especial o Supremo Tribunal Federal – STF, passaram a ocupar no cenário jurídico brasileiro. As grandes transformações após o marco constitucional de 1988 tiveram como um dos mais visíveis efeitos a ascensão do Judiciário. Aos poucos, abandonou-se a doutrina do *self restraint*. Para explicar tal ascensão, há um conjunto de fatores:[11]

a) institucionais: (i) o caráter abrangente e compromissório da Constituição de 1988; (ii) o reforço da jurisdição constitucional brasileira; (iii) a debilidade dos desenhos institucionais do STF pré-Constituição de 1988; (iv) a virada institucional do STF com a Constituição e a legislação superveniente;

b) sociopolíticos: (i) o STF em momentos de autoritarismo e insegurança institucional, transitando da submissão ao Executivo ao ativismo após 1988; (ii) o passivismo judicial logo após a Constituição de 1988 e sua posterior superação; (iii) a construção política do ativismo judicial, reforçada pelo respeito do Congresso e do Executivo e pela estabilidade democrática, além da fragmentação do poder político (fazendo-se do STF um fator de equilíbrio do poder);

c) sociológicos: o ativismo é a resposta que o Judiciário oferece ao contexto contemporâneo de consciência de direitos pela sociedade e de demanda desses direitos diretamente em sua esfera de atuação, em vez das arenas políticas tradicionais;

d) jurídico-culturais: a transformação jurídico-cultural das práticas decisórias do Judiciário consiste em uma variável endógena que fecha o ciclo de fatores do ativismo judicial.

---

[10] STRAPPAZON, Carlos Luiz; GOLDSCHMIDT, Rodrigo. Problemas de teoria e de pratica de ativismo político e tutela de direitos fundamentais sociais. In: SARLET, Ingo Wolfgang; GOMES, Eduardo Biacchi; STRAPAZZON, Carlos Luiz (orgs.). *Direitos humanos e fundamentais na América do Sul*. Porto Alegre: Livraria do Advogado, 2015. p. 169-185.

[11] CAMPOS, Carlos Alexandre de Azevedo. Explicando o avanço do ativismo judicial do Supremo Tribunal Federal. In: CLÈVE, Clemerson Merlin; FREIRE, Alexandre (orgs.). *Direitos fundamentais e jurisdição constitucional*. São Paulo: Editora Revista dos Tribunais, 2014. p. 219-267.

Já se percebe que a avalanche de demandas judiciais, fruto da maior consciência dos cidadãos quanto aos seus direitos, é um dos elementos que favorece uma postura mais ativista do Judiciário. A preconizada judicialização possui diversos fatores, como (i) o surgimento do constitucionalismo democrático posteriormente à Segunda Guerra mundial; (ii) a noção de constitucionalismo dirigente; (iii) o crescimento das Cortes Constitucionais em face da desconfiança popular quanto ao Legislativo e ao Executivo.[12]

O oposto do ativismo é a autocontenção judicial. Por essa linha, o Judiciário evita aplicar diretamente a Constituição a situações que não estejam no seu âmbito de incidência expressa, aguardando o posicionamento do legislador ordinário. Ainda, o magistrado abstém-se de interferir na definição de políticas públicas e utiliza critérios rígidos e conservadores para a declaração de inconstitucionalidade de leis e atos normativos. Ativistas e não ativistas não contestam, contudo, que cabe ao Judiciário a última palavra acerca da intepretação da Constituição e das leis.[13]

Ocorre que, em um país periférico como o Brasil, não se pode descurar do protagonismo estatal na realização de medidas para resgatar as promessas constitucionais. As dificuldades na aplicação das normas sobre saúde, educação e meio ambiente decorrem de antigos problemas no desempenho dos órgãos públicos, como a falta de vontade, o clientelismo, a corrupção e o despreparo técnico. Faz sentido distinguir-se entre um ativismo forte, que é quase unanimemente evitado, e um ativismo moderado, que concede ao Judiciário um papel mais proativo na concretização dos valores e fins constitucionais, levando a uma maior interferência nos espaços de atuação dos outros poderes. Neste ativismo moderado, o juiz segue uma racionalidade orientada à realização dos bens tutelados pelo ordenamento jurídico, mesmo que adote interpretações extensivas de normas constitucionais e principiológicas.[14]

---

[12] TASSINARI, Clarissa. *Jurisdição e ativismo judicial*: limites da atuação do Judiciário. Porto Alegre: Livraria do Advogado, 2013. p. 38-44.

[13] BARROSO, Luis Roberto. *Curso de Direito Constitucional contemporâneo*: os conceitos fundamentais e a construção do novo modelo. 3. ed. São Paulo: Saraiva, 2012. p. 308-309.

[14] KRELL, Andreas Joachim. Para além do fornecimento de medicamentos para indivíduos: o exercício da cidadania jurídica como resposta à falta de efetivação dos direitos sociais: em defesa de um ativismo judicial moderado no controle de políticas públicas. In: FEITOSA, Enoque *et al.* (orgs.). *O Judiciário e o discurso dos direitos humanos*: volume 2. Recife: Ed. Universitária da UFPE, 2012. p. 135-151.

Falar em ativismo é tecer palavras acerca de um fenômeno que se faz inexorável e que não retroagirá de forma autônoma.

2 Objeções ao ativismo judicial

O ativismo judicial encontra fortes críticas nos operadores jurídicos ansiosos por segurança jurídica, diga-se, por previsibilidade do Direito. Segundo a crítica de Streck,[15] as palavras da lei são constituídas por vaguezas, ambiguidades, o que não significa que cada intérprete poderia atribuir o sentido que lhe convém. A tensão entre o texto e o sentido atribuído demanda a colocação de regras que guiem o hermeneuta no ato interpretativo, numa verdadeira teoria geral da interpretação. Deve-se superar o paradigma sujeito-objeto. O intérprete seria alguém já inserido na linguagem, da qual o objeto inexoravelmente faz parte. Ao interpretar, o hermeneuta só o faz a partir da tradição na qual está jogado, dos seus pré-juízos. Ele (intérprete) está inserido no meio cultural-histórico, e somente se interpreta o que se compreende.

Streck considera a hermenêutica como antimetodológica. Para ele, os métodos e esquemas tradicionais estão presos a um paradigma sujeito-objeto. A linguagem não poderia mais ser vista simplesmente como objeto, e sim como um horizonte aberto e estruturado, cujo sentido surge com a interpretação.[16]

O texto constitucional traz uma necessária vinculação, nascendo fixações que aumentam o efeito estabilizador, racionalizador e assegurador da liberdade constitucional. Se o Judiciário, em afastamento da concepção jurídica positivista, acredita poder ignorar o texto constitucional escrito, abandona-se a ideia da Constituição pelo estado de insegurança. Uma postura ativista é aquela que vai além do próprio texto constitucional, que permanece igual, mas tem sua prática alterada. A interpretação não pode levar a que o STF produza (novos) textos, desprezando os limites semânticos do texto constitucional.[17]

---

[15] STRECK, Lenio. *Hermenêutica jurídica e(m) crise*: uma exploração hermenêutica da construção do Direito. 11. ed. Porto Alegre: Livraria do Advogado, 2014. p. 358-370.

[16] STRECK, Lenio. *Lições de críticas hermenêutica do Direito*. 2. ed. Porto Alegre: Livraria do Advogado, 2016. p. 9-10.

[17] STRECK, Lenio. *Verdade e consenso*: constituição, hermenêutica e teorias discursivas. 4. ed. São Paulo: Saraiva, 2011. p. 52-55.

Tratando-se de ativismo judicial, há três desafios que se imporiam ao operador jurídico:[18]

i) o enfrentamento de recepções teóricas equivocadas: com a promulgação da Constituição de 1988, houve uma revolta copernicana, lembrando que o Brasil acordou tardiamente para a modernidade que se fazia madura em países desenvolvidos. Mesmo assim, extraiu-se a noção americana de ativismo judicial, e a ideia de que ele seria frutífero para a democracia, ignorando a realidade brasileira o amadurecimento da doutrina americana, que já lidava com tais discussões teóricas há décadas. A jurisprudência dos valores, a ponderação e o ativismo teriam o mesmo resultado: o protagonismo judicial desvinculado da legalidade;

ii) a superação da discricionariedade judicial: o ativismo judicial consistiria em um ato de vontade daquele que julga, constituindo um desafio do constitucionalismo contemporâneo;

iii) a preservação da autonomia do Direito: deve-se preservar o Direito de predadores representados pelos conteúdos morais, econômicos e/ou políticos que enfraquecem o campo jurídico, fazendo-o perder o seu DNA.

Outra grande parte dos céticos com relação ao ativismo judicial se filia a teorias procedimentalistas da Constituição, valorizando os direitos fundamentais diretamente relacionados à liberdade de formação e do exercício da opinião política das pessoas, enfatizando a importância dos procedimentos formais de decisão. Defende-se que a sociedade civil de um país deve se organizar livremente, por um processo de comunicação dialógica dos seus integrantes no espaço público. O Estado, inclusive os tribunais, não deveria interferir neste processo de conscientização política. A justiça social deve ser alcançada através da atuação do Legislativo e do Executivo, eleitos para tanto, e cujas decisões refletiriam a vontade da maioria popular.[19]

---

[18] TASSINARI, Clarissa. *Jurisdição e ativismo judicial*: limites da atuação do Judiciário. Porto Alegre: Livraria do Advogado, 2013. p. 113-120.

[19] KRELL, Andreas Joachim. Para além do fornecimento de medicamentos para indivíduos: o exercício da cidadania jurídica como resposta à falta de efetivação dos direitos sociais: em defesa de um ativismo judicial moderado no controle de políticas públicas. In: FEITOSA, Enoque *et al.* (orgs.). *O Judiciário e o discurso dos direitos humanos*: volume 2. Recife: Ed. Universitária da UFPE, 2012. p. 152-155.

Negociações e formas de argumentação seriam típicas da política. Assim, uma criação legítima do Direito dependeria de condições dos processos e pressupostos de comunicação. Sem menosprezar a Constituição, a concepção em estudo dá papel central à formação democrática da opinião e da vontade. Isso traria racionalidade às decisões estatais.[20]

Além do óbice democrático, é citada a separação de poderes como obstáculo ao ativismo. Ocorre que a separação de poderes encontra-se defasada diante dos desafios de implementação dos direitos sociais. Por todos, Paulo Bonavides:

> Esse princípio – que nas origens de sua formulação foi talvez o mais sedutor, magnetizando os construtores da liberdade contemporânea e servindo de inspiração e paradigma a todos os textos de Lei Fundamental, como garantia suprema contra as invasões do arbítrio nas esferas da liberdade política – já não oferece, em nossos dias, o fascínio das primeiras idades do constitucionalismo ocidental. [...] Quando cuidamos dever abandoná-lo no museu da Teoria do Estado queremos, com isso, evitar apenas que seja ele, em nossos dias, a contradição dos direitos sociais, a cuja concretização se opõe, de certo modo, como técnica dificultosa e obstrucionista, autêntico tropeço, de que inteligentemente se poderiam socorrer os conservadores mais perspicazes e renitentes [...].[21]

Um dos mais citados autores acerca das críticas ao ativismo judicial é Tushnet, para quem se deve tirar a interpretação da Constituição das Cortes, criando-se um constitucionalismo democrático:

> Nós podemos afastar a Constituição das cortes de diferentes maneiras. Poderíamos negar-lhes a palavra final sobre o significado da Constituição [...], ou poderíamos negar-lhes qualquer papel na interpretação constitucional seja qual for [...]. [...] Direito constitucional populista repousa na ideia de que todos nós devemos participar na criação de um direito constitucional através das nossas ações na política. (tradução nossa).[22]

---

[20] Cf. HABERMAS, Jürgen. *Direito e democracia*: entre facticidade e validade. Rio de Janeiro: Tempo brasileiro, 1997. v. II.

[21] BONAVIDES, Paulo. *Do Estado liberal ao Estado social*. 11. ed. São Paulo: Malheiros, 2013. p. 64.

[22] TUSHNET, Mark. *Taking Constitution Away from the Courts*. Princeton: Princeton University Press, 1999. p. 157. No original: *We can take the Constitution away from the courts in several*

Percebe-se, em todos os críticos anteriormente citados, que há um forte receio quanto ao menoscabo do texto constitucional, permitindo-se um retorno a interpretações meramente subjetivas. Pode-se afirmar que o ativismo repelido pelas correntes mencionadas é o ativismo judicial forte, e não o moderado.

Não há como esquecer o inevitável desenvolvimento espontâneo do Direito, que será objeto da próxima seção.

3 Evolucionismo e direito

Na presente seção, busca-se analisar brevemente, e de forma não exaustiva, o evolucionismo jurídico.

O ativismo tem uma relação lógica, mas não necessária, com o pragmatismo jurídico. Identificando o pragmatismo jurídico com o realismo, tem-se um movimento que rechaça a jurisprudência mecanicista da escola da exegese, com um ceticismo ante as normas e conceitos jurídicos. Quem decide o caso concreto é a análise dos fatos e a história do próprio caso nos tribunais, e não as normas abstratas. A interpretação do Direito exige do juiz uma atitude criativa, mas não a ponto de romper com a necessidade de consideração da lei e dos precedentes, já que a aplicação do Direito se dá por sucessivas aproximações entre as regras anteriores e os fatos, com referências à vida cotidiana, aos valores, mas nada visto como isoladamente determinante. Interpretar envolve os valores (princípios), as previsões legais, os precedentes judiciais e as consequências sociais e econômicas da decisão judicial.[23]

Para o pragmatismo jurídico, a lei não seria um processo de deduções de decisões corretas dos princípios estabelecidos, porém antes um processo contínuo de formação ou adaptação experimental de tomada de decisão em determinados casos, numa tentativa de alcançar soluções corretas apenas no sentido de que funcionaram no contexto

---

ways. We could deny them the final word about the Constitution's meaning (the subject of chapter 1), or we could deny them any role in Constitutional interpretation whatever (the subject of chapter 7). [...] Populist constitutional law rests on the idea that we all ought to participate in creating constitutional law through our action in politics.

[23] CATÃO, Adrualdo de Lima. Considerações sobre a aproximação entre pragmatismo e positivismo jurídico. In: CATÃO, Adrualdo de Lima; PEREIRA NETTO, Antônio Alves; MONTEIRO, Vítor de Andrade (orgs.). *Filosofia do Direito na contemporaneidade*: pragmatismo jurídico, análise econômica do Direito e conectividades. Curitiba: Juruá, 2014. p. 16-23.

social em que agiram. Ao contrário do que se prega, o pragmatismo jurídico não se identifica com decisionismo, já que este último concebe o Direito como fruto exclusivo da arbitrariedade do julgador.[24]

A diferença entre o juiz pragmático e o positivista é que o último costuma assegurar a coerência de suas decisões com as decisões passadas, na medica em que a decisão de acordo com os precedentes seria o melhor método para a produção dos melhores resultados. O juiz pragmatista tem outras prioridades e busca encontrar a decisão que melhor atenda às necessidades presentes e futuras sem, contudo, ter desinteresse pela jurisprudência, pela legislação, etc. Essas fontes são depósitos de conhecimento e seria imprudente ignorá-las. O Judiciário pragmatista encara a legislação, a jurisprudência e o texto constitucional como fontes de informação parcialmente úteis sobre o provável melhor resultado no caso em exame, e como marcos que não podem ser ignorados gratuitamente, porém, vê essas fontes somente como informação e restrições parciais à sua liberdade de decisão. O pragmatismo deve ser entendido como a disposição de basear as decisões públicas em fatos e consequências, e não em conceitualismos. É antimetafísico.[25]

Costuma-se dizer, nos textos sobre pragmatismo jurídico, que este é uma postura para frente, que valoriza a continuidade com o passado apenas quando esta serve para resolver problemas presentes e futuros; os precedentes são diretrizes, e não deveres. Ainda, a atitude pragmática é ativista, empírica e analisa as consequências.[26]

Sendo esta atividade judicial para frente, não descura da evolução espontânea do Direito. Para Hayek,[27] há a ordem feita intencionalmente, denominada de *taxis*, e a ordem espontânea, endógena, produto da evolução, que é chamada de *kosmos*. O Direito seria exemplo desta última.

A ordem espontânea pode ser corrigida, em determinadas situações, já que nem sempre o Direito autogerado será bom.[28]

---

[24] FREITAS, Lorena. As bases do realismo jurídico norte-americano no pragmatismo filosófico. In: FEITOSA, Enoque *et al.* (orgs.). *O Judiciário e o discurso dos direitos humanos*: volume 2. Recife: Ed. Universitária da UFPE, 2012. p. 46-49.

[25] POSNER, Richard A. *A problemática da teoria moral e jurídica*. São Paulo: Martins Fontes, 2012. p. 358-382.

[26] POSNER, Richard A. *Para além do Direito*. São Paulo: Martins Fontes, 2009. p. 1-30.

[27] HAYEK, Friedrich August von. *Direito, legislação e liberdade*: uma nova formulação dos princípios liberais de justiça e economia política. São Paulo: Visão, 1985. p. 35-59.

[28] HAYEK, Friedrich August von. *Direito, legislação e liberdade*: uma nova formulação dos princípios liberais de justiça e economia política. São Paulo: Visão, 1985. p. 102-104.

O ponto fulcral da ordem espontânea é que não é o Direito que deriva da autoridade, mas a autoridade que deriva do Direito. As normas se fundamentam numa opinião difusa acerca do que é certo.[29] A interpretação constitucional não é tão coerente quanto a aplicação das leis, sofrendo desvios em seu rumo, e até mesmo mudanças bruscas. Uma Constituição não impede mudanças. Ao se permitir a invocação da Constituição, concede-se maior liberdade de ação ao Tribunal, abrindo caminho para a mudança. Ao problema da ambiguidade e ao fato adicional de que os constituintes podem ter intencionado criar um instrumento vivo e em permanente evolução, alia-se a influência do respeito à Constituição, que é responsável pela ampla liberdade de um tribunal; este pode sempre abstrair do que foi dito e recorrer ao documento escrito. O raciocínio jurídico é aquele no qual uma classificação muda à medida que é formulada. As normas mudam com a aplicação. Surgem situações novas, e as necessidades das pessoas mudam.[30]

O Direito evolui incessantemente, em especial como consequência da mudança ocorrida nas condições de vida da humanidade. Há forças conservadoras e forças reivindicatórias que se enfrentam corriqueiramente, e uma criação constante do Direito existe em paralelo à crença no valor da evolução. A ordem jurídica progride, transformando-se. O Direito é um perpétuo "vir a ser", e sua concepção estática convive com uma dinâmica de criação contínua.[31]

Um exemplo pode ilustrar bem esta evolução. O artigo 226 da Constituição de 1988 prescreve que "a família, base da sociedade, tem especial proteção do Estado". Seu parágrafo 3º reconhece a união estável entre homem e mulher como entidade familiar. Até aí, nada de novo. Ocorre que o Supremo Tribunal Federal, por ocasião da Ação Direta de Inconstitucionalidade nº 4.277 e da Arguição de Descumprimento de Preceito Fundamental nº 132, decidiu que o dispositivo constitucional abarcaria, também, as uniões entre pessoas do mesmo sexo, uniões homoafetivas.

---

[29] HAYEK, Friedrich August von. *Direito, legislação e liberdade*: uma nova formulação dos princípios liberais de justiça e economia política. São Paulo: Visão, 1985. p. 111.

[30] LEVI, Edward H. *Uma introdução ao raciocínio jurídico*. São Paulo: Martins Fontes, 2005. p. 5-96.

[31] RIPERT, Georges. Evolução e progresso do Direito. In: CALAMANDREI, Piero *et al. A crise da justiça*. (Trad. Hiltomar Martins Oliveira). Belo Horizonte: Ed. Líder, 2004. p. 38-48.

Seguem os principais trechos da ementa:

O *caput* do art. 226 confere à família, base da sociedade, especial proteção do Estado. Ênfase constitucional à instituição da família. Família em seu coloquial ou proverbial significado de núcleo doméstico, pouco importando se formal ou informalmente constituída, ou se integrada por casais heteroafetivos ou por pares homoafetivos. A Constituição de 1988, ao utilizar-se da expressão "família", não limita sua formação a casais heteroafetivos nem a formalidade cartorária, celebração civil ou liturgia religiosa. Família como instituição privada que, voluntariamente constituída entre pessoas adultas, mantém com o Estado e a sociedade civil uma necessária relação tricotômica. Núcleo familiar que é o principal lócus institucional de concreção dos direitos fundamentais que a própria Constituição designa por "intimidade e vida privada" (inciso X do art. 5º). Isonomia entre casais heteroafetivos e pares homoafetivos que somente ganha plenitude de sentido se desembocar no igual direito subjetivo à formação de uma autonomizada família. Família como figura central ou continente, de que tudo o mais é conteúdo. Imperiosidade da interpretação não reducionista do conceito de família como instituição que também se forma por vias distintas do casamento civil. Avanço da CF de 1988 no plano dos costumes. Caminhada na direção do pluralismo como categoria sócio-político-cultural. Competência do STF para manter, interpretativamente, o Texto Magno na posse do seu fundamental atributo da coerência, o que passa pela eliminação de preconceito quanto à orientação sexual das pessoas. União estável. Normação constitucional referida a homem e mulher, mas apenas para especial proteção desta última. [...] A referência constitucional à dualidade básica homem/mulher, no §3º do seu art. 226, deve-se ao centrado intuito de não se perder a menor oportunidade para favorecer relações jurídicas horizontais ou sem hierarquia no âmbito das sociedades domésticas. Reforço normativo a um mais eficiente combate à renitência patriarcal dos costumes brasileiros. Impossibilidade de uso da letra da Constituição para ressuscitar o art. 175 da Carta de 1967/1969. Não há como fazer rolar a cabeça do art. 226 no patíbulo do seu parágrafo terceiro. Dispositivo que, ao utilizar da terminologia "entidade familiar", não pretendeu diferenciá-la da "família". Inexistência de hierarquia ou diferença de qualidade jurídica entre as duas formas de constituição de um novo e autonomizado núcleo doméstico. Emprego do fraseado "entidade familiar" como sinônimo perfeito de família. A Constituição não interdita a formação de família por pessoas do mesmo sexo. Consagração do juízo de que não se proíbe nada a ninguém senão em face de um direito ou de proteção de um legítimo interesse de outrem, ou de toda a sociedade, o que não se dá na hipótese sub judice. Inexistência do direito dos indivíduos heteroafetivos à sua não equiparação jurídica com os indivíduos homoafetivos. Aplicabilidade do §2º do art. 5º da Constituição Federal, a evidenciar que outros direitos e garantias, não expressamente listados na Constituição, emergem "do regime e dos princípios por ela adotados" [...]. Ante a possibilidade de interpretação em sentido preconceituoso ou discriminatório do art. 1.723 do CC, não resolúvel à luz dele próprio, faz-se necessária a utilização da técnica de "interpretação conforme a Constituição". Isso para excluir do dispositivo em causa qualquer significado que impeça o reconhecimento da união contínua, pública e duradoura entre pessoas do mesmo sexo como família. Reconhecimento que é de ser feito segundo as mesmas regras e com as mesmas consequências da união estável heteroafetiva. (ADI nº 4.277 e ADPF nº 132, rel. min. Ayres Britto, j. 5.5.2011, P, *DJE* de 14.10.2011).

Não há outra forma de encarar o caso senão pelo prisma do evolucionismo jurídico. Em outra situação, o Supremo Tribunal Federal teve que resolver conflito envolvendo direito ainda sem tradição judicial, numa mostra de que a evolução caminha não apenas nos conceitos jurídicos, mas nas categorias sociais. Trata-se da chamada "marcha da maconha", abordada na Arguição de Descumprimento de Preceito Fundamental nº 187.[32] O STF entendeu legítima a manifestação calcada no direito de reunião, preservando-se o respeito entre os interlocutores, sem a possibilidade de repressão dos organismos estatais, ainda que as ideias possam ser consideradas, pela maioria, como estranhas, insuportáveis ou audaciosas. Seguem os trechos mais relevantes da ementa:

"Marcha da Maconha". Manifestação legítima, por cidadãos da república, de duas liberdades individuais revestidas de caráter fundamental: o direito de reunião (liberdade-meio) e o direito à livre expressão do pensamento (liberdade-fim). [...] Vinculação de caráter instrumental entre a liberdade de reunião e a liberdade de manifestação do pensamento. [...] A liberdade de expressão como um dos mais preciosos privilégios dos cidadãos em uma república fundada em bases democráticas. O direito à livre manifestação do pensamento: núcleo de que se irradiam os direitos de crítica, de protesto, de discordância e de livre circulação de ideias. Abolição penal (abolitio criminis) de determinadas condutas puníveis. Debate que não se confunde com incitação à prática de delito nem se identifica com apologia de fato criminoso. Discussão que deve ser realizada de forma racional, com respeito entre interlocutores e sem possibilidade legítima de repressão estatal, ainda que as ideias propostas possam ser consideradas, pela maioria, estranhas, insuportáveis, extravagantes, audaciosas ou inaceitáveis. O sentido de alteridade

---

[32] O julgado a que se refere o texto é o da ADPF nº 187, rel. min. Celso de Mello, j. 15.6.2011, P, DJE de 29.5.2014, cuja ementa segue nas referências desta resenha.

do direito à livre expressão e o respeito às ideias que conflitem com o pensamento e os valores dominantes no meio social. Caráter não absoluto de referida liberdade fundamental (CF, art. 5º, IV, V e X; Convenção Americana de Direitos Humanos, art. 13, §5º). A proteção constitucional à liberdade de pensamento como salvaguarda não apenas das ideias e propostas prevalecentes no âmbito social, mas, sobretudo, como amparo eficiente às posições que divergem, ainda que radicalmente, das concepções predominantes em dado momento histórico-cultural, no âmbito das formações sociais. O princípio majoritário, que desempenha importante papel no processo decisório, não pode legitimar a supressão, a frustração ou a aniquilação de direitos fundamentais, como o livre exercício do direito de reunião e a prática legítima da liberdade de expressão, sob pena de comprometimento da concepção material de democracia constitucional. A função contramajoritária da jurisdição constitucional no Estado Democrático de Direito. Inadmissibilidade da "proibição estatal do dissenso". Necessário respeito ao discurso antagônico no contexto da sociedade civil compreendida como espaço privilegiado que deve valorizar o conceito de "livre mercado de ideias". O sentido da existência do *free market place of ideas* como elemento fundamental e inerente ao regime democrático (AC nº 2.695 MC/RS, rel. min. Celso de Mello). A importância do conteúdo argumentativo do discurso fundado em convicções divergentes. A livre circulação de ideias como signo identificador das sociedades abertas, cuja natureza não se revela compatível com a repressão ao dissenso e que estimula a construção de espaços de liberdade em obséquio ao sentido democrático que anima as instituições da república. As plurissignificações do art. 287 do CP: necessidade de interpretar esse preceito legal em harmonia com as liberdades fundamentais de reunião, de expressão e de petição. Legitimidade da utilização da técnica da interpretação conforme a Constituição nos casos em que o ato estatal tenha conteúdo polissêmico. (ADPF nº 187, rel. min. Celso de Mello, j. 15.6.2011, P, DJE de 29.5.2014).

Alguns chegam a elencar critérios, como é o caso de Posner,[33] para quem o Direito evolui tendo como foco a maximização da riqueza social ou eficiência. O que fica fácil depreender, contudo, é que o Direito é muito mais que o mero raciocínio lógico. Ele evolui, muda, transforma-se, sendo uma força viva a despeito das tentativas intencionais. É um verdadeiro exemplo de razão prática, no sentido encontrado nas discussões aristotélicas da indução, dialética, retórica, designando métodos através dos quais as pessoas incrédulas articulam

---

[33] POSNER, Richard A. A theory of primitive society, with special reference to law. *The Journal of Law & Economics*, v. 23, n. 1, p. 4, Apr. 1980.

crenças sobre questões que não podem ser verificadas pela lógica ou observação exata.[34]

A interpretação evolutiva consiste em compreender a Constituição como um documento vivo, devendo suas normas e precedentes ser adaptados ao longo do tempo às mudanças ocorridas na realidade social.[35]

A ideia de que a principal força no Direito é a lógica já foi posta em xeque por Holmes (1897). O estudioso é acostumado a estudar o universo pela lei de causa e efeito, e se existe algo que transcende essa explicação, pode ser visto, muitas vezes, como algo milagroso. O perigo reside, entretanto, na tentativa de se tentar trabalhar o sistema jurídico com precisão matemática através de axiomas.[36]

A tarefa central de um sistema jurídico é encontrar maneiras de resolver conflitos que surgem nas comunidades humanas. As categorias jurídicas modificam-se e se adaptam para soluções sustentáveis para os conflitos, diante de circunstâncias sociais em permanente mutação. Conforme o sistema jurídico adapta-se a essas circunstâncias em alteração, sensibilidades morais que se modificam e compreensões acerca do mundo e de nosso lugar no centro do mundo também se modificam; e conceitos jurídicos inicialmente estreitos e esquemáticos assumem novos significados, descartando-se conotações antigas.[37] É inútil negar a evolução do Direito que, assim como as coisas da vida, altera-se e muda, alcançando a interpretação-aplicação.

Considerações finais

Com o constitucionalismo contemporâneo e o papel central desempenhado pela Constituição, torna-se imperioso reconhecer a atuação proativa do Judiciário. Mais que um legislador negativo, ele passa a desenvolver atribuições que refletem diretamente em políticas públicas e na discricionariedade legislativa.

---

[34] POSNER, Richard A. *Problemas de filosofia do Direito*. São Paulo: Martins Fontes, 2007. p. 96.

[35] BARROSO, Luis Roberto. *Curso de Direito Constitucional contemporâneo*: os conceitos fundamentais e a construção do novo modelo. 3. ed. São Paulo: Saraiva, 2012. p. 305.

[36] Cf. HOLMES JR., Oliver Wendell. *The Path of Law*. An Address delivered by Mr. Justice Holmes, of the Supreme Judicial Court of Massachussets, at the dedication of the new hall of the Boston University School of Law, on January 8, 1897. Copy-righted by O. W. Holmes, 1897, Harvard Law Review, V. X.

[37] HAACK, Susan. O crescimento do significado e os limites do formalismo: perspectivas pragmatistas na ciência e no direito. In: RODRIGUEZ, José Rodrigo (org.). *A justificação do formalismo jurídico*: textos em debate. São Paulo: Saraiva, 2011. p. 132-134.

A noção de constitucionalismo dirigente, associada a uma concepção material de democracia, serve de pano de fundo para atuações jurisdicionais com ares de supremacia em detrimento dos demais poderes da República.

A decisão judicial, assim, implica não apenas a norma, mas emoção e volição, devendo ser atualizada de acordo com a época, com o sentimento social e cultural de uma determinada sociedade, porquanto nela se acha inserido o operador do Direito.

Surgem vários detratores em desfavor do ativismo judicial e da interpretação jurídica, em especial aqueles que preconizam o comprometimento da autonomia do Direito.

A nova postura judicial é reflexo de uma judicialização, apesar de com ela não se confundir, e tem impulso em fatores institucionais, sociológicos, políticos, culturais, etc. O despreparo técnico dos demais poderes, o clientelismo, a corrupção e outros fatores conhecidos conduzem à judicialização de temas relevantes que anteriormente ficariam restritos à esfera política ou à esfera legislativa.

Além de comprometimento da autonomia jurídica, o ativismo poderia encetar um avanço inconcebível da discricionariedade judicial, motivo pelo qual se preconiza até mesmo a retirada da interpretação constitucional do Judiciário (Tushnet). Teria sido o caso de uma importação irresponsável de construtos estrangeiros em um país como o Brasil, fruto de uma modernidade tardia.

O ativismo judicial moderado, positivo, é defensável e não representa decisionismo, ao contrário do que se pode argumentar. Combate-se, sim, um ativismo exacerbado.

Uma concepção evolucionista do Direito é útil para compreender como muda a interpretação de dispositivos no bojo da postura ativista. A ordem jurídica é vista como força viva, ordem espontânea, que se desenvolve independentemente da ação volitiva e intencional do homem.

O pragmatismo jurídico revela-se consentâneo com essa realidade evolucionista, sendo uma postura que se preocupa com benefícios e consequências atuais e futuras. Ao contrário do mero subjetivismo, que adere a qualquer espécie de decisão, o pragmatismo e o evolucionismo tratam de andar conjuntamente com normas, precedentes e valores, que são pontos de partida para um raciocínio prático do Direito. Não se ignora a lei ou o precedente, até porque são fontes de potenciais soluções defensáveis.

O Supremo Tribunal Federal adota implicitamente esta postura evolucionista, que representa a modificação do Direito em face da evolução social.

Referências

BARROSO, Luis Roberto. *Curso de Direito Constitucional contemporâneo*: os conceitos fundamentais e a construção do novo modelo. 3. ed. São Paulo: Saraiva, 2012.

BARROSO, Luis Roberto. *Interpretação e aplicação da Constituição*. 7. ed. São Paulo: Saraiva, 2014.

BBC BRASIL. *Moro*: herói anticorrupção ou incendiário? Disponível em: <http://www.bbc.com/portuguese/noticias/2016/03/160317_sergio_moro_ru>. Acesso em: 28 abr. 2017.

BONAVIDES, Paulo. *Do Estado liberal ao Estado social*. 11. ed. São Paulo: Malheiros, 2013.

CAMPOS, Carlos Alexandre de Azevedo. Explicando o avanço do ativismo judicial do Supremo Tribunal Federal. In: CLÈVE, Clemerson Merlin; FREIRE, Alexandre (orgs.). *Direitos fundamentais e jurisdição constitucional*. São Paulo: Editora Revista dos Tribunais, 2014.

CATÃO, Adrualdo de Lima. Considerações sobre a aproximação entre pragmatismo e positivismo jurídico. In: CATÃO, Adrualdo de Lima; PEREIRA NETTO, Antônio Alves; MONTEIRO, Vítor de Andrade (orgs.). *Filosofia do Direito na contemporaneidade*: pragmatismo jurídico, análise econômica do Direito e conectividades. Curitiba: Juruá, 2014.

FREITAS, Lorena. As bases do realismo jurídico norte-americano no pragmatismo filosófico. In: FEITOSA, Enoque *et al.* (orgs.). *O Judiciário e o discurso dos direitos humanos*: volume 2. Recife: Ed. Universitária da UFPE, 2012.

GRAU, Eros Roberto. *Por que tenho medo dos juízes*: a interpretação/aplicação do direito e os princípios. 7. ed. São Paulo: Malheiros, 2016.

HAACK, Susan. O crescimento do significado e os limites do formalismo: perspectivas pragmatistas na ciência e no direito. In: RODRIGUEZ, José Rodrigo (org.). *A justificação do formalismo jurídico*: textos em debate. São Paulo: Saraiva, 2011.

HABERMAS, Jürgen. *Direito e democracia*: entre facticidade e validade. Rio de Janeiro: Tempo brasileiro, 1997. v. II.

HAYEK, Friedrich August von. *Direito, legislação e liberdade*: uma nova formulação dos princípios liberais de justiça e economia política. São Paulo: Visão, 1985.

HOLMES JR., Oliver Wendell. *The Path of Law*. An Address delivered by Mr. Justice Holmes, of the Supreme Judicial Court of Massachussets, at the dedication of the new hall of the Boston University School of Law, on January 8, 1897. Copy-righted by O. W. Holmes, 1897, Harvard Law Review, V. X.

KRELL, Andreas Joachim. Para além do fornecimento de medicamentos para indivíduos: o exercício da cidadania jurídica como resposta à falta de efetivação dos direitos sociais: em defesa de um ativismo judicial moderado no controle de políticas públicas. In: FEITOSA, Enoque *et al.* (orgs.). *O Judiciário e o discurso dos direitos humanos*: volume 2. Recife: Ed. Universitária da UFPE, 2012.

LEAL, Mônia Clarissa Hennig. Corte interamericana de Direitos Humanos e jurisdição constitucional: judicialização e ativismo judicial em face da proteção dos direitos humanos fundamentais? In: SARLET, Ingo Wolfgang; GOMES, Eduardo Biacchi; STRAPAZZON, Carlos Luiz (orgs.). *Direitos humanos e fundamentais na América do Sul*. Porto Alegre: Livraria do Advogado, 2015.

LEVI, Edward H. *Uma introdução ao raciocínio jurídico*. São Paulo: Martins Fontes, 2005.

POSNER, Richard A. *A problemática da teoria moral e jurídica*. São Paulo: Martins Fontes, 2012.

POSNER, Richard A. *Para além do Direito*. São Paulo: Martins Fontes, 2009.

POSNER, Richard A. *Problemas de filosofia do Direito*. São Paulo: Martins Fontes, 2007.

POSNER, Richard A. A theory of primitive society, with special reference to law. *The Journal of Law & Economics*, v. 23, n. 1, p. 1-53, Apr. 1980.

RIPERT, Georges. Evolução e progresso do Direito. In: CALAMANDREI, Piero *et al. A crise da justiça*. (Trad. Hiltomar Martins Oliveira). Belo Horizonte: Ed. Líder, 2004.

SOUZA NETO, Cláudio Pereira de. Teoria da Constituição, democracia e igualdade. In: BERCOVICI, Gilberto *et al. Teoria da Constituição*: estudos sobre o lugar da política no Direito constitucional. Rio de Janeiro: Lumen Juris, 2003.

STRAPPAZON, Carlos Luiz; GOLDSCHMIDT, Rodrigo. Problemas de teoria e de pratica de ativismo político e tutela de direitos fundamentais sociais. In: SARLET, Ingo Wolfgang; GOMES, Eduardo Biacchi; STRAPAZZON, Carlos Luiz (orgs.). *Direitos humanos e fundamentais na América do Sul*. Porto Alegre: Livraria do Advogado, 2015.

STRECK, Lenio. *Verdade e consenso*: constituição, hermenêutica e teorias discursivas. 4. ed. São Paulo: Saraiva, 2011.

STRECK, Lenio. *O que é isto*: decido conforme minha consciência? 3. ed. Porto Alegre: Livraria do Advogado, 2012.

STRECK, Lenio. *Hermenêutica jurídica e(m) crise*: uma exploração hermenêutica da construção do Direito. 11. ed. Porto Alegre: Livraria do Advogado, 2014.

STRECK, Lenio. *Lições de críticas hermenêutica do Direito*. 2. ed. Porto Alegre: Livraria do Advogado, 2016.

TASSINARI, Clarissa. *Jurisdição e ativismo judicial*: limites da atuação do Judiciário. Porto Alegre: Livraria do Advogado, 2013.

TUSHNET, Mark. *Taking Constitution Away from the Courts*. Princeton: Princeton University Press, 1999.

Informação bibliográfica deste texto, conforme a NBR 6023:2002 da Associação Brasileira de Normas Técnicas (ABNT):

TORRES, Márcio Roberto. Ativismo Judicial, *self restraint* e evolucionismo: superando os polos de tensão. In: CATÃO, Adrualdo de Lima *et al.* (Coord.). *Filosofia contemporânea do direito e conectividades*: teoria e pragmática. Belo Horizonte: Fórum, 2019. p. 65-83. ISBN 978-85-450-0630-5.

VERDADE E NEGÓCIO JURÍDICO PROCESSUAL: UMA CRÍTICA À VISÃO ESSENCIALISTA NO PROCESSO

BRUNO OLIVEIRA DE PAULA BATISTA

Introdução

A verdade sempre foi um tema objeto de inúmeras discussões, não só no campo filosófico, mas também no campo jurídico. As inúmeras concepções existentes sobre a verdade, todavia, não ajudam a traçar o papel que ela desempenha ou que deveria desempenhar, uma vez que, a depender da perspectiva adotada, as soluções para os problemas do cotidiano podem ser diferentes.

Uma das noções acerca da verdade que ainda é utilizada e consegue criar mais confusão do que apresentar soluções é a de que ela seria a correspondência com a realidade. De antemão, já podemos dizer que discordamos de tal visão, visto que tal noção de verdade é incompatível com a própria finalidade do processo.

No presente trabalho, buscaremos analisar a possibilidade de realização do negócio jurídico processual sobre a prova e em que medida isso afeta a verdade dentro do processo.

Para o alcance da mencionada proposta, tratamos de estabelecer a relação entre a prova e a verdade dentro do processo, deixando claro qual a nossa perspectiva não só sobre a finalidade da prova, mas também acerca do papel que a verdade possui na construção da decisão judicial.

Em seguida, faremos uma breve incursão em torno dos negócios jurídicos processuais, deixando claro quais os limites conceituais que adotamos no presente trabalho. Ao final, tentaremos responder à indagação acerca da possibilidade de celebração do negócio jurídico processual sobre a prova e em que medida tal possibilidade afetaria a verdade dentro do processo.

Não pretendemos aqui expor qualquer ideia com o intuito de exaurir o tema proposto ou mesmo formular conclusões tidas como imutáveis. O que esperamos é que, diante do pouco tempo de vigência do atual Código de Processo Civil, seja possível refletir sobre um tema que, longe de ser visto da mesma forma por aqueles que sobre ele se debruçam, possui extrema relevância na solução de problemas do cotidiano.

1 A prova e a verdade

Para que sejam fixadas as premissas sobre as quais se fundamenta o presente trabalho, é imprescindível estabelecermos a finalidade da prova no processo civil e sua relação com a verdade.

Todavia, é preciso também alertar o leitor no sentido de que não é a intenção deste tópico promover uma discussão profunda acerca do sentido da verdade dentro do processo, uma vez que não é este o fim do presente artigo, tampouco tal objetivo seria compatível, a nosso ver, com os limites aqui propostos.

Como se sabe, o homem, a despeito de sua sociabilidade, possui características individuais indissolúveis que não perdem esta essência mesmo quando inserido em comunidade. Daí a existência de conflitos que devem ser ordenados por meio de normas, conforme acentua Marcos Bernardes de Mello.[1]

Tais normas, quando não são cumpridas voluntariamente, carecem de coação material, por meio de um processo judicial no qual os fatos sejam apreciados mediante a prolação de uma sentença que transforma o comando abstrato da norma em comando individual e concreto, como pontua Carnelluti.[2]

Ocorre que o acesso aos fatos mencionados só ocorre dentro de um processo judicial, por meio de um processo probatório ou de um "sistema comunicacional probatório", nas palavras de Tomé,[3] no qual a parte que deseja provar emite uma mensagem ao destinatário por meio

---

[1] MELLO, Marcos Bernardes de. *Teoria do fato jurídico*: plano da existência. 14. ed. São Paulo: Saraiva, 2007. p. 3-4.

[2] CARNELLUTI, Francesco. *A prova civil*. (Trad. Lisa Pary Scarpa). 2. ed. Campinas: Bookseller, 2002. p. 29-30.

[3] TOMÉ, Fabiana Del Padre. *A prova no Direito Tributário*. São Paulo: Noeses, 2005. p. 61.

de um canal cujo código é comum entre os sujeitos da relação jurídica processual. Note-se, portanto, que é por meio das provas que as partes são capazes de comunicar os fatos relevantes.

É preciso ressaltar, todavia, que, diante de um mesmo fato,[4] várias são as versões que podem surgir, estando aptas a integrar o processo apenas aquelas que possam revestir-se de uma determinada linguagem, que é imposta pelo direito e se fundamenta nas provas admitidas juridicamente, consoante explicam Tomé[5] e Carvalho.[6]

Neste sentido, percebe-se que o juiz apenas se depara com as versões fáticas que são trazidas pelas partes, não tendo acesso ao fato em si mesmo. É por conta disso que defendemos ser a finalidade da prova exatamente a comprovação da alegação da parte acerca da ocorrência de um fato, mas não o próprio fato, ou seja, do evento ocorrido no mundo fenomênico. Ela, a prova, tem uma função persuasiva que se direciona ao convencimento do julgador.[7]

Para Catão,[8] a prova seria um argumento linguístico que serve para corroborar a verdade ou a falsidade de um enunciado descritivo num processo de decisão jurídica. O referido autor encara a prova como um elemento linguístico cuja finalidade é atestar a alegação dos fatos que são formuladas dentro do processo, pois "a aferição dos fatos está sempre inserida num jogo de linguagem específico, sendo valorada por interesses de quem descreve os fatos que pretende provar".[9] Percebe-se, portanto, que tal noção alinha-se com a que acaba de ser defendida no

---

[4] Alguns autores preferem chamar de "eventos" aqueles acontecimentos do mundo fenomênico que são perceptíveis aos sentidos humanos. O "fato", por sua vez, é tomado como enunciado denotativo de uma situação, delimitada no tempo e no espaço. Cf. CARVALHO, Aurora Tomazini de. *Teoria geral do Direito – O Construtivismo lógico-semântico*. 4. ed. rev. e ampl. São Paulo: Noeses, 2014; TOMÉ, Fabiana Del Padre. *A prova no Direito Tributário*. São Paulo: Noeses, 2005.

[5] TOMÉ, Fabiana Del Padre. *A prova no Direito Tributário*. São Paulo: Noeses, 2005. p. 486.

[6] CARVALHO, Aurora Tomazini de. *Teoria geral do Direito – O Construtivismo lógico-semântico*. 4. ed. rev. e ampl. São Paulo: Noeses, 2014. p. 487.

[7] Acerca do que foi dito neste parágrafo, são necessárias duas observações: em primeiro lugar, prova e meio de prova não se confundem. Meio de prova é a maneira pela qual são levados os fatos ao processo. Em segundo lugar, é preciso salientar que os fatos, por si sós, não provam nada (os fatos não falam), sendo necessária a participação das partes na produção probatória, conforme salientam alguns autores. Cf. SCAVINO, Dardo. *La filosofia actual*: pensar sin certezas. Buenos Aires: Paidós, 1999; MOUSSALLEM, Tárek Moysés. *Fontes do Direito Tributário*. São Paulo: Max Limonad, 2001.

[8] CATÃO, Adrualdo de Lima. *Teoria do fato jurídico*: uma abordagem lógica da decisão judicial. Curitiba: Juruá, 2013. p. 146-147.

[9] CATÃO, Adrualdo de Lima. *Teoria do fato jurídico*: uma abordagem lógica da decisão judicial. Curitiba: Juruá, 2013. p. 149.

parágrafo anterior e que serve como fundamento para as ideias aqui defendidas.

Delimitadas então a noção e a finalidade da prova no processo, resta delimitar a noção de verdade e a relação que esta possui com a prova. Decerto, a relação entre a verdade e a prova é estudada há bastante tempo, e tal discussão encontra-se longe de um consenso. A conhecida distinção entre verdade formal e verdade material é prova da tentativa de se estabelecer tal relação.

O fato é que, para os processualistas, a verdade é vista como um princípio orientador (não o único princípio). Prova do que acaba de ser dito pode ser encontrada em Taruffo e Ramos,[10] segundo os quais a verdade deve ser um valor que orienta o processo, de maneira que este seja um instrumento que retrate o que efetivamente ocorreu ou que, no mínimo, se aproxime disso.

Outro ponto que se deve esclarecer é que a relação entre a verdade e o processo, bem como a resposta para a indagação formulada no sentido de haver ou não verdade no processo, depende da noção que se adota para o sentido que se dá ao vocábulo verdade.

Para tanto, é comum a utilização de uma noção da verdade por correspondência, ou seja, de que a prova teria como objetivo comprovar o fato como realmente ocorreu, de maneira que houvesse uma adequação da proposição à realidade por ela referida. Neste sentido, Brito Segundo defende que tal noção de verdade como correspondência não significa a perseguição de uma entidade abstrata "a ser buscada nos confins de uma caverna ou no fundo de um oceano", mas sim, de uma característica segundo a qual uma afirmação deve corresponder à realidade afirmada. Em outras palavras, se alguém faz alguma afirmação e esta corresponde à realidade, estar-se-ia diante de uma verdade.

Acontece que a noção de verdade por correspondência é contrária à noção e à finalidade da prova, a nosso ver, na forma como tratamos tal finalidade, consoante já exposto anteriormente. Isso sem contar na própria deficiência de tal noção, uma vez que se a verdade corresponde à realidade dos acontecimentos, como garantir uma verdade que é limitada em razão do conhecimento do sujeito cognoscente? Em outras palavras, a noção de verdade por correspondência seria uma noção que dependeria dos limites do próprio sujeito responsável pela reconstrução da realidade com seu aparelho cognitivo falível.

---

[10] RAMOS, Vitor de Paula. Ônus e deveres probatórios das partes no Novo CPC brasileiro. In: DIDIER JR., Fredie. *Provas*. 2. ed. rev. e atual. Salvador: Juspodivm, 2016. p. 268.

Outro problema que a visão da verdade com correspondência faz surgir diz respeito diretamente à prova, pois esta passa a ser vista como algo objetivo, neutro, independente do homem e de seus interesses e valores. Isso, contudo, como adverte Catão,[11] "cria uma espécie de ilusão metafísica que se identifica com a tentativa de se encontrar no texto normativo uma única resposta correta".

A fragilidade da concepção acima exposta faz surgir uma noção de verdade aproximativa, defendida por Ferrajoli[12] e com visível influência de Popper.[13] Por meio de tal ideia, como o ser humano é incapaz de igualar o evento ao fato jurídico, o processo deve buscar uma verdade aproximada em relação ao que realmente aconteceu.

O problema da noção de verdade aproximativa, contudo, é que ela parte de uma noção absoluta de verdade para chegar à conclusão de que, inexistindo tal verdade suprema, absoluta, o processo deve buscá-la, conforme ressaltam Didier Junior, Braga e Oliveira.[14]

Ocorre que a noção de verdade absoluta não é mais uma preocupação da ciência, ficando relegada às discussões metafísicas e religiosas, conforme adverte Taruffo. A essa altura, é preciso reiterar que não estamos a defender aqui que o processo não deva buscar a verdade. Tal busca deve ocorrer, contudo, dentro das possibilidades traçadas pelo próprio ordenamento processual.

O que se quer dizer aqui é que existem limitações, de diversas ordens, impostas pelo próprio ordenamento, que restringem a produção da prova em certas circunstâncias, deixando a busca pela verdade de lado em favor de outros valores, como acentua Catão.[15]

Assim, uma noção de verdade como crença justificada e útil aos propósitos humanos aparenta ter muito mais serventia à teoria da prova, uma vez que, segundo Catão,[16] em uma sociedade complexa, o direito não pode se fundar em noções metafísicas de certeza e verdade, sob pena de a tolerância democrática ser substituída pelo arbítrio de "uma versão verdadeira".

---

[11] CATÃO, Adrualdo de Lima. *Decisão jurídica e racionalidade*. Maceió: Edufal, 2007. p. 80.

[12] FERRAJOLI, Luigi. *Direito e razão*: teoria do garantismo penal. São Paulo: Editora Revista dos Tribunais, 2002. p. 42-43.

[13] Cf. POPPER, Karl. *Conjecturas e refutações*. Lisboa: Almeidina, 2003.

[14] DIDIER JÚNIOR, Fredie; BRAGA, Paula Sarno; OLIVEIRA, Rafael Alexandria de. *Curso de Direito Processual Civil*. 10. ed. Salvador: Juspodium, 2015. p. 47.

[15] CATÃO, Adrualdo de Lima. *Teoria do fato jurídico*: uma abordagem lógica da decisão judicial. Curitiba: Juruá, 2013. p. 157.

[16] CATÃO, Adrualdo de Lima. *Decisão jurídica e racionalidade*. Maceió: Edufal, 2007. p. 82.

2 O negócio jurídico processual

Como o presente trabalho busca analisar também a possibilidade de negócio jurídico sobre a prova, no processo, é necessária uma breve incursão acerca de tal categoria.

O negócio jurídico é uma espécie de fato jurídico que integra a Teoria Geral do Direito. Isso não significa dizer, contudo, que seja um conceito estanque, imutável e que não tem seus contornos adaptados ao ramo do Direito a que ele serve. Como ensina Ehrhardt Júnior,[17] os conceitos e categorias elaborados por Pontes de Miranda e difundidos por Marcos Bernardes de Mello, e dos quais o negócio jurídico faz parte, são de "indiscutível utilidade para a solução de situações conflituosas que não se limitam ao direito privado" e que podem ser aplicados, entre outros ramos, ao Direito Processual Civil.

Há, ademais, a própria evolução do conceito de negócio jurídico, sobretudo a partir do final do século passado, quando surgiram novas tentativas de redefinição do instituto com vistas a adequá-lo às exigências do Estado Social e da própria noção de autonomia da vontade, à força normativa da Constituição, bem como à eficácia das normas constitucionais, conforme acentuado por Nogueira.[18]

A evolução conceitual acima mencionada passou por uma noção em que a vontade seria o elemento essencial do negócio jurídico, de modo que os efeitos por ele produzidos estariam ligados diretamente ao querer da parte (teoria subjetivista). Depois, contrapondo-se a tal noção, surge a ideia segundo a qual o negócio jurídico se configuraria num preceito com vistas à realização dos efeitos jurídicos correspondentes (teoria preceptiva). Por fim, apresentando uma visão que nega as duas concepções até aqui apresentadas, tem-se a noção de negócio jurídico como um ato de autonomia privada.

A concepção de negócio jurídico defendida no presente trabalho, todavia, não se coaduna com a teoria subjetivista, segundo a qual o negócio seria um ato de vontade que busca produzir determinados efeitos jurídicos (defendemos que os efeitos do negócio já estão definidos na norma e não derivam da vontade), tampouco com a noção que

---

[17] EHRHARDT JÚNIOR, Marcos. Apontamentos sobre a teoria do fato jurídico. In: BESERRA, Karoline Mafra Sarmento; EHRHARDT JÚNIOR, Marcos; SILVA, Jéssica Aline Caparica (*orgs.*). *Estudos sobre a teoria do fato jurídico na contemporaneidade*: homenagem a Marcos Bernardes de Mello. Editora Universitária Tiradentes: Sergipe, 2016. p. 12.

[18] NOGUEIRA, Pedro Henrique. *Negócios jurídicos processuais*. Salvador: Juspodvim, 2016. p. 123.

enquadra o negócio jurídico como um preceito, uma vez que, conforme acentuado nas lições de Nogueira,[19] ela não se prestaria a definir o que é um negócio jurídico, bem como não fornece uma explicação satisfatória acerca da figura do negócio nulo.

A ressalva anteriormente formulada é fundamental para que se afaste o que se denomina de "dogma da vontade"[20] e se delimite o conceito aqui adotado de negócio jurídico, fundamental para que se possa rebater a grande maioria das críticas que são dirigidas à admissão da figura do negócio jurídico processual, conforme se demonstrará no item a seguir.

É por tal razão que concordamos com a noção de Mello,[21] para quem o negócio jurídico é um fato jurídico que traz como elemento nuclear de seu suporte fático a manifestação da vontade de forma consciente e em relação ao qual o sistema jurídico permite aos sujeitos envolvidos, dentro de certos limites já predeterminados, a escolha da categoria jurídica e de estruturação do conteúdo eficacial das relações jurídicas, seja quanto ao seu surgimento, seja quanto à sua permanência e intensidade no mundo jurídico. Ou ainda, nas palavras de Lôbo,[22] pode ser conceituado como: "fato jurídico cujo núcleo é a vontade negocial exteriorizada nos limites da autonomia privada, ou a conduta humana participante de tráfico jurídico, a que o direito confere validade e eficácia negociais".[23]

---

[19] NOGUEIRA, Pedro Henrique. *Negócios jurídicos processuais*. Salvador: Juspodvim, 2016. p. 132.

[20] De acordo com Cunha, tal dogma impediu que no processo se construísse uma adequada teoria sobre os atos processuais, bem como um tratamento satisfatório sobre sua interpretação e sobre os vícios da vontade sobre os atos processuais. Isso porque sempre se entendeu que no processo, a vontade das partes seria irrelevante, tendo estas unicamente a opção de praticar ou não o ato previsto numa sequência fixada de antemão pelo legislador. CUNHA, Leonardo Carneiro da. Negócios jurídicos processuais no processo civil brasileiro. In: *I Congresso Peru-Brasil de Direito Processual*. Lima: Peru, nov./2014. p. 10-11.

[21] MELLO, Marcos Bernardes de. *Teoria do fato jurídico*: plano da existência. 14. ed. São Paulo: Saraiva, 2007. p. 233.

[22] LÔBO, Paulo. *Direito Civil*: parte geral. 3. ed. São Paulo: Saraiva, 2012. p. 228.

[23] Esta segunda parte do conceito do autor, conforme ele mesmo adverte, difere do conceito tradicional de negócio jurídico, já que inclui as condutas ou comportamentos avolitivos, sendo necessária apenas a inclusão destes no tráfico jurídico, ou seja, são negócios nos quais se exclui a vontade, atribuindo-se eficácia negocial à conduta das pessoas. Para Lôbo, a noção tradicional de negócio jurídico não atende à realidade dos fenômenos contemporâneos da concentração empresarial e da massificação social, onde os negócios jurídicos têm no núcleo de seu suporte fático não a vontade exteriorizada, mas as condutas, abstraídos os aspectos volitivos. Seriam exemplos os contratos de adesão e os chamados contratos massificados (transporte coletivo, telefonia, água, etc.), nos quais pouco importa

A vontade das partes, mesmo integrando o suporte fático dos negócios jurídicos, não é plena nem capaz de ilidir os limites impostos pelo ordenamento jurídico, conforme acentua Toledo.[24] No caso do Direito Processual Civil, que é regulado em sua maior parte por normas cogentes, tais limites são ainda mais fores, mas não a ponto de eliminar o poder de autorregramento da vontade.

2.1 Delimitação do conceito de negócio jurídico processual[25]

Feitas tais considerações, resta-nos definir os contornos do que vem a ser um negócio jurídico processual.[26] Para Nogueira, o negócio jurídico processual é:

> O fato jurídico voluntário em cujo suporte fático e descrito na norma processual, esteja conferido ao respectivo sujeito o poder de escolher a categoria jurídica ou estabelecer, entre os limites fixados no próprio ordenamento jurídico, certas situações jurídicas processuais.[27]

---

a vontade do sujeito contratante. Cf. LÔBO, Paulo. *Direito Civil*: parte geral. 3. ed. São Paulo: Saraiva, 2012. p. 229-231.

[24] TOLEDO, Arthur de Melo. O poder de autorregramento da vontade e os seus limites. In: BESERRA, Karoline Mafra Sarmento; EHRHARDT JÚNIOR, Marcos; SILVA, Jéssica Aline Caparica (*orgs.*). *Estudos sobre a teoria do fato jurídico na contemporaneidade*: homenagem a Marcos Bernardes de Mello. Editora Universitária Tiradentes: Sergipe, 2016. p. 76.

[25] No presente trabalho, partimos da premissa de que os negócios processuais são admitidos pelo Direito Processual Civil. Assim, não trataremos (até por conta dos próprios limites aqui traçados) das posições contrárias ao negócio jurídico processual. Tal discussão (acerca da possibilidade ou não de celebração de negócios jurídicos processuais), a nosso ver, perdeu muito de sua importância em razão da positivação, pelo atual CPC, de tais negócios processuais. Prova do que foi dito, apenas a título de exemplo, encontra-se nos artigos 190 e 200 daquele mesmo diploma legal.

[26] A nomenclatura "negócio jurídico processual" não é utilizada de forma unânime na doutrina. Há quem prefira a locução "Convenção Processual", como o fazem Cabral (Cf. CABRAL. Antônio do Passo. *Convenções processuais*. Salvador: Juspodium, 2016. p. 31 e ss.) e Moreira (Cf. MOREIRA, José Carlos Barbosa. Convenções das partes sobre matéria processual. In: *Temas de Direito Processual, terceira série*. São Paulo: Saraiva, 1984. p. 89), ou "atos de disposição processual", utilizada por Greco (Cf. GRECO, Leonardo. Os atos de disposição processual – Primeiras reflexões. In: MEDINA, José Miguel Garcia *et al.* (*coords.*). *Os poderes do juiz e o controle das decisões judiciais – Estudos em homenagem à professora Teresa Arruda Alvim Wambier*. São Paulo: RT, 2008. p. 290). Por coerência com a teoria do fato jurídico, utilizaremos também a expressão "negócio jurídico processual" ao longo de todo o trabalho.

[27] O jurista adota uma noção ampla de fato processual, com a qual concordamos, e que engloba (ou é capaz de englobar) certos acontecimentos (mesmo que extraprocedimentais) que estejam ligados ao processo, resultando em situações jurídicas exercitáveis no procedimento. NOGUEIRA, Pedro Henrique. *Negócios jurídicos processuais*. Salvador: Juspodvim, 2016. p. 152.

É preciso esclarecer que, no presente trabalho, a noção de negócio jurídico processual exige como elemento essencial a referibilidade a um procedimento. Os negócios jurídicos que têm como objeto uma demanda futura, também chamados de negócios jurídicos sobre o processo, estão fora da definição aqui proposta e, portanto, do próprio objeto deste trabalho.[28]

Para Cabral,[29] é um ato que produz ou pode produzir seus efeitos no processo escolhido como decorrência da vontade do sujeito praticante, e que é capaz de constituir, modificar ou extinguir situações processuais ou alterações no procedimento.

Tal negócio é uma espécie de ato jurídico processual *lato sensu* e se contrapõe ao ato jurídico processual *stricto sensu*, no qual a vontade é importante para a estrutura do ato, mas não é capaz de determinar seu conteúdo eficacial. Segundo Cunha,[30] os atos jurídicos seriam incondicionáveis e inatermáveis, cabendo ao sujeito apenas praticar (ou não) o ato. Já nos negócios jurídicos processuais, tal vontade é relevante não só na opção por praticar ou não o ato, como também na definição de seus efeitos,[31] conforme esclarece Cabral.[32]

---

[28] A mesma posição é defendida por Nogueira (Cf. NOGUEIRA, Pedro Henrique. *Negócios jurídicos processuais*. Salvador: Juspodvim, 2016. p. 231), ao afirmar que os negócios que "têm em mira futuras demandas não são adjetivados de 'processuais'", uma vez que faltaria a "processualidade" inerente à existência concreta de um procedimento ao qual se refira. Já Cabral (Cf. CABRAL. Antônio do Passo. *Convenções processuais*. Salvador: Juspodium, 2016. p. 75-80) não exclui tais espécies de acordos do que ele denomina de "convenção processual".

[29] CABRAL. Antônio do Passo. *Convenções processuais*. Salvador: Juspodium, 2016. p. 48. Apesar do conceito apresentado, o objeto de estudo do autor mencionado são as convenções processuais, sendo tal expressão, ainda segundo o autor, mais adequada para se referir aos negócios plurilaterais pelos quais as partes, antes ou durante o processo, criam, modificam e extinguem situações jurídicas processuais, ou alteram o procedimento. Note-se, assim, que tal noção é mais ampla do que a que apresentamos ao mencionar a expressão "negócios jurídicos processuais".

[30] CUNHA, Leonardo Carneiro da. Negócios jurídicos processuais no processo civil brasileiro. In: *I Congresso Peru-Brasil de Direito Processual*. Lima: Peru, nov./2014. p. 5.

[31] Uma das principais objeções feitas à categoria dos negócios jurídicos processuais é que, em razão da publicidade do processo, todas as condutas das partes já teriam seus efeitos fixados na lei, havendo apenas o ato jurídico processual em sentido estrito. Todavia, conforme salienta Pedro Henrique Nogueira (Cf. NOGUEIRA, Pedro Henrique. *Negócios jurídicos processuais*. Salvador: Juspodvim, 2016. p. 155), não existem efeitos jurídicos que decorram exclusivamente da vontade das partes, como se costumava acreditar nas teorias que defendiam o "dogma da vontade". Didier Júnior, por sua vez, defende que a categoria negócio jurídico é conceito lógico-jurídico e que, portanto, pela sua pretensão de validez universal não se restringe ao âmbito do direito privado.

[32] CABRAL. Antônio do Passo. *Convenções processuais*. Salvador: Juspodium, 2016. p. 48-49.

O que importa para que se caracterize um determinado ato como negócio jurídico processual é que a vontade do sujeito esteja direcionada não só à prática do ato, mas também à produção de determinado efeito. Isso não significa, porém, que todos os efeitos do ato sejam decorrentes da vontade do sujeito, como se houvesse a necessidade de correspondência entre eles (vontade e efeitos do ato), haja vista que tal correspondência não se verifica nem mesmo no plano material, como advertem Didier Júnior e Nogueira.[33]

Assim, a realização de negócio jurídico processual, além de possível, é fruto da autonomia privada (ou autorregramento), sendo caracterizada pela liberdade de celebração e de estipulação. Tal liberdade, contudo, não impede que a lei fixe determinados limites, bem como o regime para a celebração de tais negócios, como observa Cunha.[34]

Os negócios jurídicos processuais são um desdobramento do próprio Estado Democrático de Direito, que exige a participação de todos os sujeitos envolvidos no processo e que serão submetidos às decisões proferidas em assuntos que lhes digam respeito.

O atual CPC (Lei nº 13.105/15) torna a realidade acima mencionada ainda mais evidente, uma vez que instaura, de forma expressa, o chamado modelo cooperativo de processo, no qual a vontade das partes é valorizada. Neste sentido, merecem ser transcritas as palavras de Cunha:

> Põe-se a descoberto, no novo CPC, o prestígio da autonomia da vontade das partes, cujo fundamento é a liberdade, um dos principais direitos fundamentais previstos no artigo 5º da Constituição Federal. O direito à liberdade contém o direito ao autorregramento, justificando o chamado *princípio do respeito ao autorregramento da vontade no processo*.[35]

3 O negócio jurídico processual sobre a prova: negociação da verdade?

Conforme visto anteriormente, a verdade é um dos valores que devem ser buscados no processo judicial e, inegavelmente, ela possui

---

[33] DIDIER JÚNIOR, Fredie; NOGUEIRA, Pedro Henrique Pedrosa. *Teoria dos fatos Jurídicos Processuais*. 2. ed. Salvador: Juspodvim, 2013. p. 64-65.

[34] CUNHA, Leonardo Carneiro da. Negócios jurídicos processuais no processo civil brasileiro. In: *I Congresso Peru-Brasil de Direito Processual*. Lima: Peru, nov./2014. p. 14.

[35] CUNHA, Leonardo Carneiro da. Negócios jurídicos processuais no processo civil brasileiro. In: *I Congresso Peru-Brasil de Direito Processual*. Lima: Peru, nov./2014. p. 21.

uma relação com a prova. O problema que se põe no presente tópico, contudo, é se a prova pode ser objeto de negócio jurídico processual, e, em caso positivo, se isto não atrapalharia ou mesmo impediria a descoberta da verdade.

Em outras palavras, a preocupação reside em saber se o negócio jurídico processual, que tem como objeto a prova, é capaz de alterar ou impedir a descoberta da verdade em um processo.

Uma resposta inicial à indagação acima formulada poderia ser oferecida por meio de apresentação do próprio texto contido no artigo 190 do CPC vigente, ao afirmar que:

> Versando o processo sobre direitos que admitam autocomposição, é lícito às partes plenamente capazes estipular mudanças no procedimento para ajustá-lo às especificidades da causa e convencionar sobre os seus ônus, poderes, faculdades e deveres processuais, antes ou durante o processo.

Tal resposta, todavia, não nos parece satisfatória, uma vez que não é apta a demonstrar os argumentos pelos quais sua conclusão seria produzida, além de deixar uma lacuna a respeito da discussão acerca da possibilidade de inclusão do direito de produzir prova no objeto do negócio jurídico processual, de acordo com o texto do artigo anteriormente transcrito. Ela serve como ponto de partida, mas não de chegada.

Isso não quer dizer que negamos aqui a possibilidade de realização do negócio jurídico processual sobre a prova. A própria maneira como estabelecemos a relação entre a verdade e a prova, na forma do item 2 do presente trabalho, permite anteciparmos uma parte da conclusão a que chegamos, ou seja, que é possível que o negócio jurídico processual tenha como objeto a prova a ser produzida dentro do processo.

Ora, já afirmamos que a prova é instrumento que serve à corroboração das alegações formuladas pelas partes e não para comprovação de uma realidade, estando ligada muito mais a uma visão retórica, portanto. Nesse sentido, de acordo com Catão,[36] para o direito processual, a prova serve muito mais como instrumento retórico do que como comprovação de uma realidade, sem que tal afirmação signifique, todavia, que as noções de prova e verdade sejam separadas, mas tão somente

---

[36] CATÃO, Adrualdo de Lima. *Teoria do fato jurídico*: uma abordagem lógica da decisão judicial. Curitiba: Juruá, 2013. p. 150-151.

que o "ambiente processual possui determinadas regras que garantem a realização de outros valores além da descoberta da verdade".

Outro fato que pesa em favor da possibilidade do negócio jurídico processual sobre a prova, sem que tal possibilidade signifique o abandono da verdade, é que o próprio direito processual, em algumas situações, cria obstáculos à produção de prova, limitando a cognição do juízo a determinadas questões ou mesmo restringindo a produção de determinados meios de prova. É o que sucede, por exemplo, no Mandado de Segurança ou em diversas ações de procedimento especial. Isso ocorre, sobretudo, porque o processo também possui outros valores a serem realizados, não sendo a verdade o único valor a ser alcançado por meio dele.

Neste mesmo sentido, afirma Catão:

> [...] as limitações de tempo e dos meios capazes de trazer dados ao processo muitas vezes impossibilitam uma pesquisa cognitiva mais acurada e livre. Isto ocorre porque o próprio processo não tem unicamente a busca pela verdade. Outros valores são importantes no processo, como a segurança jurídica e a manutenção da paz social. Muitas vezes, a solução rápida do conflito se faz necessária, e, nesses casos, a pesquisa dos fatos se torna supérflua diante de outros tantos interesses defendidos pelo processo judicial.[37]

Ademais, conforme a perspectiva aqui adotada, não é a verdade o objeto do negócio jurídico processual (nem sabemos se isso seria possível), mas sim, a prova. O que acaba de ser dito é corroborado por Beclaute Silva,[38] ao afirmar que o sistema jurídico não tem a pretensão de colocar a verdade como seu fundamento; ele a utiliza como critério que legitima a decisão, nas situações em que não existe um consenso sobre situações conflituosas.

Destarte, a prova ingressa no processo para estabelecer o antecedente da norma de decisão, não sendo a verdade o único critério que permite a legitimação do ato decisório. Daí por que não há nenhum impedimento, a nosso ver, para que se admita o negócio jurídico que tem como objeto a prova. Até mesmo porque, conforme já vimos, o próprio

---

[37] CATÃO, Adrualdo de Lima. *Teoria do fato jurídico*: uma abordagem lógica da decisão judicial. Curitiba: Juruá, 2013. p. 152.

[38] SILVA, Beclaute Oliveira. Verdade como objeto do negócio jurídico processual. In: *Novo CPC – Doutrina selecionada*: processo de conhecimento – provas. Salvador: Juspodium, 2015. v. 3, p. 292.

ordenamento processual permite tal disposição, conforme estabelecido no artigo 190 do Código de Processo Civil vigente.

A negativa de admissão do negócio jurídico sobre a prova está baseada em uma concepção daquela última como correspondência com a realidade. Já vimos, no início do presente trabalho, que não admitimos a noção de verdade por correspondência e o mesmo pode ser dito em relação à prova. Como acentua Catão,[39] tal noção da prova jurídica como correspondência com a realidade fecha os olhos para as necessidades e interesses humanos, não se adaptando a um processo democrático e tolerante à opinião contrária.

Quer-se afirmar aqui que não existe problema algum em permitir que as partes, por meio de um ato de disposição, estabeleçam critérios para determinar como um fato será provado no processo. Isso não significa o abandono da verdade ou mesmo que esta última esteja sendo negociada.[40] Na mesma linha de pensamento aqui defendida, Silva[41] afirma ser melhor que as partes (que possuem conhecimento do fato) possam indicar os meios para prová-lo. Para o referido autor, deixar tal tarefa para o magistrado seria entregá-la a alguém que ignora o fato e que "faz da venda sua forma, vestimenta".

Tampouco se está aqui a defender que o magistrado fique à mercê de absolutamente tudo o que foi convencionado pelas partes. Isso não é assim em um negócio jurídico convencional, e não poderia sê-lo no negócio que tem por objeto a prova. Destarte, como em qualquer negócio jurídico, o magistrado fará sua análise nos limites que foram traçados pelas partes, mas estas não podem ultrapassar os próprios limites que são estabelecidos pelo ordenamento jurídico, a exemplo do que ocorre por meio do artigo 333 do Código de Processo Civil vigente.

---

[39] CATÃO, Adrualdo de Lima. *Decisão jurídica e racionalidade*. Maceió: Edufal, 2007. p. 80.

[40] A expressão "verdade negociada" é de Michelle Taruffo, em artigo com o mesmo nome (Cf: TARUFFO, Michelle. Verdade negociada? (Trad. Pedro Gomes de Queiroz). In: *Revista eletrônica de Direito Processual*, Rio de Janeiro, a. 8, v. XIII, p. 634-657, jan./jun. 2014). Nele, o autor refuta a possibilidade aqui defendida, ou seja, de que haja negócio jurídico processual sobre a prova, uma vez que ela seria incompatível com a ideia de processo justo. Não concordamos, por óbvio, com a ideia do autor italiano, que parte inclusive de uma perspectiva de verdade (verdade por correspondência, diferente da que aqui é defendida). Para que o leitor tenha uma noção diferente da que aqui se defende, recomendamos a leitura do referido artigo, referenciado ao final deste trabalho.

[41] SILVA, Beclaute Oliveira. Verdade como objeto do negócio jurídico processual. In: *Novo CPC – Doutrina selecionada*: processo de conhecimento – provas. Salvador: Juspodium, 2015. v. 3, p. 301.

Considerações finais

A finalidade da prova, dentro do processo, é confirmar a alegação da parte acerca da ocorrência de um fato; ela serve, portanto, para corroborar a verdade ou a falsidade de um enunciado descritivo num processo de decisão jurídica.

É inegável, portanto, a relação entre a prova e a verdade. Todavia, como estabelecido ao longo do presente trabalho, a verdade não é o único valor a ser buscado por meio do processo. Assim, o próprio ordenamento processual impõe limites à busca pela verdade, em favor de outros valores como, por exemplo, a segurança jurídica. A regra da eficácia preclusiva da coisa julgada é um exemplo deste tipo de limite.

Ora, se o próprio ordenamento impõe tais limites, em nome de diversos valores, não parece razoável impedir que as partes estipulem a melhor maneira de provar suas alegações acerca de determinados fatos, inclusive por meio de restrições a determinados meios de prova.

É neste cenário que surge o negócio jurídico processual como ferramenta garantidora do autorregramento e também da efetiva participação das partes na construção da decisão judicial. O negócio sobre a prova, ao invés de alterar a verdade, corrobora a noção de um processo justo, que conta com a participação efetiva dos sujeitos interessados, os quais, por seu turno, interferem ativamente na solução do litígio.

Note-se assim que, ao se admitir a possibilidade de negócio jurídico processual sobre a prova, não se está negociando a verdade, mas sim, os meios para que ela seja descoberta ou mesmo construída. Tudo isso sem que tal possibilidade implique o abandono da verdade e da necessidade de busca desta última com um (não o único!) dos valores a serem perseguidos dentro do processo.

Referências

CABRAL. Antonio do Passo. *Convenções processuais*. Salvador: Juspodium, 2016.

CARNELLUTI, Francesco. *A prova civil*. (Trad. Lisa Pary Scarpa). 2. ed. Campinas: Bookseller, 2002.

CARVALHO, Aurora Tomazini de. *Teoria geral do Direito – O Construtivismo lógico-semântico*. 4. ed. rev. e ampl. São Paulo: Noeses, 2014.

CATÃO, Adrualdo de Lima. *Teoria do fato jurídico*: uma abordagem lógica da decisão judicial. Curitiba: Juruá, 2013.

CATÃO, Adrualdo de Lima. *Decisão jurídica e racionalidade*. Maceió: Edufal, 2007.

CUNHA, Leonardo Carneiro da. Negócios jurídicos processuais no processo civil brasileiro. In: *I Congresso Peru-Brasil de Direito Processual*. Lima: Peru, nov./2014.

DIDIER JUNIOR, Fredie; BRAGA, Paula Sarno; OLIVEIRA, Rafael Alexandria de. *Curso de Direito Processual Civil*. 10. ed. Salvador: Juspodium, 2015.

DIDIER JUNIOR, Fredie; NOGUEIRA, Pedro Henrique Pedrosa. *Teoria dos fatos Jurídicos Processuais*. 2. ed. Salvador: Juspodvim, 2013.

EHRHARDT JÚNIOR, Marcos. Apontamentos sobre a teoria do fato jurídico. In: BESERRA, Karoline Mafra Sarmento; EHRHARDT JÚNIOR, Marcos; SILVA, Jéssica Aline Caparica (orgs.). *Estudos sobre a teoria do fato jurídico na contemporaneidade*: homenagem a Marcos Bernardes de Mello. Editora Universitária Tiradentes: Sergipe, 2016.

FERRAJOLI, Luigi. *Direito e razão*: teoria do garantismo penal. São Paulo: Editora Revista dos Tribunais, 2002.

GRECO, Leonardo. Os atos de disposição processual – Primeiras reflexões. In: MEDINA, José Miguel Garcia et al. (coords.). *Os poderes do juiz e o controle das decisões judiciais – Estudos em homenagem à professora Teresa Arruda Alvim Wambier*. São Paulo: RT, 2008.

LÔBO, Paulo. *Direito Civil*: parte geral. 3. ed. São Paulo: Saraiva, 2012.

MELLO, Marcos Bernardes de. *Teoria do fato jurídico*: plano da existência. 14. ed. São Paulo: Saraiva, 2007.

MOREIRA, José Carlos Barbosa. Convenções das partes sobre matéria processual. In: *Temas de Direito Processual, terceira série*. São Paulo: Saraiva, 1984.

MOUSSALLEM, Tárek Moysés. *Fontes do Direito Tributário*. São Paulo: Max Limonad, 2001.

NOGUEIRA, Pedro Henrique. *Negócios jurídicos processuais*. Salvador: Juspodvim, 2016.

POPPER, Karl. *Conjecturas e refutações*. Lisboa: Almeidina, 2003.

RAMOS, Vitor de Paula. Ônus e deveres probatórios das partes no Novo CPC brasileiro. In: DIDIER JR., Fredie. *Provas*. 2. ed. rev. e atual. Salvador: Juspodivm, 2016.

SCAVINO, Dardo. *La filosofia actual*: pensar sin certezas. Buenos Aires: Paidós, 1999.

SILVA, Beclaute Oliveira. Verdade como objeto do negócio jurídico processual. In: *Novo CPC – Doutrina selecionada*: processo de conhecimento – provas. Salvador: Juspodium, 2015. v. 3.

TARUFFO, Michele. Verità e Processo. *Revista de Processo*, Editora: Revista dos Tribunais, 2014, v. 228.

TARUFFO, Michele. Veritá e probabilitá nella prova dei fatti. *Revista de processo (versão eletrônica)*, São Paulo: Revista dos Tribunais, dez. 2007, v. 154.

TARUFFO, Michelle. Verdade negociada? (Trad. Pedro Gomes de Queiroz). In: *Revista eletrônica de Direito Processual*, Rio de Janeiro, a. 8, v. XIII, p. 634-657, jan./jun. 2014.

TOLEDO, Arthur de Melo. O poder de autorregramento da vontade e os seus limites. In: BESERRA, Karoline Mafra Sarmento; EHRHARDT JÚNIOR, Marcos; SILVA, Jéssica Aline Caparica (orgs.). *Estudos sobre a teoria do fato jurídico na contemporaneidade*: homenagem a Marcos Bernardes de Mello. Editora Universitária Tiradentes: Sergipe, 2016.

TOMÉ, Fabiana Del Padre. *A prova no Direito Tributário*. São Paulo: Noeses, 2005.

Informação bibliográfica deste texto, conforme a NBR 6023:2002 da Associação Brasileira de Normas Técnicas (ABNT):

BATISTA, Bruno Oliveira de Paula. Verdade e negócio jurídico processual: uma crítica à visão essencialista no processo. In: CATÃO, Adrualdo de Lima *et al.* (Coord.). *Filosofia contemporânea do direito e conectividades*: teoria e pragmática. Belo Horizonte: Fórum, 2019. p. 85-100. ISBN 978-85-450-0630-5.

A CRISE IRREVERSÍVEL
PARA A DECRETAÇÃO DE FALÊNCIA
SOB A ÓTICA DA ANÁLISE ECONÔMICA
PRAGMÁTICA DO DIREITO

PAULA FALCÃO ALBUQUERQUE

Considerações iniciais

O diálogo entre Direito e Economia é uma metodologia que vem ganhando destaque desde a segunda metade do século passado, permitindo que elementos alheios ao campo jurídico sejam utilizados de maneira interdisciplinar para auxiliar na busca pela tomada das melhores decisões.

O trabalho em apreço se destina a analisar como a metodologia da Análise Econômica do Direito (AED) pode ser utilizada para a verificação da crise irreversível apta a permitir a decretação da falência de algum empresário.

Há, cada vez mais, na legislação brasileira, um reconhecimento de que a iniciativa privada colabora com o crescimento da Nação e que a atividade empresarial é a mola mestra para o desenvolvimento socioeconômico de qualquer grupo. É em atenção a tal assertiva que o fomento à livre-iniciativa está inserido no ordenamento jurídico brasileiro, inclusive com *status* constitucional.

Atualmente, preza-se pelo incentivo ao desenvolvimento empresarial, por saber que a atividade econômica permite a satisfação das pessoas de maneira individual e coletiva. Assim, o ideário de preservação de empresas viáveis deve fundamentar o arcabouço legislativo no Brasil, no que se refere à atividade econômica privada. Tanto é verdade que a preservação da empresa (por ser tentáculo da função social da empresa) adquiriu força principiológica e incentivou a criação da atual lei que cuida das atividades empresariais em crise.

Não obstante tal afirmação, e apesar de a lei ter trazido uma série de ordens incentivadoras da atividade econômica, ao apontar as situações que representam presumidamente a existência de crise irreversível, deixou de lado a possibilidade de se verificar a realidade fática e apontou hipóteses objetivas que autorizam a decretação da falência.

Diante das extremadas consequências de uma falência atribuída a um empresário com crise reversível, o presente ensaio tem o condão de examinar a aptidão da Análise Econômica do Direito no auxílio da tomada de decisões para garantir a melhor solução em cada caso concreto.

1 Aspectos da análise econômica do Direito e seu viés pragmático

A moderna interação entre Direito e Economia ganhou notoriedade na década de 1960, através do pensamento de Ronald Coase, difundido no artigo *The Problem of Social Cost,* publicado no *Journal of Law and Economics,* e de Guido Calabresi, através da obra *Some Toughts on Risk Distribution and the Law of Torts,* publicada no *Yale Law Journal.* Ambos trazem para a análise do Direito alguns argumentos econômicos: na obra de Coase,[1] há uma crítica acerca do papel intervencionista do Estado e do custo social suportado em decorrência das atividades econômicas; já Calabresi[2] traz para a análise da responsabilidade na teoria dos danos a aferição e a atribuição do risco.

Porém, foi na década de 1970 que a interação entre Direito e Economia ganhou notoriedade. Richard Posner, representante da Escola de Chicago, escreveu uma das suas obras mais conhecidas, a *Economic Alnalysis of Law,* e é, para alguns críticos, o autor mais citado sobre o assunto.[3] Nessa oportunidade, Posner propôs suas ideias iniciais

---

[1] COASE, Ronald H. The problem of social cost. *Journal of law and economics,* v. III, 1960, p. 1-44. Disponível em: <https://econ.ucsb.edu/~tedb/Courses/UCSBpf/readings/coase.pdf>. Acesso em: 10 mai. 2017.

[2] CALABRESI, Guido. Some Toughts on Risk Distribution and the Law of Torts. *Yale Law Journal,* v. 70, n. 4, 1961. p. 499-553. Disponível em: <http://digitalcommons.law.yale.edu/cgi/viewcontent.cgi?article=3035&context=fss_papers>. Acesso em: 10 mai. 2017.

[3] KLEIN, Vinicius. Posner é a única opção? In: RIBEIRO, Marcia Carla Pereira; KLEIN, Vinicius (Coord.). *O que é análise econômica do direito:* uma introdução. 2. ed. Belo Horizonte: Fórum, 2016. p. 175-182.

através de argumentos que defendiam a máxima eficiência econômica como critério de justiça, tendo em vista que "o critério para avaliar se os atos e as instituições são justas, boas ou desejáveis é a maximização da riqueza da sociedade".[4] Ou seja, a eficiência seria elemento definidor para identificar se a norma seria justa ou injusta, servindo como fundamento ético do Direito.

Oportunamente, Posner[5] afirmou que há um interesse crescente entre economistas e juristas no uso das teorias e métodos empíricos característicos da Economia para aumentar a compreensão do sistema legal.

A princípio, diante das suas peculiaridades, o Direito e a Economia[6] podem se mostrar completamente antagônicos. Sobre o assunto, Bruno Meyerhof Salama afirma:

> Enquanto o Direito é exclusivamente verbal, a Economia é também matemática; enquanto o Direito é marcadamente hermenêutico, a Economia é marcadamente empírica; enquanto o Direito aspira a ser justo, a Economia aspira a ser científica; enquanto a crítica econômica se dá pelo custo, a crítica jurídica se dá pela legalidade.[7]

Não obstante as diferenças de valores e a autonomia de ambos, o diálogo entre Direito e Economia tem se mostrado extremamente relevante nos dias atuais, especialmente quando a subsunção da norma ao caso concreto não é suficiente para solucionar efetivamente os problemas postos pela sociedade.

A partir do desenvolvimento dos diversos movimentos a favor da comunicação entre Direito e Economia, várias linhas filosóficas foram construídas dentro do movimento de AED, impossibilitando a apresentação de um único entendimento teórico sobre o assunto. Não obstante as diversas vertentes postas pela AED, arrisca-se a afirmar que

---

[4] SALAMA, Bruno Meyerhof. A História do declínio e queda do eficientismo na obra de Richard Posner. In: LIMA, Maria Lúcia L. M. Pádua (Org.). Trinta anos de Brasil: diálogos entre Direito e Economia. *Revista do Instituto do Direito Brasileiro da Faculdade de Direito da Universidade de Lisboa (RIDB)*, n. 1, 2012. Disponível em: <https://works.bepress.com/bruno_meyerhof_salama/35/>. Acesso em: 18 mai. 2017.

[5] POSNER, Richard. The economic approach to law. *Texas Law Review*, n. 53, 1975. Disponível em: <http://chicagounbound.uchicago.edu/cgi/viewcontent.cgi?article=2881&context=jour nal_articles>. Acesso em: 20 mai. 2017.

[6] Vinculada à microeconomia.

[7] SALAMA, Bruno Meyerhof. O que é "direito e economia"? *Direito UNIFACS – Debate Virtual*, n. 160, 2013. ISSN 1808-4435. Disponível em: <http://revistas.unifacs.br/index.php/redu/article/view/2793>. Acesso em: 25 mai. 2017.

é o campo do conhecimento humano que tem por objetivo empregar os variados ferramentais teóricos e empíricos econômicos e das ciências afins para expandir a compreensão e o alcance do direito e aperfeiçoar o desenvolvimento, a aplicação e a avaliação de normas jurídicas, principalmente com relação às suas consequências.[8]

A existência de várias vertentes acerca da AED pode ser visualizada ao analisar a mudança de entendimento de Posner, autor que, após receber críticas acerca dos pensamentos iniciais, modificou a abordagem do tema. Como dito acima, o autor fazia uma correlação direta entre eficiência e justiça, apontando aquela como fundamento ético do Direito. Porém, sua teoria inicial foi reformulada no início da década de 90, após receber diversas críticas que apontavam, em síntese, que a maximização de riqueza não poderia ser um valor em si mesmo.[9]

Após a reanálise de sua teoria, Posner passou a utilizar a maximização da riqueza como um critério instrumental a ser utilizado na esfera pragmática, usando o critério de custo-benefício dos fatores sociais, analisando o caso concreto através da relação direta entre o mundo jurídico e as consequências fáticas que podem ser geradas pela decisão tomada. Nas palavras de Lorena Carla Santos Vasconcelos Sotto-Mayor,[10] Posner passou a defender "a observação dos fatos e a pesquisa empírica para que se obtenha a efetiva pacificação dos conflitos".

Assim, fortaleceu-se o movimento que inflamava a interdisciplinaridade, ofertando novos paradigmas acerca do direito e do processo decisório, tendo como ênfase o *Law and Economics*, conhecido no Brasil como Análise Econômica do Direito (AED).

A análise pragmática das possíveis consequências é fundamental para a aplicação, para a tomada de decisões e até mesmo para a criação das normas. É destinada não apenas aos juízes, mas também aos legisladores, que devem estar aptos a pensar nas consequências práticas da criação de uma lei. A AED vai além do olhar para um objeto único e não necessariamente está vinculada à ideia de mercado ou

---

[8] GICO JR., Ivo T. Introdução à análise econômica do direito. In: RIBEIRO, Marcia Carla Pereira; KLEIN, Vinicius (Coord.). *O que é análise econômica do direito*: uma introdução. 2. ed. Belo Horizonte: Fórum, 2016. p. 17-26.

[9] DWORKIN, Ronald. Is wealth a value? In: *A matter of principles*. Cambridge: Havard University Press, 1985. p. 237-267.

[10] SOTTO-MAYOR, Lorena Carla Santos Vasconcelos. A possibilidade da aplicação de postulados oriundos do pragmatismo jurídico e da análise econômica do direito pelo juiz criminal brasileiro. In: CATÃO, Adrualdo de Lima; NETTO, Antônio Alves Pereira; MONTEIRO, Vítor de Andrade (Orgs.). *Filosofia do direito na contemporaneidade*: pragmatismo jurídico, análise econômica do direito e conectividades. Curitiba: Juruá, 2014. p. 179.

lucro. É tão somente um método de aferição que implica critérios para tomadas de decisões (individuais ou coletivas) com base nos reflexos que podem surgir.

Nesse sentido, há que se pensar que a lei não pode e não deve ser autossuficiente, sob pena de apontar presunções que não refletem a realidade, em especial quando é possível averiguar concretamente as hipóteses de aplicação do Direito. Como exemplo, vê-se a possibilidade concreta de aferição da existência de crises empresariais, dimensionando a possibilidade ou não de sua reversão.

2 A atual legislação falimentar e as hipóteses legais que determinam a decretação da falência

Desenvolver empresa é desempenhar uma atividade que pode ou não dar certo. Ou seja, o risco é um substantivo atrelado à livre-iniciativa. Apesar da vontade que todos os empreendedores têm de prosperar, não há como descartar os momentos de agruras e os percalços vivenciados, surgidos por atos voluntários ou involuntários, atos de boa ou má gestão e atos que fogem ao controle do empresário (como fenômenos da natureza ou sintomas macroeconômicos).

Para Mamede, o "fracasso é um elemento intrínseco à iniciativa: há, em toda ação humana, uma esperança de sucesso e um risco, mesmo não considerado, de fracasso".[11] No instante em que essas agruras aparecem na atividade empresarial, vários credores são diretamente prejudicados por terem dificuldades de recepção de seus créditos. A coletividade também recebe os reflexos negativos, tendo em vista a função social que desempenha qualquer atividade empresarial, afinal, quando próspera, proporciona benefícios – não apenas econômico-financeiros, mas de ordem moral – quando da circulação de riquezas, geração de empregos, produção e entrega de bens e serviços, fornecimento de recursos para o Estado através da tributação, estímulo ao desenvolvimento tecnológico, entre outros.

Para tentar solucionar os fracassos suportados pelos comerciantes, o Direito passou a cuidar das crises e de como os credores poderiam se satisfazer em tais momentos. Da antiga possibilidade da destruição física do patrimônio do comerciante à execução concursal do devedor

---

[11] MAMEDE, Gladston. *Direito empresarial brasileiro*: falência e recuperação de empresas. 8. ed. São Paulo: Atlas, 2016. v. 4, p. 2.

insolvente, o tratamento jurídico ofertado aos empresários em crise vem sendo modificado ao longo dos séculos.[12] Outrora, a punição do devedor era a primeira preocupação da lei; hoje, privilegia-se a satisfação dos créditos e a preservação da atividade empresarial (quando viável), ficando como elemento secundário a punição do devedor.[13]

Atualmente, a Lei nº 11.101/2005, intitulada Lei de Falência e Recuperação de Empresas, é o instrumento legal utilizado para cuidar, identificar e apresentar solução processual adequada para os empresários que se encontram em crise. Rubens Requião afirma que a legislação, ao cuidar das crises, "propõe uma solução para a empresa comercial arruinada: ou a liquida ou proporciona a sua recuperação".[14] Desse modo, para os empresários em crise reversível oferta-se a recuperação de empresas; de outro lado, para os empresários em crise irrecuperável, oferece-se a falência, que "é o reconhecimento jurídico da inviabilidade da empresa".[15]

Porém, indaga-se: o que seria uma verdadeira crise apta a permitir a decretação de falência? Como identificar o empresário que está vivenciando uma agrura que tem como adequada solução a sua extinção?

A ideia de falência sempre esteve atrelada à ideia de impossibilidade de o devedor equilibrar suas finanças, de honrar seus compromissos diante da sua insuficiência de recursos e da existência de crise irrecuperável. Campinho afirma que o reconhecimento da condição falimentar se dá através do "conjunto de atos ou fatos que exteriorizam, ordinariamente, um desequilíbrio no patrimônio do devedor".[16] Já Almeida[17] afirma que o conceito de falência pode ser identificado sob dois prismas: um econômico e um jurídico; para esse autor, o aspecto

---

[12] FAZZIO JÚNIOR, Waldo. *Lei de falência e recuperação de empresas*. 7. ed. São Paulo: Atlas, 2015.

[13] Não se quer afirmar que o devedor não deva ser punido ou que a legislação deixou de trazer instrumentos sancionatórios. Quer-se apenas afirmar que a preocupação com a função social desempenhada pela atividade empresarial viável se sobrepõe ao intento punitivo. Não há nenhuma exclusão de punição, apenas sobreposição na intenção de salvaguardar a atividade empresarial que traz benefícios à coletividade.

[14] REQUIÃO, Rubens. *Curso de direito falimentar*. 17. ed. São Paulo: Saraiva, 1998. v. 1, p. 6.

[15] FAZZIO JÚNIOR, Waldo. *Lei de falência e recuperação de empresas*. 7. ed. São Paulo: Atlas, 2015. p. 193.

[16] CAMPINHO, Sérgio. *Curso de direito comercial*: falência e recuperação de empresa. 8. ed. rev. e atual. São Paulo: Saraiva, 2017. p. 26.

[17] ALMEIDA, Amador Paes. *Curso de falência e recuperação de empresa*. 27. ed. rev. e ampl. São Paulo: Saraiva, 2013. p. 40.

jurídico gira em torno da processualística; já o aspecto econômico diz respeito à impossibilidade fática de pagamento.

A legislação brasileira, porém, deixando de lado a real verificação da existência ou não de desequilíbrio econômico-financeiro (da verdadeira insolvência), optou por trazer critérios objetivos para a presumida identificação das crises empresariais. Tais critérios podem ser visualizados no art. 94 da Lei de Falência e Recuperação de Empresas, sendo dividido em três incisos, que a doutrina intitula: impontualidade injustificada, execução frustrada e atos de falência.

A primeira situação, descrita pela lei e intitulada pela doutrina de *impontualidade injustificada*, está posta no inciso I do artigo 94[18] e traz como crise irreversível a existência de dívida acima de 40 (quarenta) salários mínimos, materializada em título executivo que, sem relevante razão de direito, não foi pago após o seu vencimento e está devidamente protestado em cartório.

A segunda hipótese que permite a decretação da falência, posta no inciso II do art. 94[19] da lei em análise, é denominada *execução frustrada* e se apresenta quando o devedor empresário, executado por qualquer quantia líquida, não paga, não deposita, nem nomeia bens à penhora suficientes.

Por fim, o último inciso traz um rol de situações que indicam a intenção do empresário de se esquivar do pagamento das obrigações.[20]

---

[18] Lei nº 11.101/2005 – Art. 94. Será decretada a falência do devedor que: I – sem relevante razão de direito, não paga, no vencimento, obrigação líquida materializada em título ou títulos executivos protestados cuja soma ultrapasse o equivalente a 40 (quarenta) salários-mínimos na data do pedido de falência.

[19] Lei nº 11.101/2005 – Art. 94. Será decretada a falência do devedor que: [...] II – executado por qualquer quantia líquida, não paga, não deposita e não nomeia à penhora bens suficientes dentro do prazo legal.

[20] Lei nº 11.101/2005 – Art. 94. Será decretada a falência do devedor que: [...] III – pratica qualquer dos seguintes atos, exceto se fizer parte de plano de recuperação judicial: a) procede à liquidação precipitada de seus ativos ou lança mão de meio ruinoso ou fraudulento para realizar pagamentos; b) realiza ou, por atos inequívocos, tenta realizar, com o objetivo de retardar pagamentos ou fraudar credores, negócio simulado ou alienação de parte ou da totalidade de seu ativo a terceiro, credor ou não; c) transfere estabelecimento a terceiro, credor ou não, sem o consentimento de todos os credores e sem ficar com bens suficientes para solver seu passivo; d) simula a transferência de seu principal estabelecimento com o objetivo de burlar a legislação ou a fiscalização ou para prejudicar credor; e) dá ou reforça garantia a credor por dívida contraída anteriormente sem ficar com bens livres e desembaraçados suficientes para saldar seu passivo; f) ausenta-se sem deixar representante habilitado e com recursos suficientes para pagar os credores, abandona estabelecimento ou tenta ocultar-se de seu domicílio, do local de sua sede ou de seu principal estabelecimento; g) deixa de cumprir, no prazo estabelecido, obrigação assumida no plano de recuperação judicial.

De uma leitura superficial, verifica-se que a lei traz critérios idênticos para todos os empresários, desconsiderando a situação concreta de cada um, o ambiente social da atividade econômica desenvolvida e a factual existência de uma crise irreversível. A lei não faz distinção entre grandes empresários e microempresários, ao contrário, trata-os como idênticos. Por exemplo: tanto uma transnacional quanto o dono de uma pequena borracharia pode ter sua falência decretada se preencher os requisitos da impontualidade injustificada, posta no art. 94, I, da lei falimentar. Será que uma dívida de 40 (quarenta) salários mínimos, por si só, reflete uma crise irreversível, um desequilíbrio patrimonial para a transnacional? É obvio que não!

A legislação brasileira optou pela presunção de crise e trouxe critérios de aferição que estão longe de refletir a realidade. Com isso, mesmo com respaldo jurídico, é possível o cometimento de injustiças. A utilização de uma legislação falimentar para fim diverso daquele a que se destina o instituto falência pode retirar do mercado o empresário que não se enquadra em real e concreta situação de insolvência. A determinação de critérios objetivos pode fazer com que o instituto falência se preste à ação de cobrança ou tenha um caráter meramente punitivo e vingativo por parte de credores, intenção que deve ser evitada pelo Direito, afinal, a atividade econômica é de interesse da coletividade e não apenas dos credores e empresários.

Nesse sentido, há uma incoerência entre o conceito de falência posto secularmente pela doutrina e o conceito de falência posto na legislação atual. Os autores falam em patrimônio insuficiente; a lei traz critérios objetivos que não necessariamente refletem tal situação.

Diante dos efeitos drásticos que um processo falimentar pode gerar, não se deve tratar do assunto apenas com presunções, como propôs o legislador. Há necessidade de aferição real da crise apta a extinguir o empresário, acarretando a execução coletiva do seu patrimônio. Porém, o direito, por si só, mostra-se incapaz de fazê-lo, sendo necessária a interdisciplinaridade com outras ciências, como a Economia, através da Análise Econômica do Direito (AED), que será delineada a seguir.

3 Da insuficiência da lei para a identificação da crise irreversível e a necessária interação com a análise econômica pragmática do direito

Como é sabido, atualmente o arcabouço jurídico brasileiro acerca de crises empresariais é alicerçado no ideário de preservação da atividade, isto é, da recuperação da sociedade empresária viável que suporta passageiros contratempos econômico-financeiros. Porém, a recuperação nem sempre se mostra viável, possível ou até mesmo interessante, diante das situações concretas.

O grande problema é definir quais parâmetros devem ser utilizados para identificar uma crise econômico-financeira merecedora de falência ou de recuperação de empresas, já que o legislador apenas apontou situações objetivas que nem sempre indicam a existência de uma verdadeira insolvência. Falha da atuação legislativa, afinal, "a relevância do argumento econômico é notória tanto na formulação de política legislativa quanto nas decisões judiciais".[21] Assim, desconsiderar a situação concreta implica uma provável falibilidade do sistema na identificação real da insolvência.

É certo que nem toda falência é algo negativo; porém, ela, em seu aspecto positivo, só pode ser observada quando realmente é a opção correta para limitar a livre-iniciativa. Ocorre que as hipóteses postas pelo legislador brasileiro para emoldurar o empresário como falido são questionáveis, tendo em vista que sua aplicação prática nem sempre condiz com o intento do instituto.

No texto posto pelo legislador, é facilmente perceptível que para a decretação de falência a verdadeira crise econômico-financeira é irrelevante, pois aspectos concretos são deixados de lado diante das modalidades de presunção postas através da chamada insolvência jurídica.

Ora, "a insolvência não nasceu jurídica. É um fenômeno econômico. No direito concursal, a lei presume a insolvência. No universo econômico, a insolvência é ou não é; não se presume".[22] Então, por que utilizar a presunção quando existem mecanismos aptos à averiguação do caso concreto?

Através da AED, critérios mais seguros de verificação real da crise podem ser utilizados, permitindo a melhor solução para cada caso concreto. Dessa forma, a apresentação concreta da insuficiência de ativo ou desequilíbrio obrigacional, com base na realidade econômico-social,

---

[21] CATÃO, Adrualdo de Lima; CAVALCANTI, Mariana Oliveira de Melo. Análise econômica do direito na hermenêutica jurídica contemporânea e nas decisões do Supremo Tribunal Federal. In: PINTO, Felipe Chiarello de Souza; CASTRO, Matheus Felipe de; BESTER, Gisela Maria. (Orgs.). *Direito e Economia II*. 1. ed. Florianópolis: CONPEDI, 2014. p. 84-101.

[22] FAZZIO JÚNIOR, Waldo. *Lei de falência e recuperação de empresas*. 7. ed. São Paulo: Atlas, 2015. p. 193.

pode conduzir a uma decisão mais eficiente e vantajosa para toda a coletividade.[23] E, mais, a análise das consequências factuais eventualmente suportadas pela coletividade deve ser levada em consideração na tomada de decisão. Como mencionado no tópico anterior, a atividade empresarial não é de interesse apenas do empresário e dos credores. Os empregados, os fornecedores, os empresários da redondeza que são beneficiados pela circulação de riquezas, a Administração Pública e até mesmo as gerações futuras são indiretamente interessadas na manutenção ou na extinção de determinado empresário.

Nesse sentido, "as regras as quais nossa sociedade se submete, portanto, o direito, devem ser elaboradas, aplicadas e alteradas de acordo com suas consequências no mundo real, e não por julgamentos de valor desprovidos de fundamentos empíricos".[24] Assim, é indispensável a verificação da realidade, evitando meras presunções sem alguma análise consequencialista nem a observância dos reflexos positivos e negativos que uma ação pode gerar. Posner, então, afirma que,

> ao enfatizar a prática, o olhar adiante e as consequências, o pragmatismo, ou ao menos o meu tipo de pragmatista (pois veremos que o pragmatismo também tem uma versão antiempírica e anticientífica), é empírico. Interessa-se pelos "fatos" e, portanto, deseja estar bem informado sobre o funcionamento, as propriedades e os efeitos prováveis de diferentes planos de ação. Ao mesmo tempo, guarda ceticismo diante de qualquer afirmação de confiança na obtenção da verdade final sobre qualquer coisa.[25]

Enfatiza-se, por oportuno, que o pragmatismo de Posner não é totalmente contrário à utilização da dogmática, ao cientificismo posto pelo Direito. Ele é contrário à utilização isolada e exclusiva dessa dogmática, não se interessando "pelas decisões que abordam precipuamente formalismo e abstrações normativas, sem, no entanto,

---

[23] TOLEDO, Raphaela Sant'Ana Batista. A análise econômica pragmática do direito: contributos e limites da vertente de análise pragmática de Richard Posner ao Direito & Economia. In: CATÃO, Adrualdo de Lima; NETTO, Antônio Alves Pereira; MONTEIRO, Vítor de Andrade (Orgs.). *Filosofia do direito na contemporaneidade*: pragmatismo jurídico, análise econômica do direito e conectividades. Curitiba: Juruá, 2014. p. 195-213.

[24] GICO JR., Ivo T. Introdução à análise econômica do direito. In: RIBEIRO, Marcia Carla Pereira; KLEIN, Vinicius (Coord.). *O que é análise econômica do direito*: uma introdução. 2. ed. Belo Horizonte: Fórum, 2016.

[25] POSNER Richard. *Para além do direito*. São Paulo: WMF Martins Fontes, 2009. p. 5.

descuidar do que já está calcado na ciência jurídica".[26] Ou seja, pretende aliar o ordenamento jurídico para solucionar o caso concreto diante das verdadeiras necessidades e não de necessidades abstratas, sem vínculo legítimo com a facticidade.

Trazer a AED para o direito falimentar é permitir que o aplicador do Direito adote a solução mais eficaz para as crises econômico-financeiras, afinal, as normas jurídicas podem ser estudadas de uma maneira melhor e, além da eficácia jurídica, há que se pensar na eficiência, pois "é importante que uma norma não seja ineficiente".[27]

Assim, objetivar as situações que permitem a decretação da falência sem uma verificação minuciosa da circunstância concreta é provavelmente aventurar-se na possibilidade de falha e, eventualmente, na produção de injustiças sociais. Com isso, tem-se a necessidade de se repensar nas hipóteses legais que admitem a decretação da falência, sob pena de se incorrer em injustiças e frustrar os interesses da coletividade em relação à atividade econômica empresarial.

Considerações finais

A decretação de falência de um empresário é mecanismo por demais drástico para considerá-la apenas através de presunções. Porém, assim é feito pelo ordenamento jurídico brasileiro destinado a tratar da matéria.

Objetivando as hipóteses que admitem o reconhecimento de empresário falido, a legislação brasileira se ocupou tão somente de atribuir uma igualdade formal entre os empresários, sem, contudo, observar a real necessidade da aplicação de institutos concursais. Deixou de lado, portanto, a aferição concreta da necessidade de se extinguir ou de manter determinado empresário em atividade.

A metodologia da Análise Econômica do Direito, com seu viés pragmático posto por Richard Posner, auxilia os formadores e aplicadores do Direito, visando encontrar a definição de insolvência empresarial, de crise econômico-financeira irreversível. Nessa senda, a AED, de

---

[26] TOLEDO, Raphaela Sant'Ana Batista. A análise econômica pragmática do direito: contributos e limites da vertente de análise pragmática de Richard Posner ao Direito & Economia. In: CATÃO, Adrualdo de Lima; NETTO, Antônio Alves Pereira; MONTEIRO, Vítor de Andrade (Orgs.). *Filosofia do direito na contemporaneidade*: pragmatismo jurídico, análise econômica do direito e conectividades. Curitiba: Juruá, 2014. p. 206.

[27] ANDRADE, José Maria Arruda de. *Economicização do Direito concorrencial*. São Paulo: Quartier Latin, 2014. p. 17.

maneira pragmática, se presta a auxiliar os juristas a delimitar critérios de aferição em casos concretos, possibilitando a aposição de aspectos consequencialistas que apontem eventuais prognósticos referentes à decisão a ser tomada.

A adoção de procedimentos adequados, verificados factualmente, protege o mercado inserido e amparado pela função social que pode ser desempenhada por determinada atividade econômica. Com isso, permite um cenário equilibrado e favorável ao desenvolvimento. Assim, o estudo interdisciplinar do Direito e da Economia pode amparar as decisões que envolvem a verificação de insolvência e as consequências sociais de uma decretação de falência, deixando de lado meras presunções e fornecendo meios que auxiliam para uma solução com menor risco de falibilidade.

Referências

ALMEIDA, Amador Paes. *Curso de falência e recuperação de empresa*. 27. ed. rev. e ampl. São Paulo: Saraiva, 2013.

ANDRADE, José Maria Arruda de. *Economicização do Direito concorrencial*. São Paulo: Quartier Latin, 2014.

CALABRESI, Guido. Some Toughts on Risk Distribution and the Law of Torts. *Yale Law Journal*, v. 70, n. 4, 1961. p. 499-553. Disponível em: <http://digitalcommons.law.yale.edu/cgi/viewcontent.cgi?article=3035&context=fss_papers>. Acesso em: 10 mai. 2017.

CAMPINHO, Sérgio. *Curso de direito comercial*: falência e recuperação de empresa. 8. ed. rev. e atual. São Paulo: Saraiva, 2017.

CATÃO, Adrualdo de Lima; CAVALCANTI, Mariana Oliveira de Melo. Análise econômica do direito na hermenêutica jurídica contemporânea e nas decisões do Supremo Tribunal Federal. In: PINTO, Felipe Chiarello de Souza; CASTRO, Matheus Felipe de; BESTER, Gisela Maria. (Orgs.). *Direito e Economia II*. 1. ed. Florianópolis: CONPEDI, 2014.

COASE, Ronald H. The problem of social cost. *Journal of law and economics*, v. III, 1960, p. 1-44. Disponível em: <https://econ.ucsb.edu/~tedb/Courses/UCSBpf/readings/coase.pdf>. Acesso em: 10 mai. 2017.

DWORKIN, Ronald. Is wealth a value? In: *A matter of principles*. Cambridge: Havard University Press, 1985.

FAZZIO JÚNIOR, Waldo. *Lei de falência e recuperação de empresas*. 7. ed. São Paulo: Atlas, 2015.

GICO JR., Ivo T. Introdução à análise econômica do direito. In: RIBEIRO, Marcia Carla Pereira; KLEIN, Vinicius (Coord.). *O que é análise econômica do direito*: uma introdução. 2. ed. Belo Horizonte: Fórum, 2016.

KLEIN, Vinicius. Posner é a única opção? In: RIBEIRO, Marcia Carla Pereira; KLEIN, Vinicius (Coord.). *O que é análise econômica do direito*: uma introdução. 2. ed. Belo Horizonte: Fórum, 2016.

MAMEDE, Gladston. *Direito empresarial brasileiro*: falência e recuperação de empresas. 8. ed. São Paulo: Atlas, 2016. v. 4.

POSNER Richard. *Para além do direito*. São Paulo: WMF Martins Fontes, 2009.

POSNER, Richard. The economic approach to law. *Texas Law Review*, n. 53, 1975. Disponível em: <http://chicagounbound.uchicago.edu/cgi/viewcontent.cgi?article=288 1&context=journal_articles>. Acesso em: 20 mai. 2017.

REQUIÃO, Rubens. *Curso de direito falimentar*. 17. ed. São Paulo: Saraiva, 1998. v. 1.

SALAMA, Bruno Meyerhof. A História do declínio e queda do eficientismo na obra de Richard Posner. In: LIMA, Maria Lúcia L. M. Pádua (Org.). Trinta anos de Brasil: diálogos entre Direito e Economia. *Revista do Instituto do Direito Brasileiro da Faculdade de Direito da Universidade de Lisboa (RIDB)*, n. 1, 2012. Disponível em: <https://works.bepress.com/bruno_meyerhof_salama/35/>. Acesso em: 18 mai. 2017.

SALAMA, Bruno Meyerhof. O que é "direito e economia"? *Direito UNIFACS – Debate Virtual*, n. 160, 2013. ISSN 1808-4435. Disponível em: <http://revistas.unifacs.br/index. php/redu/article/view/2793>. Acesso em: 25 mai. 2017.

SOTTO-MAYOR, Lorena Carla Santos Vasconcelos. A possibilidade da aplicação de postulados oriundos do pragmatismo jurídico e da análise econômica do direito pelo juiz criminal brasileiro. In: CATÃO, Adrualdo de Lima; NETTO, Antônio Alves Pereira; MONTEIRO, Vítor de Andrade (Orgs.). *Filosofia do direito na contemporaneidade*: pragmatismo jurídico, análise econômica do direito e conectividades. Curitiba: Juruá, 2014.

TOLEDO, Raphaela Sant'Ana Batista. A análise econômica pragmática do direito: contributos e limites da vertente de análise pragmática de Richard Posner ao Direito & Economia. In: CATÃO, Adrualdo de Lima; NETTO, Antônio Alves Pereira; MONTEIRO, Vítor de Andrade (Orgs.). *Filosofia do direito na contemporaneidade*: pragmatismo jurídico, análise econômica do direito e conectividades. Curitiba: Juruá, 2014.

Informação bibliográfica deste texto, conforme a NBR 6023:2002 da Associação Brasileira de Normas Técnicas (ABNT):

ALBUQUERQUE, Paula Falcão. A crise irreversível para a decretação de falência sob a ótica da análise econômica pragmática do direito. In: CATÃO, Adrualdo de Lima *et al.* (Coord.). *Filosofia contemporânea do direito e conectividades*: teoria e pragmática. Belo Horizonte: Fórum, 2019. p. 101-113. ISBN 978-85-450-0630-5.

O EFICIENTISMO DE RICHARD POSNER COMO CRITÉRIO DE EFICIÊNCIA ADMINISTRATIVA: O GERENCIALISMO SOB A ÓTICA DA ANÁLISE ECONÔMICA DO DIREITO

DANIEL ALLAN MIRANDA BORBA

Introdução

O discurso da "eficiência administrativa", aliado ao contexto da denominada "crise econômica", contribuiu para a absorção de uma visão de delimitação da participação e intervenção estatal através das diversas reformas administrativas implementadas no Brasil, sobremodo as posteriores à Constituição de 1988. A reforma gerencial tem como metas a mudança institucional, visando à melhoria dos serviços públicos e o ajuste fiscal, a fim de proporcionar um maior controle e a redução dos gastos públicos.

Ocorre que o gerencialismo no Brasil vem priorizando o ajuste fiscal, ao considerar o princípio da eficiência apenas em seu aspecto econômico. Melhor será a atuação da Administração Pública quanto menores forem os gastos envolvidos. Sem a indispensável análise das necessidades sociais e a busca do melhor desempenho dos serviços públicos, obsta-se a realização dos objetivos da Constituição e a efetivação dos direitos e garantias fundamentais.

A relevância do argumento econômico se mostra presente nas opções políticas adotadas desde o início da última década do século XX, seja através dos programas de privatização das empresas estatais (Lei nº 8.031/1990, Lei nº 13.429/2017, etc.) e dos serviços não exclusivos, mediante as entidades do terceiro setor (Lei nº 9.637/1998, Lei nº 9.790/1999 e Lei nº 13.019/2014), seja por meio da terceirização da atividade-fim (Lei nº 13.429/2017), seja, em especial, por intermédio da instituição do teto dos gastos públicos (Emenda Constitucional nº 95/2016), da recuperação fiscal dos Estados e do Distrito Federal (Lei complementar nº 159/2017) e da mais recente proposta de reforma da previdência (Proposta de Emenda Constitucional nº 287/2016).

Esta visão da eficiência administrativa traz à tona a noção do "eficientismo econômico" como critério de justiça proposto por Richard Posner, uma vez que ao se adotar determinada política pública, deve-se buscar como fundamento a maximização da riqueza da sociedade.

Posner foi o representante mais difundido no Brasil da análise econômica do Direito, que tem por objetivo a aplicação dos instrumentos analíticos e empíricos da economia neoclássica no Direito, em especial da microeconomia e economia do bem-estar social, para tentar entender, explicar ou prever as implicações fáticas do ordenamento jurídico. Trata-se da utilização da lógica ou racionalidade do sistema normativo, ou seja, da compreensão do "direito no mundo e do mundo no direito", a partir de uma abordagem econômica.[1]

Nestes termos, o presente trabalho tem como principal objetivo analisar o eficientismo econômico como critério de eficiência administrativa no contexto da reforma gerencial no Brasil e o possível comprometimento dos direitos e garantias fundamentais em virtude da visão puramente econômica adotada.

Para tanto, inicialmente serão apresentados os paradigmas utilizados na reforma gerencial administrativa no Brasil, bem como o conceito de eficiência adotado pela doutrina administrativa. Também serão verificados os principais aspectos da análise econômica do Direito, em especial a ideia de maximização da riqueza, proposta por Posner, e as críticas apresentadas à sua teoria. Por fim, será analisado o eficientismo econômico como inviabilizador das políticas públicas de promoção dos direitos fundamentais.

1 A Administração Pública brasileira: elementos do gerencialismo e a noção da eficiência

Ao longo da história, a Administração Pública brasileira sofreu uma série de transformações para tentar fugir das práticas patrimonialistas que admitiam um governo que desrespeitava a lei e o

---

[1] GICO JÚNIOR, Ivo Teixeira. Metodologia e epistemologia da Análise Econômica do Direito. *Economic Analysis of Law Review*, Brasília, v. 1, n. 1, p. 18, jan./jun. 2010. Disponível em: <https://portalrevistas.ucb.br/index.php/EALR/article/view/1460>. Acesso em: 23 mai. 2017. Doi: <http://dx..doi.org/10.18836/2178-0587/ealr.v1n1p7-33>.

Direito, ao permitir "o exercício privado de funções públicas e o exercício público de atribuições não legais".[2] Entre estas velhas e ainda atuais práticas, Carvalho destaca o clientelismo, a partir da distribuição de favores, e a corrupção, mediante a obtenção de vantagens por meios ilícitos.[3]

A primeira grande tentativa de reforma administrativa se deu na década de 1930, com Getúlio Vargas, que procurou coibir os métodos patrimonialistas ao incentivar uma reforma que implantasse uma burocracia *weberiana*, com um viés racional e moderno, admitindo a necessidade da industrialização como meio de desenvolvimento, com papéis na regulamentação econômica e o atendimento das demandas sociais e das novas atribuições impostas pelo sistema produtivo nacional.[4]

No entanto, o modelo burocrático de intervenção estatal trouxe problemas ao desempenho da Administração Pública, em decorrência da centralização, da excessiva regulação e da propensão dos governos para se expandir e aumentar seus gastos, o que gerou inflação, crise fiscal e incapacidade de lidar com novas demandas sociais e econômicas. Em virtude disso, foi lançada, na década de 1980, uma agenda de reformas que visava à alteração do papel do Estado a partir da substituição do modelo burocrático por um modelo orientado pela eficiência, para que, de acordo com a máxima de Kettl, o governo funcionasse melhor e custasse menos (*cost less and work better*).[5]

No entanto, numa "euforia democrático-populista",[6] a Constituição Federal de 1988 reconheceu a cidadania, a dignidade da pessoa humana, os valores sociais do trabalho e a livre-iniciativa como fundamentos do Estado Democrático de Direito; consagrou como valores supremos o bem-estar e o desenvolvimento, além de elencar como objetivos fundamentais, no seu artigo 3º, o desenvolvimento nacional, a erradicação da pobreza e da marginalização e a redução das desigualdades sociais e regionais. Ademais, reservou um título próprio

---

[2]   FAORO, Raymundo. *A República inacabada*. São Paulo: Globo, 2012. p. 225.

[3]   CARVALHO, Fábio Lins de Lessa. *Graciliano Ramos e a Administração Pública*: comentários aos seus relatórios de gestão à luz do Direito Administrativo moderno. Belo Horizonte: Fórum, 2017. p. 57.

[4]   PINHO, José Antônio Gomes de. Reforma do aparelho do Estado: limites do gerencialismo frente ao patrimonialismo. *O&S*, v. 5. n. 12, p. 60-65, mai./ago. 1998.

[5]   REZENDE, Flávio da Cunha. *Por que falham as Reformas Administrativas?* Rio de Janeiro: Editora FGV, 2004. p. 22-24.

[6]   BRESSER-PEREIRA, Luiz Carlos. *Reforma do Estado para a cidadania*: a reforma gerencial brasileira na perspectiva internacional. 2. ed. Brasília: ENAP, 2011. p. 175.

destinado aos direitos e às garantias fundamentais. Tudo isto, aliado a um país de proporções continentais e com um profundo déficit social, exigiu uma Administração Pública mais do que eficiente.

Ocorre que a década de 1990 foi marcada pelo aprofundamento da crise do Estado, o que impedia a efetivação do conjunto de direitos previstos pela Constituição Federal de 1988 e levou ao fortalecimento de reformas que garantissem as mudanças normativas, institucionais e culturais necessárias a romper com a ausência de eficiência na Administração Pública.

Neste contexto, o governo brasileiro inicia uma reforma administrativa no Executivo federal, tendo como principal modelo o inglês, denominado de *Next Steps*, que visava implantar uma reforma gerencial que substituísse o modelo de gestão burocrática pela gestão orientada pela *performance*, tendo como principais objetivos o ajuste fiscal e a mudança institucional, através da descentralização, da flexibilidade e da autonomia.[7]

A eficiência administrativa seria buscada através do ajuste fiscal com a redução dos custos, com o equilíbrio do orçamento e o controle dos gastos através de programas de desregulamentação, e da privatização de funções públicas e de mecanismos de mercado. Quanto à mudança institucional, a ideia era modificar todo o modo de operação e organização da burocracia orientada pelas regras, para adotar padrões gerenciais voltados à busca da eficiência e resultados em questões de *accountability*, além de criar instituições orientadas pelo desempenho (*performance based organizations – PBOs*).[8]

Assim, a reforma gerencial visava à revisão do papel do Estado a partir da investigação de quais atividades deveriam ser realizadas diretamente por ele, quais seriam promovidas ou financiadas e de quais o Estado deveria manter-se alheio. Os critérios para esta investigação são os objetivos políticos fundamentais da sociedade contemporânea, como ordem, liberdade, igualdade, bem-estar, e o principal deles, a eficiência.[9]

Tanto que a sua materialização, ao menos no plano normativo, se deu com a Emenda Constitucional nº 19/1998, que incluiu a eficiência

---

[7] REZENDE, Flávio da Cunha. *Por que falham as Reformas Administrativas?* Rio de Janeiro: Editora FGV, 2004. p. 24-30.

[8] REZENDE, Flávio da Cunha. *Por que falham as Reformas Administrativas?* Rio de Janeiro: Editora FGV, 2004. p. 23-34.

[9] BRESSER-PEREIRA, Luiz Carlos. *Reforma do Estado para a cidadania*: a reforma gerencial brasileira na perspectiva internacional. 2. ed. Brasília: ENAP, 2011. p. 23.

como um dos princípios clássicos da Administração Pública previstos no *caput* do art. 37 da Constituição Federal. Para Meirelles, a atividade administrativa deve ser "exercida com presteza, perfeição e rendimento funcional", no que considera como o mais moderno princípio da função administrativa, pois não basta que se busque a legalidade, devem-se exigir resultados positivos no atendimento das necessidades da comunidade, sendo, portanto, um "dever de eficiência" imposto ao administrador.[10]

Além de seu sentido de agilidade, Morais afirma que se deve buscar uma Administração que ofereça melhores resultados com o menor dispêndio de recursos públicos, de modo que além da sua força interpretativa, o princípio da eficiência possui força normativa, sendo dotado, portanto, de imperatividade, coercibilidade e precedência, pois "não é juridicamente aceitável a adoção de uma providência administrativa que resulte em gastos públicos sem equivalentes benefícios sociais", com base em formalismos exacerbados.[11]

Moreira Neto observa que o desenvolvimento da administração pública gerencial recebeu grande influência do pragmatismo oriundo do direito público anglo-saxônico. É que não basta que os atos estejam aptos a produzir os resultados juridicamente dele esperados, uma vez que, desta forma, se atenderia tão somente ao clássico conceito de eficácia; deve-se ir além e praticar os atos com as qualidades intrínsecas de excelência, possibilitando "o melhor atendimento possível das finalidades para ele previstas em lei".[12]

Como corolário do princípio da eficiência, também previsto na Constituição (artigo 70), o princípio da economicidade é visto como um princípio geral do Direito Administrativo, no sentido de que a Administração deve pautar seus atos por critérios de custo-benefício, sob um aspecto estritamente financeiro, já que para se chegar às "escolhas administrativas" não se dispensa uma análise em parâmetros objetivos econômicos.[13]

---

[10] MEIRELLES, Hely Lopes. *Direito Administrativo Brasileiro*. 43. ed. São Paulo: Malheiros, 2016. p. 105.

[11] MORAIS, Dalton Santos. Os custos da atividade administrativa e o princípio da eficiência. *Revista de Direito Administrativo*, Rio de Janeiro, v. 237, p. 165-196, jan. 2015. ISSN 2238-5177. Disponível em: <http://bibliotecadigital.fgv.br/ojs/index.php/rda/article/view/44371>. Acesso em: 23 mai. 2017. Doi: <http://dx.doi.org/10.12660/rda.v237.2004.44371>.

[12] MOREIRA NETO, Diogo de Figueiredo. *Curso de Direito Administrativo*: parte introdutória, parte geral e parte especial. 16. ed. rev. e atual. Rio de Janeiro: Forense, 2014. p. 247.

[13] MOREIRA NETO, Diogo de Figueiredo. *Curso de Direito Administrativo*: parte introdutória, parte geral e parte especial. 16. ed. rev. e atual. Rio de Janeiro: Forense, 2014. p. 248.

Relevante para o objetivo deste artigo é a proposta de Torres de diferenciar eficácia, eficiência e efetividade. Assim, a eficácia diz respeito ao "atingimento dos objetivos desejados por determinada ação estatal", mas não se preocupa com os meios e mecanismos utilizados. Já a eficiência, conforme visto, prioriza a utilização dos meios mais econômicos possíveis, pois, através da "racionalidade econômica, busca maximizar os resultados e minimizar os custos, ou seja, fazer o melhor com os menores custos, gastando com inteligência os recursos do contribuinte". Quanto à efetividade, esta tem como cerne a averiguação da real necessidade e oportunidade das ações estatais, que deve ser democrática, transparente e responsável, visando à melhoria da sociedade visada.[14]

Apesar das diferenças entre os termos, a Emenda mencionada faz referência tão somente à eficiência. Considerar que a reforma gerencial não teria como objetivo o atendimento dos objetivos desejados (eficácia) e o atendimento das necessidades da população (efetividade) seria um verdadeiro contrassenso, já que teve como principal objetivo uma boa administração.[15]

No entanto, foi a eficiência na acepção mais restrita do termo (econômica) que ganhou dimensão e vida própria, sendo a grande marca do gerencialismo brasileiro nas diversas reformas implementadas sob a alcunha de ajuste fiscal.

Neste sentido, Bresser-Pereira, idealizador da reforma gerencial, sustenta que a motivação inicial para a reforma do Estado tem matriz econômica, fruto do processo de globalização do final do século passado, uma vez que na "restrição-eficiência" devem-se utilizar os recursos de forma mais econômica ou racional, em virtude da lógica capitalista da competição que o mundo contemporâneo impôs aos Estados e às empresas.[16]

Assim, o aumento ou a diminuição do Estado repercutirá diretamente em um aumento ou numa diminuição dos custos necessários à execução das atividades administrativas e na manutenção dos órgãos públicos. A decisão por um dirigismo implicará um aumento

---

[14] TORRES, Marcelo Douglas de Figueiredo. *Estado, Democracia e Administração Pública no Brasil*. Rio de Janeiro: Editora FGV, 2004. p. 175.

[15] CASTRO, Rodrigo Batista de. Eficácia, eficiência e efetividade na Administração Pública. In: *XXX Encontro ANPAD*, Rio de Janeiro, 11 set. 2006. p. 8.

[16] BRESSER-PEREIRA, Luiz Carlos. Do Estado patrimonial ao gerencial. In: PINHEIRO, Wilheim e Sachs (Orgs.). *Brasil*: um século de transformações. São Paulo: Companhia das Letras, 2001. p. 152.

de despesas e maiores ônus para os indivíduos que compõem uma determinada sociedade.[17]

Apesar dos avanços da reforma gerencial, Rezende critica a sua implementação em virtude da predominância de um objetivo, o ajuste fiscal, sobre o outro, a mudança institucional, que se materializou na redução das despesas de pessoal e do número de funcionários públicos. Com um conjunto de medidas que envolviam reformas da previdência geral e pública, tributária e trabalhista e a implementação da Lei de Responsabilidade Fiscal, ampliou os sistemas internos de controle das despesas com o setor público, efetivou o Programa Nacional de Desestatização do BNDES, reduziu a intervenção do Estado na economia e na sociedade e extinguiu órgãos públicos, viabilizando a terceirização dos serviços não exclusivos do Estado com as entidades do terceiro setor.[18]

A forte cooperação com o ajuste fiscal veio se repetindo nas décadas seguintes, com tentativas de redução de despesas públicas por meio de diversas reformas da previdência social (Emendas nº 20/1998, nº 41/2003, nº 47/2005), além de diversas outras normas, de natureza infraconstitucional, que propõem reformas administrativas, possibilitando *downsizing* e privatização, que, em resumo, resultam em mero equilíbrio fiscal, como a Lei nº 13.334/2016, que intenta um extenso projeto de privatização através do Programa de Parceria de Investimentos.

Essa visão administrativa e econômica também justificou a proposta e a aprovação da Emenda à Constituição nº 95/2016, que efetivou o rigoroso "Teto dos Gastos Públicos", instituindo um Novo Regime Fiscal no âmbito dos Orçamentos Fiscal e da Seguridade Social da União, para a redução e o controle destas despesas, com o congelamento de investimentos sociais para os próximos vinte anos. Ademais, vem justificando a tão questionada Proposta de Emenda Constitucional nº 287/2016, que apresenta mais uma reforma da previdência.

---

[17] MORAIS, Dalton Santos. Os custos da atividade administrativa e o princípio da eficiência. *Revista de Direito Administrativo*, Rio de Janeiro, v. 237, p. 169, jan. 2015. ISSN 2238-5177. Disponível em: <http://bibliotecadigital.fgv.br/ojs/index.php/rda/article/view/44371>. Acesso em: 23 mai. 2017. Doi: <http://dx.doi.org/10.12660/rda.v237.2004.44371>.

[18] REZENDE, Flávio da Cunha. *Por que falham as Reformas Administrativas?* Rio de Janeiro: Editora FGV, 2004. p. 82-83.

2 A análise econômica do Direito e o critério do eficientismo de Richard Posner

Entre as novas estratégias da Administração Pública brasileira, destaca-se a busca da eficiência mediante um critério de redução das despesas públicas. Trata-se da adoção do eficientismo econômico nas escolhas das políticas públicas, razão pela qual se torna relevante a verificação de alguns dos pressupostos da análise econômica do Direito para uma melhor compreensão do objetivo proposto pelo artigo.

Conforme visto, a análise econômica do Direito tem por objetivo a aplicação dos instrumentos da economia neoclássica no Direito e tem origem na Universidade de Chicago, na década de 1940, a partir dos estudos do economista Aeron Director em campos do Direito ligados à Economia, como Direito Antitruste e Direito Comercial. Mas foi na sua segunda fase, a partir de 1960, que a juseconomia passou a ter um estudo dirigido para âmbitos não diretamente relacionados com a economia, tendo como principal expoente Ronald Coase e seus estudos sobre os custos de transação. Seus principais disseminadores foram Gary Backer e Richard Posner.[19]

A economia clássica tem por objeto de estudo os processos (do capital, do investimento, da máquina); já a economia neoclássica perquire como os indivíduos escolhem alocar recursos raros. Trata-se de uma "ciência do comportamento humano como uma relação entre meios e fins", e tem como pressupostos fundamentais "a ideia de que o mercado tende ao equilíbrio" e "que os agentes individuais são racionais, ou seja, agem e devem agir na busca de seus interesses próprios, o que irá favorecer e promover o interesse público", além de que "os recursos são escassos e devem ser distribuídos por meio do mercado, o mecanismo mais eficiente".[20]

Para Posner, a economia é a ciência da escolha racional em um mundo com recursos limitados, e o homem racional é aquele que procura ao máximo satisfazer as suas necessidades.[21] Com base nisto,

---

[19] HEINEN, Luana Renostro. A análise econômica do Direito de Richard Posner e os pressupostos irrealistas da economia neoclássica. In: POMPEU, Gina Vidal Marcílio; PINTO, Felipe Chiarello de Souza; GONÇALVES, Everton das Neves (Orgs.). *Direito e Economia I*. Florianópolis: CONPEDI, 2014. p. 311-312.

[20] HEINEN, Luana Renostro. A análise econômica do Direito de Richard Posner e os pressupostos irrealistas da economia neoclássica. In: POMPEU, Gina Vidal Marcílio; PINTO, Felipe Chiarello de Souza; GONÇALVES, Everton das Neves (Orgs.). *Direito e Economia I*. Florianópolis: CONPEDI, 2014. p. 314-315.

[21] POSNER, Richard Allen. *El análisis económico del derecho*. 2. ed. México: FCE, 2007. p. 25-26.

surge um dos principais postulados da juseconomia, a maximização da riqueza, uma vez que as "pessoas são maximizadoras racionais de suas satisfações [...], em todas as suas atividades [...] que implicam escolha". As questões monetárias e não monetárias entram nesta racionalidade, numa adequação de meios e fins.[22]

A análise econômica do Direito é influenciada pelo pragmatismo em virtude da noção falibilista do Direito e da importância conferida às consequências das decisões na sociedade; no entanto, Posner confere relevo especial ao eficientismo econômico, isto é, à maximização da riqueza, tendo por base a ideia de eficiência com que os indivíduos se orientam em suas decisões pessoais, a partir de postulados racionais também utilizados na Economia.[23]

Registre-se que o pragmatismo não rejeita pretensões morais e políticas; os resultados obtidos devem reproduzir uma comunidade melhor, seja sob o aspecto de uma "comunidade mais rica, mais feliz ou mais poderosa", ou com "menos injustiça, com uma melhor tradição cultural e com [...] alta qualidade de vida". Assim, diferentemente do eficientismo de Posner, "o pragmatismo não exclui nenhuma teoria sobre o que torna uma comunidade melhor".[24]

Há dois tipos de abordagem na análise econômica do Direito: a economia positiva, que trata sobre a maximização da riqueza como forma de mensurar as repercussões das decisões judiciais, possuindo um caráter descritivo; e a economia normativa, adotada por Posner sem ressalvas, ao menos em sua primeira fase, que utiliza o conceito de maximização da riqueza como fundamento para uma teoria da justiça, perfilhando uma postura mais prescritiva. Foi esta corrente que recebeu maiores críticas da doutrina.[25]

A abordagem normativa é a que mais interessa ao presente artigo, porquanto as políticas públicas adotadas têm por base as consequências

---

[22] POSNER, Richard Allen. *Problemas de filosofia do Direito*. São Paulo: WMF Martins Fontes, 2007. p. 473-474.

[23] CATÃO, Adrualdo de Lima; CAVALCANTI, Mariana Oliveira de Melo. Análise econômica do Direito na hermenêutica Jurídica contemporânea e nas decisões do Supremo Tribunal Federal. In: PINTO, Felipe Chiarello de Souza; CASTRO, Matheus Felipe de; BESTER, Gisela Maria. (Orgs.). *Direito e Economia II*. Florianópolis: CONPEDI, 2014. p. 94.

[24] DWORKIN, Ronald Myles. *O império do Direito*. (Trad. Jefferson Luiz Camargo). São Paulo: Martins Fontes, 1999. p. 195.

[25] CATÃO, Adrualdo de Lima; CAVALCANTI, Mariana Oliveira de Melo. Análise econômica do Direito na hermenêutica Jurídica contemporânea e nas decisões do Supremo Tribunal Federal. In: PINTO, Felipe Chiarello de Souza; CASTRO, Matheus Felipe de; BESTER, Gisela Maria. (Orgs.). *Direito e Economia II*. Florianópolis: CONPEDI, 2014. p. 95.

econômicas. A maximização da riqueza é considerada como um guia; devem-se escolher as políticas públicas de modo a favorecer um maior eficientismo econômico.[26]

Trata-se de uma visão utilitarista, pois utiliza ideias como certo ou errado, bom ou ruim, constituindo um critério de maximização da "utilidade". Tanto que para se proporcionar um maior bem-estar a um maior número de pessoas, é possível que se opte por uma "conduta de conteúdo questionável como o sacrifício de minorias, que estaria em pé de igualdade com uma argumentação favorável à preservação de direitos e liberdades individuais".[27]

Diante do eficientismo proposto nesta primeira fase do pensamento de Posner, surge a grande polêmica em torno de sua teoria, uma vez que se passa a indagar se a maximização da riqueza é critério que pode refletir a justiça e deve ser considerado como um padrão de moralidade.

Dworkin faz forte crítica à juseconomia e chega a rejeitá-la nos termos propostos por Posner; a ideia de maximização de riqueza não foi bem interpretada, em especial em razão da confusão feita em torno dos conceitos de "eficiência" e do "pareto-eficiente". Afirma ainda que se o objetivo é a maximização da riqueza, então deveria mostrar por que uma sociedade com mais riqueza é melhor, sob pena de a análise econômica precisar de outro suporte, já que não considera a riqueza como um valor.[28]

Na mesma linha, Toledo trata sobre a impraticabilidade da utilização da eficiência como método de formulação e interpretação do Direito, uma vez que a "ciência econômica seria falha na sua pretensão de prever comportamentos mercadológicos com grande precisão, e fora da região de mercado os resultados seriam ainda mais inexatos e catastróficos". Ademais,

---

[26] CATÃO, Adrualdo de Lima. Law and economics, consequentialism and legal pragmatism: the influence of Oliver Holmes Jr. In: *25th IVR World Congress Law Science and Technology*, Frankfurt, Paper Series, n. 45. 2012.

[27] TOLEDO, Raphaela Sant'ana Batista. A análise econômica pragmática do Direito: contributos e limites da vertente de análise pragmática de Richard Posner ao Direito e Economia. In: CATÃO, Adrualdo de Lima; PEREIRA NETO, Antônio Alves; MONTEIRO, Vitor de Andrade (Orgs.). *Filosofia do Direito na contemporaneidade*: pragmatismo jurídico, análise econômica do Direito e conectividades. São Paulo: Juruá Editora, 2013. p. 200-201.

[28] DWORKIN, Ronald Myles. A riqueza é um valor? In: *Uma questão de princípios*. (Trad. Luiz Carlos Borges). São Paulo: Martins Fontes, 2001. p. 351-398.

não fornece hipóteses que possam efetivamente ser testadas empiricamente, e ainda que o fossem, não haveria dados suficientes ao levantamento empírico da confirmação de tais hipóteses, ou os resultados provenientes da investigação não seriam de todo confiáveis.[29]

Posner revê suas teorias e adota uma nova fase mais pragmática, na qual não abandona o eficientismo econômico, mas este passa a ser um elemento subsidiário em conjunto com outros dados políticos e morais. Ademais, considera a maximização da riqueza um critério de custo-benefício, pois "seu uso melhora o desempenho do governo em qualquer sentido de melhoria que o observador julgue adequado".[30]

Após a crise econômica de 2008, Posner verificou as falhas da Economia em prever comportamentos, da relação custo-benefício e da crença no mercado autorregulado, e publicou um artigo intitulado "Como me converti em keynesiano". Nele, ressalta a atualidade e a importância deste modelo[31] que analisa postulados da macroeconomia e tem como base a ampliação das funções do Estado para "ajustar a propensão a consumir com o incentivo para investir" como o único meio a evitar a destruição da economia, através de uma proposta diferente dos regimes autoritários contemporâneos,[32] o que, possivelmente, implicará, mais uma vez, a revisão de seus postulados.

Neste contexto, Heinen traz o seguinte questionamento: se estes postulados/métodos/modelos "não foram suficientes para explicar os fenômenos econômicos, como continuar sustentando-os para explicar o Direito?".[33]

Apesar da validade do questionamento, a teoria de Posner, em especial na sua fase pragmática, é "útil na formulação de critérios

---

[29] TOLEDO, Raphaela Sant'ana Batista. A análise econômica pragmática do Direito: contributos e limites da vertente de análise pragmática de Richard Posner ao Direito e Economia. In: CATÃO, Adrualdo de Lima; PEREIRA NETO, Antônio Alves; MONTEIRO, Vitor de Andrade (Orgs.). *Filosofia do Direito na contemporaneidade*: pragmatismo jurídico, análise econômica do Direito e conectividades. São Paulo: Juruá Editora, 2013. p. 202.

[30] POSNER, Richard Allen. Cost-Benefit analysis: definition, justification, and comment and conference papers. *Journal of Legal Studies*, n. 29, 1153, p. 3, jun., 2000.

[31] POSNER, Richard Allen. Cómo me convertí em keynesiano. Segundas reflexiones em medio de una crisis. *Revista de Economía Institucional*, v. 12, n. 22, p. 293-305, 2010.

[32] KEYNES, John Maynard. *A teoria geral do emprego, do juro e da moeda*. (Trad. Mário R. da Cruz). São Paulo: Nova Cultural, 1996. p. 347.

[33] HEINEN, Luana Renostro. A análise econômica do Direito de Richard Posner e os pressupostos irrealistas da economia neoclássica. In: POMPEU, Gina Vidal Marcílio; PINTO, Felipe Chiarello de Souza; GONÇALVES, Everton das Neves (Orgs.). *Direito e Economia I*. Florianópolis: CONPEDI, 2014. p. 317.

tendentes a elucidar questões que envolvam uma abordagem mais descritiva da realidade", a fim de verificar quais as consequências da formulação e da aplicação de uma determinada regra jurídica e, entre tantas possibilidades de interpretação subsidiadas pela hermenêutica, qual a melhor regra a ser aplicada. Mostra-se bem producente analisar as possíveis consequências das decisões judiciais antes de elas produzirem efeitos.[34]

Obviamente que os postulados tratados anteriormente não resumem todo o campo da juseconomia, que aborda conceitos como incentivos, no sentido de que as pessoas respondem a incentivos; o equilíbrio buscado a partir do comportamento racional maximizado; a noção do pareto-eficiente quando a situação se torna justa; o individualismo, que explica os comportamentos coletivos a partir dos comportamentos individuais; além da modelagem e do reducionismo, a partir da elaboração de modelos de comportamentos. Estes, apesar de relevantes, não serão tratados aqui, pois fogem ao objetivo deste artigo.[35]

3 Direitos fundamentais x eficiência administrativa x eficientismo econômico

Como visto anteriormente, a Constituição de 1988 trouxe a difícil missão que se extrai a partir dos seus valores, fundamentos, objetivos e princípios, além do rol de direitos e garantias fundamentais, o que exige uma Administração Pública eficiente que realize suas escolhas de modo a potencializar sua atuação. A grande questão é saber até que ponto se pode adotar o eficientismo econômico como máxima a ser seguida nestes casos.

Para a realização desta missão, a mesma Constituição reservou um capítulo próprio para a Administração Pública, sendo extremamente analítica, porquanto dotada de um extenso conjunto de normas estruturantes que visam à implementação dos direitos fundamentais nela

---

[34] TOLEDO, Raphaela Sant'ana Batista. A análise econômica pragmática do Direito: contributos e limites da vertente de análise pragmática de Richard Posner ao Direito e Economia. In: CATÃO, Adrualdo de Lima; PEREIRA NETO, Antônio Alves; MONTEIRO, Vitor de Andrade (Orgs.). *Filosofia do Direito na contemporaneidade*: pragmatismo jurídico, análise econômica do Direito e conectividades. São Paulo: Juruá Editora, 2013. p. 206.

[35] GICO JÚNIOR, Ivo Teixeira. Metodologia e epistemologia da Análise Econômica do Direito. *Economic Analysis of Law Review*, Brasília, v. 1, n. 1, p. 22-26, jan./jun. 2010. Disponível em: <https://portalrevistas.ucb.br/index.php/EALR/article/view/1460>. Acesso em: 23 mai. 2017. Doi: <http://dx..doi.org/10.18836/2178-0587/ealr.v1n1p7-33>.

previstos, em especial os direitos que constituem o Estado de bem-estar social: saúde, educação e previdência.

Para Sarlet, a dignidade da pessoa humana é uma qualidade intrínseca e distintiva de todos os seres humanos, devendo o Estado e a comunidade tratar com o mesmo respeito e consideração a todos. É ainda um conjunto de direitos e deveres fundamentais que assegura a proteção contra qualquer tratamento de cunho degradante e desumano, condições existenciais mínimas. Além da participação ativa e corresponsável nos destinos da própria vida, "os direitos e garantias fundamentais buscam seu fundamento direto e imediato na dignidade da pessoa humana, do qual seriam concretizações", uma vez que trazem a ideia de proteção e desenvolvimento de todas as pessoas.[36]

Queiroz, em análise do princípio da não reversibilidade dos direitos fundamentais, informa que os direitos de natureza prestacional impõem uma proibição de retrocesso, pois ainda que não se exija um avanço em relação a tais direitos, deve-se assegurar o *status quo* já alcançado. Uma vez consagradas, o legislador não pode acabar com as prestações sociais sem alternativas ou compensações. Trata-se de uma noção ligada à própria segurança jurídica ou à proteção da confiança.[37]

Assim, as reformas administrativas não podem atingir o núcleo básico dos direitos e garantias fundamentais, sob pena de resultar em retrocesso social. Em outros termos, a eficiência econômica não pode ser rigorosa a ponto de impedir a promoção destes direitos, em especial aqueles atrelados ao mínimo existencial, dada a impossibilidade de execução efetiva dos serviços públicos em decorrência da incapacidade financeira do Estado.

Conforme ressalta Bresser-Pereira, o Plano Diretor da Reforma do Aparelho de Estado da reforma gerencial manteve como meta a preservação de alguns fundamentos dirigentes da Constituição de 1988, já que não tinha por finalidade a implementação de um Estado mínimo, dada a sua inviabilidade na realidade brasileira; faz-se necessária uma ação reguladora, corretora e estimuladora por parte daquele.[38] Desta forma,

---

[36] SARLET, Ingo Wolfgang. *Dignidade da pessoa humana e Direitos fundamentais na Constituição de 1988*. Porto Alegre: Livraria do Advogado, 2011. p. 38.

[37] QUEIROZ, Cristina. *O Princípio da não reversibilidade dos Direitos Fundamentais Sociais*: princípios dogmáticos e prática jurisprudência. Coimbra: Coimbra Editora, 2006. p. 68-71.

[38] BRESSER-PEREIRA, Luiz Carlos. Do Estado patrimonial ao gerencial. In: PINHEIRO, Wilheim e Sachs (Orgs.). *Brasil*: um século de transformações. São Paulo: Companhia das Letras, 2001. p. 246.

permanece a obrigação do Estado quanto aos seus serviços exclusivos, no entanto, quanto aos serviços não exclusivos, como o fornecimento de saúde e educação básica de forma universal e gratuita, opta-se por um sistema de parceria ou de cogestão entre o Estado e a sociedade civil.[39]

É importante deixar claro que o neoliberalismo, matriz da reforma gerencial, não tem como valor tão só a simples retirada do Estado, mas também a adoção de comportamentos pautados pela concorrência, que adota como referência para decisões um sistema de preços. Por tal razão, a gestão pelo desempenho persegue um objetivo econômico de eficiência; trata-se da construção de "quase-mercados" onde não havia mercados, canalizando os esforços para a maximização da riqueza.[40]

Diante do exposto, é possível a adoção do eficientismo econômico de Posner como critério da eficiência administrativa consagrada pela reforma administrativa gerencial no Brasil?

Dworkin entende que a ideia de maximização da riqueza social é falsa, pois as coisas não se tornam necessariamente melhores se a riqueza for aumentada; não existe uma correlação direta com a melhoria de felicidade, até porque as pessoas podem ter outras preferências que poderiam ser comprometidas com mais riqueza, na medida em que é irracional que um indivíduo escolha uma vida mais rica, quando poderia ter escolhido uma vida que o tornaria mais feliz.[41]

Ao tratar sobre ativismo judicial, Catão questiona se os argumentos de Posner sobre consequências econômicas poderiam servir para a interpretação do Direito ou até mesmo para rejeitar uma regra jurídica vigente. Conclui que há consequências éticas questionáveis na aplicação do princípio da maximização da riqueza, até porque "as garantias individuais estariam do lado oposto do aumento coletivo da riqueza" e "alguns valores políticos, como a liberdade, são estranhos" a este conceito. Nestes termos, a maximização da riqueza pode ser considerada como guia, como um instrumento para apoiar

---

[39] BRESSER-PEREIRA, Luiz Carlos. Do Estado patrimonial ao gerencial. In: PINHEIRO, Wilheim e Sachs (Orgs.). *Brasil: um século de transformações*. São Paulo: Companhia das Letras, 2001. p. 243.

[40] HEINEN, Luana Renostro. A análise econômica do Direito de Richard Posner e os pressupostos irrealistas da economia neoclássica. In: POMPEU, Gina Vidal Marcílio; PINTO, Felipe Chiarello de Souza; GONÇALVES, Everton das Neves (Orgs.). *Direito e Economia I*. Florianópolis: CONPEDI, 2014. p. 318.

[41] DWORKIN, Ronald Myles. A riqueza é um valor? In: *Uma questão de princípios*. (Trad. Luiz Carlos Borges). São Paulo: Martins Fontes, 2001. p. 200-201.

nas escolhas, como um valor social a ser considerado, mas não como um valor em si mesmo.[42]

Bresser-Pereira critica a utilização dos pressupostos da microeconomia neoclássica, no que considera como um "retrocesso da ciência econômica", tendo em vista que a economia perdeu contato com a realidade em razão da sua abstração e sofisticação matemática, transformando-se em algo parecido com um método ou construção lógica, além das suas "bases estritamente individualistas".[43]

Derzi e Bustamante tecem críticas ao eficientismo político, porquanto este utiliza,

> sem qualquer justificação político-moral, um valor absoluto para a maximização da riqueza, ainda que o preço desta maximização seja uma política jurídica e uma teoria da interpretação que acentuem a desigualdade das pessoas e a concentração de riquezas.[44]

Em análise sobre a tão propagada eficiência promovida pela cogestão dos serviços não exclusivos entre o Estado e as entidades do terceiro setor, Di Pietro apresenta outro importante questionamento sobre o tema: quem seriam os beneficiários desta eficiência?

> Seriam os usuários dos serviços públicos sociais do Estado? Seriam os clientes particulares? Ou seriam os dirigentes dessas entidades ditas de apoio, que complementam seus vencimentos com receitas oriundas da utilização do patrimônio público? - questiona.[45]

Apesar da relevância dessas indagações, a doutrina se limita a apresentar conceitos abstratos de eficiência, sem levar em consideração as reais consequências da adoção dos ajustes fiscais rigorosos desprovidos de planejamento e responsabilidade, o que leva ao comprometimento da eficácia e da efetividade das políticas públicas.

---

[42] CATÃO, Adrualdo de Lima. Law and economics, consequentialism and legal pragmatism: the influence of Oliver Holmes Jr. In: *25th IVR World Congress Law Science and Technology*, Frankfurt, Paper Series, n. 45. 2012.

[43] BRESSER-PEREIRA, Luiz Carlos. *Da macroeconomia clássica à keynesiana*. São Paulo, 1976. p. 4-5. Disponível em: <http://www.bresserpereira.org.br/papers/1985/962a-Da-macroeconomia-classica-a-keynesiaa-1976.pdf>. Acesso em: 3 jul. 2017.

[44] DERZI, Misabel de Abreu Machado; BUSTAMANTE, Thomas da Rosa de. *A análise econômica de Posner e a ideia de Estado de Direito em Luhmann*: breves considerações críticas. Belo Horizonte: Revista da Faculdade de Direito da UFMG, 2013. p. 331.

[45] DI PIETRO, Maria Sylvia Zanella. *Parcerias na Administração Pública*: concessão, permissão, franquia, terceirização, parceria público-privada e outras formas. 10. ed. São Paulo: Atlas, 2015. p. 315-316.

A reforma com base na eficiência econômica é apenas parte do problema, uma vez que é necessária a criação de um novo padrão de articulação de formulação e implementação das políticas públicas. Além de reduzir os gastos, deve-se buscar uma melhor alocação dos trabalhos. Para tanto, mudanças institucionais devem ser efetivadas em decorrência do alto grau de dependência da sociedade ao Estado brasileiro; em especial, deve-se iniciar um longo e progressivo processo de alteração da cultura patrimonialista.[46]

No entanto, o direito público brasileiro, apesar de ainda se achar na fase da "limitação dos recursos" (o custo dos direitos e da atuação do Estado é um limite às prestações estatais positivas), caminha para uma análise prévia do próprio custo da atuação estatal, no sentido de verificar se é exigível ou não, inclusive judicialmente. Este caminho se justifica porquanto a sociedade brasileira teria adotado, após o ingresso do princípio da eficiência na Constituição, um poder público menos custoso, responsável com o equilíbrio fiscal e mais eficiente, visando ao aumento de recursos para as demandas sociais prioritárias; afinal, os "recursos públicos são finitos e as demandas de atuação estatal são infinitas".[47]

A despeito das críticas apresentadas, os postulados de Posner podem ser de grande utilidade para o aperfeiçoamento das políticas públicas, já que são vários os casos em que a simples aplicação de regras e a ponderação de princípios não se revelam suficientes para a garantia da segurança jurídica. Segundo Barbosa, a ideia de maximização da riqueza, da busca da eficiência, da ponderação entre custos e benefícios, pode ser benéfica caso se entenda desenvolvimento "como aumento da prosperidade, ou diminuição da desigualdade, a depender do viés político-ideológico que se queira adotar".[48]

---

[46] REZENDE, Flávio da Cunha. *Por que falham as Reformas Administrativas?* Rio de Janeiro: Editora FGV, 2004. p. 93-94.

[47] MORAIS, Dalton Santos. Os custos da atividade administrativa e o princípio da eficiência. *Revista de Direito Administrativo*, Rio de Janeiro, v. 237, p. 192-193, jan. 2015. ISSN 2238-5177. Disponível em: <http://bibliotecadigital.fgv.br/ojs/index.php/rda/article/view/44371>. Acesso em: 23 mai. 2017. Doi: <http://dx.doi.org/10.12660/rda.v237.2004.44371>.

[48] BARBOSA, Bruno Sarmento. A análise econômica do Direito segundo Richard Posner: o eficientismo como alternativa ao método subsuntivo e à ponderação de princípios constitucionais tributários. In: CATÃO, Adrualdo de Lima; PEREIRA NETO, Antônio Alves; MONTEIRO, Vitor de Andrade (Orgs.). *Filosofia do Direito na contemporaneidade*: pragmatismo jurídico, análise econômica do Direito e conectividades. São Paulo: Juruá Editora, 2013. p. 146-148.

Desta forma, tem-se que o eficientismo econômico de Posner é um relevante guia para a escolha das políticas públicas, no entanto, não pode ser considerado como único parâmetro, a dispensar a análise de elementos morais e políticos, sob pena de inviabilizar direitos e garantias fundamentais previstos na Constituição.

Conclusão

Este artigo teve como principal objetivo examinar se seria possível a adoção do eficientismo econômico de Richard Posner como critério da eficiência administrativa no contexto da reforma gerencial da administração pública brasileira.

Verificou-se que entre as diversas reformas administrativas ocorridas no Brasil, vive-se sob a égide da tentativa de implementação de uma reforma gerencial desde a década de 1990. Esta visa à mudança institucional e ao ajuste fiscal, revendo a função e o tamanho do Estado, sendo certo que a cooperação se deu (e se dá), em especial, com a incorporação do princípio da eficiência em seu viés puramente econômico, pois a crise da "eficiência" na prestação dos serviços públicos seria superada por meio da redução de despesas.

Verificou-se, ainda, que a ideia de maximização da riqueza de Richard Posner em muito se assemelha ao princípio da eficiência adotado pela doutrina administrativa, manifestado através das políticas públicas adotadas. No entanto, o eficientismo econômico não pode ser utilizado como uma teoria de justiça, por não ser a riqueza um valor a ser considerado.

Não que se sustente a impossibilidade do uso de seus postulados, que são importantes porquanto se vive um contexto de crise econômica em um país com diversas demandas sociais e com uma ausência de bom trato com a coisa pública; no entanto, as escolhas não podem ser realizadas ao arrepio dos dispositivos constitucionais, máxime a garantia dos direitos fundamentais.

Apesar das propagandas governamentais positivas, os últimos ajustes fiscais realizados trouxeram consequências negativas aos mais diversos campos da administração pública, sendo certo que não se vive num período de "excelência" dos serviços públicos, em nenhuma das suas esferas, pública ou privatizada.

Assim, o eficientismo econômico de Posner é um importante guia para a escolha das políticas públicas, uma vez que se deve fazer uma análise de custos para o atendimento das demandas tidas como prioritárias; no entanto, não deve ser utilizado como único critério de justiça, a dispensar a análise de outros elementos morais e políticos, sob pena de inviabilizar direitos e garantias fundamentais previstos na Constituição.

Referências

BARBOSA, Bruno Sarmento. A análise econômica do Direito segundo Richard Posner: o eficientismo como alternativa ao método subsuntivo e à ponderação de princípios constitucionais tributários. In: CATÃO, Adrualdo de Lima; PEREIRA NETO, Antonio Alves; MONTEIRO, Vitor de Andrade (Orgs.). *Filosofia do Direito na contemporaneidade*: pragmatismo jurídico, análise econômica do Direito e conectividades. São Paulo: Juruá Editora, 2013.

BRESSER-PEREIRA, Luiz Carlos. Do Estado patrimonial ao gerencial. In: PINHEIRO, Wilheim e Sachs (Orgs.). *Brasil*: um século de transformações. São Paulo: Companhia das Letras, 2001.

BRESSER-PEREIRA, Luiz Carlos. *Da macroeconomia clássica à keynesiana*. São Paulo, 1976. Disponível em: <http://www.bresserpereira.org.br/papers/1985/962a-Da-macroeconomia-classica-a-keynesiaa-1976.pdf>. Acesso em: 3 jul. 2017.

BRESSER-PEREIRA, Luiz Carlos. *Reforma do Estado para a cidadania*: a reforma gerencial brasileira na perspectiva internacional. 2. ed. Brasília: ENAP, 2011.

CARVALHO, Fábio Lins de Lessa. *Graciliano Ramos e a Administração Pública*: comentários aos seus relatórios de gestão à luz do Direito Administrativo moderno. Belo Horizonte: Fórum, 2017.

CASTRO, Rodrigo Batista de. Eficácia, eficiência e efetividade na Administração Pública. In: *XXX Encontro ANPAD*, Rio de Janeiro, 11 set. 2006.

CATÃO, Adrualdo de Lima. Law and economics, consequentialism and legal pragmatism: the influence of Oliver Holmes Jr. In: *25th IVR World Congress Law Science and Technology*, Frankfurt, Paper Series, n. 45. 2012.

CATÃO, Adrualdo de Lima; CAVALCANTI, Mariana Oliveira de Melo. Análise econômica do Direito na hermenêutica Jurídica contemporânea e nas decisões do Supremo Tribunal Federal. In: PINTO, Felipe Chiarello de Souza; CASTRO, Matheus Felipe de; BESTER, Gisela Maria. (Orgs.). *Direito e Economia II*. Florianópolis: CONPEDI, 2014.

DERZI, Misabel de Abreu Machado; BUSTAMANTE, Thomas da Rosa de. *A análise econômica de Posner e a ideia de Estado de Direito em Luhmann*: breves considerações críticas. Belo Horizonte: Revista da Faculdade de Direito da UFMG, 2013.

DI PIETRO, Maria Sylvia Zanella. *Parcerias na Administração Pública*: concessão, permissão, franquia, terceirização, parceria público-privada e outras formas. 10. ed. São Paulo: Atlas, 2015.

DWORKIN, Ronald Myles. *O império do Direito*. (Trad. Jefferson Luiz Camargo). São Paulo: Martins Fontes, 1999.

DWORKIN, Ronald Myles. A riqueza é um valor? In: *Uma questão de princípios*. (Trad. Luiz Carlos Borges). São Paulo: Martins Fontes, 2001.

FAORO, Raymundo. *A República inacabada*. São Paulo: Globo, 2012.

GICO JUNIOR, Ivo Teixeira. Metodologia e epistemologia da Análise Econômica do Direito. *Economic Analysis of Law Review*, Brasília, v. 1, n. 1, p. 7-33, jan./jun. 2010. Disponível em: <https://portalrevistas.ucb.br/index.php/EALR/article/view/1460>. Acesso em: 23 mai. 2017. Doi: <http://dx..doi.org/10.18836/2178-0587/ealr.v1n1p7-33>.

HEINEN, Luana Renostro. A análise econômica do Direito de Richard Posner e os pressupostos irrealistas da economia neoclássica. In: POMPEU, Gina Vidal Marcílio; PINTO, Felipe Chiarello de Souza; GONÇALVES, Everton das Neves (Orgs.). *Direito e Economia I*. Florianópolis: CONPEDI, 2014.

KEYNES, John Maynard. *A teoria geral do emprego, do juro e da moeda*. (Trad. Mário R. da Cruz). São Paulo: Nova Cultural, 1996.

MEIRELLES, Hely Lopes. *Direito Administrativo Brasileiro*. 43. ed. São Paulo: Malheiros, 2016.

MORAIS, Dalton Santos. Os custos da atividade administrativa e o princípio da eficiência. *Revista de Direito Administrativo*, Rio de Janeiro, v. 237, p. 165-196, jan. 2015. ISSN 2238-5177. Disponível em: <http://bibliotecadigital.fgv.br/ojs/index.php/rda/article/view/44371>. Acesso em: 23 mai. 2017. Doi: <http://dx.doi.org/10.12660/rda.v237.2004.44371>.

MOREIRA NETO, Diogo de Figueiredo. *Curso de Direito Administrativo*: parte introdutória, parte geral e parte especial. 16. ed. rev. e atual. Rio de Janeiro: Forense, 2014.

PINHO, José Antonio Gomes de. Reforma do aparelho do Estado: limites do gerencialismo frente ao patrimonialismo. *O&S*, v. 5. n. 12, p. 60-65, mai./ago. 1998.

POSNER, Richard Allen. *El análisis económico del derecho*. 2. ed. México: FCE, 2007.

POSNER, Richard Allen. Cost-Benefit analysis: definition, justification, and comment and conference papers. *Journal of Legal Studies*, n. 29, 1153, p. 3, jun., 2000.

POSNER, Richard Allen. *Problemas de filosofia do Direito*. São Paulo: WMF Martins Fontes, 2007.

POSNER, Richard Allen. Cómo me convertí em keynesiano. Segundas reflexiones em medio de una crisis. *Revista de Economía Institucional*, v. 12, n. 22, p. 293-305, 2010.

QUEIROZ, Cristina. *O Princípio da não reversibilidade dos Direitos Fundamentais Sociais*: princípios dogmáticos e prática jurisprudência. Coimbra: Coimbra Editora, 2006.

REZENDE, Flávio da Cunha. *Por que falham as Reformas Administrativas?* Rio de Janeiro: Editora FGV, 2004.

SARLET, Ingo Wolfgang. *Dignidade da pessoa humana e Direitos fundamentais na Constituição de 1988*. Porto Alegre: Livraria do Advogado, 2011.

TOLEDO, Raphaela Sant'ana Batista. A análise econômica pragmática do Direito: contributos e limites da vertente de análise pragmática de Richard Posner ao Direito e Economia. In: CATÃO, Adrualdo de Lima; PEREIRA NETO, Antonio Alves; MONTEIRO, Vitor de Andrade (Orgs.). *Filosofia do Direito na contemporaneidade*: pragmatismo jurídico, análise econômica do Direito e conectividades. São Paulo: Juruá Editora, 2013.

TORRES, Marcelo Douglas de Figueiredo. *Estado, Democracia e Administração Pública no Brasil*. Rio de Janeiro: Editora FGV, 2004.

Informação bibliográfica deste texto, conforme a NBR 6023:2002 da Associação Brasileira de Normas Técnicas (ABNT):

BORBA, Daniel Allan Miranda. O eficientismo de Richard Posner como critério de eficiência administrativa: o gerencialismo sob a ótica da análise econômica do direito. In: CATÃO, Adrualdo de Lima *et al.* (Coord.). *Filosofia contemporânea do direito e conectividades*: teoria e pragmática. Belo Horizonte: Fórum, 2019. p. 115-134. ISBN 978-85-450-0630-5.

ANÁLISE ECONÔMICA DO DIREITO NA REALIZAÇÃO DO PLANEJAMENTO TRIBUTÁRIO

FRANCISCO MALAQUIAS DE ALMEIDA NETO

Introdução

O presente artigo tem por finalidade estudar o método denominado *Análise Econômica do Direito*, destacando os principais precursores que desenvolveram esta ótica de examinar a construção e a aplicação da norma jurídica. Por mais que o jurista tenda a focalizar seus conhecimentos no aspecto estritamente jurídico-normativo, é de se convir que os demais campos do saber, ora indissociáveis, atuam de maneira determinante para o intérprete solucionador de conflitos sociais.

Assim, a *análise econômica* mostra-se como uma ferramenta efetiva, sobretudo quando o Direito Positivo não apresenta enunciados normativos pertinentes ao tema ou nos casos em que as decisões judiciais produziram efeitos significativos no cenário econômico, financeiro, político e social.

Delimitado o método ora adotado, pretendeu-se analisar a conflituosa relação jurídico-tributária decorrente dos atos praticados no exercício do planejamento tributário, no qual o contribuinte visa legitimar os atos lícitos (negócios jurídicos), com a finalidade de economizar tributos, enquanto o Fisco busca a máxima arrecadação de recursos na composição da receita derivada.

Desta forma, em face da carência legislativa, predominam discursos de caráter eminentemente econômico para ambos os sujeitos da relação jurídica mencionada, como, por exemplo, a utilização da teoria do *Business Propose* pela Fazenda Pública, para constatar um legítimo (ou não) planejamento tributário.

1 Interpretação econômica e análise econômica do Direito

Ignora-se o quanto os interesses de natureza mercadológica influenciam na argumentação jurídica, na construção da norma jurídica *stricto sensu*. Na verdade, boa parte da doutrina não desconsidera a utilidade dos fatores econômicos na aplicação do Direito,[1] nem mesmo a íntima ligação entre Direito e Economia. No entanto, prefere reservar-se ao estudo do normativo do Direito, em seu aspecto mais puro, sem, contudo, desconsiderar as demais óticas que decorrem do mesmo evento do mundo fenomênico. Assim, por mais que um fato produza efeitos interdisciplinares (jurídicos, políticos, econômicos, sociais, entre outros), o estudioso do Direito tende a limitar-se tão somente ao aspecto jurídico e das estruturas normativas.

Por mais que esta linha metodológica seja usualmente adequada no estudo da Ciência do Direito, percebe-se que os campos inerentes às ciências sociais aplicadas estão cada vez mais próximos e indissociáveis, exigindo do aplicador/intérprete uma ampliação de perspectiva na construção jurídico-normativa. Neste ponto, os diversos julgados do Supremo Tribunal Federal que tomam como premissas indispensáveis as consequências que suas decisões poderão gerar nos mais variados ramos, inclusive no econômico.

Com os clássicos estudos desenvolvidos por Ronald Coase,[2] Guido Calabresi[3] e Posner, atentou-se no meio acadêmico para a

---

[1] Segundo Aurora Tomazini: "À ciência do direito compete o estudo do direito posto, nada além, nem antes e nem depois dele. E, considerando-se que este se consubstancia em normas jurídicas, o objeto de estudos da ciência do direito são as normas jurídicas e só elas [...] aquilo que interessa ao jurista é o complexo de normas jurídicas válidas num dado país e só. Este é o objeto da Ciência do Direito, o que não significa, porém, desconsiderarmos a importância de todos os demais enfoques, cada qual próprio de uma ciência específica, que não a jurídica [...]. Falamos, assim: (i) numa análise estática, voltada para o conteúdo normativo e sua estrutura; e (ii) numa análise dinâmica, direcionada à criação, aplicação e revogação de tais normas". CARVALHO, Aurora Tomazini de. *Teoria geral do direito – O construtivismo lógico-semântico*. 4. ed. rev. e ampl. São Paulo: Editora Noeses, 2014. p. 92.

[2] Este autor trouxe o denominado Teorema de Coase, o qual assinalou a importância de preceitos como custos duma transação de mercado, externalidades econômicas, liberalismo contratual e maximização de riquezas. O Teorema de Coase (que na verdade é uma visão/constatação e não um teorema) foi formulado por Ronald Coase (economista americano) e refere que as externalidades ou ineficiências econômicas podem ser, em determinadas circunstâncias, corrigidas e internalizadas pela negociação entre as partes afetadas, sem a necessidade de intervenção de uma entidade reguladora. As referidas circunstâncias necessárias para que tal seja possível são, segundo Coase, a possibilidade de negociação sem custos de transação e a existência de direitos de propriedade garantidos e bem definidos. Cf. COASE, Ronald. The problem of social cost. *Journal of Law and Economics, the university of Chicago Press*, v. 3, 1960, p. 1–44. Disponível em: <http://www.pucpr.br/arquivosUpload/5371894291314711916.pdf> Acesso em: 3 fev. 2017.

[3] Calabresi vislumbra a eficiência econômica como valor essencial para nortear as decisões judiciais, isto é, para interpretar o Direito. Em sua teoria, adiciona ao critério de

relevância da anunciada *análise econômica do direito*. Portanto, o aspecto econômico/financeiro e a construção da norma jurídica revelam-se como *faces da mesma moeda*, e, por isso, o sujeito cognoscente deverá averiguar o fato jurídico sob o indissociável aspecto econômico.[4]

Dos três autores mencionados, as afirmações de Posner se apresentaram com maior relevância na firmação deste modelo metodológico, justamente por apontar o fundamental papel dos juízes no sistema *Common Law*,[5] os quais atuam como legítimos garantidores do bem-estar social e econômico, pois têm a incumbência de assegurar um mercado livre, sem a intromissão de qualquer outra externalidade.[6]

Richard Posner, a despeito de refutar a qualificação utilitarista à teoria econômica do Direito, afirma como real vantagem do critério da eficiência estar este inserido no *princípio da maior felicidade do utilitarismo* benthamiano,[7] entendido como aquele princípio que aprova ou desaprova qualquer ação, segundo a tendência que tem a aumentar ou a diminuir a felicidade da pessoa cujo interesse está em jogo, ou, o que é a mesma coisa em outros termos, segundo a tendência a promover ou a comprometer a referida felicidade.[8]

Resta indubitável que, ao disseminar o princípio da maior felicidade aos campos não mercadológicos, como demonstra Posner,[9] tais

---

[4]   maximização de riqueza a questão da distributividade, em outras palavras, a distribuição dessa riqueza maximizada, tendo o sistema jurídico o dever de promover a justiça distributiva. Desta forma, Calabresi apresentava um entendimento mais tímido em relação ao aspecto econômico, pois afirma que a justiça deveria ser uma proibição à busca da eficiência, isto é, nenhum sistema, ainda que reduzisse custos, deveria ser adotado se fosse injusto. Não se trata de uma simples troca entre justiça e eficiência. Na visão de Calabresi, a justiça usufrui de um papel dominante, tendo poder de veto sobre medidas baseadas apenas na eficiência. Cf. CALABRESI, Guido. Some thoughts on risk distribution and the law of torts. *The Yale Law Journal,* v. 70, n. 4, 1961. Disponível em: <http://digitalcommons.law.yale.edu/cgi/viewcontent.cgi?article=3035&context=fss_papers>. Acesso em: 4 mar. 2017.

[4]   MACKAAY, Ejan. History of law and economics. In: BOUCKAERT; BOUDEWIJN; DE GEEST, Gerrit (Orgs.). *Encyclopedia of Law and Economics.* London: Edward Elgar, 2000. v. 1, p. 66.

[5]   Segundo Posner, as regras, as instituições e tudo o mais a que se refere o *common law* visa à eficiência, ou seja, "the common law appears to be an engine of wealth maximization". POSNER, Richard. Some uses in economics. *University of Chicago Review,* Chicago, v. 46, n. 2, p. 291, *winter 1979.*

[6]   POSNER, Richard A. *Economic analysis of law.* New York: Aspen Publishers, 2007. p. 8-9.

[7]   POSNER, Richard. Some uses and abuse in economics. *University of Chicago Review,* Chicago, v. 46, n. 2, p. 287, *winter 1979.*

[8]   BENTHAM, Jeremy. *Uma introdução aos princípios da moral e da legislação.* 1. ed. São Paulo: Abril Cultural, coleção Os Pensadores, 1974. p. 9-10.

[9]   POSNER, Richard. Some uses and abuse in economics. *University of Chicago Review,* Chicago, v. 46, n. 2, p. 282, *winter 1979.*

como crimes, acidentes, casamento e poluição, a teoria benthamiana alçou importante voo, ressaltando que todas as pessoas agem como maximizadoras de riquezas em todas as situações de vida.

O interesse econômico de cada um ao bem-estar individual tem como efeito lógico o bem econômico geral. Tal premissa é comum ao critério da eficiência econômica, conforme exposto pela análise econômica do Direito. No contexto do sistema capitalista, o utilitarismo se presta a demonstrar como funciona a economia de livre mercado e como atuam os agentes econômicos no mercado. É nítida essa luta pela maximização de lucros, pelo bem-estar individual. A empresa, ao concorrer, tem em vista dominar o mercado para aumentar seus ganhos. Não é interesse do indivíduo buscar o bem-estar coletivo.

Na concepção utilitarista, ao Estado cabe promover o bem comum, sem, no entanto, comprometer a liberdade individual na busca pela felicidade. Cria, sim, limites à atuação do indivíduo quando existe um interesse coletivo que deva prevalecer, dentro, sempre, de parâmetros de proporcionalidade.

O critério de Kaldor-Hicks é o que define o princípio da eficiência econômica, enquanto vetor da análise econômica do Direito, na teoria de Richard Posner. Por esse critério, a eficiência consiste na maximização da riqueza, de tal sorte que as pessoas tendem a aumentar a sua felicidade. São, pois, "racionais maximizadoras de suas satisfações".[10]

Defende Posner a ideia de eficiência enquanto único valor social importante que o sistema consuetudinário na elaboração da lei pode promover, visto que a justa distribuição de riqueza e outros fatores de justiça acrescentariam subjetividade e incerteza ao processo judicial. Elegeu o critério da eficiência econômica como o único a ser levado em conta no momento da decisão judicial. Esta deve ter por fim a maximização da riqueza, despojando-se de quaisquer outros valores e princípios que não se coadunam com a certeza e a objetividade fundamentais a um mais preciso processo judicial.

Sob este aspecto, não se tem dúvida de que a lógica do mercado e do direito são uma e a mesma coisa. Assim, ao adotar a teoria econômica, o Direito converte-se em meio, instrumento para se atingir a eficiência econômica que passa a ser a norma pilar do sistema.

---

[10] POSNER, Richard A. *Economic analysis of law*. 4. ed. Boston: Little, Brown and Company. 1992. p. 17.

Mediante os ensinamentos defendidos por Oliver W. Holmes Jr.,[11] o desenvolvimento deste modelo teórico teve por base o termo *Law and Economics*, o qual, incialmente mencionado nos artigos de Ronald Coase e Guido Calabresi,[12] alicerçou a *análise econômica do Direito* nos ramos jurídicos didaticamente autônomos.

Ronald Coase[13] ressalta que o referencial teórico adquiriu força, pois permite ao intérprete solucionar duas questões cruciais: i) como o comportamento dos indivíduos e das instituições é afetado pelas normas legais; e ii) quanto às medidas de bem-estar social predefinidas, quais são as melhores normas para resolver conflitos e como é possível ponderar diferentes normas legais.

Holmes já defendia que a interpretação do Direito não deve ser estanque, isto é, não deve permanecer apenas no âmbito abstrato e teórico; o aplicador deve, acima de tudo, verificar os efeitos produzidos no ambiente social, mediante uma análise de ordem prática acerca da aplicação da norma. Neste sentido, o autor não vislumbrava uma lógica jurídica, pois o Direito é construído a partir de uma atuação empírica, considerando-se, assim, as necessidades públicas, a moral, a política e a economia de cada época. Aduzia que não se pode atribuir raciocínio matemático ao Direito, pois ele "incorpora a história do desenvolvimento de uma nação ao logo de muitos séculos".[14] E disso não se tem dúvida: o Direito é uma ciência cultural, e por isso os elementos espaço/tempo são essenciais na construção da norma.[15]

---

[11] Em resumo, a *Escola do Realismo* representou uma forte reação ao formalismo perante as normas e os conceitos jurídicos, haja vista que, para os realistas, é preciso trazer o Direito para a realidade concreta e construir uma ciência do Direito que descreva a realidade com proposições verificáveis em termos empíricos. Holmes afirma que o Direito não é lógica, mas experiência, sendo possível aduzir que a gênese da Análise Econômica do Direito se manifestou por meio de um raciocínio lastreado no pragmatismo de universidades americanas, como as Academias de Chicago e Yale. Tais escolas concretizaram justamente uma sinergia entre a racionalidade jurídica e o uso dos instrumentais da Economia na busca de alternativas eficientes para a resolução de conflitos. Cf. NINO, Carlos Santiago. *Introdução à análise do direito*. São Paulo: Martins Fontes, 2010. p. 51-53.

[12] CALABRESI, Guido. Some thoughts on risk distribution and the law of torts. *The Yale Law Journal*, v. 70, n. 4, 1961. Disponível em: <http://digitalcommons.law.yale.edu/cgi/viewcontent.cgi?article=3035&context=fss_papers>. Acesso em: 4 mar. 2017.

[13] COASE, Ronald. The problem of social cost. *Journal of Law and Economics, the university of Chicago Press*, v. 3, 1960, p. 1–44. Disponível em: <http://www.pucpr.br/arquivosUpload/5371894291314711916.pdf> Acesso em: 3 fev. 2017.

[14] HOLMES JR., Oliver Wendell. *The common law*. New York: Dover, 1991. p. 1.

[15] "Direito Positivo é conjunto de normas jurídicas válidas num dado país, que se materializam por meio de uma linguagem, mas que só têm existência e sentido porque imersas num universo cultural (valorativo), que as determinam". CARVALHO, Aurora Tomazini de. *Teoria geral do direito – O construtivismo lógico-semântico*. 4. ed. rev. e ampl. São Paulo: Editora Noeses, 2014. p. 92.

Por tais motivos, Posner afirmava que a *Análise Econômica do Direito* se apresentava como método que buscava elaborar um conceito abrangente de justiça, que poderá tanto explicar a tomada de decisões judiciais quanto situá-las em bases objetivas.[16] Por isso, parte-se de um olhar pragmático, e de certa forma realista, do Direito na solução dos conflitos, evitando-se uma análise meramente teórica (que em muitos casos não resolve o problema de maneira justa), adotando uma posição proativa na resolução mais célere, efetiva e menos custosa. Em outras palavras, *vamos ao que interessa: o problema e como solucioná-lo.*

Sobre o tema, Phillip Gil destaca:

> A análise econômica do direito demonstra que tanto a eficiência quanto a eficácia devem ser constantemente perseguidas pelo direito. Elementos de economia devem ser aplicados na formulação de políticas legislativas, na avaliação do impacto do direito sobre os indivíduos e, especialmente, na solução de problemas de alocação de recursos e de interpretação da lei. Nesse sentido, a análise econômica do direito deixaria de ser mero instrumento, passando a deter um papel importante no meio social como método de consecução da Justiça.[17]

Significa dizer que o método da *análise econômica* proporciona a aplicação de concepções econômicas na construção semântica das normas jurídicas, atribuindo uma concepção de *eficiência* econômica no campo jurídico, isto é, atingir o melhor resultado com o mínimo de erro ou desperdício, ao passo que a eficácia diz respeito à capacidade de produzir os efeitos desejados.[18] Neste passo, o exame jurídico-econômico tem por técnica de análise o emprego dos instrumentos da Teoria Microeconômica Neoclássica (agentes econômicos como avaliadores dos próprios custos-benefícios de suas transações) e, em particular, da explicação e avaliação das instituições e realidades jurídicas. Assim, os agentes econômicos analisam os ganhos e os custos nas diferentes opções negociais, antes de tomar uma decisão de natureza estritamente econômica ou social. Tais custos e benefícios são apreciados de acordo com as predileções dos agentes e com o conjunto de informações disponíveis no momento da avaliação da transação.

---

[16] POSNER, Richard A. *Para além do direito*. São Paulo: WMF Martins Fontes, 2009. p. 16.

[17] FRANÇA, Phillip Gil. Breves reflexões sobre o direito, a economia e a atividade regulatória do Estado. *Revista Zênite de Direito Administrativo e LRF*, Curitiba, ano 4, n. 71, p. 98-99, jun. 2007.

[18] ZYLBERSZTAJN, Décio; SZTAJN, Rachel. *Direito e economia*: análise econômica do direito e das organizações. Rio de Janeiro: Elsevier, 2005. p. 81.

Por tais razões, é coerente afirmar que a análise de custo-benefício no meio jurisdicional (e, ainda, na esfera legislativa) é, deveras, um exame consequencialista e prospectivo, pois considera o que vai acontecer após a tomada da decisão, e não os caminhos ou causas que levaram à tomada da decisão. Portanto, a robustez da AED tem como ponto-chave os conhecimentos elementares da Microeconomia, tida pela doutrina pertinente como uma "Análise Positiva", ou seja, um exame de impactos econômicos, cuja apreciação dos fatos tem por objetivo descrever relações de causa e efeito, de maneira a prover explicações e possibilitar previsões de como tendem a se comportar agentes econômicos em determinados contextos.[19]

A grande colaboração que esse dogma econômico produz para a atividade de resolução de conflitos é que a jurisprudência deve avaliar as normas legais de acordo com um critério que determine se elas atendem ou impedem o uso coerente dos recursos escassos, seja num panorama público ou privado. Essa é a ideia de Hans-Bernd Schäfer na obra *The Economic Analysis of Civil Law*:

> The economic analysis of law is an application of this "efficiency" perspective to legal rules. The underlying supposition is that jurisprudence ought to evaluate legal rules and norms according to a criterion that determines whether or not they heed or hinder the efficient use of resources.[20]

Substancialmente, os instrumentos de Economia devem ser aplicados na criação da legislação, no entanto, essa aplicação deve ser mais incentivada na avaliação do impacto das normas sobre os indivíduos, na resolução de problemas de alocação de recursos e na interpretação da lei. Assim, a *Análise Econômica do Direito* não se reduziria a mero instrumento, ganhando um importante papel como método de consecução da justiça social.

Esse raciocínio pode também se desenvolver sob a visão de que, quando se avaliam as normas pelo grau em que impedem o desperdício de recursos escassos, se está avaliando os seus impactos e as suas consequências sobre toda a sociedade. Nessa visão, a análise econômica da lei pertence ao que classificamos como "ética consequencialista".

---

[19] PINDYCK, Robert S.; RUBINFELD Daniel L. *Microeconomics*. 5. ed. New Jersey: Prentice Hall, 2001. p. 6.

[20] SCHÄFER, Hans-Bernd; OTT, Claus. *The economic analysis of civil law*. Northampton: Edward Elgar, 2004. p. 3.

De acordo com esta posição, são os efeitos do comportamento e das escolhas que contam, e tais premissas se aplicam igualmente às cortes, aos indivíduos e às normas jurídicas.[21]

Isso é o que ocorre justamente no ambiente tributário, tendo em vista que o tributo é um dos principais instrumentos de arrecadação de receita, a gerar um antigo e infindável conflito de interesses entre Fisco e contribuinte, como será a seguir exposto.

2 O eterno conflito entre Fisco e contribuinte: sobre a legitimidade jurídica do ato de planejar

Então se chega ao problema central deste artigo: com base na *análise econômica do direito*, o contribuinte tem legitimidade de planejar seus negócios jurídicos com a finalidade de reduzir a carga tributária?

Está-se diante de um dilema que remonta à Idade Média, pois, de um lado, há o Estado que se preocupa em combater o planejamento tributário (inclusive o lícito – elisão), aniquilando os atos praticados pelos particulares, sob a justificativa de estarem a se evadir (evasão – ilícito) do pagamento do tributo, ou, a partir da prática de ilícitos atípicos (simulação, dissimulação, abuso de direito, abuso da forma, entre outros), tentam ludibriar o Fisco. Enfim, buscam ferramentas para aumentar ao máximo a arrecadação de tributos, visando compor a receita derivada do ente público. Do outro, encontra-se o cidadão que, diante da elevada carga tributária e da ineficiência dos serviços públicos, tenta organizar com maior segurança jurídica suas atividades, a fim de obter economia em suas obrigações tributárias, tendo assegurado o seu direito de liberdade e propriedade.

O Estado democrático brasileiro é alicerçado num extenso texto constitucional, o qual contém as normas estruturais e o imenso rol de direitos e garantias fundamentais. Porém, tornar-se-ia prejudicada a concretização do rol acima citado se não houvesse arrecadação financeira suficiente, pois é a partir dos fundos arrecadatórios que se dará uma atuação ostensiva do Estado, sendo esta uma logística básica da estrutura democrática: contribuir individualmente para o bem geral.

Neste sentido, o contribuinte é detentor do dever fundamental de contribuir, pois sem este compromisso recíproco, o raciocínio

---

[21] SCHÄFER, Hans-Bernd; OTT, Claus. *The economic analysis of civil law.* Northampton: Edward Elgar, 2004. p. 4.

democrático da solidariedade estaria gravemente prejudicado, tendo em vista que o tributo deixou de ser uma mera fonte de receita estatal, revestindo-se como legítimo instrumento da realização da justiça. Em conformidade ao alegado, Casalta Nabis[22] ressalta a relevância dos tributos na consagração do próprio Estado Social, pois é a partir da tributação justa que se alcançará a isonomia material e a distribuição equitativa das riquezas.

Todavia, o contemporâneo cenário fiscal encontra-se num crítico estágio, uma vez que o contribuinte não mais consegue enxergar a retribuição quando paga a excessiva carga tributária, isto é, paga-se caro e, em contrapartida, o Estado não cumpre com seu papel de proporcionar e garantir a efetividade dos serviços públicos na concretização dos direitos essenciais do ser humano. Esta situação, sem dúvida, afeta o entender da sociedade sobre os tributos (destrói sua pretensa finalidade), dada a ineficiência da Administração Pública.[23]

Conforme Hugo de Brito Machado:

> É inegável a importância da solidariedade, mas ela deve ser praticada especialmente no gasto público. Embora o tributo também possa ser um instrumento útil para uma política de redistribuição de renda, na verdade, esta deve ocorrer essencialmente através do gasto público.[24]

Tal inércia estatal não deve servir de justificativa para se eximir do vital dever de contribuir. É certo que o inconveniente não reside no pagamento do tributo, senão na destinação da verba arrecadada. Há, atualmente, um grave inconformismo social, gerando uma conotação negativa para o tributo.

Diante deste panorama, os contribuintes acabam se deparando com íngremes obstáculos no desenvolvimento econômico, pois, além da desmoderada incumbência fiscal, a globalização mercantil afeta bastante a concorrência empresarial, gerando uma disputada acirrada

---

[22] NABAIS, José Casalta. *O dever fundamental de pagar impostos*. Coimbra: Almedina, 2009. p. 592.

[23] Neste sentido, Ives Gandra Martins ressalta a visão negativa dos tributos, uma vez que o contribuinte enxerga a obrigação tributária como uma penalidade ao patrimônio pessoal, sem nenhum retorno do Estado. MARTINS, Ives Gandra da Silva. *Uma contribuição ao estudo da imposição tributária*. Disponível em: <http://www.gandramartins.adv.br/project/ives-gandra/public/uploads/2013/02/25/3c8eff1artigo_0740.pdf>. Acesso em: 4 jun. 2017.

[24] MACHADO, Hugo de Brito. *Tributação e solidariedade social*. Disponível em: http://qiscombr.winconnection.net/hugomachado/conteudo.asp?home=1&secao=2&situacao=2&doc_id=154. Acesso em: 4 jun. 2017.

entre os concorrentes e fazendo com que todos se engajem na busca de mecanismos que venham a aprimorar e a potencializar os negócios. Em um cenário de inseguranças jurídicas e econômicas, tais condições são agravadas se porventura no polo passivo da relação jurídico-tributária figurar uma pessoa jurídica de cunho empresarial, tendo em vista que esta categoria demanda maior cautela no planejamento de suas finanças, dada a natureza jurídica de suas atividades.

Com base em pesquisas efetuadas pela Fiesp em 2012, Paulo Francini[25] constata que a alta tributação atinge diretamente o plano de investimento das empresas e, consequentemente, influencia o ritmo de crescimento da economia. No cenário brasileiro, a maior fonte de recursos para investimento é o próprio caixa da empresa e, à medida que a tributação aumenta, o montante de recursos disponíveis para realizar investimentos diminui, impactando toda a economia.

Além de obstruir os investimentos, a carga tributária também é um dos obstáculos aos dispêndios em inovação, segundo os empresários relataram para pesquisas da Fiesp: 75% deles consideram a carga tributária o principal fator a limitar o investimento e, para 57%, o elevado custo dos tributos sobre os investimentos em P&D é um desestímulo aos gastos em inovação.

Assim, diante desta conjuntura de elevada tributação, o planejamento tributário torna-se um relevante instrumento no esforço para otimizar a atividade empresarial, o qual, em breves dizeres, prevê a efetivação de atos e negócios jurídicos que pretendem gerir e reduzir a carga tributária de maneira lícita, sem caracterizar a evasão fiscal.

De acordo com a doutrina:

> Denomina-se planejamento fiscal ou tributário *lato sensu* a análise do conjunto de atividades atuais ou dos projetos de atividades econômico-financeiras do contribuinte (pessoa física ou jurídica), em relação ao seu conjunto de obrigações fiscais, com o escopo de organizar suas finanças, seus bens, negócios, rendas e demais atividades com repercussões tributárias, de modo que venha a sofrer o menor ônus fiscal possível.[26]

---

[25] FRANCINI, Paulo. A questão tributária como obstáculo ao desenvolvimento. *Interesse Nacional*, São Paulo, n. 5, ano 5, janeiro/março 2013. Disponível em: <http://interesse nacional.uol.com.br/index.php/edicoes-revista/a-questao-tributaria-como-obstaculo-ao-desenvolvimento>. Acesso em: 4 jun. 2017.

[26] MARINS, James. *Elisão tributária e sua regulação*. São Paulo: Dialética, 2002. p. 33.

Entretanto, por serem medidas que diminuem substancialmente o valor pago ao Fisco, este acaba por condenar toda e qualquer medida de gestão de tributos, não se valendo de qualquer critério razoável na distinção entre elisão e evasão fiscal, liame este que justamente define o legítimo planejamento ou a simulação, a fraude e o abuso de direito (ilícitos atípicos).

Neste ínterim, seja pela intolerância do Estado-Fisco, seja pela carência legislativa sobre tal matéria, ou, até mesmo, pela confusão conceitual de seus institutos, o planejamento tributário vive na névoa da insegurança jurídica, porquanto o contribuinte não saberá quando a medida realizada deve ser interpretada como um crime tributário. Em outras palavras, o contribuinte vê seus direitos fundamentais cerceados drasticamente em relação ao planejamento tributário, vivendo à mercê da discricionariedade da administração pública, da lacuna legislativa e, por decorrência lógica, da incapacidade do Poder Judiciário em solucionar equitativamente tais casos.[27]

Talvez por isso o CARF insista em aplicar teorias estrangeiras sobre o tema, entre as quais se destaca o *Business Propose*. Conceito importado dos Estados Unidos da América, oriundo dos embates travados na Corte Americana, o propósito negocial apresenta critérios que visam conceder validade às medidas exercidas no planejamento tributário, na medida em que exige do contribuinte um motivo externo (econômico, político etc.) que justifique o negócio jurídico para fins de elidir tributo.

Com base nessa teoria, não seria permitida a efetivação do planejamento tributário com a única finalidade de economizar tributo, isto é, sem nenhum propósito negocial, devendo tal prática conter respaldo econômico, logístico ou negocial.[28] Deve-se compreender que o apego às formas, o mero enquadramento legal, não é mais justificativa suficiente para a realização de negócios jurídicos com a finalidade de elidir, interessando tão somente a sua substância.

Neste ponto, chega-se a um entendimento de que o propósito negocial vem sendo posto como um requisito indispensável na validação do planejamento tributário, inclusive agindo no ordenamento brasileiro de maneira implícita, pois tal teoria vem sendo adotada em

---

[27] LOTT, Maíra Carvalhaes. O alcance e as limitações do planejamento tributário no Brasil – Uma abordagem conceitual e crítica. *Revista Dialética de Direito Tributário*, São Paulo: Dialética, v. 210, p. 70, 2013.

[28] MACHADO, Guilherme Costa Val. Planejamento tributário: o papel do Business propose test e da step transaction doctrine na verificação da simulação. *Revista Dialética de Direito Tributário*, São Paulo: Dialética, v. 211, p. 70, 2013.

sede administrativa (CARF) e, até mesmo, já manifestada em julgados do STJ. Apesar da incidência tímida, sua aplicação é recorrente e bem-aceita nas fundamentações decisórias, o que torna relevantíssimo o estudo deste instituto, agravada ainda pela ausência normativa sobre a sua validade e regulamento perante o sistema jurídico pátrio.

Diante deste cenário, o contribuinte tenta justificar suas práticas sob a égide da carência legislativa que indique a ilicitude das práticas adotadas em planejamento tributário, primazia dos direitos de liberdade e propriedade e, por fim, a vultosa carga tributária, aliada à ineficiência estatal na promoção dos serviços públicos. Em contrapartida, o Estado assevera que tais práticas reduzem a arrecadação, dificultam a efetivação dos direitos fundamentais dos cidadãos, configuram uma atuação ilícita dos contribuintes e, acima de tudo, que todos devem pagar seus tributos para se resguardar a função social do tributo e concretizar a democracia fiscal, isto é, cada um deve contribuir com o bem coletivo, na proporção de sua capacidade contributiva.

Parece-nos que ambos os lados tecem argumentos, além de uma análise estritamente normativa; esta, apesar de relevante, não se mostrou suficiente na resolução de todos os problemas apresentados nesta conturbada relação jurídica. Em outras palavras, a *análise econômica do direito* acaba servindo como um refúgio dos intérpretes quando se está diante do planejamento tributário e na construção da norma jurídica que deve ser aplicada, apresentando justificavas plausíveis para todos os envolvidos, contudo, de caráter econômico e político sobre o direito.

Conclusão

Neste artigo buscou-se justamente mesclar os entendimentos opostos, com o intuito de verificar os argumentos estritamente de caráter econômico e os limites ao planejamento tributário, levando em conta que este não é um direito absoluto do contribuinte; tampouco seria permitida a desconsideração arbitrária, por parte do Fisco, de todo e qualquer negócio jurídico realizado pelo contribuinte.

Preocupou-se em analisar o contexto sob a ótica do contribuinte e a situação lamentável com que este atualmente convive. Por sorte, o planejamento tributário vem sofrendo alterações de paradigma em todos os aspectos (doutrinário, jurisprudencial e legislativo), sendo perceptíveis as seguintes situações:

1. No âmbito doutrinário, apesar da influência americana do critério do propósito negocial, os autores brasileiros cada vez

mais exploram o planejamento tributário de maneira crítica, gerando construtivas discussões, na perspectiva de equacionar, de maneira razoável,[29] uma fórmula que resguarde a imperatividade da norma,[30] os princípios democráticos e a liberdade individual.

2. No tocante às jurisprudências, é possível identificar um avanço considerável nas decisões tomadas, inclusive na seara administrativa. O CARF, por influência do *Business Propose*, passou a vislumbrar cada negócio jurídico questionado, com o intuito de apurar a essência e a substância, isto é, o propósito.[31]

Constata-se, portanto, que no tocante ao planejamento tributário, a doutrina ainda deverá buscar a adequada construção da norma jurídica na solução justa dos conflitos gerados na realização do planejamento tributário. A princípio, a *análise econômica do Direito* poderá desempenhar esse papel.

Referências

BENTHAM, Jeremy. *Uma introdução aos princípios da moral e da legislação*. 1. ed. São Paulo: Abril Cultural, coleção Os Pensadores, 1974.

CALABRESI, Guido. Some thoughts on risk distribution and the law of torts. *The Yale Law Journal*, v. 70, n. 4, 1961. Disponível em: <http://digitalcommons.law.yale.edu/cgi/viewcontent.cgi?article=3035&context=fss_papers>. Acesso em: 4 mar. 2017.

CALCINI. Fábio Pallaretti. Planejamento tributário, normas antielisivas e proporciona lidade/razoabilidade. *Revista Dialética de Direito Tributário*, São Paulo: Dialética, v. 187, p. 51, 2012.

CARVALHO, Aurora Tomazini de. *Teoria geral do direito – O construtivismo lógico-semântico*. 4. ed. rev. e ampl. São Paulo: Editora Noeses, 2014.

---

[29] CALCINI. Fábio Pallaretti. Planejamento tributário, normas antielisivas e proporcionali dade/razoabilidade. *Revista Dialética de Direito Tributário*, São Paulo: Dialética, v. 187, p. 51, 2012.

[30] REIS, Hélcio Lafetá. Planejamento tributário abusivo: violação da imperatividade da norma jurídica. *Revista Dialética de Direito Tributário*, São Paulo: Dialética, v. 209, p. 57, 2013.

[31] ACÓRDÃO nº 101-93.983 em 16.10.2002. Publicado no DOU em: 29.11.2002; ACÓRDÃO nº 104-21.498 em 23.3.2006. Publicado no DOU: 6.9.2007; 1º Conselho de Contribuintes / 4ª Câmara / ACÓRDÃO nº 104-21.729 em 26.7.2006. Publicado no DOU em: 3.10.2007; Acórdão nº 01-02-107, Publicado no DOU de 2.12.96; Acórdão nº 1401-00.155, Publicado no DOU de 1.2.2011, entre outros.

COASE, Ronald. The problem of social cost. *Journal of Law and Economics, the university of Chicago Press*, v. 3, 1960, p. 1-44. Disponível em: <http://www.pucpr.br/arquivosUpload/5371894291314711916.pdf> Acesso em: 3 fev. 2017.

FRANÇA, Phillip Gil. Breves reflexões sobre o direito, a economia e a atividade regulatória do Estado. *Revista Zênite de Direito Administrativo e LRF*, Curitiba, ano 4, n. 71, p. 98-99, jun. 2007.

FRANCINI, Paulo. A questão tributária como obstáculo ao desenvolvimento. *Interesse Nacional*, São Paulo, n. 5, ano 5, janeiro/março 2013. Disponível em: <http://interessenacional.uol.com.br/index.php/edicoes-revista/a-questao-tributaria-como-obstaculo-ao-desenvolvimento>. Acesso em: 4 jun. 2017.

HOLMES JR., Oliver Wendell. *The common law*. New York: Dover, 1991.

LOTT, Maíra Carvalhaes. O alcance e as limitações do planejamento tributário no Brasil – Uma abordagem conceitual e crítica. *Revista Dialética de Direito Tributário*, São Paulo: Dialética, v. 210, p. 70, 2013.

MACHADO, Guilherme Costa Val. Planejamento tributário: o papel do Business propose test e da step transaction doctrine na verificação da simulação. *Revista Dialética de Direito Tributário*, São Paulo: Dialética, v. 211, p. 70, 2013.

MACHADO, Hugo de Brito. *Tributação e solidariedade social*. Disponível em: http://qiscombr.winconnection.net/hugomachado/conteudo.asp?home=1&secao=2&situacao=2&doc_id=154. Acesso em: 4 jun. 2017.

MACKAAY, Ejan. History of law and economics. In: BOUCKAERT; BOUDEWIJN; DE GEEST, Gerrit (Orgs.). *Encyclopedia of Law and Economics*. London: Edward Elgar, 2000. v. 1.

MARINS, James. *Elisão tributária e sua regulação*. São Paulo: Dialética, 2002.

MARTINS, Ives Gandra da Silva. *Uma contribuição ao estudo da imposição tributária*. Disponível em: <http://www.gandramartins.adv.br/project/ives-gandra/public/uploads/2013/02/25/3c8eff1artigo_0740.pdf>. Acesso em: 4 jun. 2017.

NABAIS, José Casalta. *O dever fundamental de pagar impostos*. Coimbra: Almedina, 2009.

NINO, Carlos Santiago. *Introdução à análise do direito*. São Paulo: Martins Fontes, 2010.

PINDYCK, Robert S.; RUBINFELD Daniel L. *Microeconomics*. 5. ed. New Jersey: Prentice Hall, 2001.

POSNER, Richard A. *Economic analysis of law*. New York: Aspen Publishers, 2007.

POSNER, Richard A. *Economic analysis of law*. 4. ed. Boston: Little, Brown and Company. 1992.

POSNER, Richard A. *Para além do direito*. São Paulo: WMF Martins Fontes, 2009.

POSNER, Richard. Some uses and abuse in economics. *University of Chicago Review*, Chicago, v. 46, n. 2, p. 281-307, *winter* 1979.

REIS, Hélcio Lafetá. Planejamento tributário abusivo: violação da imperatividade da norma jurídica. *Revista Dialética de Direito Tributário*, São Paulo: Dialética, v. 209, p. 57, 2013.

SCHÄFER, Hans-Bernd; OTT, Claus. *The economic analysis of civil law*. Northampton: Edward Elgar, 2004.

ZYLBERSZTAJN, Décio; SZTAJN, Rachel. *Direito e economia*: análise econômica do direito e das organizações. Rio de Janeiro: Elsevier, 2005.

Informação bibliográfica deste texto, conforme a NBR 6023:2002 da Associação Brasileira de Normas Técnicas (ABNT):

ALMEIDA NETO, Francisco Malaquias de. Análise econômica do direito na realização do planejamento tributário. In: CATÃO, Adrualdo de Lima *et al.* (Coord.). *Filosofia contemporânea do direito e conectividades*: teoria e pragmática. Belo Horizonte: Fórum, 2019. p. 135-149. ISBN 978-85-450-0630-5.

LIBERALISMO, JUSTIÇA
E AS TEORIAS
DO ESTADO DE DIREITO

A CONCEPÇÃO LIBERAL DOS DIREITOS HUMANOS E O ARGUMENTO CONTRA O PERFECCIONISMO ESTATAL

BRUNO DE LIMA ACIOLI

MARIANA OLIVEIRA DE MELO CAVALCANTI

Introdução

O liberalismo é uma corrente do pensamento ocidental moderno com séculos de tradição, com impactos, sobretudo, na ordem política, por meio do ideal liberal do Estado de Direito e da democracia representativa, e na ordem econômica, por meio da defesa da economia de mercado.

Necessário, sempre que se pretende trabalhar com termos e ideias liberais, afastar-se o argumento comum de alguns antiliberais de que existiria um único liberalismo, economicista e baseado na filosofia burguesa de acúmulo do capital, cujos princípios políticos são uma mera justificativa ideológica para legitimar socialmente o sistema econômico capitalista burguês.

Entenda-se por liberal, ao longo deste texto, a tradição do pensamento político do liberalismo, firmada desde o século XVII, com o jusnaturalista John Locke, até o presente século, com teóricos liberais contemporâneos como John Rawls, Robert Nozick e Ronald Dworkin.

Uma das bases deste pensamento político liberal contemporâneo – do século XX ao XXI – é, pois, o argumento contra o perfeccionismo do Estado. Esta posição antiperfeccionista, *grosso modo*, baseia-se na rejeição da escolha política ou jurídica estatal amparada na suposta superioridade de alguma concepção em particular de bem ou de vida boa.

A maioria, a qual compõe a força política majoritária em uma democracia, deve, segundo os liberais, ter seu escopo de atuação restrito em respeito aos direitos individuais, os quais compelem as decisões políticas tomadas pelas autoridades estatais a serem neutras.

Esta concepção liberal dos direitos humanos rivaliza, ainda, com as ideias sustentadas por um grupo de filósofos da política e do direito que ficaram conhecidos por "comunitaristas", os quais são críticos da ênfase do liberalismo nos direitos individuais, e sustentam a insuficiência dos pressupostos liberais em proteger os interesses gerais da comunidade.

1 A concepção liberal dos Direitos Humanos

O liberalismo em sua tradição clássica foi fundamentalmente importante para que se cristalizasse, no alvorecer do Iluminismo, uma racionalidade jurídica que garantisse a todos – indivíduos –, direitos humanos iguais ante as comunidades-nação, numa construção formalista de Estado de Direito.

Nesse sentido, Norberto Bobbio argumenta que o pressuposto filosófico do Estado de Direito para o pensamento liberal clássico se encontra na doutrina do direito natural, segundo a qual:

> [...] todos os homens, indiscriminadamente, têm por natureza e, portanto, independentemente de sua própria vontade, e menos ainda da vontade de alguns poucos ou de apenas um, certos direitos fundamentais, como o direito à vida, à liberdade, à segurança, à felicidade – direitos esses que o Estado, ou mais concretamente, aqueles que num determinado momento histórico detêm o poder legítimo de exercer a força para obter a obediência a seus comandos devem respeitar e, portanto, não invadir, e ao mesmo tempo proteger contra toda possível invasão por parte dos outros.[1]

Portanto, para os liberais, os direitos humanos são anteriores a qualquer ordem jurídica e política formada por um Estado, de forma que os direitos não são impostos por esta ordem, mas, pelo contrário, são impostos a ela.

Estes direitos humanos são, ainda, primariamente individuais, pois, por influência do pensamento de John Locke, o liberalismo clássico se baseava na concepção de que "[...] cada homem tem uma *propriedade*

---

[1] BOBBIO, Norberto. *Liberalismo e democracia*. (Trad. Marco Aurélio Nogueira). São Paulo: Brasiliense, 2000. p. 11.

em sua própria *pessoa*. A esta ninguém tem direito algum a não ser ele mesmo".[2]

Frise-se, o direito de propriedade sobre si mesmo, ou direito de *autopropriedade*, não se resume a algum tipo de "individualismo possessivo". Para Locke e os demais liberais clássicos, o direito de *propriedade* se confunde com a própria ideia de direito natural, não se restringindo à titulação de coisas ou de bens.[3]

Friedrich Hayek explica que, na concepção pré-moderna de liberdade, o instituto jurídico da propriedade atuava como um marco essencial que separava a esfera privada da esfera pública, protegendo o indivíduo do poder e do arbítrio de terceiros – inclusive do Estado. Na razão moderna de sociedade liberal, por outro lado:

> [...] o requisito essencial para a proteção do indivíduo contra a coerção não está na sua titulação de propriedade, mas no fato de que os meios materiais que possibilitam este indivíduo de perseguir qualquer plano de ação não estejam todos em controle exclusivo de um agente.[4]

Para Hayek e os liberais modernos, portanto, o fundamento central da liberdade, e que impede a intrusão sobre a esfera privada da pessoa, passa do direito de propriedade – inclusive a propriedade de si mesmo – para a ausência de coerção (ilegítima) de terceiros e do Estado sobre os projetos de vida do indivíduo. Mesmo que se tenha abandonado a concepção jusnaturalista de mundo, o indivíduo-liberal continua a ser, essencialmente, "dono de si mesmo" ou, melhor dizendo, soberano de suas próprias escolhas.

Um grande marco para esta tradição liberal moderna é a obra de John Stuart Mill, o qual rechaçava qualquer ideia de imposição da moralidade pública sobre o indivíduo naquilo que diz respeito somente a ele mesmo, já que:

---

[2] No original: "[...] every man has a property in his own person. This nobody has any right to but himself". LOCKE, John. *The second treatise of the government*. Nova York: Barnes & Noble Books, 2004. p. 17.

[3] Segundo Locke, o direito de propriedade contemplaria a preservação da vida, da Liberdade e das posses. Cf. LOCKE, John. *The second treatise of the government*. Nova York: Barnes & Noble Books, 2004. p. 73.

[4] HAYEK, Friedrich A. *The constitution of liberty*. Chicago: The University of Chicago Press, 1978. p. 140. No original: "[...] the essential requisite for the protection of the individual against coercion is not that he possesses property but that the material means which enable him to pursue any plan of action should not be all in the exclusive control of one other agent".

A única parte da conduta de um indivíduo que importa para a sociedade é aquela que diz respeito aos outros. Na parte em que esta conduta meramente importa apenas para o próprio indivíduo, sua independência é, de certo, absoluta. Sobre si mesmo, [...] o indivíduo é soberano.[5]

Em outras palavras, no reino das escolhas pessoais, desde que estas não venham a limitar ou a causar danos de alguma forma à liberdade do próximo, o homem é o soberano de si mesmo. Com Mill, pois, consolidaram-se alguns dos princípios libertários elementares do liberalismo moderno, em especial o "harm principle" (princípio do dano), o qual delimita o campo justo de interferência do Estado e da legislação nas escolhas individuais.

O único propósito justo para que o Estado aplique seu poder de coerção sobre uma pessoa é prevenir que ela cause danos a outrem. Em outras hipóteses, diz Mill, um indivíduo não deve ser obrigado a fazer ou tolerar que se faça sobre ele qualquer ação coletiva que se justifique na ideia de que "[...] será melhor para ele agir de determinada forma, porque vai fazê-lo mais feliz, ou porque, na opinião dos outros, agir de determinada forma seria sábio ou mesmo justo".[6]

Richard Posner[7] destaca que a liberdade tal como defendida na tradição *milliana* é o valor e o direito fundamental que impõe os limites necessários ao escopo de atuação do Estado, concedendo-se, por meio do reconhecimento das liberdades individuais, um campo jurídico e político em que o indivíduo possa desenvolver a maior autonomia pessoal possível, restringindo em razão desta liberdade, inclusive, o alcance da própria democracia enquanto governo da maioria.

Entre esses liberais modernos influenciados por Mill, Ronald Dworkin sustenta que os direitos (individuais) podem ser mais bem compreendidos como "[...] trunfos sobre alguma justificativa de fundo que possa ser invocada por decisões políticas que definem uma

---

[5] MILL, John Stuart. *On liberty*. Kitchener: Batoche Books, 2001. p. 13. No original: "The only part of the conduct of anyone, for which he is amenable to society, is that which concerns others. In the part which merely concerns himself, his independence is, of right, absolute. Over himself, [...] the individual is sovereign".

[6] MILL, John Stuart. *On liberty*. Kitchener: Batoche Books, 2001. p. 13. No original: "His own good, either physical or moral, is not a sufficient warrant. He cannot rightfully be compelled to do or forbear because it will be better for him to do so, because it will make him happier, because, in the opinions of others, to do so would be wise, or even right".

[7] POSNER, Richard A. *Overcoming law*. Cambridge: Harvard University Press, 1995. p. 263.

finalidade para a comunidade como um todo".[8] Os direitos, então, tal como em um jogo de cartas, funcionam como "trunfos" a serem usados contra a moralidade da maioria.

Em seus exemplos sobre as várias possibilidades pelas quais a maioria pode vir a sufocar as liberdades individuais, Dworkin[9] costuma destacar o interesse de grupos políticos em criminalizar a pornografia ou alguma outra conduta minoritária de natureza sexual que vá de encontro às concepções morais de uma determinada comunidade.

Dworkin, assim como Mill antes dele, revela o temor dos liberais de que a democracia, caso não seja limitada pelo Estado de Direito e seu compromisso jurídico-político com a liberdade, venha a se transformar na tirania da maioria.[10]

Já Karl Popper[11] alerta que, na concepção liberal, a democracia jamais poderia ser totalmente caracterizada pelo governo da maioria, pois o governo da maioria pode significar o exercício da tirania sobre a minoria e o ocaso da própria sociedade aberta e de sua preferência pelas liberdades individuais.

A ideia dos direitos como trunfos se apresenta, então, como a limitação necessária no Estado de Direito sobre a vontade da maioria, a fim de impedir o cerceamento ilegítimo das liberdades do indivíduo em nome de algum ideal ou projeto coletivo de bem comum.

Robert Nozick,[12] em raciocínio semelhante ao de Dworkin, afirma que os direitos individuais implicam restrições à persecução de interesses coletivos, filiando-se a um tipo de liberalismo de tradição *kantiana* segundo o qual cada indivíduo é livre para delimitar suas próprias escolhas e deve ser tido sempre como um fim em si mesmo,[13] jamais como meio para se atingir determinados fins de sua comunidade.

---

[8] DWORKIN, Ronald. *A matter of principles*. Oxford: Clarendon Press, 2001. p. 359. No original: "Rights [...] are best understood as trumps over some background justification for political decisions that states a goal for the community as a whole".

[9] DWORKIN, Ronald. *A matter of principles*. Oxford: Clarendon Press, 2001. p. 364-365.

[10] "A ameaça que deriva da democracia como forma de governo é para ele [Alexis de Tocqueville], como de resto para o amigo John Stuart Mill, a tirania da maioria: o perigo que a democracia corre como progressiva realização do ideal igualitário é o nivelamento, cujo efeito final é o despotismo". BOBBIO, Norberto. *Liberalismo e democracia*. (Trad. Marco Aurélio Nogueira). São Paulo: Brasiliense, 2000. p. 57.

[11] POPPER, Karl. *The open society and its enemies*. Londres: Routledge Classics, 2011. p. 368.

[12] NOZICK, Robert. *Anarchy, state and utopia*. Oxford: Blackwell, 1999. p. 30-31.

[13] Assim determina a fórmula da humanidade do imperativo categórico *kantiano*: "Age de tal maneira que uses a humanidade, tanto na tua pessoa como na pessoa de qualquer outro, sempre e simultaneamente como fim e nunca simplesmente como meio". KANT, Immanuel. *Fundamentação da metafísica dos costumes*. (Trad. Paulo Quintela). Lisboa: Edições 70, 2007. p. 69.

Em razão desta visão *kantiana* de que o indivíduo deve sempre ser tido como um fim em si mesmo, Nozick[14] conclui que o Estado deve se posicionar de forma escrupulosamente *neutra* entre seus cidadãos, reforçando o aspecto antiperfeccionista que os liberais adotam no âmbito jurídico e político.

2 O liberalismo contra o perfeccionismo do Estado: a neutralidade liberal

A tradição liberal sempre se baseou em algum argumento pela restrição significativa da atuação do Estado sobre as escolhas individuais, embora apenas a partir da teoria de justiça de Rawls a concepção daquilo que se convencionou chamar de "neutralidade liberal" veio a se tornar um princípio explicitamente reconhecido no campo da filosofia do direito e da política.

Em sua teoria da justiça, ao se debruçar sobre os parâmetros para a elaboração do contrato social hipotético de um Estado compatível com os pressupostos do liberalismo, Rawls declara que uma concepção liberal de Estado deveria colocar a ideia de justiça *antes* dos ideais de bem (comum):

> [...] essa neutralidade moral da definição do bem é exatamente o que deveríamos esperar. O conceito de racionalidade por si só não é uma base adequada para a concepção do justo. [...] Ademais, para construir a concepção do que é moralmente bom, os princípios do justo e da justiça devem ser apresentados. [...] As caracterizações de um bom pai ou uma boa esposa, um bom amigo ou bom sócio, e assim por diante, dependem de uma teoria das virtudes e, logo, pressupõem os princípios do justo.[15]

A sustentação da neutralidade moral do Estado e a prevalência dos ideais de justiça sobre os ideais morais do bem foram dois dos pontos evocados pela teoria de Rawls que mais influenciaram significativamente o debate atual sobre a justiça dentro da filosofia política

---

[14] NOZICK, Robert. *Anarchy, state and utopia*. Oxford: Blackwell, 1999. p. 33.

[15] RAWLS, John. *A theory of justice*. Cambridge: Harvard University Press, 1999. p. 354-355. No original: "[...] this moral neutrality of the definition of the good is exactly what we should expect. The concept of rationality by itself is not an adequate basis for the concept of right [...] Moreover, to construct the conception of moral goodness, the principles of right and justice must be introduced. [...] The characterizations of a good father or wife, friend or associate, and so on indefinitely, rely upon a theory of virtues and therefore presuppose the principles of right".

e jurídica contemporâneas. Muito se discute, até hoje, sobre a real extensão do conceito de neutralidade liberal previsto na obra *rawlsiana* e endossada por outros filósofos americanos de sua época, como Dworkin e Nozick, mencionados no tópico anterior.

Em uma conceituação generalista, pode-se dizer que a ideia liberal de neutralidade é a de que o Estado não deve promover nenhuma concepção em particular sobre o que é *bom* ou o que é uma *vida boa*. Como Dworkin afirma, "cada pessoa segue uma concepção mais ou menos articulada daquilo que dá sentido à vida. O intelectual que valoriza uma vida de contemplação tem a sua concepção, assim como o cidadão que assiste televisão e bebe cerveja".[16] Não caberia ao Estado, pois, decidir se esta ou aquela concepção de vida escolhida por um indivíduo – a qual não implica nenhum tipo de prejuízo ou dano a terceiros – é moralmente superior ou inferior.

É importante deixar bem claro, desde logo, que a neutralidade liberal é um princípio político-jurídico voltado para a atividade estatal. Logo, o argumento liberal contra o perfeccionismo se aplica apenas às relações entre indivíduos e o Estado, e não às relações de caráter particular entre pessoas ou instituições privadas, como igrejas e empresas.[17] A crítica liberal ao perfeccionismo ocorre, pois, dentro do campo da legislação e da política de governo ou de Estado, e somente assim se justifica.

Dito isso, necessário destacar, ante seu conceito extremamente aberto, que existe uma razoável divergência sobre o alcance da imposição do princípio liberal de neutralidade. Segundo Gaus, há várias interpretações concorrentes, as quais dão conta que a neutralidade se trata de:

> [...] um desígnio ou fim para a legislação ou os legisladores, as funções próprias do Estado, a proibição de o Estado "assumir um lado" em algumas questões, a proibição de o Estado reforçar algum caráter moral, ou a exigência de que o Estado tome uma postura de imparcialidade.[18]

---

[16] DWORKIN, Ronald. *A matter of principles*. Oxford: Clarendon Press, 2001. p. 191. No original: "Each person follows a more-or-less articulate conception of what gives value to life. The scholar who values a life of contemplation has such a conception; so does the television-watching, beer-driking citizen [...]".

[17] LARMORE, Charles. *Patterns of moral complexity*. Cambridge: Cambridge University Press, 1987. p. 45.

[18] GAUS, Gerald. Liberal neutrality: a compelling and radical principle. In: WALL, Steven; KLOSKO, George (Orgs.). *Perfectionism and neutrality*: essay in liberal theory. Nova York: Bowman & Littlefield publishers, 2003. p. 138. No original: "[...] the intent or aim of

Enfim, como é possível perceber, a questão acerca da neutralidade liberal movimenta um universo dentro da filosofia política e jurídica, motivo pelo qual este trabalho, em razão de sua natureza introdutória ao tema, vai se eximir de adentrar nos seus detalhes mais controversos.

Por outro lado, frisa-se que, para além deste desacordo interpretativo entre os vários filósofos que escreveram suas impressões sobre o assunto, é possível assumir-se a definição restrita de Charles Larmore como um conceito base para o ideal liberal de neutralidade:

> A neutralidade política consiste em uma limitação sobre quais fatores podem ser invocados para justificar uma decisão política. Uma decisão pode ser considerada neutra apenas quando puder ser justificada sem apelar para a superioridade intrínseca de qualquer concepção particular da vida boa.[19]

Se um determinado governo justifica sua decisão política em algum tipo de moralidade superior, impondo esta visão de mundo supostamente mais elevada aos seus cidadãos, estará violando a neutralidade liberal em favor de alguma concepção perfeccionista de vida.

A neutralidade liberal, ao menos sob este aspecto identificado por Larmore, seria, então, uma neutralidade de justificação da atuação estatal. Ou seja, quando o Estado – ou o governo – justifica sua decisão política ou, ainda, decisão jurídica sobre moralidade política na crença de que determinada ideia em particular de bem ou de vida boa é superior e, por isto, deve ser imposta a todos os indivíduos em uma comunidade, estará tomando uma ação perfeccionista e, por consequência, contrária aos princípios liberais.

Santiago Nino[20] afirma que o perfeccionismo é uma concepção de mundo que se apresenta como o exato oposto ao princípio liberal da autonomia individual, sustentada na ideia de que o *bem* do indivíduo independe de seus próprios desejos ou convicções e que, sendo assim,

---

legislation or legislators, the proper functions of the state, the prohibition of the state 'take a stand' on some issues, the prohibition of the state enforcing moral character, or the requirement that the state take a stance of impartiality".

[19] LARMORE, Charles. *Patterns of moral complexity*. Cambridge: Cambridge University Press, 1987. p. 44. No original: "Political neutrality consists in a constraint on what factors can be invoked to justify a political decision. Such a decision can count as neutral only if it can be justified without appealing to the presumed intrinsic superiority of any particular concept of the good life".

[20] NINO, Carlos Santiago. Ética y derechos humanos: un ensayo de fundamentación. Buenos Aires: Editorial Astrea, 1989. p. 205.

o Estado deve dar preferência aos interesses e planos de vida que são objetivamente melhores.[21]

A interferência do Estado sobre as escolhas autônomas de seus cidadãos é tida historicamente como incompatível com a tradição liberal clássica de pensadores como Kant e Stuart Mill. Contudo, o perfeccionismo ao qual os liberais modernos se opõem não deve ser confundido, argumenta Nino, com o paternalismo estatal.

De acordo com Nino, enquanto a ação perfeccionista do Estado impõe ideais de bem e projetos de vida aos cidadãos, ferindo a autonomia deles, o paternalismo tem por função "[...] impor aos indivíduos condutas ou cursos de ação que são aptos para que satisfaçam suas preferências subjetivas e os planos de vida que tenham adotado livremente".[22]

A separação essencial entre paternalismo e perfeccionismo é importante para Nino, visto que, para ele e para outros liberais modernos, há campos específicos de atuação política do Estado em que sua interferência protegeria as próprias escolhas livres dos indivíduos ou, ainda, as condições necessárias para os indivíduos fazerem estas mesmas escolhas livremente.

Um notável exemplo de paternalismo – e não de perfeccionismo –, pode-se dizer, é a determinação legal que obriga os motoristas de veículos automotivos a usar cinto de segurança, intentando assim que se reduzam os riscos de morte em acidentes de trânsito. A proibição de se dirigir sem cinto de segurança tem como fundamento a proteção da vida do próprio agente, presumindo-se que nenhuma pessoa desejaria conscientemente morrer em uma batida de carro.

Noutro ponto, Nino[23] exemplifica o argumento perfeccionista estatal em atos tais como a criminalização de condutas consideradas imorais pela maioria da sociedade: pornografia, prostituição, homossexualidade ou jogos de azar. Com a ação perfeccionista, passar-se-ia, pois, da defesa mais imediata da vida da pessoa, por meio da coerção

---

[21] A concepção de que há uma superioridade moral intrínseca em alguns planos de vida para uma determinada comunidade é sustentada pelos comunitaristas, tal como será tratado em tópico posterior.

[22] NINO, Carlos Santiago. Ética y derechos humanos: un ensayo de fundamentación. Buenos Aires: Editorial Astrea, 1989. p. 414. No original: "[...] imponer a los indivíduos conductas o cursos de acción que son aptos para que satisfagan sus preferencias subjetiva y los planes de vida que han adoptado libremente".

[23] NINO, Carlos Santiago. Ética y derechos humanos: un ensayo de fundamentación. Buenos Aires: Editorial Astrea, 1989. p. 424.

legislativa estatal, para o cerceamento mais significativo das escolhas de projetos individuais de vida.

Quando um Estado decide censurar ou criminalizar condutas "repulsivas", baseando-se em uma concepção de bem sustentada por uma maioria moral, limita essencialmente a liberdade das escolhas pessoais, as quais incluem, igualmente, a possibilidade de se optar por algum uso ou costume reputado como socialmente indesejável por alguns, mas que, por algum motivo que só importa ao próprio indivíduo, lhe desperta a paixão, a necessidade ou o interesse.

Decerto, as ações e os negócios entre homens livres, dentro das sociedades complexas, por vezes causam efeitos negativos a terceiros, aquilo que os economistas costumam chamar de "externalidades negativas",[24] como, por exemplo, a poluição provocada pela emissão de gases tóxicos pelos automóveis, dirigidos por seus motoristas, e que prejudica a saúde dos pedestres.

De outro modo, a ação estatal na mais restrita esfera do privado, no reino das escolhas individuais, deve permanecer especialmente limitada ao âmbito do dano injusto causado a terceiros. Já no que diz respeito à construção da individualidade, o controle estatal sobre a escolha individual é indesejável ou, até mesmo, ilegítimo.

Na prática, muitas vezes é difícil distinguir o espaço adequado para a atuação paternalista do Estado,[25] possivelmente legítima, daquelas ações que podem ser caracterizadas como sendo simplesmente perfeccionistas. Neste sentido, leis que impedem a disponibilização de sal de cozinha na mesa dos restaurantes ou que proíbem a venda de serviço de refil de refrigerantes podem até ser vistas com bons olhos por aqueles que compreendem que o Estado deve cuidar da saúde de seus cidadãos, mesmo que contra a vontade deles. Porém, estas leis de restri-

---

[24] Sobre o problema das externalidades negativas e sua implicação na teoria jurídica, Cf. BUCHANAN, James M. *The limits of liberty*: between anarchy and Leviathan. Chicago: University of Chicago Press, 1975.

[25] O jurista Cass Sustein e o economista Richard Thaler sustentam a possibilidade de se conciliar o paternalismo do Estado, em sentido mais geral, com a ampla liberdade de escolha defendida pelos liberais; e esta forma de compatibilizar estes dois interesses de difícil convergência, eles deram o nome de "paternalismo libertário". Para os autores, políticas paternalistas que influenciam os cidadãos a fazerem melhores escolhas sem, no entanto, obrigá-los a tomar ou deixar de tomar determinadas posições predeterminadas são compatíveis com a posição libertária do clássico Stuart Mill e dos pensadores liberais influenciados por ele. Cf. SUNSTEIN, Cass S.; THALER, Richard H. Libertarian paternalism is not an oxymoron. *Civilistica.com, Revista eletrônica de direito civil*, Rio de Janeiro, a. 4, n. 2, 2015. Disponível em: <http://civilistica.com/libertarian-paternalism-is-not-an-oxymoron/>. Acesso em: 25 mai. 2018.

ção compulsória sobre o consumo de determinados alimentos atentam diretamente contra a autonomia pessoal e a neutralidade estatal, visto imporem um padrão de vida saudável que restringe significativamente quaisquer tipos de "devassidão" alimentar.

Quando o Estado avança de maneira considerável para limitar as escolhas pessoais dos indivíduos, mesmo que no aparentemente justo interesse de garantir uma maior qualidade ou expectativa de vida futura à pessoa que sofre a intervenção, ultrapassa o escopo legítimo em que uma legislação paternalista pode ser bem recebida a partir de uma concepção liberal de mundo: a ação estatal torna-se, então, perfeccionista.

Logo, para os liberais, supor que um homem adulto ou uma mulher adulta não são capazes de decidir o que é melhor para si mesmos soa como uma grande ofensa ao valor fundamental da liberdade. É, aliás, a garantia de proteção das escolhas individuais dos homens e mulheres adultos livres em face dos mecanismos de *enforcement* do Estado – e o inevitável temor provocado pela ação desarrazoada que este poder estatal pode causar aos indivíduos – que a filósofa Judith Shklar[26] afirma ser a concepção original – e a única defensável – do liberalismo.

Não obstante os esclarecimentos trazidos nos parágrafos anteriores, a defesa dos liberais pela maior autonomia nas escolhas individuais e pela neutralidade do Estado permanece sendo alvo de interpretações equivocadas de seus críticos. Imagina-se, por vezes, que os liberais são antiperfeccionistas no sentido mais literal da palavra: contrários à busca pela perfeição, o que é uma interpretação totalmente errada da neutralidade liberal, a qual é destinada, tão somente, à atuação estatal.

Em razão dessa confusão, Kymlicka[27] afirma existir uma espécie de senso comum entre os críticos do liberalismo, os quais presumem que o argumento da neutralidade liberal envolveria o ceticismo a respeito da própria concepção moral do bem. Neste sentido, o liberalismo recairia, segundo alguns de seus críticos, em alguma espécie de relativismo moral.

Entretanto, a suposição de que o liberalismo rejeitaria de forma cética a ideia de ser possível apreender-se, através da razão, um conceito sobre o bem ou a vida boa, é uma interpretação errada dos cânones

---

[26] SKHLAR, Judith N. The liberalism of fear. In: ROSENBLUM, Nancy L. (Org.). *Liberalism and the moral life*. Cambridge: Harvard University Press, 1989. p. 21.

[27] KYMLICKA, Will. *Liberalism, community and culture*. Nova York: Oxford University Press, 1989. p. 13-14.

liberais. Não há, dentro da tradição liberal, ao menos entre seus mais notáveis representantes, a ideia de que o indivíduo é autossuficiente ou que conhece seus próprios fins anteriormente a qualquer contato com outras pessoas, grupos ou a comunidade.

A defesa do que se convencionou chamar por neutralidade liberal, por outro lado, existe em função da sustentação de que o aprendizado sobre o bom da vida só é possível se as pessoas tiverem ampla liberdade para questionar, examinar e revisar seus próprios projetos e, assim, desenvolver o melhor de si mesmas, por esforço próprio. O ceticismo presente no pensamento liberal, Stephen Holmes argumenta,[28] não é um ceticismo moral – a respeito do bem ou da vida boa –, mas um ceticismo político. É esta posição cética em relação à política que caracteriza vários princípios liberais, em especial, o princípio político que sustenta a neutralidade estatal.

O argumento liberal contra o perfeccionismo se ampara, portanto, na ideia de que o indivíduo só poderá viver a sua própria concepção de vida boa se o Estado não criminalizar ou discriminar os projetos de vida que, eventualmente, desviem de uma construção moral majoritária ou do interesse do bem comum.

O bem comum numa sociedade liberal deve se ajustar às várias preferências e concepções sobre a vida boa que são adotadas pelos indivíduos.[29] Esta acaba por ser, nos fins das contas, uma questão de tolerância, elemento originário da racionalidade liberal.

3 Algumas críticas comunitaristas ao liberalismo

A partir da grande repercussão acadêmica da obra de John Rawls e de sua formulação acerca da prevalência dos ideais de justiça sobre os ideais de bem, um grupo não homogêneo de filósofos da política, composto por nomes como Michael Sandel, Charles Taylor e Aslaidar MacIntyre, destacou-se por suas críticas ao liberalismo como uma filosofia política insuficientemente capaz de compreender e defender os interesses coletivos necessários à manutenção da comunidade.

Por suas semelhanças argumentativas na crítica ao pensamento liberal, estes autores ficaram conhecidos como representantes de uma

---

[28] HOLMES, Stephen. *The anatomy of antiliberalism*. Cambridge: Harvard University Press, 1996. p. 234-235.

[29] KYMLICKA, Will. *Liberalism, community and culture*. Nova York: Oxford University Press, 1989. p. 77.

nova escola do pensamento político, nomeada pelos estudiosos de *comunitarismo*.[30]

Taylor,[31] filósofo comunitarista de raiz *hegeliana*, critica os liberais por defenderem a prioridade do indivíduo e de seus direitos individuais acima dos interesses da comunidade. Condena a filosofia política liberal moderna por ser "atomista" em essência. Para os adeptos do comunitarismo, explica Roberto Gargarella, "[...] o liberalismo parece conceber os sujeitos como separados um dos outros e da comunidade".[32]

MacIntyre, outro filósofo associado à tradição comunitarista, argumenta que os liberais veem a comunidade tão somente como "[...] uma arena onde cada indivíduo persegue sua própria concepção de vida boa, e as instituições políticas existem [apenas] para garantir aquele grau de ordem necessário para tornar esta escolha autônoma possível".[33]

Para os liberais, o indivíduo é livre e autônomo para questionar seus laços comunitários e, inclusive, se assim quiser, para se separar deles.[34] Segundo os comunitaristas, a identidade pessoal está tão fortemente ligada ao pertencimento à comunidade, que a crença liberal de que uma pessoa pode determinar seus próprios fins em oposição aos demais ignora a importância que o sentimento de pertencimento ao grupo tem para a construção daquilo que se chama de *eu*.

As ideias comunitaristas carregam, pois, forte influência do pensamento político de Hegel,[35] para quem o indivíduo apenas atinge o seu fim universal quando integra uma comunidade-Estado. Para o pensamento *hegeliano*, o indivíduo deixa de ser um fim em si mesmo, como na ideia *kantiana* de pessoa, e passa a alcançar a sua liberdade substancial – sua plena essência – apenas quando em unidade com sua comunidade-Estado:

---

[30] Apesar do termo "comunitarista" ter se estabelecido dentro e fora da academia, os principais filósofos comumente relacionados ao comunitarismo tendem a rechaçar o uso do termo ou, ao menos, não se sentem identificados com ele.

[31] TAYLOR, Charles. *Philosophy and the human sciences*. Cambridge: Cambridge University Press, 1985. p. 190-210.

[32] GARGARELLA, Roberto. *As teorias da justiça depois de Rawls*: um breve manual de filosofia política. (Trad. Alonso Reis Freire). São Paulo: Martins Fontes, 2008. p. 143.

[33] MACINTYRE, Alasdair. *After virtue*: a study in moral theory. Notre Dame, Indianna: University of Notre Dame Press, 2007. p. 195. No original: "For liberal individualism a community is simply an arena in which individuals each pursue their own self-chosen conception of the good life, and political institutions exist to provide that degree of order which makes such self-determined activity possible".

[34] GARGARELLA, Roberto. *As teorias da justiça depois de Rawls*: um breve manual de filosofia política. (Trad. Alonso Reis Freire). São Paulo: Martins Fontes, 2008. p. 140.

[35] HEGEL, G. W. F. *Princípios da filosofia do Direito*. (Trad. Orlando Vitorino). São Paulo: Martins Fontes, 2000. p. 216-217.

O Estado, como realidade em ato da vontade substancial, realidade que esta adquire na consciência particular de si universalizada, é o racional em si e para si: esta unidade substancial é um fim próprio absoluto, imóvel; nele a liberdade obtém o seu valor supremo, e assim este último fim possui um direito soberano perante os indivíduos que em serem membros do Estado têm o seu mais elevado dever.

O pensamento dos comunitaristas, portanto, acha-se em discordância frontal com a fundamentação filosófica do individualismo liberal. Os comunitaristas argumentam, então, que a neutralidade estatal pregada pelos liberais deve ser abandonada em favor de políticas do "bem comum".[36]

Com tal propósito, os comunitaristas, ao contrário dos liberais, assumem explicitamente que nem todos os planos de vida são valiosos, de forma que sugerem que sejam adotadas políticas de proteção à comunidade que limitem significativamente as escolhas individuais,[37] a fim de se privilegiar os traços e as características comuns que mantêm o grupo coeso em seus laços comunitários.

Em uma sociedade comunitarista, o bem comum é concebido segundo um conceito de vida boa que reflete os hábitos e costumes da comunidade. Este bem comum, em vez de se ajustar aos parâmetros dos conceitos de vida boa de cada indivíduo, como no paradigma liberal, avalia e conforma os modos de vida e preferências individuais, a depender do quanto eles contribuem para o bem coletivo da comunidade.[38]

Santiago Nino[39] comenta, com certo desapontamento, o fato de que a reação liberal às críticas comunitaristas foi excessivamente tímida. Rawls, inclusive, foi abdicando, ao longo de sua fase tardia, de algumas posições liberais para assumir elementos convencionalistas nas atualizações que prescreveu em sua teoria da justiça.

No que interessa especialmente a este trabalho, Rawls[40] permaneceu a insistir na neutralidade do liberalismo político em relação aos objetivos gerais de uma comunidade. Por outro lado, admitiu também

---

[36] KYMLICKA, Will. *Liberalism, community and culture.* Nova York: Oxford University Press, 1989. p. 76.

[37] GARGARELLA, Roberto. *As teorias da justiça depois de Rawls*: um breve manual de filosofia política. (Trad. Alonso Reis Freire). São Paulo: Martins Fontes, 2008. p. 141.

[38] KYMLICKA, Will. *Liberalism, community and culture.* Nova York: Oxford University Press, 1989. p. 80.

[39] NINO, Carlos Santiago. Ética y derechos humanos: un ensayo de fundamentación. Buenos Aires: Editorial Astrea, 1989. p. 142-143.

[40] RAWLS, John. *Political liberalism.* Nova York: Columbia University Press, 2005. p. 193-195.

que um Estado liberal pode vir a afirmar a superioridade de certas formas de caráter moral ou encorajar certas virtudes morais no seio da sociedade, tal como a cooperação social e a tolerância, sem que, contudo, recaia em algum tipo de Estado perfeccionista sustentado por visões rivais ao liberalismo.

Em sua última obra em vida, "Justiça para os ouriços", Ronald Dworkin reafirma a sua defesa dos direitos individuais como trunfos, conforme havia feito em textos anteriores:

> O governo não deve restringir a liberdade quando sua justificação assume a superioridade ou popularidade de quaisquer valores éticos controversos na comunidade. A censura da literatura erótica ou a obrigação de saudar a bandeira ou outras demonstrações de patriotismo recaem nessa categoria, porque elas dependem, direta ou indiretamente, de uma escolha sobre quais virtudes pessoais uma boa vida reflete. Algumas leis violam a independência ética de ambas as maneiras. Proibição de relações sexuais ou de casamento entre pessoas do mesmo sexo constringem escolhas fundamentais, e estas são quase sempre motivadas pelo desejo de proteger alguns conceitos de vida boa e obscurecer outras. A censura política pode também violar a independência em ambas as formas.[41]

Por fim, cumpre ressaltar que, no que foge do âmbito das concepções sobre o bem ou a vida boa, Dworkin[42] admite expressamente que a atuação dos governos na distribuição de bens e de direitos que se enquadram dentro dos critérios de *justiça* – e não nos critérios de *bem* – será, inevitavelmente, politicamente não neutra.

Desta forma, Dworkin sustenta que a neutralidade liberal se restringe às decisões jurídico-políticas que se fundem em critérios de *bem* e de *vida boa* que concorrem entre si numa sociedade. Já no que diz respeito aos critérios de *justiça*, inclusive a redistributiva – ou "justiça social" –, Dworkin entende que a neutralidade do Estado é impossível

---

[41] DWORKIN, Ronald. *Justice for hedgehogs*. Cambridge: Harvard University Press, 2011. p. 369. No original: "Government must not restrict freedom when its justification assumes the superiority or popularity of any ethical values controversial in the community. Censorship of sexual literature or mandated flag salutes or other demonstrations of patriotism fall into that category, because they depend, directly or indirectly, on a choice about the personal virtues that a good life reflects. Some laws violate ethical independence in both ways. Prohibitions on same-sex intercourse or marriage constrain foundational choices, and they are almost always motivated by a desire to protect some conceptions they are almost always motivated by a desire to protect some conceptions of living well and blot out others. Political censorship may also violate independence in both ways".

[42] DWORKIN, Ronald. *Justice for hedgehogs*. Cambridge: Harvard University Press, 2011. p. 2.

ou, até mesmo, indesejável, abrindo margem a um amplo paternalismo estatal.

Neste ponto, em específico, Dworkin e, com ele, Rawls, afastaram-se de outros liberais, estes de inclinação libertária e mais fiéis aos cânones clássicos, os quais argumentam justamente pela incompatibilidade dos pressupostos do liberalismo com a redistribuição não neutra praticada em nome da justiça social.[43]

Tal controvérsia entre liberais igualitários e libertários excede, contudo, o escopo deste presente trabalho, razão pela qual estas questões permanecerão em aberto. No mais, cumpre dizer que, nos aspectos mais estritamente voltados às escolhas de caráter pessoal que afetem a sociedade em outras vias que não a via direta econômica, todos os liberais convergem em seu ataque ao perfeccionismo do Estado, como não poderia deixar de ser, pois a tolerância à pluralidade de concepções de vida boa está na gênese do pensamento liberal.

Considerações finais

Inegavelmente, a percepção liberal dos direitos individuais é, além de radical, de caráter essencialmente individualista e contramajoritário. Talvez por isto a posição liberal seja, por tantas vezes, criticada e, mesmo, mal compreendida por pessoas que sustentam visões de mundo que privilegiam concepções "solidaristas" ou, mesmo, orgânicas de sociedade.

Em verdade, alguns opositores do liberalismo falham em perceber que o argumento liberal contra o perfeccionismo carrega um caráter de individualismo procedimental, e não de moralismo valorativo em relação às concepções de vida "perfeita".

Os liberais não assumem que inexiste a possibilidade de se alcançar razões objetivas sobre o bem ou a vida boa, ou mesmo que não possam existir, igualmente, fins mínimos de ordem coletiva que sustentem a própria vida em sociedade, fins estes que dependem de atividade jurídico-normativa do Estado e de decisões políticas estatais para serem atingidos. Não se assume, pois, no pensamento liberal,

---

[43] Neste sentido, o argumento de Nozick de que a taxação sobre a renda, ainda que para fins de redistribuição de bens e provisões para quem delas necessita, é moralmente comparável ao trabalho forçado. Cf. NOZICK, Robert. *Anarchy, state and utopia*. Oxford: Blackwell, 1999. p. 169-172.

que os critérios de bem e da vida boa sejam meramente construções individuais do *ego*, alheias ao convívio social.

Os liberais sustentam que, para que as várias concepções de vida boa estejam ao alcance de todos, é preciso que o Estado se posicione de forma neutra quanto ao valor jurídico-moral das mais diferentes escolhas individuais de projetos de vida, desde que estes não causem danos injustos a terceiros.

Apenas uma sociedade aberta às diferenças pode ser compatível com a filosofia liberal. Por isso, os direitos individuais são tidos, em sua concepção limítrofe, como trunfos do indivíduo contra a moralidade da maioria, de modo a permitir que os mais variados planos de vida possam coexistir pacificamente numa grande sociedade.

Com o avanço dos movimentos sociais identitários e culturalistas em todo o mundo, que cobram do Estado um papel mais proativo em ações políticas de reconhecimento coletivo de grupos minoritários, o individualismo da posição liberal perdeu considerável apelo no debate contemporâneo.

Contudo, deve-se ressaltar que há um elemento nuclear do liberalismo que resiste, ainda, sob o fundamento normativo básico de todo o constitucionalismo democrático ocidental: os direitos fundamentais que sustentam um Estado de Direito são, antes de tudo, direitos individuais, e não direitos de ordem coletiva.

O afastamento de filósofos como Rawls de algumas posições liberais não condena os pressupostos do liberalismo, nem determina o triunfo das ideias comunitaristas. Em alguma medida, é possível que ambos, liberalismo e comunitarismo, possam coexistir na fundamentação político-jurídica dos direitos humanos de uma mesma comunidade-Estado.

Em outro sentido, porém, os ideais e conceitos dos filósofos comunitaristas que se aproximam de argumentos relativistas ontológicos fundamentalmente contrários ao liberalismo, e que ao assumirem uma razão relativista gnosiológica ou epistemológica negam o universalismo presente na síntese liberal-iluminista, provavelmente jamais poderão ser compatibilizados com a posição liberal.

Em última instância, esses comunitarismos radicais poderão se debater frontalmente com a própria concepção moderna dos direitos, a qual, mesmo apresentada como um produto do rompimento ou da superação histórica sobre o liberalismo – tal como comentam alguns juristas mais entusiastas do constitucionalismo social contemporâneo –, encontra, afinal, seu último fundamento de validade na razão liberal, visto que a tradição jurídica ocidental se baseia, em seu cerne, na prevalência dos direitos dos indivíduos acima de seus deveres para com o Estado e a sociedade.

Referências

BOBBIO, Norberto. *Liberalismo e democracia*. (Trad. Marco Aurélio Nogueira). São Paulo: Brasiliense, 2000.

BUCHANAN, James M. *The limits of liberty*: between anarchy and Leviathan. Chicago: University of Chicago Press, 1975.

DWORKIN, Ronald. *Justice for hedgehogs*. Cambridge: Harvard University Press, 2011.

DWORKIN, Ronald. *A matter of principles*. Oxford: Clarendon Press, 2001.

GARGARELLA, Roberto. *As teorias da justiça depois de Rawls*: um breve manual de filosofia política. (Trad. Alonso Reis Freire). São Paulo: Martins Fontes, 2008.

GAUS, Gerald. Liberal neutrality: a compelling and radical principle. In: WALL, Steven; KLOSKO, George (Orgs.). *Perfectionism and neutrality*: essay in liberal theory. Nova York: Bowman & Littlefield publishers, 2003.

HAYEK, Friedrich A. *The constitution of liberty*. Chicago: The University of Chicago Press, 1978.

HEGEL, G. W. F. *Princípios da filosofia do Direito*. (Trad. Orlando Vitorino). São Paulo: Martins Fontes, 2000.

HOLMES, Stephen. *The anatomy of antiliberalism*. Cambridge: Harvard University Press, 1996.

KANT, Immanuel. *Fundamentação da metafísica dos costumes*. (Trad. Paulo Quintela). Lisboa: Edições 70, 2007.

KYMLICKA, Will. *Liberalism, community and culture*. Nova York: Oxford University Press, 1989.

LARMORE, Charles. *Patterns of moral complexity*. Cambridge: Cambridge University Press, 1987.

LOCKE, John. *The second treatise of the government*. Nova York: Barnes & Noble Books, 2004.

MACINTYRE, Alasdair. *After virtue*: a study in moral theory. Notre Dame, Indianna: University of Notre Dame Press, 2007.

MILL, John Stuart. *On liberty*. Kitchener: Batoche Books, 2001.

NINO, Carlos Santiago. *Ética y derechos humanos*: un ensayo de fundamentación. Buenos Aires: Editorial Astrea, 1989.

NOZICK, Robert. *Anarchy, state and utopia*. Oxford: Blackwell, 1999.

POPPER, Karl. *The open society and its enemies*. Londres: Routledge Classics, 2011.

POSNER, Richard A. *Overcoming law*. Cambridge: Harvard University Press, 1995.

RAWLS, John. *A theory of justice*. Cambridge: Harvard University Press, 1999.

RAWLS, John. *Political liberalism*. Nova York: Columbia University Press, 2005.

SKHLAR, Judith N. The liberalism of fear. In: ROSENBLUM, Nancy L. (Org.). *Liberalism and the moral life*. Cambridge: Harvard University Press, 1989.

SUNSTEIN, Cass S.; THALER, Richard H. Libertarian paternalism is not an oxymoron. *Civilistica.com, Revista eletrônica de direito civil*, Rio de Janeiro, a. 4, n. 2, 2015. Disponível em: <http://civilistica.com/libertarian-paternalism-is-not-an-oxymoron/>. Acesso em: 25 mai. 2018.

TAYLOR, Charles. *Philosophy and the human sciences*. Cambridge: Cambridge University Press, 1985.

Informação bibliográfica deste texto, conforme a NBR 6023:2002 da Associação Brasileira de Normas Técnicas (ABNT):

ACIOLI, Bruno de Lima; CAVALCANTI, Mariana Oliveira de Melo. A concepção liberal dos direitos humanos e o argumento contra o perfeccionismo estatal. In: CATÃO, Adrualdo de Lima *et al.* (Coord.). *Filosofia contemporânea do direito e conectividades*: teoria e pragmática. Belo Horizonte: Fórum, 2019. p. 153-171. ISBN 978-85-450-0630-5.

A JUSTIFICAÇÃO DA LIBERDADE NO ESTADO DE DIREITO: A ORDEM POLÍTICA ESPONTÂNEA DE HAYEK

JÉSSICA FERREIRA NUNES

Introdução

Se a liberdade pudesse ser valorada em moeda, quanto custaria para seguirmos o nosso caminho sem nos deixarmos manipular por um outro valor social? Segundo José Julian Martí Pérez, "a liberdade custa muito caro e temos que, ou nos resignarmos a viver sem ela, ou nos decidirmos a pagar o seu preço". A liberdade salvaguardada pelo texto constitucional de 1988 se insere na categoria de direito humano fundamental e vislumbra diversas nuances civis e políticas, sendo em primazia a ausência de opressão ou coerção.

Com efeito, o propósito do presente escrito, de início, é abordar a fundamentação da liberdade retratada por Friedrich August von Hayek, buscando sua justificação na égide do legalismo do Estado (Liberal) de Direito.

No primeiro item, quer-se correlacionar as condicionantes necessárias à coexistência de uma sociedade livre e espontânea. Para tanto, questiona-se a liberdade como valor, visando contrapor individualismo e coletivismo, e as possíveis renúncias impostas aos indivíduos, em benefício de liberdades variadas. Ao tratar das categorias de uma ordem espontânea, espera-se constatar se existe uma supervalorização dessa ordem não planejada, através da defesa do Liberalismo Evolucionista.

Seguidamente, no segundo e último item, verificam-se os limites legítimos de um Estado legalista inserto em uma liberdade de cunho negativo. Neste ponto, busca-se demarcar como são geradas as normas e como elas evoluem; e, ainda, como garantem concretamente a liberdade a todos os indivíduos em uma ordem não planejada.

Por último, a pretensão é avaliar em quais níveis é lídima a intervenção coercitiva do Estado.

1 A razão humana e a ordem social e econômica

> *A experiência do ato livre é preciosa, sobretudo porque nos revela os limites do esforço em direção à unidade e à totalidade; mais precisamente, ele nos mostra que a intuição, "faculdade de ver" imanente à faculdade de agir e oriunda da tensão interior, é "fugidia e incompleta".*[1]
>
> (Silene Marques)

1.1 Liberdade como valor

A filosofia da liberdade do homem enquanto indivíduo denota a ausência de servidão. Ao ser vivenciada no interior do homem, a liberdade se atrela à vontade, ao livre-arbítrio, e se opõe, sobretudo, à liberdade coletiva que se perfaz sob o jugo humanístico democrático. Esta previamente desvaloriza o indivíduo em face do Estado, deixando o individual subordinado ao coletivo.

Com alicerce nessa acepção, Friedrich August von Hayek, teórico político e social austríaco, propõe uma sociedade que proteja a liberdade e promova a ordem social. A liberdade, deste modo, não é apenas um valor específico uno e indivisível, mas uma condição para os valores morais de uma ordem política espontânea. Ao permitir uma melhor adaptação ao meio ambiente em constante mutação, a liberdade não é um valor em si, mas justifica-se, de forma instrumental, pelas vantagens que proporciona.

É cediço que a liberdade se desdobra em diversos significados como a liberdade de pensamento, de opinião, política, religiosa. Essas variações tentam localizar as possíveis experiências de autonomia, e de não dependência.

No entanto, segundo Hayek o aspecto literário da liberdade expressa somente o que é menos importante, pois a necessidade fundamental é a liberdade de ação, compreendendo esta como um

---

[1] MARQUES, Silene Torres. *Ser, tempo e liberdade*: as dimensões da ação livre na filosofia de Henri Bergson. São Paulo: Associação Editorial Humanitas: Fapesp, 2006. p. 124.

instrumento indispensável para evitar que terceiros impeçam o livre desenvolvimento das capacidades individuais. Dito de outra forma, na concepção hayekiana, liberdade é a ausência de coerção,[2] portanto, é a possibilidade de determinar sua conduta de acordo com suas pretensões.

Ao defender a liberdade individual, Hayek a contrapõe à liberdade política, à liberdade interior e à liberdade como poder. A primeira pressupõe a liberdade coletiva, ao inferir a participação do indivíduo no processo eletivo de seus governantes. Hayek aduz que não é necessário possuir a liberdade neste sentido para ser individualmente livre, pois participar da eleição não garante infalivelmente a liberdade de todos, nem conduz a um regime de liberdade.

O conceito de liberdade interior ou metafísica, por vezes, confunde-se com a liberdade individual. Entretanto, naquela o indivíduo se pauta por sua vontade e consciência consubstanciada às circunstâncias ou impulsos momentâneos. Ocorre que ser livre não implica agir desordenadamente, ao acaso.

Por sua vez, a liberdade de poder apresenta-se como a mais lesiva à liberdade individual, sendo comumente empregada para justificar medidas que a mutilam e a negam, ou induzem os indivíduos a renunciar à liberdade em nome de uma liberdade coletiva, a exemplo do ideário do totalitarismo, em que "a liberdade coincide com poder, quem tem mais quantidade de poder será mais livre: paradoxalmente, o homem verdadeiramente livre é o déspota".[3]

Contudo, Hayek alega que estando a liberdade visceralmente atrelada ao progresso da sociedade, é "melhor a liberdade de alguns do que a de ninguém, e a liberdade de muitos do que a liberdade limitada de todos".[4] Para que a vida em sociedade seja plena é imprescindível que seja vivida com liberdade total, já que apenas uma sociedade livre pode criar condições propícias ao surgimento de novas descobertas. Assim, não é o fator previsibilidade que constitui o objetivo da liberdade, mas sim, os desenvolvimentos novos, imprevisíveis e não planejados.

---

[2] "A coerção ocorre quando um indivíduo é obrigado a colocar suas ações a serviço da vontade de outro, não para alcançar seus próprios objetivos, mas para buscar os da pessoa a quem serve". HAYEK, Friedrich Von. *Os fundamentos da liberdade*. São Paulo: Visão, 1983. p. 146.

[3] BOBBIO, Norberto. *Dicionário de política*. 11. ed. Brasília: Editora UnB, 1998. v. 1, p. 691.

[4] HAYEK, Friedrich Von. *Os fundamentos da liberdade*. São Paulo: Visão, 1983. p. 32.

1.2 A tradição, a sociedade e o mercado como espécie de ordem social espontânea

Ao delinear grande parte do nosso mundo moderno, o liberalismo reflete a diversidade da história moderna. Por ser um fenômeno histórico com problemas políticos específicos, é mais prudente descrevê-lo do que tentar defini-lo.

Sabe-se que o núcleo da filosofia liberal é a liberdade máxima do indivíduo. Neste enredo, Ortega y Gasset, filósofo espanhol, consagrou o liberalismo como forma suprema de generosidade por ser "o direito assegurado pela maioria e, portanto, o apelo mais nobre que já ressoou no planeta. [...] A determinação de conviver com o inimigo e ainda, o que é mais, com um inimigo fraco".[5] Mais que isso, o liberalismo

> decorre da descoberta de uma ordem autogeradora ou espontânea nas atividades sociais [...] que torna possível utilizar os conhecimentos e a habilidade de todos [...] numa extensão muito maior do que seria factível em qualquer ordem criada por uma direção central.[6]

Em pertinente digressão, cumpre enunciar que o liberalismo irrompeu no período das luzes, em oposição ao absolutismo monárquico, ao reconhecer que a razão humana e o direito inalienável à ação livre são os meios mais eficazes à satisfação das necessidades da coexistência humana. Defendia não só as liberdades individuais, mas também a dos povos.

Na seara política, aflorou, mormente com as Revoluções Francesa (1789) e Americana (1776). Consubstanciando-se como ideologia política da burguesia, o princípio da liberdade na vida econômica se desenvolveu em condições de grandes desigualdades sociais, de modo que, em seguida, experimentou uma forte reação através das doutrinas socialistas e comunistas, movimentos esses que se tornaram oponentes do liberalismo.

A instituição da democracia no Ocidente industrial, a partir de 1870, todavia, revelou a preservação definitiva das conquistas liberais, a dizer: a liberdade religiosa, a salvaguarda dos direitos humanos, a ordem legal, o governo representativo responsável e a legitimação da

---

[5] ORTEGA Y GASSET, José. *La rebelión de las masas*. Santiago: Editorial Andres Bello, 1996. p. 113.

[6] CRESPIGNY, Anthony; MINOGUE, Kenneth R. *Filosofia política contemporânea*. 2. ed. (Trad. Yvonne Jean). Brasília: UnB, 1983. p. 28.

mobilidade social.[7] Assim, as conquistas democráticas resultaram de forças liberais que endossaram o pluralismo político liberal.

Com efeito, conforme José Guilherme Merquior, o liberalismo moderno se caracteriza por criticar o historicismo,[8] incutir a ética do pluralismo, o evolucionismo, a sociologia histórica e o contratualismo. Nada obstante, o fundamento essencial do argumento liberal é baseado na noção de limitação do poder, contribuição essa empreendida por John Locke e Montesquieu. Conforme este último, "não basta decidir sobre a base social do poder; é igualmente importante determinar a forma de governo e garantir que o poder, mesmo legítimo em sua origem social, não se torne ilegítimo pelo eventual arbítrio do seu uso".[9]

Os pressupostos teóricos para o ideário de liberdade de Hayek provêm principalmente da delimitação da corrente do liberalismo evolucionista (clássico ou antirracionalista), que abandona

> o modelo tradicional de uma doutrina fundamentada nos direitos humanos e traz uma inteligente valorização do papel das instituições no funcionamento da sociedade, permitindo a ordem espontânea do mercado e rejeitando a ideia de justiça social.[10]

O valor moral dos objetivos perseguidos, o sentido e o significado da vida situam-se fora do domínio da justiça social. Por isso, devem-se respeitar todas as diversas concepções dos bens compatíveis com certos princípios básicos de justiça, liberdade de pensamento e consciência, uma vez que os indivíduos antecedem qualquer corpo social.

Os ideais liberais fomentam, aqui, a descentralização do poder, por meio da democratização da cidadania (limitação do Estado), o constitucionalismo, o respeito ao Direito Natural (direito à vida, à liberdade e à propriedade privada, incluindo a propriedade de si mesmo), o universalismo dos direitos humanos, a igualdade perante a lei, a livre-iniciativa e o livre mercado, com a aceitação das desigualdades materiais, um Estado neutro e secular, e uma sociedade aberta.

---

[7] MERQUIOR, José Guilherme. *O liberalismo antigo e moderno*. São Paulo: É Realizações Editora, 2016. p. 18.

[8] O historicismo considera que o conhecimento das entidades sociais só pode ser alcançado estudando-se a história pelo método historicista, o que leva à adoração da História.

[9] MONTESQUIEU, Charles de Secondat Baron de. *O espírito das leis*. (Trad. Cristina Murachco). São Paulo: Martins Fontes, 1996. p. 172.

[10] MACEDO, Ubiratan Borges de. *Democracia e diretos humanos, ensaios de filosofia prática*. Londrina: Humanidades, 2003. p. 24.

Opostamente, impende destacar que no liberalismo construtivista a liberdade se realiza através do Estado, isto é, a liberdade "se torna possível pela vontade unânime de todos os iguais, simbolizados pelo Estado, sem representação direta, culminando no desprezo pelas minorias e oposições, e ainda por hostilidade em relação a partidos políticos e à religião".[11]

O construtivismo político vê a pessoa como membro de uma sociedade política entendida como um sistema equitativo de cooperação social de uma geração para outra.[12] Desse modo, se constitui com alicerce no positivismo jurídico, no utilitarismo e nas doutrinas totalitárias. Para Hayek, essa concepção científica e política sobre a formação das instituições sociais, que ele chama de racionalismo construtivista, e advoga que todas as instituições sociais são, e devem ser, o produto de um projeto deliberado.

Entretanto, a abordagem de Hayek em defesa do racionalismo evolucionário busca solucionar o problema incisivo da organização política: a indagação de como limitar a "vontade popular" sem colocar outra vontade acima dela. Reconhece que a ordem básica da sociedade não pode derivar inteiramente de um projeto, e também que não pode visar de forma previsível a objetivos específicos. Percebe-se que o comprometimento com princípios gerais aprovados pela opinião comum pode impor restrições na vontade da autoridade, incluindo aquela decorrente da maioria do momento.

A teorização da ordem espontânea, portanto, pretende entender como formações sociais podem emergir como consequências não intencionais da ação humana. Afirma Hayek que só a ordem espontânea permitiria o uso eficiente do conhecimento tático, visto que a ordem social planejada empobrece o arsenal cognitivo da espécie humana.

O surgimento da sociedade e o seu funcionamento tiveram origem nesta noção de ordem espontânea. Na realidade, na compreensão de Hayek, as instituições sociais embora pareçam estruturadas, não foram criadas por deliberação, nem planejadas e tampouco inventadas, ou seja, não têm a origem artificial ou natural.[13]

Entre as contribuições teóricas à tradição da ordem espontânea destaca-se a preocupação de David Hume em compreender a conduta

---

[11] MACEDO, Ubiratan Borges de. *Liberalismo e justiça social*. São Paulo: Ibrasa, 1995. p. 26.

[12] RAWLS, John. *Liberalismo Político*. (Trad. Dinah de Abreu Azevedo). São Paulo: Ática, 2000. p. 138.

[13] HAYEK, Friedrich Von. *Direito, legislação e liberdade*: uma nova formulação dos princípios liberais de justiça e economia política. São Paulo: Visão, 1985. v. 3, p. 16-17.

do homem enquanto um ser moral e um membro da sociedade, de modo que a razão não tem o condão de estabelecer princípios morais e políticos, pois esses resultam da evolução cultural. Desse modo, a lei só se apresenta indispensável por conta da escassez dos meios para suprir as necessidades de todos, e pelo exíguo altruísmo dos indivíduos.

Valoroso também é o argumento de Adam Smith, uma vez que ao certificar uma ordem social que opera mediante forças naturais, com um mínimo de controle artificial, entende que o bem-estar dos seres humanos não decorre de uma direção intencional. Embora o interesse pessoal seja a motivação mais adequada para promover a interação social numa sociedade civilizada, a canalização desse interesse para viabilizar o bem-estar social só se realizaria sob o conjunto apropriado de instituições sociais. Para que o sistema de liberdade possa funcionar, o Direito como expressão formalizada de regras de justiça, coadunado ao poder coercitivo do estatal, é a forma específica de intervenção mais eficiente. Contudo, constata que uma sociedade como um sistema de componentes inter-relacionados exibe uma tendência em direção ao equilíbrio, se não for perturbado.

Para Hayek é essa evolução das tradições e de hábitos que torna possível a formação de ordens espontâneas, pois é possível tanto criar as instituições sociais quanto recriá-las, a fim de satisfazer os nossos anseios. É certo que as sociedades complexas não prescindem de normas de condutas específicas referentes, por exemplo, à propriedade, ao comércio e à privacidade.

Ocorre que, conforme Hayek, a ordem social espontânea buscará direcionar motivações altruístas ou egoístas de forma a promover o interesse público. Noutros termos, o indivíduo, ao perseguir o interesse próprio, por vezes promove o interesse social de modo mais eficaz do que quando se propõe a fazê-lo. A liberdade, por conseguinte, tem maior valor quando relacionada à sociedade do que ao indivíduo. O mais importante não é a liberdade que alguém deseja para si, mas sim, a liberdade que alguém deseja em benefício da sociedade.[14]

Hayek volta sua atenção unicamente para as regras culturais, a fim de explicar os fenômenos sociais, pois essas se alteram mais rapidamente do que as regras inatas, e espraiam-se por imitação, porquanto possuem uma superioridade em sua capacidade adaptativa. Logo,

---

[14] SALGADO, Maria das Graças. *A justiça e a liberdade segundo F. Von Hayek*. Monografia (Dissertação) – Mestrado em Direito, Universidade Gama Filho. Rio de Janeiro, 2007. p. 98.

"a função das tradições culturais é estabelecer uma seleção evolutiva das regras de conduta adequadas para fazerem surgir interação e cooperação social".[15]

Frequentemente se condena a grande sociedade e sua ordem de mercado por carecerem de uma ordenação consensual de fins. Este, no entanto, é de fato seu grande mérito, que torna possível a liberdade individual e todos os seus valores.[16] Afinal, não se pode esquecer que "em um país em que o único empregador é o Estado, oposição significa morte lenta por inanição. O velho princípio 'quem não trabalha não come' foi substituído por outro: 'quem não obedece não come'".[17]

O mercado é um sistema de cooperação social que permite aos indivíduos utilizar as mais amplas fontes de informação, a fim de que as mercadorias possam ser produzidas de forma eficiente e com preço acessível.

Desse modo, o papel do mercado é conciliar interesses particulares distintos; isso, conforme Hayek, pode ser feito sem planejamento ou controle, através de um jogo de catalaxia,[18] ou seja,

> um jogo que produz o aumento do fluxo de bens e das perspectivas de todos os participantes de satisfazerem suas necessidades, conservando, entretanto, [...] uma competição disputada segundo normas e decidida pela maior habilidade, força ou boa sorte.[19]

O lucro desempenha no funcionamento do sistema de mercado uma função essencial. Os benefícios e as recompensas da atividade econômica incentivam as pessoas a agir de modo a atender às necessidades alheias, sem que a coação seja exercida.

A ordem constitucional liberal e o mercado são vistos por Hayek como mecanismos pelos quais os indivíduos podem aprender por tentativa e erro. Embora avesso à intervenção estatal na vida econômica, já que a ignorância social interdita o conhecimento e o controle de

---

[15] HAYEK, Friedrich Von. *Direito, legislação e liberdade*: uma nova formulação dos princípios liberais de justiça e economia política. São Paulo: Visão, 1985. v. 3, p. 19.

[16] HAYEK, Friedrich Von. *Direito, legislação e liberdade*: uma nova formulação dos princípios liberais de justiça e economia política. São Paulo: Visão, 1985. v. 3, p. 131.

[17] TROTSKY, Leon *apud* HAYEK, Friedrich Von. *Os fundamentos da liberdade*. São Paulo: Visão, 1983. p. 150.

[18] HAYEK, Friedrich Von. *Direito, legislação e liberdade*: uma nova formulação dos princípios liberais de justiça e economia política. São Paulo: Visão, 1985. v. 3, p. 131.

[19] HAYEK, Friedrich Von. *Direito, legislação e liberdade*: uma nova formulação dos princípios liberais de justiça e economia política. São Paulo: Visão, 1985. v. 3, p. 139.

suas consequências, Hayek não repele uma intervenção que restaure a espontaneidade dos mercados.

Impende sublinhar aqui o contraste de Karl Popper – protetor da democracia liberal e da sociedade aberta – ao entender que aquele aprendizado por tentativa e erro nas questões sociais é de responsabilidade do governo.[20] Aliás, mesmo diante da noção de conhecimento falível, em uma abordagem otimista Popper infere que a tentativa de aperfeiçoamento social recomenda intervenção na vida econômica, notadamente na sociedade contemporânea.

Em vista disso, evidencia-se que a liberdade não só se apresenta como condicionante para o uso social eficaz do conhecimento, mas também é requisito primordial para o progresso social econômico.

2 A dimensão legítima do Estado de Direito

A liberdade sob a égide do Estado de Direito implica que as leis operem essencialmente como proibições, e não como ordens.

A defesa do liberalismo, da ordem espontânea e de um governo limitado, em Hayek, deriva de uma teoria econômica que se amolda a uma teoria epistemológica. Esta incute uma nuance negativa à liberdade, já que é distinguida como ausência de coerção do homem pelo homem à ação individual. Nessa linha, cumpre fixar o pensamento de Isaiah Berlin: a liberdade pode assumir tanto uma feição negativa, correspondente à ausência de interferências exteriores na conduta do indivíduo, quanto uma acepção positiva, designando o ente que se autodetermina, afigurando-se capaz de decidir por si só.

A liberdade negativa seria identificada prioritariamente com o indivíduo, enquanto a liberdade positiva pode ser estendida para o plano do Estado, entendendo-se como livre aquele onde imperam leis criadas e obedecidas por homens racionais.[21] Inquestionavelmente, a liberdade negativa e a liberdade positiva estão interligadas, na medida em que, nos dizeres de Norberto Bobbio, é possível que o agente seja livre em sua vontade, mas não o seja em sua ação, sofrendo, por exemplo, coerção estatal.[22]

---

[20] POPPER, Karl. *A sociedade aberta e seus inimigos*. (Trad. Milton Amado). São Paulo: Ed. USP, 1974. p. 230.

[21] BERLIN, Isaiah. Two concepts of liberty. In: *Four essays on liberty*. New York: Oxford University Press, 1971. p. 123-124.

[22] BOBBIO, Norberto. *Igualdade e liberdade*. (Trad. Carlos Nelson Coutinho). 2. ed. Rio de Janeiro: Ediouro, 1997. p. 53-54.

Cumpre recordar que ainda na idade moderna John Locke defendia que "onde não há lei, não há liberdade".[23] Para ele, a sociedade não retira a liberdade dos indivíduos, mas a normatiza. Assim, deveria a liberdade ser garantida por leis promulgadas pelo Legislativo, em consenso com a comunidade.[24] Nessa lógica, na percepção de Jean-Jacques Rousseau, a liberdade é ao mesmo tempo um direito e um dever que se mantém através de um contrato social, produto da vontade geral. Sob essa ótica, "cada um de nós põe em comum a sua pessoa e todo o seu poder sob a suprema direção da vontade geral; e recebemos ainda cada membro como parte indivisível do todo".[25]

Em verdade, é impossível alguém ser livre sem assumir as consequências dessa liberdade, e a consequência principal da liberdade é a pluralidade. Alguém que insiste em abolir a pluralidade sempre incorrerá, necessariamente, em um rigoroso sistema que em nada se distingue daquilo que se conhece como autoritarismo. Por isso,

> a possibilidade de homens viverem juntos em paz e em função de seu proveito mútuo, sem ter de concordar quanto a objetivos concretos comuns, e limitados unicamente por normas abstratas de conduta, foi talvez a maior descoberta já feita pela humanidade.[26]

O Estado de Direito em Hayek apresenta-se como o princípio fundamental da sociedade livre; consequentemente, não se limita a ser um "estado de legalidade", ao pressupor o princípio da liberdade individual e exigir que a lei possua os atributos de norma geral, igual para todos, abstrata e prospectiva.[27] Nesse sentido, para além do império da lei, o Estado de Direito é um ideal político que transcende a legalidade, pois concerne ao que a lei deve ser e implica que o governo não deve utilizar seus poderes coercitivos em relação a um indivíduo, salvo quando uma norma geral for violada.

É manifesto que as normas são geradas através dos tempos como um legado cultural, incorporando-se às instituições; à medida que progridem, vão se tornando mais complexas. Através dessas tradições sociais surgem as regras de conduta. Estas, quando justas, consistem

---

[23] LOCKE, John. *Segundo tratado sobre o governo civil*. Rio de Janeiro: Vozes, 1994. p. 50.

[24] LOCKE, John. *Segundo tratado sobre o governo civil*. Rio de Janeiro: Vozes, 1994. p. 54.

[25] ROUSSEAU, Jean-Jacques. *Do contrato social*. Rio de Janeiro: Globo, 1962. p. 28.

[26] HAYEK, Friedrich Von. *Direito, legislação e liberdade*: uma nova formulação dos princípios liberais de justiça e economia política. São Paulo: Visão, 1985. v. 3, p. 162.

[27] HAYEK, Friedrich Von. *Os fundamentos da liberdade*. São Paulo: Visão, 1983. p. XX.

no conjunto de normas gerais e abstratas, condição necessária para garantir o respeito pelos direitos individuais a todos em uma sociedade livre. Todavia, este conjunto de normas não garante concretamente um direito social a bens ou serviços sem violar irremediavelmente os direitos individuais a que hipoteticamente objetivava a proteção. É sutil e complexo o mecanismo que delimita as esferas individuais por meio de normas abstratas. Desse modo, a esfera de cada indivíduo é fixada não pela demarcação de fronteiras concretas, mas pela observância de uma norma, e é a partir dessa delimitação que surge o Direito.[28] Assim como as leis naturais, as leis do Estado determinam as características fixas do universo no qual o indivíduo tem que se mover; embora eliminem certas opções, de maneira geral, elas não limitam a escolha a uma ação específica exigida por outrem.[29]

As regras ditas de conduta justa, segundo Hayek, são a base de uma sociedade fundada no direito privado, e as normas que se contrapõem a elas, as normas dependentes de fins, que determinam a organização do governo, constituem o poder público. No entanto, se o direito privado e o direito penal objetivam cumprir normas de conduta justa, isso não conduz a que cada uma das normas isoladas em que eles estão formulados seja realmente justa, mas apenas que o sistema como um todo serve para definir essas normas.[30]

Convém incluir, oportunamente, o raciocínio de Giuseppe Bettiol, ao tratar da justiça e da moralidade dos fins da abstração normativa penal:

> [...] se é verdade que o direito penal começa onde o terror acaba, é igualmente verdade que *o reino do terror não é apenas aquele em que falta uma lei e impera o arbítrio, mas também aquele onde a lei supera os limites da proposição*, na intenção de deter a mão dos delinquentes.[31] (grifos aditados).

Em abono dessa assertiva, quando o Estado determinar os limites da esfera privada garantida pela lei, a moralidade da ação praticada dentro da esfera privada de um indivíduo não legitima o exercício da

---

[28] HAYEK, Friedrich Von. *Os fundamentos da liberdade.* São Paulo: Visão, 1983. p. 163.

[29] HAYEK, Friedrich Von. *Os fundamentos da liberdade.* São Paulo: Visão, 1983. p. 168.

[30] SALGADO, Maria das Graças. *A justiça e a liberdade segundo F. Von Hayek.* Monografia (Dissertação) – Mestrado em Direito, Universidade Gama Filho. Rio de Janeiro, 2007. p. 44.

[31] BETTIOL, Giuseppe. *O problema penal.* (Trad. Ricardo Rodrigues Gama). Campinas: LZN, 2003. p. 155.

coerção, ou seja, não pode constituir objeto de controle coercitivo do Estado. É o que assegura, por exemplo, o princípio penal da ofensividade, para o qual carece lesividade que legitime a intervenção penal em uma conduta puramente interna, individual, pecaminosa, ou dita imoral por terceiro, já que é forçoso suceder uma ofensa representada por risco ou dano efetivo ao bem jurídico tutelado pelo Estado.

A lei (norma geral) não é arbitrária, uma vez que é estabelecida sem o conhecimento das peculiaridades do caso e não é a vontade de um indivíduo que decide sobre a coerção a ser utilizada para aplicá-la. Diferentemente, a lei que configura uma ordem específica é o principal instrumento de opressão e declínio da liberdade. Assim sendo, "a função do legislador não consiste em estabelecer uma ordem especifica, mas em criar as condições nas quais uma estrutura ordenada possa instaurar-se e sempre se renovar".[32]

Cabe ainda citar uma distinção entre as duas normas: o costume, que é a evolução espontânea, e a legislação, nascida das intenções de um detentor de poder que determina a organização do poder. No sentido de preservar uma sociedade livre, a parte do Direito constituída por normas de conduta justa (o direito privado e o direito penal) deve ter aplicação de caráter obrigatório ao cidadão.

Nesse liame, ao patrocinar a neutralidade liberal, Robert Nozick entende que "a ideia básica é que os direitos não prescrevem o que devemos fazer coletivamente; eles somente impõem restrições ao leque de escolhas permitidas e permissíveis".[33] Assim,

> os direitos não determinam uma ordenação social, mas estabelecem as constrições sob as quais a escolha social deve ser feita. [...] Os direitos não determinam a posição de uma alternativa ou a posição relativa de duas alternativas em uma ordenação social; eles operam sobre uma ordenação social para limitar a escolha que dela pode resultar.[34]

A desigualdade também é vista por Hayek como um valor positivo. Destarte, não deve ser esta entendida como um acidente histórico, senão como algo necessário e constituinte de uma organização social

---

[32] HAYEK, Friedrich Von. *Os fundamentos da liberdade.* São Paulo: Visão, 1983. p. 178.

[33] VITA, Álvaro de. *A justiça igualitária e seus críticos.* 2. ed. São Paulo: WMF Martins Fontes, 2007. p. 37.

[34] NOZICK, Robert. *Anarquia, estado e utopia.* (Trad. Ruy Jungmann). Rio de Janeiro: Jorge Zahar, 1991. p. 166.

(neo)liberal. É possível, então, asseverar que no neoliberalismo os fundamentos da ordem social são a desigualdade, a competição e a eficiência.

Ao renegar o Estado de bem-estar social, Hayek afirma que a origem da crise desse Estado foi determinada pelo excessivo poder dos sindicatos e dos movimentos operários, que corroeram os pilares do capitalismo com reivindicações para que o Estado aumentasse cada vez mais os gastos sociais. Segue argumentando que o igualitarismo produzido pelo Estado de bem-estar retirava a liberdade dos cidadãos e a vitalidade da concorrência, que era fundamental para a prosperidade de todos.[35] Hayek chegou à conclusão de que não era o socialismo, mas sim, as instituições da tradição liberal clássica que trariam maior bem-estar para os cidadãos.

Uma lei ideal, portanto, é definida como

> uma ordem definitiva e válida para todos, prescrita para pessoas desconhecidas, independentemente de qualquer circunstância específica de tempo e lugar, e que se refere unicamente a condições que possam ocorrer em qualquer lugar e em qualquer tempo.[36]

Cabe realçar que a ideia de liberdade se tornou uma constante e indispensável exigência da modernidade. Para o sociólogo polonês Zygmunt Bauman, uma boa vida depende da harmonia entre segurança e liberdade, embora não seja possível ter as duas ao mesmo tempo, uma vez que a modernidade resultou no excesso de ordem e na escassez de liberdade.[37] Por esse ângulo, Bobbio adverte sobre o fato de que "o problema atual não é mais fundamentar os direitos do homem, é, sim, protegê-los, ou melhor, não se trata de um problema de cunho [puramente] filosófico, mas sim, jurídico, em sentido amplo, político".[38]

Ademais, entende Hayek que a paz, a liberdade e a justiça, como os três grandes valores negativos, são de fato os únicos fundamentos imprescindíveis da civilização que cabe ao governo prover. Ainda que só imperfeitamente assegurados, esses valores constituem os mais importantes frutos das normas da civilização.[39]

---

[35] HAYEK, Friedrich Von. *O caminho da servidão*. 5. ed. (Trad. Anna Maria Capovilla; José Ítalo Stelle e Liane de Morais Ribeiro). Rio de Janeiro: Instituto Liberal, 1990. p. 68.

[36] HAYEK, Friedrich Von. *Os fundamentos da liberdade*. São Paulo: Visão, 1983. p. 163.

[37] BAUMAN, Zygmunt. *O mal-estar da pós-modernidade*. Rio de Janeiro: Jorge Zahar, 1998. p. 8-9.

[38] BOBBIO, Norberto. *A era dos direitos*. Rio de Janeiro: Campus, 1992. p. 25.

[39] HAYEK, Friedrich Von. *Direito, legislação e liberdade*: uma nova formulação dos princípios liberais de justiça e economia política. São Paulo: Visão, 1985. v. 3, p. 136.

Considerações finais

Para o ajuste final do entendimento de tudo o que foi exposto, é certo que o conhecimento de novas possibilidades permitidas pela evolução da civilização enseja uma das mais importantes justificativas da liberdade, mormente porque a ordem social nunca pode ser totalmente planejada, uma vez que o conhecimento sobre o conjunto da realidade social, econômica e política é sempre deficiente.

Sob a proteção de discurso humanístico e democrático, a liberdade coletiva por certo desprestigia o indivíduo, em proveito dos interesses coletivistas do Estado. Por isso, conclui Hayek que são as instituições liberais evolucionistas que concedem um bem-estar mais amplo para os cidadãos, e não o socialismo.

Mais que isso, persiste o teórico em defender a liberdade individual, em contraposição à liberdade política, à liberdade interior e à liberdade como poder, a fim de tornar patente a necessidade da ausência de coerção para se viver numa sociedade livre. Por conseguinte, há uma supervalorização da ordem espontânea, em virtude do progresso econômico advindo da cooperação social, da tradição e do mercado.

A liberdade gera pluralidade, porque ninguém está sob escravidão a um líder supremo absolutista. Se dentro da liberdade flui a pluralidade, dentro da escravidão flui a submissão. Essa submissão, para Hayek, está inserida em leis específicas, pois só a lei geral e abstrata originada do Estado de Direito acha-se imune a arbitrariedades. O limite da intervenção coercitiva estatal é justamente a lei abstrata. Não se olvida que tal limite é consagrado em todas as faces do princípio da legalidade, especialmente no que toca ao poder de punir do Estado. As normas de organização acertadamente devem eleger e exigir observância, sob pena de coerção.

Como arremate, menciona-se que falar em liberdade sob a lei pressupõe que se esteja de acordo com o que seja a lei e o ideal político do Estado de Direito. Assim, questiona-se: "Será justo ou razoável que o número maior de vozes contrárias ao fim supremo do governo escravize um número menor, que deseja ser livre?".[40] Sabendo nós que a liberdade individual é incomensurável em moeda, refutamos: "Aqueles que não procuram senão sua justa liberdade tem direito a

---

[40] HAYEK, Friedrich Von. *O caminho da servidão*. 5. ed. (Trad. Anna Maria Capovilla; José Ítalo Stelle e Liane de Morais Ribeiro). Rio de Janeiro: Instituo Liberal, 1990. p. 191. (Epígrafe).

conquistá-la, sempre que tiverem tal poder, por mais numerosas que sejam as vozes em contrário".[41]

Referências

BAUMAN, Zygmunt. *O mal-estar da pós-modernidade*. Rio de Janeiro: Jorge Zahar, 1998.

BERLIN, Isaiah. Two concepts of liberty. In: *Four essays on liberty*. New York: Oxford University Press, 1971.

BETTIOL, Giuseppe. *O problema penal*. (Trad. Ricardo Rodrigues Gama). Campinas: LZN, 2003.

BOBBIO, Norberto. *A era dos direitos*. Rio de Janeiro: Campus, 1992.

BOBBIO, Norberto. *Dicionário de política*. 11. ed. Brasília: Editora UnB, 1998. v. 1.

BOBBIO, Norberto. *Igualdade e liberdade*. (Trad. Carlos Nelson Coutinho). 2. ed. Rio de Janeiro: Ediouro, 1997.

CRESPIGNY, Anthony; MINOGUE, Kenneth R. *Filosofia política contemporânea*. 2. ed. (Trad. Yvonne Jean). Brasília: UnB, 1983.

HAYEK, Friedrich Von. *Direito, legislação e liberdade*: uma nova formulação dos princípios liberais de justiça e economia política. São Paulo: Visão, 1985. v. 3.

HAYEK, Friedrich Von. *O caminho da servidão*. 5. ed. (Trad. Anna Maria Capovilla; José Ítalo Stelle e Liane de Morais Ribeiro). Rio de Janeiro: Instituto Liberal, 1990.

HAYEK, Friedrich Von. *Os fundamentos da liberdade*. São Paulo: Visão, 1983.

LOCKE, John. *Segundo tratado sobre o governo civil*. Rio de Janeiro: Vozes, 1994.

MACEDO, Ubiratan Borges de. *Democracia e diretos humanos, ensaios de filosofia prática*. Londrina: Humanidades, 2003.

MACEDO, Ubiratan Borges de. *Liberalismo e justiça social*. São Paulo: Ibrasa, 1995.

MARQUES, Silene Torres. *Ser, tempo e liberdade*: as dimensões da ação livre na filosofia de Henri Bergson. São Paulo: Associação Editorial Humanitas: Fapesp, 2006.

MERQUIOR, José Guilherme. *O liberalismo antigo e moderno*. São Paulo: É Realizações Editora, 2016.

MONTESQUIEU, Charles de Secondat Baron de. *O espírito das leis*. (Trad. Cristina Murachco). São Paulo: Martins Fontes, 1996.

NOZICK, Robert. *Anarquia, estado e utopia*. (Trad. Ruy Jungmann). Rio de Janeiro: Jorge Zahar, 1991.

ORTEGA Y GASSET, José. *La rebelión de las masas*. Santiago: Editorial Andres Bello, 1996.

POPPER, Karl. *A sociedade aberta e seus inimigos*. (Trad. Milton Amado). São Paulo: Ed. USP, 1974.

---

[41] HAYEK, Friedrich Von. *O caminho da servidão*. 5. ed. (Trad. Anna Maria Capovilla; José Ítalo Stelle e Liane de Morais Ribeiro). Rio de Janeiro: Instituo Liberal, 1990. p. 191.

RAWLS, John. *Liberalismo Político*. (Trad. Dinah de Abreu Azevedo). São Paulo: Ática, 2000.

SALGADO, Maria das Graças. *A justiça e a liberdade segundo F. Von Hayek*. Monografia (Dissertação) – Mestrado em Direito, Universidade Gama Filho. Rio de Janeiro, 2007. p. 44-108.

VITA, Álvaro de. *A justiça igualitária e seus críticos*. 2. ed. São Paulo: WMF Martins Fontes, 2007.

ROUSSEAU, Jean-Jacques. *Do contrato social*. Rio de Janeiro: Globo, 1962.

Informação bibliográfica deste texto, conforme a NBR 6023:2002 da Associação Brasileira de Normas Técnicas (ABNT):

NUNES, Jéssica Ferreira. A justificação da liberdade no estado de direito: a ordem política espontânea de Hayek. In: CATÃO, Adrualdo de Lima *et al.* (Coord.). *Filosofia contemporânea do direito e conectividades*: teoria e pragmática. Belo Horizonte: Fórum, 2019. p. 173-188. ISBN 978-85-450-0630-5.

REFLEXÕES ACERCA DA CRIMINALIZAÇÃO DE CONDUTAS IMORAIS: ANÁLISE A PARTIR DA FILOSOFIA LIBERAL DE RONALD DWORKIN

NIGEL STEWART NEVES PATRIOTA MALTA

Introdução

As condutas praticadas pelo ser humano e a moralidade delas constituem temas que suscitam debates intensos e infindáveis. É o caso, por exemplo, de condutas como a pornografia, o aborto e a eutanásia, consideradas por uma boa parte da sociedade como contrárias à moral. Tal discussão tem ultrapassado o campo da moral, considerando que diversas condutas de aspecto estritamente moral passaram a ter a ingerência do direito. Nesse aspecto, é sabido que a moral tem sua importância perante o direito, exercendo significativa influência na escolha dos bens jurídicos que deverão ser tutelados. Não obstante, nem tudo que faz parte do âmbito moral deve integrar o direito, até porque existem normas jurídicas puramente morais, mas também normas imorais (contrárias à moral) ou amorais (indiferentes à moral).

Dessarte, nem sempre uma conduta considerada como ilícito moral deve também ser classificada como ilegal ou tratada pelo direito como crime. Sob esse prisma, importante ressaltar que o Estado não deve impor legalmente aos cidadãos as convicções morais da maioria, sob pena de infringir a liberdade individual do ser humano.

Nesse contexto, o objetivo geral do presente estudo é discutir a criminalização de condutas contrárias à moral a partir da filosofia de Ronald Dworkin. Com vistas à abordagem de todo o conteúdo de forma harmônica e dinâmica, pretende-se, quanto aos objetivos específicos, abordar a relação entre a moral, o direito e a liberdade e a ingerência do direito penal na tipificação de condutas consideradas imorais. A partir disso, buscar-se-á promover um estudo sobre a criminalização da pornografia, do aborto e da eutanásia, à luz dos escritos do referenciado filósofo.

1 A relação entre Direito, moral e liberdade

A relação entre moral, direito e liberdade apresenta imbricações de larga extensão, de modo que o presente capítulo não tem a pretensão de esgotar o assunto, mas tão somente identificar como esses fenômenos interagem. O estudo sobre a relação entre moral, direito e liberdade requer a exposição dos seus conceitos. A partir da compreensão acerca da moral, do direito e da liberdade, constata-se a interação existente entre eles.

A palavra moral é derivada do vocábulo latino *morus*, que significa conjunto de usos, costumes, práticas e padrões de conduta em um determinado segmento da sociedade.[1] Para Reale, moral é a "parte da Filosofia que trata dos costumes e dos deveres que os homens têm em relação aos seus semelhantes e à sua consciência. Aquilo que é honesto e apropriado com os bons costumes".[2] Por sua vez, Villey expõe que a moral, na análise aristotélica, é a arte que se interessa pela virtude subjetiva do indivíduo, preceituando condutas, sobretudo as justas, ou as do homem justo.[3]

Em outras palavras, a moral se refere aos valores, costumes e normas de conduta típicas de uma cultura ou sociedade. É o complexo de valores que conjugam as ações do ser humano.[4]

No pertinente ao direito, palavra plurívoca, há diversos significados, todos entrelaçados. O termo direito traduz a ideia da arte do bom e do equitativo (*ars boni et aequi*). Assim, em primeiro plano, o direito é visto como arte e como ciência, apesar de ter conquistado outros sentidos.[5]

---

[1] VENOSA, Sílvio de Salvo. *Introdução ao estudo do direito*: primeiras linhas. 2. ed. São Paulo: Atlas, 2009.

[2] REALE, Miguel. *Lições preliminares de direito*. 27. ed. São Paulo: Saraiva, 2002. p. 37.

[3] VILLEY, Michel. *Filosofia do direito*: definições e fins do direito – os meios do direito. (Trad. Márcia Valeria Martinez de Aguiar). 2. ed. São Paulo: Martins Fontes, 2008.

[4] VELOSO, Waldir de Pinho. *Filosofia do direito*. São Paulo: IOB Thomson, 2005.

[5] VENOSA, Sílvio de Salvo. *Introdução ao estudo do direito*: primeiras linhas. 2. ed. São Paulo: Atlas, 2009.

Etimologicamente, a palavra direito é derivada do latim *directum*, do verbo *dirigere* (dirigir, ordenar, endireitar). O vocábulo significa aquilo que é reto, que não se desvia, que segue uma só direção. Assim, por direito se entende tudo aquilo que é de acordo com a justiça, a razão e a equidade.[6]

O sentido a ser empregado neste estudo diz respeito ao direito como ciência, ou seja, quando sua análise objetiva a elaboração de "normas de conduta a serem respeitadas por cada indivíduo e voltadas para o interesse e bem-estar da coletividade".[7] Esse sentido enfeixa o estudo e a compreensão das normas postas pelo Estado ou pela natureza do homem. Nesse caso, a cientificidade não apenas se limita a apresentar e a classificar regras, mas também tem como finalidade analisar e estabelecer princípios para os fenômenos sociais, como, por exemplo: a obrigação; os negócios jurídicos; a filiação; o casamento; o poder familiar; a propriedade, etc.[8]

Quanto à liberdade, é possível concebê-la como a propriedade de a vontade se determinar por sua própria energia, sem existência de força ou coação. Em outras palavras, diz respeito à ação livre e por vontade espontânea.[9] O significado de liberdade está relacionado à premissa de que o homem é um ser livre e que, por esse motivo, tem o poder de acordar o seu arbítrio com o dos demais, conforme uma lei geral de liberdade.[10]

A liberdade, contextualizada historicamente, conquistou um espaço importante a partir do episódio conhecido como queda ou tomada da Bastilha,[11] marco histórico da Revolução Francesa – embasada nos ideais de liberdade, igualdade e fraternidade –, manifestando-se em duas perspectivas distintas, mas que se complementam: *i*) limitação da

---

[6]   SILVA, De Plácido e. *Vocabulário jurídico*. 15. ed. Rio de Janeiro: Forense, 1999.

[7]   SECCO, Orlando de Almeida. *Introdução ao estudo do direito*. 7. ed. Rio de Janeiro: Lumen Juris, 2001. p. 5.

[8]   VENOSA, Sílvio de Salvo. *Introdução ao estudo do direito*: primeiras linhas. 2. ed. São Paulo: Atlas, 2009.

[9]   BITTAR, Eduardo Carlos Bianca. *Curso de filosofia do direito*. 4. ed. São Paulo: Atlas, 2005.

[10]   REALE, Miguel. *Filosofia do direito*. 19. ed. São Paulo: Saraiva, 1999.

[11]   A tomada da Bastilha (*La prise de la Bastille*) aconteceu no ano de 1789. A Bastilha inicialmente foi construída como uma fortaleza pelo rei da França Carlos V, em 1370, tendo, a partir do século XVII, sido destinada ao aprisionamento de pessoas contrárias à política dominante. Era considerada o "símbolo espectral do absolutismo e do feudalismo. Para os iluministas, a Bastilha era, desde 1750, um símbolo de um regime em falência". Cf. MENEZES, Vladir. A revolução francesa. In: *Revista do Instituto do Ceará*, ano CIII, 1989. p. 657. Disponível em: <http://www.institutodoceara.org.br/revista/Rev-apresentacao/RevPorAno/1989/1989-ARevolucaoFrancesa.pdf>. Acesso em: 21 mai. 2017. p. 77.

soberania e da ação do Estado; e *ii*) garantia da autonomia da vontade do cidadão.[12] Conforme a ideia ou o sentido atribuído por Reale, "liberdade implica a convicção de que existe uma esfera peculiar e própria de ação reservada aos indivíduos, insuscetível de interferência ou de contrasteação por parte do Estado".[13]

Hayek, ao conceituar liberdade, notadamente aquela relacionada à esfera individual – subjetiva –, expõe que ela se refere "à possibilidade de uma pessoa pautar suas ações por sua própria vontade e consciência, por sua razão ou firme convicção, e não por circunstâncias ou impulsos momentâneos".[14]

Com esse breve introito, já é possível abstrair a intrínseca relação havida entre a moral, o direito e a liberdade. Observa-se que, apesar de resguardarem significados diversos, cada qual com suas características peculiares, é impossível separá-los. É o caso, por exemplo, da moral e do direito, que são instrumentos de controle social distintos, mas que não se excluem. Aliás, a moral e o direito se complementam e reciprocamente se influenciam.

Uma das principais teorias que analisam a relação entre a moral e o direito é a chamada teoria do mínimo ético,[15] desenvolvida pelo filósofo inglês Jeremy Bentham e posteriormente aperfeiçoada pelo jurista alemão Georg Jellinek, no fim do século XIX. Na teoria do mínimo ético, o direito e a moral são ilustrados como dois círculos concêntricos, de modo que o círculo que representa o direito é o menor. Entretanto, essa teoria não condiz com a realidade. De fato, muitas normas jurídicas são também normas morais, mas há normas jurídicas que estão aquém dos princípios morais ou se posicionando além destes. É o que assevera o tradicional brocardo "nem tudo que é justo é honesto".[16]

---

[12] BITTAR, Eduardo Carlos Bianca. *Curso de filosofia do direito*. 4. ed. São Paulo: Atlas, 2005.

[13] REALE, Miguel. *Filosofia do direito*. 19. ed. São Paulo: Saraiva, 1999.

[14] HAYEK, Friedrich August Von. *Os fundamentos da liberdade*. (Trad. Anna Maria Capovilla e José Ítalo Stelle). São Paulo: Visão, 1983. p. 9.

[15] A respeito dessa teoria, Reale preleciona que: "A teoria do 'mínimo ético' consiste em dizer que o Direito representa apenas o mínimo de Moral declarado obrigatório para que a sociedade possa sobreviver. Como nem todos podem ou querem realizar de maneira espontânea as obrigações morais, é indispensável armar de força certos preceitos éticos, para que a sociedade não soçobre. A Moral, em regra, dizem os adeptos dessa doutrina, é cumprida de maneira espontânea, mas como as violações são inevitáveis, é indispensável que se impeça, com mais vigor e rigor, a transgressão dos dispositivos que a comunidade considerar indispensáveis à paz social. Assim sendo, o Direito não é algo diverso da Moral, mas é uma parte desta, armada de garantias específicas". Cf. REALE, Miguel. *Lições preliminares de direito*. 27. ed. São Paulo: Saraiva, 2002. p. 42.

[16] VENOSA, Sílvio de Salvo. *Introdução ao estudo do direito*: primeiras linhas. 2. ed. São Paulo: Atlas, 2009.

Nessa esteira, existe aquilo que é imoral (contrário à moral), assim como existe aquilo que é apenas amoral (indiferente à moral), de modo que é necessário distinguir um campo do direito no qual existem normas jurídicas que, se não são imorais, são, no mínimo, amorais, razão pela qual o direito e a moral podem ser representados por dois círculos secantes. Na relação entre o direito e a moral, a representação de dois círculos concêntricos corresponde à concepção ideal, enquanto a representação de dois círculos secantes corresponde à concepção real ou pragmática.[17]

Assim, depreende-se que, apesar de direito e moral serem fenômenos distintos, cada um com suas especificidades e objetivos, acham-se interligados.[18] Cabe registrar que há uma diferença sensível entre a moral, que possui caráter espontâneo, e o direito, que possui a natureza obrigatória. O que distingue a moral do direito, portanto, é a coercibilidade, pois a moral é incoercível e o direito é coercível.[19]

Com efeito, pode-se afirmar que o direito é heterônomo, tendo em vista que o cidadão é compelido a cumprir a norma jurídica. É o caso do pagamento de impostos, que gera para o cidadão uma obrigação decorrente de lei. Em contrapartida, a moral é autônoma, uma vez que ninguém é obrigado a cumprir a norma moral. O cidadão só presta esmola, como exemplo, por força de sua consciência.[20]

O caráter espontâneo da moral está relacionado ao mundo do comportamento, que encontra em si próprio a razão de existir. É o mundo da conduta espontânea, pois o ato moral provoca a adoção do espírito ao conteúdo da regra. Isto é, não existe ato moral quando é praticado de modo forçado ou coagido.[21]

Nesse aspecto, a liberdade se conecta à moral, pois o ser humano tem a capacidade de escolher, de acordo com a sua consciência, se

---

[17] REALE, Miguel. *Lições preliminares de direito*. 27. ed. São Paulo: Saraiva, 2002.

[18] A esse respeito, Nader expõe que "Direito e Moral são instrumentos de controle social que não se excluem, antes, se completam e mutuamente se influenciam. Embora cada qual tenha seu objetivo próprio, é indispensável que a análise cuidadosa do assunto mostre a ação conjunta desses processos, evitando-se colocar um abismo entre o Direito e a Moral. Seria um grave erro, portanto, pretender-se a separação ou o isolamento de ambos, como se fossem sistemas absolutamente autônomos, sem qualquer comunicação, estranhos entre si. O Direito, malgrado distinguir-se cientificamente da Moral, é grandemente influenciado por esta, de quem recebe valiosa substância". Cf. NADER, Paulo. *Introdução ao estudo do direito*. 36. ed. Rio de Janeiro: Forense, 2014. p. 63.

[19] REALE, Miguel. *Lições preliminares de direito*. 27. ed. São Paulo: Saraiva, 2002.

[20] SIQUEIRA JR., Paulo Hamilton. *Lições de introdução ao direito*. 4. ed. São Paulo: Juarez de Oliveira, 2002.

[21] REALE, Miguel. *Lições preliminares de direito*. 27. ed. São Paulo: Saraiva, 2002.

cumpre ou não uma norma moral. Sem a liberdade, é impossível ao homem desenvolver uma consciência moral e praticar uma conduta assim considerada. O homem é um ser livre por natureza, de modo que a escolha pelo cumprimento ou não de uma norma moral requer o julgamento de consciência (liberdade) do próprio indivíduo.

De acordo com Bittar, encontra-se, a moral, centralizada na liberdade, pois é através desta que o homem se torna independente e decide pela prática de determinados comportamentos.[22] A liberdade, enquanto escolha de valores morais, é o que concede especificidade ao ser humano, assim como é por meio dela que o homem se torna capaz de criar um mundo contraposto ao da natureza, o mundo ético.

Insta salientar que, de acordo com a moral kantiana, o "homem não deve agir desta ou daquela maneira, por ser livre, mas é livre porque deve fazer algo que lhe dita a consciência de modo irrefragável".[23] Sob essa perspectiva, verifica-se que a liberdade encontra o seu ápice quando se relaciona com a moral. Isso porque, por ser livre, o ser humano pode cumprir ou não as normas morais. Nesse caso, a liberdade é exercida de forma plena e sem restrições, razão por que, por livre e espontânea vontade, o indivíduo pode agir de forma moral, amoral ou imoral, não sofrendo quaisquer sanções legais, exceto se a conduta for abarcada pelo direito.

Entretanto, quando se relaciona com o direito, a liberdade não alcança o seu ponto máximo. Em que pese ser livre, o cidadão é obrigado a cumprir a lei, sob pena de sofrer as sanções por ela impostas. Nessa situação, a liberdade não é plenamente exercida, já que o cidadão fica condicionado às restrições estabelecidas pela norma jurídica, em consequência da cessão implícita de parcela da autonomia individual em prol da sociabilidade.

À luz do Estado de Direito, nada pode ser arbitrário. A lei serve de parâmetro para o comportamento do ser humano, de modo que a limitação de sua liberdade somente pode ser condicionada pela norma jurídica, ou seja, apenas a lei tem o condão de compelir a execução de um dever, ou impedir a execução de determinado ato.[24]

A liberdade é um direito fundamental do ser humano, com amparo nos principais diplomas jurídicos internacionais e também na

---

[22] BITTAR, Eduardo Carlos Bianca. *Curso de filosofia do direito*. 4. ed. São Paulo: Atlas, 2005.

[23] REALE, Miguel. *Filosofia do direito*. 19. ed. São Paulo: Saraiva, 1999. p. 690.

[24] BITTAR, Eduardo Carlos Bianca. *Curso de filosofia do direito*. 4. ed. São Paulo: Atlas, 2005.

Constituição Federal (CF) brasileira de 1988. Ressalta-se que a própria CF assegura o direito à liberdade,[25] podendo ser limitada apenas por preceito de lei. Nessa linha, a imposição de limites à liberdade do cidadão é necessária. O homem é capaz de tudo, quer seja de praticar a melhor das ações, quer seja de agir de forma bestial. Nesse sentido, uma importante contribuição proporcionada pela instituição do Estado de Direito é que a limitação da liberdade do ser humano somente pode ser realizada pela norma jurídica.[26]

Percebe-se, então, que o ser humano não pode exercer sua liberdade de modo excessivo, caso contrário poderia violar a liberdade ou qualquer outro direito de seu semelhante. Logo, a liberdade do homem se sujeita, pelo menos, ao justo e adequado comando da lei.

Isso não significa que direito e liberdade se contrapõem, porquanto somente é possível falar de preceito normativo e de sua vigência admitindo-se que o ser humano possui um poder capaz de superar naturalmente as funções necessárias da vida psíquica, o que possibilita o cumprimento da prescrição normativa. Esse poder é a liberdade, compreendida como o domínio do homem sobre a sua consciência. Na relação com o direito, a liberdade é a determinação da consciência empírica pela consciência normativa.[27]

Assim, nota-se a existência de uma relação intrínseca entre moral, direito e liberdade, sobre a qual se faz necessária uma reflexão, sobretudo quando se discute a criminalização de condutas imorais.

2 A criminalização de condutas imorais: pornografia, aborto e eutanásia

Como já introduzido neste estudo, moral e direito são instrumentos de controle social que se complementam e reciprocamente se influenciam. A moral, tida como um conjunto de valores, usos, costumes, práticas e padrões de conduta de um determinado segmento social

---

[25] Art. 5º - Todos são iguais perante a lei, sem distinção de qualquer natureza, garantindo-se aos brasileiros e aos estrangeiros residentes no País a inviolabilidade do direito à vida, à liberdade, à igualdade, à segurança e à propriedade, nos termos seguintes: [...] II – *ninguém será obrigado a fazer ou deixar de fazer alguma coisa senão em virtude de lei.* [grifos nossos] Cf. BRASIL. Planalto. *Constituição da República Federativa do Brasil de 1988.* Disponível em: <http://www.planalto.gov.br/ccivil_03/constituicao/constituicaocompilado.htm>. Acesso em: 10 mai. 2017.

[26] BITTAR, Eduardo Carlos Bianca. *Curso de filosofia do direito.* 4. ed. São Paulo: Atlas, 2005.

[27] REALE, Miguel. *Filosofia do direito.* 19. ed. São Paulo: Saraiva, 1999.

que influencia diretamente na construção do ordenamento jurídico,[28] representa parcela do direito. Em diversas situações, é possível constatar a importância da moral para o direito. A própria obediência dos cidadãos às normas jurídicas está relacionada à moral. Segundo Catão, "também não se pode negar a relação entre o conteúdo moral e o direito, quando as normas jurídicas refletem valores morais".[29] Aliás, a moral também tem grande valia nas decisões proferidas pelos órgãos jurisdicionais.[30]

As normas jurídicas são consideravelmente distintas das outras modalidades de normas, sobretudo em razão de suas características peculiares. Contudo, as normas morais ostentam, sem dúvida, parentesco muito próximo com as normas jurídicas,[31] sendo as que mais se conciliam e se relacionam com o direito.[32]

Nesse contexto, emerge a discussão sobre o direito penal regular aquilo que é considerado como ilícito moral. É o caso da criminalização de condutas imorais, tais como a pornografia, o aborto e a eutanásia.

O raciocínio é o de que, se as normas jurídicas consideram como lícitos os usos, costumes e valores que são classificados pela sociedade como normas morais, consequentemente devem considerar como ilícitas as condutas tachadas como imorais.

Apesar da relação entre as normas jurídicas e as normas morais, é importante ressaltar que o direito e a moral são campos distintos. Nem

---

[28] De acordo com as lições de Ferraz Júnior, "[...] é preciso reconhecer certa similaridade entre normas jurídicas e preceitos morais. Ambos têm caráter prescritivo, vinculam e estabelecem obrigações numa forma objetiva, isto é, independentemente do consentimento subjetivo individual. Ambos são elementos inextirpáveis da convivência, pois, se não há sociedade sem direito, também não há sociedade sem moral". Cf. FERRAZ JÚNIOR, Tércio Sampaio. *Introdução ao estudo do direito*: técnica, decisão, dominação. 8. ed. São Paulo: Atlas, 2015. p. 321.

[29] CATÃO, Adrualdo de Lima. *Filosofia do direito para concursos*. Rio de Janeiro: Forense; São Paulo: Método, 2014. p. 86.

[30] CATÃO, Adrualdo de Lima. *Filosofia do direito para concursos*. Rio de Janeiro: Forense; São Paulo: Método, 2014.

[31] Convergindo com esse entendimento, Veloso expõe que: "Embora pertencentes a sistemas de normas distintas, as obrigações advindas do Direito e da Moral são parceiras e irmãs. Diferentes, distintas, mas parceiras e irmãs. Normalmente, o que se observa é que as prescrições do Direito são, também, de ordem moral. As poucas normas do Direito que não são também e cumulativamente morais são as do mundo não integrante do 'estado de direito', ou seja, as regras que foram feitas com vistas apenas a interesses individuais de manutenção e desvio do poder". Cf. VELOSO, Waldir de Pinho. *Filosofia do direito*. São Paulo: IOB Thomson, 2005. p. 84.

[32] VENOSA, Sílvio de Salvo. *Introdução ao estudo do direito*: primeiras linhas. 2. ed. São Paulo: Atlas, 2009.

tudo que integra o campo moral deve igualmente integrar o campo do direito. O fato é que existem condutas imorais que, à luz do direito, são consideradas lícitas.[33] Observa-se, pois, que a função do direito não é vigiar a virtude do cidadão, tampouco regular a sua conduta. No direito, não importa que subjetivamente o ser humano seja honesto e cheio de boas intenções.[34] Todavia, existe um clamor por uma atuação mais ampla do direito, sobretudo do seu âmbito penal, muito por conta da aparente incapacidade de atuação de outros mecanismos de controle social à contenção de riscos, embora tal clamor também se deva ao fato de um maior desprestígio das normas morais.[35]

Insta salientar que o direito penal é orientado pelo princípio da subsidiariedade, o qual somente autoriza a sua atuação quando os outros ramos do direito se mostrarem falhos ou insuficientes.[36] À luz do direito penal moderno, fundamentado na noção de Constituição, sobremodo na ideia de Estado Democrático de Direito, a proteção de bens jurídicos é um dos elementos que deve guiar a intervenção penal, em conformidade com a finalidade de proteção subsidiária dos bens jurídicos. Diante disto, exclui-se a tutela penal de condutas imorais ou contravenções, sendo vedada a sua criminalização.[37]

O direito penal deve ser visto como um ramo subsidiário em relação aos demais ramos do direito. Isto significa que, quando os outros

---

[33] Exemplificando, Reale afirma: "Lembre-se o exemplo de uma sociedade comercial de dois sócios, na qual um deles se dedica, de corpo e alma, aos objetivos da empresa, enquanto o outro repousa no trabalho alheio, prestando, de longe em longe, uma rala colaboração para fazer jus aos lucros sociais. Se o contrato social estabelecer para cada sócio uma compensação igual, ambos receberão o mesmo quinhão. E eu pergunto: é moral? Há, portanto, um campo da Moral que não se confunde com o campo jurídico". Cf. REALE, Miguel. *Filosofia do direito*. 19. ed. São Paulo: Saraiva, 1999. p. 43.

[34] Quanto à tutela de condutas imorais pelo Direito, Reale se posiciona da seguinte forma: "O Direito, infelizmente, tutela muita coisa que não é moral. Embora possa provocar nossa revolta, tal fato não pode ficar no esquecimento. Muitas relações amorais ou imorais realizam-se à sombra da lei, crescendo e se desenvolvendo sem meios de obstá-las. Existe, porém, o desejo incoercível de que o Direito tutele só o 'lícito moral', mas, por mais que os homens se esforcem nesse sentido, apesar de todas as providências cabíveis, sempre permanece um resíduo de imoral tutelado pelo Direito". Cf. REALE, Miguel. *Filosofia do direito*. 19. ed. São Paulo: Saraiva, 1999. p. 43.

[35] ROMA, Rodrigo. *Sociedade de risco e bens jurídico-penais transindividuais*: argumentos favoráveis à legitimação no contexto social complexo. 1. ed. Rio de Janeiro: Gramma, 2017.

[36] ANDREUCCI, Ricardo Antonio. *Manual de direito penal*. 10. ed. São Paulo: Editora Saraiva, 2014.

[37] ROMA, Rodrigo. *Sociedade de risco e bens jurídico-penais transindividuais*: argumentos favoráveis à legitimação no contexto social complexo. 1. ed. Rio de Janeiro: Gramma, 2017.

mecanismos de composição de conflitos e formas de punição não surtem o objetivo esperado, emerge a necessidade da tutela penal para coibir condutas desregradas e que possam lesionar bens jurídicos relevantes.[38]

A subsidiariedade do direito penal apresenta-se como substrato do princípio da intervenção mínima,[39] que também é conhecido como *ultima ratio*, nascido com vinculação ao pensamento iluminista e com a pretensão de redução, em linhas gerais, da legislação e, especialmente, das leis penais.[40] Sob esse viés, a intervenção mínima tem como escopo a orientação e a limitação do poder incriminador do Estado. A criminalização de um comportamento apenas é considerada legítima caso se constate ser o meio necessário para prevenir a lesão contra bens jurídicos importantes.[41]

A ideia do *ius puniendi* estatal através da proteção subsidiária do bem jurídico apresenta-se como uma solução racional. O legislador penal que acolher essa concepção, consequentemente, proibirá incriminações arbitrárias que não tutelam bens jurídicos, assim como tipificações puramente ideológicas e meramente imorais. Ademais, os próprios princípios constitucionais que limitam a atuação do legislador proíbem que o direito penal sirva de proteção a bens jurídicos desprovidos de importância.[42]

Com efeito, o direito penal se reserva a tutelar somente os bens jurídicos mais importantes e as condutas mais graves. É o que a doutrina

---

[38] NUCCI, Guilherme de Souza. *Manual de direito penal*. 10. ed. Rio de Janeiro: Forense, 2014.

[39] Quanto ao princípio da intervenção mínima, Mirabete aduz que: "O ordenamento positivo, pois, deve ter como excepcional a previsão de sanções penais e não se apresentar como um instrumento de satisfação de situações contingentes e particulares, muitas vezes servindo apenas a interesses políticos do momento para aplacar o clamor público exacerbado pela propaganda. [...] Essas ideias, consubstanciadas no chamado princípio da intervenção mínima, servem para inspirar o legislador, que deve buscar na realidade fática o substancial deve-ser para tornar efetiva a tutela dos bens e interesses considerados relevantes quando dos movimentos de criminalização, neocriminalização, descriminalização e despenalização". Cf. MIRABETE, Júlio Fabbrini. *Manual de direito penal*: parte geral. 23. ed. São Paulo: Editora Atlas, 2006. p. 108.

[40] Nesse contexto, o citado autor expõe como principal motivo originador do referenciado princípio "a preocupação com o excessivo número de leis e os tentáculos do absolutismo despótico, que pairavam, ameaçadoramente, contra a já hegemônica burguesia" como o "pano de fundo para o repúdio às normas que ainda eram editadas pela nova classe que ascendia ao poder". Cf. BARROS LIMA, Alberto Jorge Correia de. *Direito penal constitucional*: a imposição dos princípios constitucionais penais. São Paulo: Saraiva, 2012. p. 69.

[41] BITENCOURT, Cezar Roberto. *Tratado de direito penal*: parte geral. 17. ed. São Paulo: Saraiva, 2012.

[42] ROMA, Rodrigo. *Sociedade de risco e bens jurídico-penais transindividuais*: argumentos favoráveis à legitimação no contexto social complexo. 1. ed. Rio de Janeiro: Gramma, 2017.

denomina de princípio da fragmentariedade[43] no direito penal, que é um desdobramento do princípio da intervenção mínima.

Logo, se nem todas as condutas que ocasionam lesão a bens jurídicos são dignas de proibição pelo direito penal, menos ainda aquelas ações que se restringem exclusivamente ao campo moral. O caráter fragmentário do direito penal impõe que o legislador opte pela proteção de bens jurídicos essenciais nos casos em que a lesão for de maior intensidade.

Importa-nos discutir sobre a criminalização de condutas imorais, tais como a pornografia, o aborto e a eutanásia, com base nas reflexões advindas dos estudos de Ronald Dworkin.

3 Reflexões a partir da filosofia liberal de Ronald Dworkin

No presente ensaio, alocou-se como cerne do estudo proposto a reflexão sobre a criminalização de condutas imorais a partir da filosofia de Ronald Dworkin. Desse modo, pretende-se analisar a pornografia, o aborto e a eutanásia como condutas imorais e sujeitas a criminalização, a partir da posição do mencionado filósofo.

3.1 A questão da pornografia

A pornografia pode ser conceituada como todo experimento do ser humano, e o produto ou objeto desse experimento, que tem como objetivo excitar a libido de um público passivo, atraindo-lhe a atenção e estimulando o consumo.[44] No que se refere à sua criminalização, cabe registrar que existem diversas formas de pornografias; algumas delas, segundo Dworkin,[45] devem ser proibidas ou restringidas:

---

[43] De acordo com o entendimento de Bitencourt: "Nem todas as ações que lesionam bens jurídicos são proibidas pelo direito penal, como nem todos os bens jurídicos são por ele protegidos. O direito penal limita-se a castigar as ações mais graves praticadas contra os bens jurídicos mais importantes, decorrendo daí o seu caráter fragmentário, uma vez se ocupa somente de uma parte dos bens jurídicos protegidos pela ordem jurídica". Cf. BITENCOURT, Cezar Roberto. *Tratado de direito penal*: parte geral. 17. ed. São Paulo: Saraiva, 2012. p. 530.

[44] LOPES, Leandro Ricardo. *Pornografia*: exploração sexual e publicação obscena. 4. ed. Poços de Caldas: CBCN, 2016.

[45] DWORKIN, Ronald. *Uma questão de princípio*. (Trad. Luís Carlos Borges). São Paulo: Martins Fontes, 2001.

Certas formas de pornografia devem ser inteiramente proibidas. Estas incluem espetáculos de sexo ao vivo (cópula, sexo oral e similares efetivos, não simulados, executados ao vivo diante de um público) e filmes e fotografias produzidos por meio da exploração de crianças. Outras formas de pornografia não devem ser proibidas, mas restringidas de várias maneiras. As restrições incluem normas sobre exibição ou propaganda ofensivas em locais públicos, limitação da venda de pornografia em lojas especializadas e um esquema elaborado de exame prévio e autorização de filmes.[46]

Não obstante, em algumas sociedades, há um clamor público pela criminalização da pornografia em todas as suas formas. É o que ocorre, por exemplo, nos Estados Unidos e no Reino Unido. Nesses países, a maioria das pessoas prefere a censura substancial, se não a total proibição de filmes, fotografias, livros e revistas de conteúdo sexual explícito. Ocorre que, de acordo com Dworkin, são essas pessoas que fazem consumo da pornografia; aliás, isso faz parte da psicologia do sexo, de modo que muitos nutrem um gosto fixo pelo sexo, porém preferem resistentemente que os seus filhos não os acompanhem nesse gosto, e por isso desejam a criminalização.[47] De mais a mais, para o referenciado autor, os motivos utilizados pelos defensores da criminalização da pornografia podem ser diversos:

> Pode julgar ou acreditar, por exemplo, que seu prazer pelos corpos de outras pessoas é diminuído ou fica menos intenso e especial quando a nudez se torna excessivamente familiar para ele ou menos peculiar às ocasiões em que lhe oferece prazer especial, que podem ser no museu, no seu quarto, ou em ambos. Ou que o sexo passará a ser diferente e menos valioso para ele se lhe for lembrado, com muita frequência e vigor, que tem um significado diferente, mais comercial ou mais sádico, para outros. Ou que seu objetivo, de que seus filhos desenvolvam gostos e opiniões similares, será frustrado pela exibição ou propaganda a que ele se opõe.[48]

---

[46] DWORKIN, Ronald. *Uma questão de princípio*. (Trad. Luís Carlos Borges). São Paulo: Martins Fontes, 2001. p. 499.

[47] DWORKIN, Ronald. *Uma questão de princípio*. (Trad. Luís Carlos Borges). São Paulo: Martins Fontes, 2001.

[48] DWORKIN, Ronald. *Uma questão de princípio*. (Trad. Luís Carlos Borges). São Paulo: Martins Fontes, 2001. p. 529.

Ademais, uma parcela da sociedade entende que as pessoas que publicam e consomem pornografia estão fazendo algo errado ou, no mínimo, estão a exibir o tipo errado de caráter.[49] Nesse sentido, a pornografia é compreendida como um ilícito moral, e por indicar uma conduta supostamente errônea ou um desvio de caráter do indivíduo, alguns defendem a sua criminalização.

Entretanto, o que acontece de fato é que boa parte dos indivíduos não gosta de encontrar material que contém sexo explícito ou não se sente confortável de que esse material seja disponibilizado. Apesar disso, esse gosto não pode necessariamente refletir uma opinião adversa a respeito do caráter das pessoas que não se importam com isso. Por exemplo, as pessoas que esperam que o Estado produza exclusivamente clássicos do teatro não devem pensar que aqueles que preferem o teatro experimental são seres humanos menos dignos.[50]

De fato, o que motiva algumas pessoas à opinião pela criminalização da pornografia são os valores morais incutidos em suas consciências, como bem explica Dworkin:

> Além disso, mesmo se considerarmos literalmente a descrição dos motivos das pessoas no argumento que expus, somos obrigados a reconhecer a significativa influência das convicções morais nesses motivos, pois a ideia que uma pessoa tem acerca daquilo que deseja que sejam suas posturas para com o sexo e, com certeza, sua ideia acerca das posturas que espera encorajar em seus filhos, não apenas são influenciadas, mas constituídas por suas opiniões morais, no sentido amplo. Encontramos, portanto, nos motivos das pessoas para reprovar a propaganda ou a exibição de pornografia, pelo menos uma mistura e interação de posturas, crenças e gostos que excluem qualquer asserção segura de que a regulamentação justificada pelo recurso a esses motivos não violaria o direito à independência moral.[51]

É importante destacar, ainda, que o cidadão possui o direito à liberdade de escolha, podendo, por exemplo, deliberar sobre a leitura ou não de romances sádicos, ou também de observar fotografias de conteúdo sexualmente explícito. Essa liberdade é uma condição

---

[49] DWORKIN, Ronald. *Uma questão de princípio*. (Trad. Luís Carlos Borges). São Paulo: Martins Fontes, 2001.

[50] DWORKIN, Ronald. *Uma questão de princípio*. (Trad. Luís Carlos Borges). São Paulo: Martins Fontes, 2001.

[51] DWORKIN, Ronald. *Uma questão de princípio*. (Trad. Luís Carlos Borges). São Paulo: Martins Fontes, 2001. p. 530.

essencial e bastante desejável para a prosperidade do ser humano. Em outras palavras, é uma condição indesejável proibir as pessoas que desejam consumir a pornografia, mas não podem por causa de sua criminalização.[52]

3.2 A questão do aborto

Quanto à conduta do aborto, tem-se que esta pode ser compreendida como o ato de matar, deliberadamente, um embrião humano em formação. Nesse caso, a morte é escolhida antes que a vida se tenha realmente iniciado.[53] O aborto é um tema multidisciplinar e, sobretudo, moral. Os conservadores sustentam que o aborto é um ilícito moral; defendem também a sua criminalização. Entretanto, os liberais entendem que o aborto é uma questão puramente moral, não devendo ser objeto de interferência do direito penal.

Nesse contexto, observa-se que a problemática gira em torno de uma dúvida: qual o momento em que o embrião se torna um sujeito com direitos e interesses próprios, incluindo o direito à vida? Na opinião de Dworkin,[54] esse problema é uma questão moral e metafísica, envolvendo diversas áreas da ciência e do conhecimento humano:

> Os que sustentam que a decisão cabe à mulher defendem o aborto com base na afirmação de que o embrião é uma criança tanto quanto uma semente já é uma árvore. Em sua maior parte, as discussões teológicas, morais, filosóficas e, inclusive, sociológicas sobre o aborto pressupõem que as pessoas divergem quanto a se o feto é uma pessoa com direito à vida desde o momento de sua concepção, ou se se torna uma pessoa em algum momento da gravidez, ou se não se tornará uma criança enquanto não nascer. E também divergem quanto a se, admitindo-se que o feto já seja uma pessoa, seu direito à vida deve ou não curvar-se diante de algum direito mais forte da gestante.[55]

---

[52] DWORKIN, Ronald. *Uma questão de princípio*. (Trad. Luís Carlos Borges). São Paulo: Martins Fontes, 2001.

[53] DWORKIN, Ronald. *Domínio da vida*: aborto, eutanásia e liberdades individuais. (Trad. Jefferson Luiz Camargo). São Paulo: Martins Fontes, 2003.

[54] DWORKIN, Ronald. *Domínio da vida*: aborto, eutanásia e liberdades individuais. (Trad. Jefferson Luiz Camargo). São Paulo: Martins Fontes, 2003.

[55] DWORKIN, Ronald. *Domínio da vida*: aborto, eutanásia e liberdades individuais. (Trad. Jefferson Luiz Camargo). São Paulo: Martins Fontes, 2003. p. 41.

Apesar da divergência entre liberais e conservadores, não apenas a respeito do momento em que o embrião teria direito à vida, mas também referente à criminalização do aborto, percebe-se um consenso de que o aborto pode ser admitido em algumas situações excepcionais. É o caso, por exemplo, da permissão da prática do aborto quando for a medida necessária para salvar a vida da mãe, justificando-se por se tratar de uma questão de autodefesa. O aborto também é moralmente permissível quando a gravidez é fruto de um estupro ou incesto. A grande maioria dos conservadores admite o aborto em situações excepcionais, sendo poucos aqueles que sustentam que essa prática não se justifica mesmo em casos isolados.[56] Assim, o pensamento conservador é que o aborto constitui uma conduta que deve ser criminalizada, salvo nos casos acima mencionados, tendo em vista que o feto é um sujeito de direitos, entre os quais se insere o direito à vida.

Em contrapartida, a concepção liberal admite o aborto, mas sem negar o fato de que o embrião seja um sujeito de direitos. Na verdade, pressupõe-se que existem outros valores ainda mais importantes que estão em jogo quando se decide pela interrupção de uma gravidez.[57] É o caso, por exemplo, do aborto praticado nos casos em que se diagnosticou uma grave anomalia fetal, de modo que se a gravidez for levada a termo, existe a possibilidade de que a criança tenha uma vida sofrida, frustrante e breve. Assim, na concepção liberal, quando a anomalia é bastante complicada e a vida potencial estiver fadada a uma deformidade cruel e à brevidade, entende-se que o aborto não somente é permitido moralmente, como se apresenta como uma necessidade moral, visto ser um erro trazer ao mundo, de forma consciente, uma criança nessas condições.[58]

Além disso, o aborto poderia ser permitido quando a mãe está preocupada com os seus próprios interesses, ou seja, quando as consequências do nascimento forem trágicas para a vida da mulher e de sua família. A depender das circunstâncias, a interrupção da gravidez se justifica quando a mãe tem que abandonar a escola, abrir mão de sua carreira ou de uma vida independente e satisfatória. De fato, para a maioria das mulheres, esses casos são os mais difíceis e podem levar

---

[56] DWORKIN, Ronald. *Domínio da vida*: aborto, eutanásia e liberdades individuais. (Trad. Jefferson Luiz Camargo). São Paulo: Martins Fontes, 2003.

[57] DWORKIN, Ronald. *Domínio da vida*: aborto, eutanásia e liberdades individuais. (Trad. Jefferson Luiz Camargo). São Paulo: Martins Fontes, 2003.

[58] DWORKIN, Ronald. *Domínio da vida*: aborto, eutanásia e liberdades individuais. (Trad. Jefferson Luiz Camargo). São Paulo: Martins Fontes, 2003.

a algum sentimento de arrependimento caso realize o aborto. Ainda assim, no pensamento liberal, a mulher não pode ser considerada egoísta, imoral ou ser condenada por sua decisão.[59]

Observa-se, pois, que a concepção liberal não nega que o embrião é detentor do direito à vida, porém, quando se discute sobre o aborto, não se deve debater a partir dos direitos ou interesses do feto, senão de valores intrínsecos.[60] Contudo, isso não significa que o indivíduo pode responder às grandes questões morais ou jurídicas apenas com base nos próprios valores morais. Quando se trata de questões como o aborto, a grande maioria das pessoas se deixa levar por seus valores morais, assumindo um compromisso de lealdade em defendê-los. O indivíduo não busca formar sua opinião como cidadão, mas como religioso, ateu, feminista, crítico social, anarquista ou adepto de alguma outra concepção ortodoxa ou radical sobre a sociedade e a justiça.[61]

Nos diversos casos relatados anteriormente, percebe-se que a suposta imoralidade do aborto pode ser relativizada, a depender das circunstâncias da situação e dos próprios valores da pessoa. Por esse motivo, para além das questões afetas à saúde pública, afeiçoadas à presente discussão, não é prudente a criminalização do aborto, pois o governo não deve ter o poder de ditar a moral privada de nenhuma pessoa, o que pode implicar ofensa ao direito à liberdade e à privacidade. Dworkin corrobora esse entendimento:

> [...] a opinião de que, ao menos na fase final da gravidez, quando o feto já se desenvolveu o bastante para ter interesses próprios, o Estado não deve intervir nem mesmo para impedir os abortos não permissíveis moralmente, uma vez que, em última instância, a questão de saber se um aborto se justifica ou não deve ser decidida pela mulher que traz consigo o feto. Outros – o companheiro, a família, os amigos, o público – podem desaprovar, e é possível que moralmente estejam certos em fazê-lo. Em certas circunstâncias, a lei pode obrigá-la a discutir sua decisão com outras pessoas. Ao final, porém, o Estado deve deixar que ela decida por si mesma; não deve impor-lhe as convicções morais de terceiros.[62]

---

[59] DWORKIN, Ronald. *Domínio da vida*: aborto, eutanásia e liberdades individuais. (Trad. Jefferson Luiz Camargo). São Paulo: Martins Fontes, 2003.

[60] DWORKIN, Ronald. *Domínio da vida*: aborto, eutanásia e liberdades individuais. (Trad. Jefferson Luiz Camargo). São Paulo: Martins Fontes, 2003.

[61] DWORKIN, Ronald. *Domínio da vida*: aborto, eutanásia e liberdades individuais. (Trad. Jefferson Luiz Camargo). São Paulo: Martins Fontes, 2003.

[62] DWORKIN, Ronald. *Domínio da vida*: aborto, eutanásia e liberdades individuais. (Trad. Jefferson Luiz Camargo). São Paulo: Martins Fontes, 2003. p. 46.

Dessa maneira, ainda que por conta das circunstâncias da situação o aborto não seja moralmente permissível, o Estado não deveria criminalizá-lo, pois a decisão final sobre a interrupção da gravidez, e se é uma medida justificável, deve ser dos pais do nascituro.

3.3 A questão da eutanásia

Por sua vez, no que se refere à eutanásia, tem-se que esta pode ser compreendida como matar deliberadamente um ser humano por razões de benevolência. É uma opção pela morte após a vida realmente ter começado.[63] Nas últimas décadas, o debate sobre a eutanásia conquistou espaço nas primeiras páginas dos jornais. Isso porque os médicos começaram a admitir claramente uma conduta profissional que costumeiramente era mantida em segredo: a interrupção da existência dos pacientes que pedem para morrer, ou pelo menos, solicitam auxílio para findar suas vidas.[64]

Tal problemática diz respeito aos familiares e/ou aos profissionais da saúde que detêm o controle de aparatos tecnológicos com capacidade de manter vivos, seja por semanas ou até mesmo por anos, pessoas que se encontram à beira da morte ou incapacitadas, com dores ou no limiar da inconsciência, devido aos efeitos sedativos. Nesse caso, o indivíduo fica ligado a diversos aparelhos, sem os quais perderia a maioria de suas funções vitais. Isso evidencia como a situação é aterrorizante para qualquer ser humano, uma vez que a maior parte das pessoas (ou todas as pessoas) carrega consigo o medo de viver inconsciente, ainda que estejam sob cuidados.[65]

Na concepção conservadora, a eutanásia é compreendida como um ilícito moral, de modo que deve também ser regulada pelo direito penal. Diante disso, entende-se que a eutanásia é uma conduta imoral que deve ser criminalizada, ainda que haja o consentimento da vítima, pois a vida seria um bem jurídico indisponível.

No entanto, na visão liberal, a conduta é compreendida como um suicídio assistido, não devendo ser criminalizada, tendo em vista que

---

[63] DWORKIN, Ronald. *Domínio da vida*: aborto, eutanásia e liberdades individuais. (Trad. Jefferson Luiz Camargo). São Paulo: Martins Fontes, 2003.

[64] DWORKIN, Ronald. *Domínio da vida*: aborto, eutanásia e liberdades individuais. (Trad. Jefferson Luiz Camargo). São Paulo: Martins Fontes, 2003.

[65] DWORKIN, Ronald. *Domínio da vida*: aborto, eutanásia e liberdades individuais. (Trad. Jefferson Luiz Camargo). São Paulo: Martins Fontes, 2003.

todo ser humano tem o direito de optar pela eliminação da dor e do sofrimento, bem assim de morrer com dignidade no lugar e no tempo escolhido. Quando o indivíduo se torna um doente terminal, uma parte integral de seu direito consiste em ter o controle do seu próprio destino, pedindo auxílio a outrem para interromper a sua existência no lugar e no tempo de sua livre escolha.[66]

O problema é que as pessoas que decidem pela eutanásia, seja por se encontrarem em estado terminal ou em qualquer outra situação análoga, não conseguem exercer tal direito por conta própria, necessitando de auxílio para a interrupção de sua vida. Apesar da manutenção da plena consciência, a maioria das pessoas que possui doenças graves não tem a capacidade de pôr termo à sua vida sem ajuda alheia. Um indivíduo em pleno controle de suas faculdades mentais, mas que se encontra ligado a aparelhos que o auxiliam a mantê-lo vivo, necessita da assistência de outras pessoas para desligar os equipamentos. Na maioria das vezes, o mais procurado para realizar o suicídio assistido é o próprio médico, e muitos se mostram dispostos a desligar os aparelhos que mantêm vivo o paciente, em estágio terminal, desde que haja manifestação de seu interesse.[67]

Sobre isso, Dworkin expõe:

> Contudo, as leis de todos os países ocidentais (com exceção, na prática, da Holanda) ainda proíbem que médicos, ou outros, matem diretamente pessoas que lhes peçam para fazê-lo, injetando-lhes um veneno letal, por exemplo. Assim, o direito produz o resultado aparentemente irracional: por um lado, as pessoas podem optar por morrer lentamente, recusando-se a comer, recusando-se a receber um tratamento capaz de mantê-las vivas ou pedindo para ser desligadas de aparelhos de respiração artificial; por outro, não podem optar pela morte rápida e indolor que seus médicos poderiam facilmente conseguir-lhes.[68]

A proibição da eutanásia, na maioria esmagadora dos países em todo o mundo, deve-se ao fato de que, se fosse legalizada, pessoas que na verdade preferem continuar vivas poderiam ser mortas. Isso porque um paciente terminal, cujos cuidados são caros ou penosos,

---

[66] DWORKIN, Ronald. *Domínio da vida*: aborto, eutanásia e liberdades individuais. (Trad. Jefferson Luiz Camargo). São Paulo: Martins Fontes, 2003.

[67] DWORKIN, Ronald. *Domínio da vida*: aborto, eutanásia e liberdades individuais. (Trad. Jefferson Luiz Camargo). São Paulo: Martins Fontes, 2003.

[68] DWORKIN, Ronald. *Domínio da vida*: aborto, eutanásia e liberdades individuais. (Trad. Jefferson Luiz Camargo). São Paulo: Martins Fontes, 2003. p. 260.

ou que enfrenta uma situação consternadora para os familiares e amigos, pode se sentir culpado por todo o esforço empregado para a manutenção da sua vida. Além disso, muitos são contra a eutanásia por razões paternalistas ou religiosas, condenando a prática por achar que sabem o que é melhor para o paciente terminal e por entenderem que a interrupção da sua vida constitui a violação de um valor indisponível.[69]

Para o autor estudado, as pessoas não podem impor suas convicções a todos por meio da coercibilidade do direito penal, como é o caso da eutanásia. A liberdade é a exigência absoluta e fundamental do amor-próprio, de modo que o sistema jurídico deve incentivar cada um de nós a tomar decisões individuais sobre a própria morte. O exercício da liberdade e do direito à consciência confere dignidade ao ser humano, e o governo que nega esse direito é totalitário. Logo, do ponto de vista da eutanásia, o ideal é que o Estado respeite o direito de decidir dos indivíduos.[70]

Considerações finais

Ao longo dos últimos anos, as discussões sobre a criminalização de algumas condutas consideradas imorais, tais como a pornografia, o aborto e a eutanásia, têm dividido a opinião de diversos estudiosos e setores da sociedade civil. Nessa linha, embora as normas morais exerçam significativa influência na criação das normas jurídicas, nem todas as condutas morais devem ser objeto de regulamentação pelo direito.

O presente trabalho se propôs a tratar da criminalização de condutas consideradas contrárias à moral, a partir do entendimento do jusfilósofo norte-americano Ronald Myles Dworkin. Perpassando pela relação entre a moral, o direito e a liberdade, buscou-se estabelecer os limites da atuação do direito penal sobre as questões morais.

Com efeito, partindo das posições favoráveis e contrárias à ingerência do direito no campo da moral, estabeleceu-se um estudo reflexivo acerca da necessidade de criminalizar tais ações. Enquanto a corrente liberal entende que tais condutas pertencem ao campo exclusivamente moral, a corrente conservadora defende a sua criminalização. Contudo,

---

[69] DWORKIN, Ronald. *Domínio da vida*: aborto, eutanásia e liberdades individuais. (Trad. Jefferson Luiz Camargo). São Paulo: Martins Fontes, 2003.

[70] DWORKIN, Ronald. *Domínio da vida*: aborto, eutanásia e liberdades individuais. (Trad. Jefferson Luiz Camargo). São Paulo: Martins Fontes, 2003.

à luz das ciências jurídico-filosóficas, diversos são os motivos que impedem a tipificação penal de condutas imorais.

Dessarte, o direito penal, orientado pela ideia de subsidiariedade – que compõe o substrato do princípio da intervenção mínima (*ultima ratio*) –, apenas atua quando os outros ramos do direito se mostram insuficientes. A observância ao referido princípio impõe que a criminalização de condutas ocorra somente quando ficar demonstrada a efetiva necessidade de prevenção de lesão a bens jurídicos relevantes. Ressalta-se, ainda, o caráter fragmentário do direito penal, que deve se limitar a coibir tão somente as condutas mais graves e que violem os bens jurídicos mais importantes.

À luz da filosofia de Dworkin, a criminalização de condutas imorais, tais como a pornografia, o aborto e a eutanásia, resguarda motivos puramente morais, de modo que a tipificação penal dessas condutas contrariaria a liberdade individual dos seres humanos. Sendo a liberdade um requisito essencial, o Estado não deve se imiscuir, por meio de normas jurídicas, na moral privada dos indivíduos. O ser humano deve decidir por si mesmo sobre questões pertencentes ao âmbito da moral, razão pela qual a criminalização de condutas imorais não demonstra ser uma medida viável.

Desse modo, no pertinente à criminalização de condutas imorais, tais como a pornografia, o aborto e a eutanásia, depreende-se que o direito da sociedade de punir a imoralidade por meio da lei não deve, necessariamente, ser praticado contra todo e qualquer tipo de imoralidade, apesar da importância e influência de alguns princípios restritivos. O Estado deve respeitar a máxima liberdade individual que seja coerente com a integridade da sociedade, ao passo que o direito deve se abster de interferir em decisões de cunho pessoal, mesmo que condenáveis por uma parcela da sociedade.[71]

Referências

ANDREUCCI, Ricardo Antonio. *Manual de direito penal*. 10. ed. São Paulo: Editora Saraiva, 2014.

BARROS LIMA, Alberto Jorge Correia de. *Direito penal constitucional*: a imposição dos princípios constitucionais penais. São Paulo: Saraiva, 2012.

---

[71] DWORKIN, Ronald. *Levando os direitos a sério*. (Trad. Nelson Boeira). São Paulo: Martins Fontes, 2002.

BITENCOURT, Cezar Roberto. *Tratado de direito penal*: parte geral. 17. ed. São Paulo: Saraiva, 2012.

BITTAR, Eduardo Carlos Bianca. *Curso de filosofia do direito*. 4. ed. São Paulo: Atlas, 2005.

BRASIL. Planalto. *Constituição da República Federativa do Brasil de 1988*. Disponível em: <http://www.planalto.gov.br/ccivil_03/constituicao/constituicaocompilado.htm>. Acesso em: 10 mai. 2017.

CATÃO, Adrualdo de Lima. *Filosofia do direito para concursos*. Rio de Janeiro: Forense; São Paulo: Método, 2014.

DWORKIN, Ronald. *Domínio da vida*: aborto, eutanásia e liberdades individuais. (Trad. Jefferson Luiz Camargo). São Paulo: Martins Fontes, 2003.

DWORKIN, Ronald. *Levando os direitos a sério*. (Trad. Nelson Boeira). São Paulo: Martins Fontes, 2002.

DWORKIN, Ronald. *Uma questão de princípio*. (Trad. Luís Carlos Borges). São Paulo: Martins Fontes, 2001.

FERRAZ JÚNIOR, Tércio Sampaio. *Introdução ao estudo do direito*: técnica, decisão, dominação. 8. ed. São Paulo: Atlas, 2015.

HAYEK, Friedrich August Von. *Os fundamentos da liberdade*. (Trad. Anna Maria Capovilla e José Ítalo Stelle). São Paulo: Visão, 1983.

LOPES, Leandro Ricardo. *Pornografia*: exploração sexual e publicação obscena. 4. ed. Poços de Caldas: CBCN, 2016.

MENEZES, Vladir. A revolução francesa. In: *Revista do Instituto do Ceará*, ano CIII, 1989. Disponível em: <http://www.institutodoceara.org.br/revista/Rev-apresentacao/RevPorAno/1989/1989-ARevolucaoFrancesa.pdf>. Acesso em: 21 mai. 2017.

MIRABETE, Júlio Fabbrini. *Manual de direito penal*: parte geral. 23. ed. São Paulo: Editora Atlas, 2006.

NADER, Paulo. *Introdução ao estudo do direito*. 36. ed. Rio de Janeiro: Forense, 2014.

NUCCI, Guilherme de Souza. *Manual de direito penal*. 10. ed. Rio de Janeiro: Forense, 2014.

REALE, Miguel. *Filosofia do direito*. 19. ed. São Paulo: Saraiva, 1999.

REALE, Miguel. *Lições preliminares de direito*. 27. ed. São Paulo: Saraiva, 2002.

ROMA, Rodrigo. *Sociedade de risco e bens jurídico-penais transindividuais*: argumentos favoráveis à legitimação no contexto social complexo. 1. ed. Rio de Janeiro: Gramma, 2017.

SECCO, Orlando de Almeida. *Introdução ao estudo do direito*. 7. ed. Rio de Janeiro: Lumen Juris, 2001.

SILVA, De Plácido e. *Vocabulário jurídico*. 15. ed. Rio de Janeiro: Forense, 1999.

SIQUEIRA JR., Paulo Hamilton. *Lições de introdução ao direito*. 4. ed. São Paulo: Juarez de Oliveira, 2002.

VELOSO, Waldir de Pinho. *Filosofia do direito*. São Paulo: IOB Thomson, 2005.

VENOSA, Sílvio de Salvo. *Introdução ao estudo do direito*: primeiras linhas. 2. ed. São Paulo: Atlas, 2009.

VILLEY, Michel. *Filosofia do direito*: definições e fins do direito – os meios do direito. (Trad. Márcia Valeria Martinez de Aguiar). 2. ed. São Paulo: Martins Fontes, 2008.

Informação bibliográfica deste texto, conforme a NBR 6023:2002 da Associação Brasileira de Normas Técnicas (ABNT):

MALTA, Nigel Stewart Neves Patriota. Reflexões acerca da criminalização de condutas imorais: análise a partir da filosofia liberal de Ronald Dworkin. In: CATÃO, Adrualdo de Lima *et al.* (Coord.). *Filosofia contemporânea do direito e conectividades*: teoria e pragmática. Belo Horizonte: Fórum, 2019. p. 189-210. ISBN 978-85-450-0630-5.

A LIVRE-INICIATIVA COMO EXPRESSÃO DA LIBERDADE INDIVIDUAL: UMA RELEITURA À LUZ DE HAYEK

VAGNER PAES CAVALCANTI FILHO

Introdução

A liberdade foi princípio e móvel das Revoluções Francesa e Americana. Ombreada à igualdade e à fraternidade foi, das fontes, a primeira das várias dimensões de direitos fundamentais, sem a qual não haveria como se cogitar nenhum outro direito do homem em face do Estado.

A importância da liberdade para a humanidade é tamanha a ponto de definir a própria concepção dos Estados modernos em razão do maior ou menor grau conferido à esfera jurídica dos seus cidadãos. Sem laivos de dúvidas, é, entre os direitos fundamentais, aquele cujo debate atravessa os séculos e desperta maior atenção dos filósofos.

Das suas inúmeras facetas, existe uma, em especial, sobre a qual a doutrina brasileira durante muito tempo não dedicou maior interesse e, talvez, por isso mesmo, pouco se tenha investigado a sua função normativa e axiológica dentro do ordenamento jurídico. Estamos a nos referir ao princípio constitucional da "livre-iniciativa", alçado à categoria de fundamento da República ao lado da soberania, da cidadania, da dignidade humana, do valor social do trabalho e do pluralismo político.[1]

---

[1] Art. 1º A República Federativa do Brasil, formada pela união indissolúvel dos Estados e Municípios e do Distrito Federal, constitui-se em Estado Democrático de Direito e tem como fundamentos: I - a soberania; II - a cidadania; III - a dignidade da pessoa humana; IV - os valores sociais do trabalho e da livre iniciativa; V - o pluralismo político.

Por conta de uma série de fatores históricos, sociais e econômicos, denominados por Luís Roberto Barroso[2] de "disfunções históricas", os quais, somados ao longo período ditatorial, tornou diminuta a nossa compreensão a respeito da liberdade, em especial, a liberdade empresarial. De fato, com o advento do regime democrático, buscamos a igualdade sem a devida carta de alforria.

Prova disso é o preâmbulo da Constituição de 1988, no qual se evidencia a menção primeira ao intento de salvaguardar os direitos sociais, antes mesmo da liberdade e dos direitos individuais, na contramão da evolução histórica:

> Nós, representantes do povo brasileiro, reunidos em Assembleia Nacional Constituinte para instituir um Estado Democrático, destinado a assegurar o exercício dos direitos sociais e individuais, a liberdade, a segurança, o bem-estar, o desenvolvimento, a igualdade e a justiça como valores supremos de uma sociedade fraterna, pluralista e sem preconceitos, fundada na harmonia social e comprometida, na ordem interna e internacional, com a solução pacífica das controvérsias, promulgamos, sob a proteção de Deus, a seguinte *Constituição da República Federativa do Brasil.*

Como consectário dessa privação de uma experiência mais liberal,[3] a doutrina e a jurisprudência brasileiras pouco ou nenhuma eficácia reconheceram no fundamento da livre-iniciativa, permitindo ao Estado exercer de forma desordenada toda sorte de atividade econômica, reduzindo, com isso, o campo de atuação próprio dos particulares.

Por isso mesmo, o objetivo aqui almejado não intenta uma abordagem pura e simplesmente econômica do direito à livre-iniciativa, antes disso, propõe uma releitura do princípio da livre-iniciativa enquanto princípio fundamental da República Federativa e do Estado

---

[2] BARROSO, Luís Roberto. Estado e livre-iniciativa na experiência constitucional brasileira. *Revista brasileira de Direito Público – RBDP*, Belo Horizonte, ano 12, n. 45, p. 10, abr./jun. 2014.

[3] Para melhor compreensão remetemos à leitura de Luís Roberto Barroso (Cf. BARROSO, Luís Roberto. *Direito constitucional contemporâneo*: os conceitos fundamentais e a construção do novo modelo. 3. ed. São Paulo: Saraiva, 2011. p. 8): "O discurso acerca do Estado atravessou, ao longo do século XX, três fases distintas: a pré-modernidade (ou Estado liberal), a modernidade (ou Estado social) e a pós-modernidade (ou Estado neoliberal). A constatação inevitável, desconcertante, é que o Brasil chega à pós-modernidade sem ter conseguido ser liberal nem moderno. Herdeiros de uma tradição autoritária e populista, elitizada e excludente, seletiva entre amigos e inimigos – e não entre certo e errado, justo ou injusto –, mansa com os ricos e dura com os pobres, chegamos ao terceiro milênio atrasados e com pressa".

Democrático brasileiro, como uma decorrência lógica do próprio direito fundamental à liberdade, dotado de inegável força normativa.

Em tempos de crise política e econômica, em que se acentua cada vez mais no seio social o reconhecimento pela incapacidade do Estado em prover o essencial a toda a coletividade, a aspiração pelo progresso passa irrefutavelmente pela consolidação do fundamento da livre-iniciativa enquanto princípio fundamental consectário da liberdade e instrumento de desenvolvimento econômico e progresso social.

1 Considerações acerca da livre-iniciativa

O conceito de livre-iniciativa não é exclusividade da seara jurídica, ao revés, trata-se de manifestação do campo econômico e de doutrina favorável à liberdade, constituindo-se na possibilidade do exercício de atividades econômicas sem se deparar com restrições estatais.[4]

A ideia de liberdade de iniciativa enquanto atividade comercial remonta aos escambos nas civilizações antigas, com os primeiros passos desde o comércio marítimo até o terrestre. Nesse ínterim, surgem as Corporações de Ofício, que visavam garantir e proteger os privilégios da classe, criando seus próprios regramentos e consubstanciando suas exigências nos riscos inerentes à atividade comercial. Rubens Requião[5] salienta sobre esse marco histórico:

> Em um ambiente jurídico e social tão avesso às regras do jogo mercantil, foram os comerciantes levados a um forte envolvimento de união, através das organizações de classe que os romanos já conheciam em fase embrionária – os *colégios*. Entretanto, na Idade Média, essas corporações se vão criando no mesmo passo em que se delineiam os contornos da cidade medieval. Como principal e organizada classe, enriquecida de recursos, as *corporações de mercadores* obtêm grande sucesso e poderes políticos, a ponto de conquistarem a autonomia para alguns centros comerciais, de que se citam como exemplos as poderosas cidades italianas de Veneza, Florença, Gênova, Amalfi e outras.

Já a noção de livre-iniciativa, como um princípio que expressa a liberdade de comércio e indústria, é fruto da Revolução Francesa, quando no antigo regime de corporações havia as barreiras alfandegárias

---

[4] BASTOS, Celso Ribeiro. *Curso de direito constitucional.* 20. ed. atual. São Paulo Saraiva, 1999. p. 342.

[5] REQUIÃO, Rubens. *Curso de direito comercial.* 27. ed. São Paulo: Saraiva, 2007. v. 1, p. 9.

nas fronteiras e interior do país, a impedir a liberdade na organização econômica.[6]

Para André Ramos Tavares:

> [...] a livre-iniciativa consolidou-se como princípio fundamental de organização da economia na maioria dos países da atualidade, exceção feita àqueles nos quais a liberdade não é consagrada plenamente (no sentido ocidental de liberdade). Mas também, ao lado da livre-inciativa, consolidou-se a intervenção do Estado (paradoxo econômico aparente).[7]

Evidentemente, a noção conceitual daquilo que se entende por livre-iniciativa passa pela formatação que lhe é dada em cada ordem jurídica e em dado momento histórico, motivo pelo qual não se encontrará uma definição universal imutável.

Dentro da nossa ordem jurídica, a toda evidência, a livre-iniciativa foi erigida à categoria de fundamento da República Federativa do Brasil ao lado do valor social do trabalho, presente no artigo 1º, inciso IV, da Constituição Federal de 1988, donde se extrai a norma que permite ao indivíduo explorar determinada atividade econômica em consonância com os demais princípios da ordem econômica,[8] como a valorização do trabalho humano, a propriedade privada e sua função social, a livre concorrência, a defesa do consumidor e do meio ambiente, entre outros.

De uma leitura atenta da Constituição de 1988, percebe-se que, muito embora não tenha assumido nenhuma postura ideológica pura, ao recepcionar a livre-iniciativa, a propriedade privada, a livre concorrência, revela-se a adoção do modelo capitalista, talhado por alguns princípios sociais, mas, ainda assim, um modelo capitalista, como exposto por Celso Antônio Bandeira de Mello:

> A Constituição estabeleceu uma grande divisão: de um lado, atividades que são de alçada dos particulares – as econômicas; e, de outro, atividades que são de alçada do Estado, logo, implicitamente

---

[6] SPARAPANI, Priscilia; ADRI, Renata Porto (Coord.). Breves considerações sobre a intervenção do Estado no domínio econômico e a distinção entre atividade econômica e serviço público. In: *Intervenção do Estado no domínio econômico e no domínio social*: homenagem ao Professor Celso Antônio Bandeira de Mello. Belo Horizonte: Fórum, 2010. p. 18.

[7] TAVARES, André Ramos. *Direito constitucional econômico*. 2. ed. São Paulo: Método, 2006. p. 58.

[8] Art. 170. A ordem econômica, fundada na valorização do trabalho humano e na *livre-iniciativa*, tem por fim assegurar a todos existência digna, conforme os ditames da justiça social, observados os seguintes princípios [...]. (grifos aditados).

qualificadas como juridicamente não econômicas – os serviços públicos. De par com elas, contemplou, ainda, atividades que podem ser da alçada de uns e de outro.

O primeiro *discrímen* tem supina importância, pois é por via dele que, em termos práticos, se assegura a existência de um regime capitalista no país. Com efeito, ressalvados os monopólios estatais já constitucionalmente designados (petróleo, gás, minérios e minerais nucleares, nos termos configurados no art. 177, I-V), as atividades de alçada dos particulares – vale dizer, as atividades econômicas – só podem ser desempenhadas pelo Estado em caráter absolutamente excepcional, isto é, em dois casos: quando isto for necessário por um imperativo de segurança nacional ou quando demandado por relevante interesse público, conforme definidos em lei (art. 173) – a qual, por razões adiante apontadas, entendemos ser lei complementar.[9]

Portanto, ainda que inegável a diretriz social impingida à ordem econômica, não há como olvidar a orientação privada abarcada pela Constituição de 1988 ao estabelecer a excepcionalidade na exploração direta de atividade econômica pelo Estado, assim como ao atribuir um caráter indicativo ao planejamento feito pelo Estado ao setor privado, elevando o exercício de atividade econômica à categoria de liberdade pública.[10]

De outro norte, ao conferir à iniciativa privada a responsabilidade precípua de exploração das atividades econômicas, como se infere de forma translúcida da norma inserta no art. 173, a respeito da produção dos bens e serviços, a Constituição reservou ao Estado uma função estritamente supletiva. Com efeito, a exploração de atividade econômica pelo Estado só é constitucionalmente possível quando em caráter excepcional e subsidiário, nos devidos termos previstos em lei.

2 A concepção reducionista da livre-iniciativa pela doutrina tradicional

Um dos grandes óbices para a afirmação da livre-iniciativa enquanto princípio fundamental passa exatamente pela compreensão

---

[9] MELLO, Celso Antônio Bandeira de. *Curso de Direito Administrativo*. São Paulo: Malheiros, 2013. p. 809.

[10] SPARAPANI, Priscila; ADRI, Renata Porto (Coord.). Breves considerações sobre a intervenção do Estado no domínio econômico e a distinção entre atividade econômica e serviço público. In: *Intervenção do Estado no domínio econômico e no domínio social*: homenagem ao Professor Celso Antônio Bandeira de Mello. Belo Horizonte: Fórum, 2010. p. 21.

reducionista dada ao tema, nas últimas décadas, por autores contemporâneos, à constituinte com inclinações ideológicas eminentemente socialistas.

Essa perspectiva atribuiu uma interpretação estreita ao tema e impediu, durante muito tempo, o devido reconhecimento ao fundamento da livre-iniciativa como princípio fundamental e dotado de carga axiológica própria, capaz de servir de vetor e baliza às decisões políticas e judiciais sobre possíveis limitações à liberdade empresarial, como será adiante pormenorizado.

Muito se deve à contribuição de Eros Roberto Grau, em face do enorme sucesso e aceitação crítica de sua obra *A ordem econômica na Constituição de 1988*, ao sedimentar o conceito jurídico de livre-iniciativa estritamente atrelado ao fundamento do valor social do trabalho.

Grau refuta, de forma incisiva, a possibilidade de interpretação isolada da expressão "livre-iniciativa", negando-lhe feição de direito fundamental, sustentando assim sua tese:

> Enunciado no art. 1º, IV, e afirmação no art. 170, *caput*, consubstanciam princípios políticos constitucionalmente conformadores; livre concorrência, no art. 170, IV, constitui principio constitucional impositivo (Canotilho).
>
> No que tange ao primeiro dos princípios que ora temos sob consideração, cumpre prontamente verificarmos como e em que termos se dá a sua enunciação no texto. E isso porque, ao que tudo indica, as leituras que têm sido feitas do inciso IV do art. 1º são desenvolvidas como se possível destacarmos de um lado "os valores sociais do trabalho", e, de outro, a "livre- iniciativa", simplesmente. Não é isso, no entanto, o que exprime o preceito. Este em verdade enuncia, como fundamentos da República Federativa do Brasil, o valor social do trabalho e o valor social da livre-iniciativa.
>
> Isto significa que a livre-iniciativa não é tomada, enquanto fundamento da República Federativa do Brasil, como expressão individualista, mas sim, no quanto expressa de socialmente valioso.[11]

Decerto, não seria coerente e muito menos racional expandir a noção de livre- iniciativa, tal qual se encontra amoldada pelo texto constitucional, a uma feição eminentemente libertária, resumindo-a ao

---

[11] GRAU, Eros Roberto. *A ordem econômica na constituição de 1988*: interpretação e critica. 9. ed. São Paulo: Malheiros, 2004. p. 198.

"princípio básico do liberalismo econômico", ponto em que comungamos com o pensamento de Eros Grau.[12] Isto porque, de fato, quis o constituinte, ao ombreá-la aos valores da dignidade humana e social do trabalho, impor limites ao sistema capitalista com tais vetores humanistas corolários de conquistas históricas. Da mesma forma, não se pretende transportar a moldura da livre-iniciativa como talhada em outros países, cujos processos de formação histórica seguiram caminhos bastante distintos em relação ao nosso, tais como a Inglaterra e os Estados Unidos. Longe disso.

O que se está a debater é se a presença da livre-iniciativa encartada como fundamento da nossa República e do Estado de Direito brasileiro possui, por si só, a força normativa necessária para criar limites negativos ao poder intervencionista do Estado a ponto de tornar exceção uma interferência estatal num espaço claramente reservado aos particulares, ou, por outro lado, como vem sendo feito na prática, uma restrição à liberdade empresarial a cada esquina.

Também fazendo uma leitura a respeito da livre-iniciativa limitada ao aspecto social, José Afonso da Silva chega a reconhecer como ilegítima a livre-iniciativa focada no "puro lucro" ou na "realização pessoal do empresário":

> Assim, a liberdade de iniciativa econômica privada, num contexto de uma Constituição preocupada com a realização da justiça social (o fim condiciona os meios), não pode significar mais do que "liberdade de desenvolvimento da empresa no quadro estabelecido pelo poder público, e, portanto, possibilidade de gozar das facilidades e necessidade de submeter-se às limitações postas pelo mesmo". É legítima, enquanto exercida no interesse da justiça social. Será ilegítima, quando exercida com objetivo de puro lucro e realização pessoal do empresário.[13]

Percorrendo todo o corpo normativo espraiado na Constituição Federal, não encontramos qualquer dispositivo que possa indicar uma vedação ao lucro puro ou tampouco à realização pessoal do empresário, mesmo porque se houvesse tais vedações, haveria uma inequívoca adoção de um modelo econômico de viés socialista e estatizante, algo incompatível com a própria noção de livre-iniciativa adotada.

---

[12] GRAU, Eros Roberto. *A ordem econômica na constituição de 1988*: interpretação e crítica. 9. ed. São Paulo: Malheiros, 2004. p. 200.

[13] SILVA, José Afonso. *Curso de direito constitucional positivo*. 19. ed. São Paulo: Malheiros, 2001. p. 794.

Como bem formulado por Carlos Ari Sundfeld, *grosso modo*, houve uma inclinação de parcela considerável dos juristas contemporâneos à constituinte em se aferrarem à antítese entre o público e o privado, cujo "prisma ideológico, o público é o bem, o privado é o mal (o que, aliás, cabe ao público consertar). O Estado é o bem; os particulares, o mal".[14]

O fato é que, passadas algumas décadas desde a sua promulgação, essa perspectiva não mais encontra razão de existir, sendo amplamente reconhecida a relevância do papel dos indivíduos na realização de atividades de interesse público, diminuindo consideravelmente as linhas que separavam o público e o privado.

É preciso compreender que a persistência em manter conceitos jurídicos imodificáveis por apego histórico ou ideológico não impede a mudança da realidade; esta, ao menos num ambiente democrático, encontra-se sujeita às inúmeras mudanças provocadas pelas mais variadas formas de interação entre os particulares em busca de sua realização pessoal, mas com consequências úteis a toda a coletividade.

3 A livre-iniciativa como expressão da liberdade individual: uma releitura à luz de Hayek

Enquanto toda teoria do constitucionalismo contemporâneo fora sedimentada na ideia central da dignidade humana, erigindo-a à condição de norma de "máxima carga axiológica" e referência de toda ordem jurídica,[15] pouco ou nada se construiu sob o pálio da liberdade.

O enfoque importante a se ressaltar nesse contexto consubstancia-se no reconhecimento da livre-iniciativa como uma expressão das liberdades individuais, permitindo a aceitação de uma esfera jurídica privada oponível às investidas arbitrárias por parte do Estado.

Por liberdade individual concebe-se o estado segundo o qual "o homem não está sujeito à coerção pela vontade arbitrária de outrem", de modo que um dos objetivos de um sistema fundado na liberdade seria justamente "minimizar a coerção ou seus efeitos negativos, ainda que não possa eliminá-la completamente".[16]

---

[14] SUNDFELD, Carlos Ari. *Direito Administrativo para céticos*. São Paulo: Malheiros, 2014. p. 139-143.

[15] BONAVIDES, Paulo. *Teoria constitucional da democracia participativa*. 2. ed. São Paulo: Malheiros, 2003. p. 233.

[16] HAYEK, Friedrich August Von. *Os fundamentos da liberdade*. São Paulo: Visão, 1983. p. 4.

Em outra percuciente passagem, Hayek assevera que a "liberdade pressupõe que o indivíduo tenha assegurada uma esfera privada, que exista um conjunto de circunstâncias no qual os outros não possam interferir",[17] pois a interferência indevida e inesperada afeta o livre discernimento do indivíduo e o impede de tomar as decisões de acordo com seus próprios objetivos e pelos meios que o seu conhecimento indica.

Sendo assim, torna-se imprescindível a um regime democrático de direito o reconhecimento de uma esfera jurídica privada conhecida, "em que as circunstâncias não podem ser criadas por outra pessoa de modo a oferecer uma única escolha prescrita"[18] ou anular, prejudicar ou mesmo mitigar os efeitos e a viabilidade das decisões tomadas livremente sob uma determinada circunstância.

Hayek parte do pressuposto de que a coerção não pode ser totalmente evitada, justamente por constituir a única forma de impedir a coerção alheia de ser justamente a própria coerção atribuída ao monopólio do Estado. No entanto, pondera o autor ser indispensável que os indivíduos conheçam previamente os limites dessa coerção exercida pelo Estado, o que lhes permitirá dispor de seu livre-arbítrio, pautando-se por normas que lhes mostram, de antemão, os caminhos possíveis de serem trilhados dentro dessa conformação. Sobre esta perspectiva:

> A coerção que um governo ainda precisará usar para este fim é reduzida ao mínimo, tornando-se tão inócua quanto possível, graças às restrições impostas por normas gerais conhecidas, de maneira que um indivíduo, na maioria das vezes, nunca precisará sofrer coerção, a não ser que se coloque numa situação em que saiba que será coagido. Mesmo quando não se pode evitar a coerção, ela é privada de seus efeitos mais prejudiciais quando se restringe a deveres limitados e previsíveis, ou pelo menos quanto é independente da vontade arbitrária de outra pessoa. Tornando-se essa coerção impessoal e dependente de normas gerais abstratas, cujos efeitos sobre os indivíduos não podem ser previstos na época em que as normas são estabelecidas, até os atos coercitivos do governo se transformam em dados pelos quais o indivíduo pode pautar seus próprios planos.[19]

---

[17] HAYEK, Friedrich August Von. *Os fundamentos da liberdade*. São Paulo: Visão, 1983. p. 6.

[18] HAYEK, Friedrich August Von. *Os fundamentos da liberdade*. São Paulo: Visão, 1983. p. 17.

[19] HAYEK, Friedrich August Von. *Os fundamentos da liberdade*. São Paulo: Visão, 1983. p. 18.

Segundo Hayek, a humanidade teria aprendido a duras penas o valor da liberdade e isso estaria refletido nos atributos da lei, assentando o pensamento de que o Estado de Direito seria algo maior que constitucionalismo, porquanto exigiria que todas as leis estivessem em conformidade com certos princípios.[20] Trazemos à colação a seguinte passagem de John Stuart Mill:

> O valor de um Estado, no longo prazo, é o valor dos indivíduos que o compõem; e um Estado que subordina os interesses da ampliação e elevação mental *deles* a um pouco mais de habilidade administrativa – ou daquela aparência de habilidade que a prática dá – nos detalhes dos negócios, um Estado que apequena seus homens para que possam ser instrumentos mais dóceis em suas mãos, mesmo que para propósitos benéficos, descobrirá que com homens pequenos não se pode realizar nada realmente grande e que a perfeição da máquina, à qual tudo sacrificou, ao fim de nada lhe servirá, por falta daquele poder vital que, para que a máquina pudesse funcionar mais suavemente, preferiu banir.[21]

E como bem observado na doutrina de Luís Roberto Barroso, para além de um princípio geral da ordem econômica, a livre-iniciativa se constitui numa "expressão geral da liberdade":

> A livre-iniciativa é uma expressão da ideia geral de liberdade, e faz parceria com outros princípios constitucionais relevantes, como o da legalidade e o da autonomia da vontade. Nesse sentido, ela transcende uma dimensão puramente econômica, significando que a regra geral, em todos os domínios, é que as pessoas sejam livres para suas escolhas existenciais, profissionais, filantrópicas, de lazer, etc. O Estado não pode determinar onde um indivíduo vai morar, qual profissão seguir, o que vai fazer com seu dinheiro ou a quem vai ajudar ou deixar de ajudar.

> Procurando formular, desse modo, uma simples ideia conceitual acerca da liberdade de iniciativa, podemos dizer que se trata da liberdade garantida aos agentes econômicos de manejarem, nos limites constitucionalmente garantidos, os instrumentos econômicos disponíveis em busca dos fins inerentes a uma sociedade de base capitalista.[22]

---

[20] HAYEK, Friedrich August Von. *Os fundamentos da liberdade*. São Paulo: Visão, 1983. p. 249.

[21] MILL, John Stuart. *Sobre a liberdade*. (Trad. Denise Bottmann). Porto Alegre: L&PM, 2016. p. 173-174.

[22] BARROSO, Luís Roberto. Estado e livre-iniciativa na experiência constitucional brasileira. *Revista brasileira de Direito Público – RBDP*, Belo Horizonte, ano 12, n. 45, p. 16, abr./jun. 2014.

Transpondo tal pensamento ao objeto do presente trabalho, faz-se indispensável tornar cognoscível uma esfera de atuação dos particulares no campo econômico, livre de interferências indevidas e inesperadas por parte do Estado, ao menos se pretendermos acolher a livre-iniciativa como fundamento da república dotado de força normativa, e não como um adereço simbólico.

Procedendo às adaptações necessárias à nossa realidade, é possível afirmar que a livre-iniciativa seria uma das dimensões empresariais da liberdade, posto compreender justamente a liberdade de criação e o acesso ao mercado, sendo esse núcleo essencial justamente o objeto de nossa investigação.

Sendo a livre-iniciativa um direito fundamental e, portanto, um direito subjetivo de cada indivíduo, torna-se imprescindível o reconhecimento de um núcleo essencial mínimo capaz de proteger a esfera jurídica da liberdade empresarial sujeita à interferência por parte de terceiros e do próprio Estado. Quanto às interferências exercidas por terceiros, estas são tuteladas pelas regras de concorrência leal dispostas em nossa ordem jurídica, não sendo oportuno aqui aprofundar o tema.

Nas precisas palavras de Ponte de Miranda, "ou há um cerne de liberdade, que não se pode elidir, nem diminuir, sem a negar, ou a liberdade é só a que se concede aos indivíduos". Defende o jurista alagoano que a discussão filosófica, metafísica ou partidária somente faria sentido a partir da identificação do seu cerne, pois, do contrário, não haveria "fundamentação e limitação científica do conteúdo – nem sequer do conteúdo mínimo – da liberdade".[23]

Por sua vez, as interferências estatais podem ocorrer através da regulação exigida para adequar o seu exercício a outros direitos da sociedade, como também pela assunção de determinada atividade econômica como serviço público ou mesmo o exercício de atividades econômicas pelo Estado em regime concorrencial com os particulares, as quais, se não possuírem limites, certamente podem esvaziar por completo o núcleo essencial do fundamento da livre-iniciativa.

Dito isso, faz-se imperioso reconstruir o verdadeiro sentido do fundamento da livre-iniciativa como parte da dimensão empresarial da liberdade e direito fundamental do indivíduo, cujo direito subjetivo a não sofrer interferências ilegítimas do Estado merece a devida proteção

---

[23] PONTES DE MIRANDA, Francisco Cavalcanti. *Comentários à Constituição de 1967*. São Paulo: Revista dos Tribunais, 1967. t. IV, p. 651.

pela ordem jurídica, podendo ser contrastado perante o Judiciário, guardião último da Constituição.

Conjugando-se todos os dispositivos referentes à livre-iniciativa e à ordem econômica, não podemos deixar de reconhecer que as formas de intervenção do Estado nas atividades econômicas, seja a qualquer título, haverá de ser medida excepcional, dado ser uma esfera de direitos reservada inicialmente aos particulares e consubstanciar inequivocamente uma parcela do direito fundamental à liberdade individual, o qual se poderá opor a investidas arbitrárias ou excessivas por parte do Estado.[24]

Aliás, em nosso caso, a Constituição é cristalina quando impõe ao Estado caráter excepcional sobre a interferência na ordem econômica, ao dar protagonismo à livre- iniciativa. A respeito disso, leia-se:

> Especificamente na interpretação dos direitos fundamentais, inclusive de natureza econômica (liberdade de iniciativa, liberdade de expressão comercial, etc.), uma das mais importantes consequências dessa metodologia é que os programas constitucionais dos direitos fundamentais não podem ser preenchidos por normas infraconstitucionais. Ao revés, são estas que devem ser apreciadas à luz desse programa e corrigidas em caso de conflito. Os direitos fundamentais estão em um grau particularmente alto apoiado pelos seus campos normativos. Em razão de sua aplicabilidade imediata, necessitam de critérios concretos que possam torná-los inteligíveis a partir de sua própria dogmática setorial sem precisar dos favores da lei ordinária. [...] Devem ser totalmente descartadas as condições não escritas que poderiam levar à restrição de certos direitos fundamentais; as leis que podem restringir direitos fundamentais submetem-se a uma necessidade suplementar de prévia previsão constitucional explícita.[25]

Sinteticamente, elucida Victor Rhein Schirato: "É dizer, a regra absoluta é a da liberdade de empreendimento de qualquer atividade econômica, podendo apenas haver restrições em caso de conflitos com outros direitos fundamentais".[26] E isto somente é possível se

---

[24] É exatamente sobre a dificuldade de o Estado, que legisla e executa, autolimitar-se que John Stuart Mill disserta acerca da desconfiança quanto a um ente maior que, para além de assegurar a si diversos privilégios, ainda promove interferências diretas na esfera privada em prol de interesses que ele determina como importantes. MILL, John Stuart. *Sobre a liberdade*. (Trad. Denise Bottmann). Porto Alegre: L&PM, 2016. p. 158.

[25] SARMENTO, Daniel. *Interesses públicos versus interesses privados*: desconstruindo o princípio da supremacia do interesse público. Rio de Janeiro: Editora Lúmen Juris, 2010. p. 16.

[26] SCHIRATO, Vitor Rhein. *Livre-iniciativa nos serviços públicos*. Belo Horizonte: Fórum, 2012. p. 310.

reconhecermos o direito à livre-iniciativa como decorrência do direito fundamental à liberdade.

Uma das consequências da perspectiva trazida a lume neste breve ensaio é justamente vislumbrar uma estrutura jurídica capaz de permitir a defesa da liberdade de iniciativa por parte dos indivíduos ante os avanços estatais indevidos, sob pena de esvaziamento do conteúdo jurídico de um dos fundamentos da nossa república.

Isso porque, fincadas as razões pelas quais se justifica a livre-iniciativa como uma expressão da liberdade individual e, demonstrada a sua importância para toda a estrutura jurídica, assentada num Estado Democrático de Direito, torna-se lícito asseverar a existência de um direito subjetivo, consoante escólio de Ricardo Marcondes Martins:

> A previsão da liberdade como direito fundamental gera importantes consequências dogmáticas: não é possível negar a existência de um direito subjetivo de liberdade, direito esse fundamental. A afirmativa exige explicação: ter um direito subjetivo é ter a prerrogativa de perseguir em juízo o respectivo interesse e fazê-lo valer pela autoridade estatal.[27]

Por isso a relevância em se realçar a livre-iniciativa como uma decorrência do direito fundamental à liberdade, de modo a permitir o reconhecimento de uma esfera jurídica privada, não sujeita a "coerções ilegítimas" por parte do Estado, a qual somente terá utilidade dogmática quando houver correspondência direta a um direito subjetivo que a resguarde perante o Estado.

No caso do sistema constitucional brasileiro, parece-nos de solar evidência a prevalência de um sistema de liberdade econômica que, embora temperado por determinados valores sociais hábeis a lhes impingir contornos e limites, ainda assim privilegia a liberdade de iniciativa na ordem econômica, reservando ao Estado um papel suplementar, subsidiário e excepcional, onde toda atuação nesse campo deverá se adstringir aos limites traçados na própria Lei Maior.

E são justamente esses limites que poderão nos fornecer a delimitação necessária da esfera privada, indissociável da liberdade de iniciativa, para os fins aqui pretendidos. Dito de outro modo, ao impor uma atuação subsidiária do Estado no campo econômico, somente em

---

[27] MARTINS, Ricardo Marcondes. *Teoria jurídica da liberdade*. São Caetano do Sul: Contracorrente, 2015. p. 60.

casos relacionados aos imperativos de segurança nacional ou relevante interesse público (para além das próprias exceções expressamente consignadas), a Constituição acabou por delimitar a esfera jurídica da liberdade de iniciativa.

Muito embora isso possa parecer uma obviedade teórica, do ponto de vista prático a conclusão é absolutamente outra, dadas as inúmeras atividades exercidas pelo Estado no domínio econômico de duvidoso respaldo constitucional, ora em regime de concorrência direta no mercado, ora travestidas de serviço público.

Não se pode olvidar que as atividades assumidas pelo Estado com o qualitativo de serviço público não deixam de constituir produção e circulação de bens, produtos e serviços, tendo o Estado as apartado do regime geral de prestação privada e aplicando-lhes um regime jurídico de direito público.[28]

Isto porque um dos requisitos para a qualificação de determinada atividade enquanto serviço público é justamente o Estado assumi-las sob o regime jurídico administrativo, consagrador de prerrogativas necessárias à satisfação do interesse público, as quais possuem o condão de alçar a Administração Pública a uma posição de superioridade incompatível com o regime da livre concorrência.

De toda a forma, trata-se, inexoravelmente, de uma atuação, por via oblíqua, é verdade, do Estado numa esfera a princípio reservada à alçada dos particulares, cuja participação deveria, ao menos nos termos propostos pela Constituição Federal, dar-se de maneira excepcional, em situações de relevante interesse público e por imperativo de segurança nacional.

Podemos citar como exemplo a recente decisão da Empresa Brasileira de Correios e Telégrafos, que publicou recentemente a notícia de sua entrada na área de serviços de telecomunicações,[29] sustentando ter havido uma amplitude de seu escopo social por meio da Lei nº 12.490/2011, a qual passou a permitir a constituição de empresas subsidiárias e a aquisição do controle ou participação acionária em sociedades empresárias estabelecidas para atividades já compreendidas em seu objeto.

---

[28] A doutrina majoritária acolhe a divisão proposta por Eros Roberto Grau (Cf. GRAU, Eros Roberto. *A ordem econômica na constituição de 1988*: interpretação e crítica. 9. ed. São Paulo: Malheiros, 2004), o qual divide o gênero atividade econômica em duas subespécies: serviço público e atividade econômica em sentido estrito.

[29] CORREIOS. Matéria disponível em: https://www.correios.com.br/para-voce/noticias/correios-inicia-operacao-na-telefonia-celular. Acesso em: 17 jan. 2017.

Em que pese a duvidosa compatibilidade dos serviços de telecomunicações com o escopo social dos Correios, o fato é que o próprio Estado abriu mão outrora de executar diretamente tais serviços públicos quando, por expressa dicção constitucional (art. 21, XX, CF/88), os delegou por concessão ao setor privado. Assim, haveria aí uma inequívoca violação ao art. 173 da CF/88, posto somente admitir a atuação do Estado no domínio econômico e em concorrência em casos de relevante interesse público ou imperativos de segurança nacional, dado fático inexistente no caso em evidência.

Em situações como a que se apresenta, inequívoco o direito subjetivo das empresas de telecomunicações em recorrer à tutela jurisdicional para reivindicar a violação da livre-iniciativa por parte dos Correios, aviltando de forma indevida um espaço privado sem fundamentação constitucional idônea para tanto.

Por conseguinte, almeja-se demonstrar o fato de que reconhecer como legítima a incorporação de determinadas "atividades econômicas" por parte do Estado equivaleria à própria negação da norma inserta no art. 173 da Constituição Federal, a qual consignou, de forma expressa, a atuação excepcional do Estado no domínio econômico.

Em reforço, complemente-se que:

> Embora, como dito, não haja limites precisos que separem atividade econômica propriamente dita de serviço público, isto não quer dizer que o fato de provir de manifestação de competência legislativa baste para qualificar determinada atividade econômica de serviço público, sob pena de comprometermos a interpretação do art. 173 da CF, que, como dito, fez questão de reafirmar a atuação excepcional do Estado na exploração direta de atividade econômica.[30]

Nessa toada, a consideração da livre-iniciativa enquanto fundamento constitucional implica inequivocamente o reconhecimento de um papel subsidiário do Estado, permitindo e assegurando aos particulares uma esfera privada própria ao livre desenvolvimento de todas as potencialidades humanas.

Não é possível mais se olvidar que o texto constitucional, em diversas passagens, traçou um perfil de Estado garantidor desse espaço

---

[30] SPARAPANI, Priscilia; ADRI, Renata Porto (Coord.). Breves considerações sobre a intervenção do Estado no domínio econômico e a distinção entre atividade econômica e serviço público. In: *Intervenção do Estado no domínio econômico e no domínio social*: homenagem ao Professor Celso Antônio Bandeira de Mello. Belo Horizonte: Fórum, 2010. p. 22-23.

fundamental de desenvolvimento dos particulares, manifestação da dimensão empresarial da liberdade, cujas interferências estatais são pontuais nos termos já previstos na Constituição, e excepcionalíssimas para as hipóteses não previstas nela.

Ao fundar uma Ordem Econômica Constitucional, ou Constitucional Econômica, como se prefira, a Constituição instituiu um conjunto sistemático de normas que definem os contornos da economia do nosso país, razão pela qual estas não podem ser interpretadas "em tiras", na feliz expressão de Eros Grau.[31]

Consoante visto, em matéria de atuação do Estado na ordem econômica, tolera-se, única e exclusivamente, a sua exploração direta de certa atividade econômica quando necessária aos imperativos da segurança nacional ou a relevante interesse público, como se extrai do texto expresso no art. 173 da Constituição Federal.[32]

Muito embora a norma em comento esteja a se referir à atuação do Estado no mercado em regime de concorrência com os particulares, constitui importante baliza interpretativa também para o desempenho de atividades econômicas qualificadas como serviço público pelo Estado.

Isso porque, conforme já ventilado em outra passagem, em termos práticos, serviço público nada mais é do que uma atividade econômica eleita pelo Estado como de fundamental relevância para ser executada em prol da coletividade, cuja importância para o interesse público faz emergir uma relação jurídica especial.

Assim, ao proceder à releitura do princípio da livre-iniciativa à luz de Hayek, pretende-se afastar as interferências (coerções) ilegítimas à liberdade, contrapondo-se a uma discricionariedade ilimitada por parte do Estado, sob o risco de vulnerar-se tal princípio de maneira desproporcional e desarrazoada, aniquilando o espectro de atuação dos particulares para o desenvolvimento econômico e social do país.

---

[31] GRAU, Eros Roberto. *A ordem econômica na constituição de 1988*: interpretação e crítica. 9. ed. São Paulo: Malheiros, 2004. p. 40.

[32] Art. 173. Ressalvados os casos previstos nesta Constituição, a exploração direta de atividade econômica pelo Estado só será permitida quando necessária aos imperativos da segurança nacional ou a relevante interesse coletivo, conforme definidos em lei.

Considerações finais

Reapreciar a ideia de liberdade de empreender não implica necessariamente tornar diminutas as conquistas dos direitos de segunda dimensão, e tampouco pretender equipará-la à noção de dignidade humana como norma central da ordem jurídica neoconstitucional, sobretudo quanto à sua função axiológica máxime.

Ao pretender descortinar um novo horizonte para um velho valor presente na maior parte das constituições democráticas, mormente num momento de grandes dificuldades e insegurança jurídica e política, almeja-se uma concatenação adequada entre ideias e princípios fundamentais aptos a manter o equilíbrio constitucional almejado.

A maior parte dos autores que assentou o conteúdo da livre-iniciativa numa perspectiva reducionista assim o fez por não reconhecer nela uma força normativa maior, pois não era possível apreciar sob a perspectiva da ideologia socialista a sua importância para o desenvolvimento do país, dada a preponderância das exigências constitucionais que imperavam naquele momento histórico, por ocasião da declaração da constituinte.

Isso não retira a possibilidade de aprofundarmos o discurso e buscarmos dentro do seio constitucional lastros normativos aptos a legitimar a livre-iniciativa como um direito fundamental corolário da liberdade e bastante, por si mesmo, para servir de parâmetro às intervenções ilegítimas do Estado.

Mesmo porque, se à época não havia campo fértil para uma análise mais liberal da livre-iniciativa, a inequívoca alteração das circunstâncias sociais e da situação empírica relacionada à ordem econômica passa a exigir uma necessária releitura dos enunciados que compõem o determinado dispositivo constitucional.

A releitura proposta com base na obra de Friedrich Hayek nos permite realçar a importância da liberdade e da livre-iniciativa enquanto esferas jurídicas inerentes aos particulares e não sujeitas a "coerções ilegítimas" do Estado, compreensão imprescindível para a afirmação de um Estado Democrático de Direito.

Portanto, compreender a livre-iniciativa como um princípio fundamental significa reconhecer uma sociedade onde as pessoas sejam efetivamente livres para produzir riquezas, gerando emprego e renda, contribuindo para o desenvolvimento social e econômico, e onde eventuais abusos podem e devem ser veementemente rechaçados por parte do Estado, sem perder de vista que a regra é a liberdade!

Referências

BARROSO, Luís Roberto. *Direito constitucional contemporâneo*: os conceitos fundamentais e a construção do novo modelo. 3. ed. São Paulo: Saraiva, 2011.

BARROSO, Luís Roberto. Estado e livre-iniciativa na experiência constitucional brasileira. *Revista brasileira de Direito Público – RBDP*, Belo Horizonte, ano 12, n. 45, p. 10-16, abr./jun. 2014.

BASTOS, Celso Ribeiro. *Curso de direito constitucional*. 20. ed. atual. São Paulo Saraiva, 1999.

BONAVIDES, Paulo. *Teoria constitucional da democracia participativa*. 2. ed. São Paulo: Malheiros, 2003.

GRAU, Eros Roberto. *A ordem econômica na constituição de 1988*: interpretação e critica. 9. ed. São Paulo: Malheiros, 2004.

HAYEK, Friedrich August Von. *Os fundamentos da liberdade*. São Paulo: Visão, 1983.

MARTINS, Ricardo Marcondes. *Teoria jurídica da liberdade*. São Caetano do Sul: Contracorrente, 2015.

MELLO, Celso Antônio Bandeira de. *Curso de Direito Administrativo*. São Paulo: Malheiros, 2013.

MILL, John Stuart. *Sobre a liberdade*. (Trad. Denise Bottmann). Porto Alegre: L&PM, 2016.

PONTES DE MIRANDA, Francisco Cavalcanti. *Comentários à Constituição de 1967*. São Paulo: Revista dos Tribunais, 1967. t. IV.

REQUIÃO, Rubens. *Curso de direito comercial*. 27. ed. São Paulo: Saraiva, 2007. v. 1.

SARMENTO, Daniel. *Interesses públicos versus interesses privados*: desconstruindo o princípio da supremacia do interesse público. Rio de Janeiro: Editora Lúmen Juris, 2010.

SCHIRATO, Vitor Rhein. *Livre-iniciativa nos serviços públicos*. Belo Horizonte: Fórum, 2012.

SPARAPANI, Priscilia; ADRI, Renata Porto (Coord.). Breves considerações sobre a intervenção do Estado no domínio econômico e a distinção entre atividade econômica e serviço público. In: *Intervenção do Estado no domínio econômico e no domínio social*: homenagem ao Professor Celso Antônio Bandeira de Mello. Belo Horizonte: Fórum, 2010.

SUNDFELD, Carlos Ari. *Direito Administrativo para céticos*. São Paulo: Malheiros, 2014.

SILVA, José Afonso. *Curso de direito constitucional positivo*. 19. ed. São Paulo: Malheiros, 2001.

TAVARES, André Ramos. *Direito constitucional econômico*. 2. ed. São Paulo: Método, 2006.

Informação bibliográfica deste texto, conforme a NBR 6023:2002 da Associação Brasileira de Normas Técnicas (ABNT):

CAVALCANTI FILHO, Vagner Paes. A livre-iniciativa como expressão da liberdade individual: uma releitura à luz de Hayek. In: CATÃO, Adrualdo de Lima *et al.* (Coord.). *Filosofia contemporânea do direito e conectividades*: teoria e pragmática. Belo Horizonte: Fórum, 2019. p. 211-228. ISBN 978-85-450-0630-5.

DA JUSTIFICAÇÃO COLETIVISTA À SUPREMACIA DO INTERESSE PÚBLICO SOBRE O PRIVADO EM CONTRAPONTO À PERSPECTIVA LIBERAL: A PONDERAÇÃO DE INTERESSES EM CONFLITO NO CASO CONCRETO

DANILO MOURA LACERDA

Introdução

O que deve prevalecer, o interesse do indivíduo ou o da coletividade? Na raiz desta questão encontra-se a antiga dicotomia entre o privado e o público, o indivíduo *versus* o Estado,[1] que pode ser representada pelo confronto entre as ideias de Aristóteles e Hegel de um lado e de Locke e Kant de outro.[2]

Estas ideias vão permear todo o debate filosófico presente no período das grandes revoluções ocorridas no século XVIII, permitindo a superação do absolutismo com a prevalência das liberdades individuais, sendo afastado o paradigma organicista então existente e passando o indivíduo a ser considerado como antecedente ao Estado e não o contrário.[3]

Entre os ramos do direito público, o Direito Administrativo representa bem as relações onde ocorrem as colisões entre a autoridade

---

[1] BOBBIO, Norberto. *Estado, governo e sociedade.* 6. ed. Rio de Janeiro: Paz na terra, 1997. p. 14.
[2] BOBBIO, Norberto. *Estado, governo e sociedade.* 6. ed. Rio de Janeiro: Paz na terra, 1997. p. 23-24.
[3] BOBBIO, Norberto. *Liberalismo e democracia.* São Paulo: Brasiliense, 2000. p. 15.

do Estado e a liberdade dos cidadãos;[4] o interesse público é contraposto ao privado, sendo reconhecido pela doutrina clássica brasileira, encabeçada por Bandeira de Mello, um princípio da supremacia do interesse público sobre o privado, que representaria a base do regime jurídico administrativo.

Com o movimento de constitucionalização do direito, vários institutos do Direito Administrativo passaram a ser analisados sob as lentes constitucionais, momento em que diversos autores passam a rejeitar a existência de um princípio da supremacia do interesse público sobre o privado, entre estes, Ávila, Binenbojm e Sarmento.

Para investigar se efetivamente existe ou não um princípio da supremacia do interesse público, será necessário analisar o estado atual da divergência doutrinária sobre o assunto, o que será abordado no item dois; na terceira parte serão analisadas as teorias morais que justificariam a prevalência destes interesses e suas consequências; e no item quatro serão apresentadas noções de um modelo teórico dos direitos fundamentais e hermenêutico para a solução deste conflito.

Não se pretende, neste breve estudo, esgotar as teorias filosóficas e as questões envolvendo o modelo hermenêutico e suas críticas, até porque o objetivo específico é analisar se existe um princípio da supremacia do interesse público, utilizando as noções mais úteis de cada teoria para justificar a conclusão.

1 Divergências doutrinárias sobre a existência de um princípio de supremacia do interesse público sobre o privado

A discussão a respeito da existência de um princípio da supremacia do interesse público sobre o privado no Direito Administrativo é uma das mais presentes entre os doutrinadores brasileiros. Como referência neste debate, podemos citar o artigo pioneiro de Humberto Ávila,[5] rejeitando a existência deste princípio, posteriormente ratificado

---

[4] MEDAUAR, Odete. *Direito Administrativo moderno*. 9. ed. São Paulo: Editora Revista dos Tribunais, 2005. p. 387.

[5] ÁVILA, Humberto. Repensando o Princípio da Supremacia do Interesse Público sobre o Particular. *Revista Eletrônica sobre a Reforma do Estado (RERE)*, Salvador: Instituto Brasileiro de Direito Público, n. 11, setembro/outubro/novembro de 2007. Disponível em: <http://www.direitodoestado.com.br/rere.asp>. Acesso em: 26 nov. 2013.

por diversos outros doutrinadores, como: Sarmento,[6] Krell,[7] Binenbojm,[8] Baptista[9] e Schier,[10] em que se tenta superar a doutrina tradicional, especialmente de Bandeira de Mello[11] e Di Pietro,[12] entendimento que também é seguido por Carvalho Filho,[13] Medina Osório[14] e Gonzáles Borges.[15]

A atenção que a doutrina tem dispensado ao tema demonstra sua importância, pois, a depender da conclusão a que se chega, isso pode trazer consequências diretas sobre diversos institutos do direito administrativo (poder de polícia, intervenção na propriedade, regulação da atividade econômica, autotutela, etc.), já que o referido princípio compõe a base de todo o regime jurídico administrativo, ao lado do princípio da indisponibilidade do interesse público.

Bandeira de Mello afirma que o princípio da supremacia do interesse público é um verdadeiro axioma, "que proclama a superioridade do interesse da coletividade, afirmando a prevalência dele sobre o particular". Ao definir o que seria interesse público, explica que este seria composto pelos interesses de cada indivíduo na condição de

---

[6] SARMENTO, Daniel. Supremacia do interesse público? As colisões entre os direitos fundamentos e os interesses da coletividade. In: ARAGÃO, Alexandre Santos de; MARQUES NETO, Floriano de Azevedo. *Direito administrativo e seus novos paradigmas.* Belo Horizonte: Fórum, 2008.

[7] KRELL, Andreas J. Interesse público (primário) e interesses difusos no direito ambiental: o aspecto "político" de sua concretização. *Revista de direito ambiental,* São Paulo: Revista dos Tribunais, v. 63/2011, p. 11-48, julho/setembro, 2011.

[8] BINENBOJM, Gustavo. *Uma teoria do direito administrativo:* direitos fundamentais, democracia e constitucionalização. 3. ed. Rio de Janeiro: Renovar, 2014.

[9] BAPTISTA, Patrícia. *Transformações do direito administrativo.* Rio de Janeiro: Renovar, 2003.

[10] SCHIER, Paulo Ricardo. Ensaio sobre a supremacia do interesse público sobre o privado e o regime jurídico dos direitos fundamentais. *Revista dos Tribunais,* São Paulo: Revista dos Tribunais, v. 845/2006, p. 22-36, março/2006.

[11] MELLO, Celso Antônio Bandeira de. *Curso de Direito Administrativo.* 21. ed. São Paulo: Malheiros, 2008.

[12] DI PIETRO, Maria Sylvia Zanella. O princípio da supremacia do interesse público: sobrevivência diante dos ideais do neoliberalismo. In: DI PIETRO, Maria Sylvia Zanella; RIBEIRO, Carlos Vinícius Alves (*coord.*). *Supremacia do interesse público:* e outros temas relevantes do direito administrativo. São Paulo: Atlas, 2010.

[13] CARVALHO FILHO, José Dos Santos. Interesse público: verdades e sofismas. In: DI PIETRO, Maria Sylvia Zanella; RIBEIRO, Carlos Vinícius Alves (*coord.*). *Supremacia do interesse público:* e outros temas relevantes do direito administrativo. São Paulo: Atlas, 2010.

[14] OSÓRIO, Fábio Medina. Existe uma supremacia do interesse público sobre o privado no direito administrativo brasileiro? *Revista dos Tribunais,* São Paulo: Revista dos Tribunais, v. 770/1999, p. 53-92, Dezembro/1999.

[15] BORGES, Alice Maria Gonzáles. *Revista Brasileira de Direito Público,* Belo Horizonte, ano 4, n. 14, julho/setembro, 2006.

membros da sociedade, não devendo ser considerado apenas o interesse particular isoladamente.[16]

Ao criticar a ideia de Bandeira de Mello, de que o interesse público seria a projeção dos interesses individuais no plano coletivo, Binenbojm[17] afirma que aquele autor estaria defendendo uma concepção unitária entre os conceitos de interesse privado e público, para logo após se contradizer ao afirmar a superioridade do interesse da coletividade sobre o particular, pois não se poderia adotar uma concepção unitária entre interesse público e privado e, ao mesmo tempo, defender a prevalência de um dos interesses envolvidos.

Para Di Pietro,[18] o direito público protege apenas reflexivamente os interesses individuais, sendo o seu objetivo principal o bem-estar da coletividade, devendo o indivíduo deixar de ser considerado o fim único do direito, já que este fim deve ser o interesse público, justificando assim a supremacia do interesse público sobre o particular.

A autora, apesar de reconhecer a indeterminabilidade do conceito de interesse público, tenta definir de forma abstrata a sua supremacia, levando em consideração a delimitação realizada pelo ordenamento jurídico, ou seja, quando a lei geral e abstrata reconhece previamente esta supremacia em algumas situações.[19]

As lições de Mello e Di Pietro a respeito desse tema parecem identificar-se com teorias coletivistas, pois os interesses particulares para serem reconhecidos como legítimos deveriam contribuir para os fins públicos,[20] ou seja, os interesses individuais seriam um meio para a realização de um bem comum a ser viabilizado pelo Estado.

Também são identificadas contradições no pensamento de Meirelles, que defende a supremacia do interesse público, para logo em seguida afirmar que o intérprete deve buscar conciliar os interesses públicos e privados.[21]

---

[16] MELLO, Celso Antônio Bandeira de. *Curso de Direito Administrativo*. 21. ed. São Paulo: Malheiros, 2008. p. 66-67.

[17] BINENBOJM, Gustavo. *Uma teoria do direito administrativo*: direitos fundamentais, democracia e constitucionalização. 3. ed. Rio de Janeiro: Renovar, 2014. p. 88.

[18] DI PIETRO, Maria Sylvia Zanella. *Curso de Direito Administrativo*. São Paulo: Atlas, 2014. p. 66.

[19] DI PIETRO, Maria Sylvia Zanella. O princípio da supremacia do interesse público: sobrevivência diante dos ideais do neoliberalismo. In: DI PIETRO, Maria Sylvia Zanella; RIBEIRO, Carlos Vinícius Alves (coord.). *Supremacia do interesse público*: e outros temas relevantes do direito administrativo. São Paulo: Atlas, 2010. p. 98.

[20] BINENBOJM, Gustavo. *Uma teoria do direito administrativo*: direitos fundamentais, democracia e constitucionalização. 3. ed. Rio de Janeiro: Renovar, 2014. p. 88.

[21] BINENBOJM, Gustavo. *Uma teoria do direito administrativo*: direitos fundamentais, democracia e constitucionalização. 3. ed. Rio de Janeiro: Renovar, 2014. p. 93.

Medina Osório busca na Constituição ou na legislação ordinária normas que preveem a prevalência dos interesses do Estado em detrimento dos interesses individuais, e daí tenta inferir a existência de um princípio constitucional implícito da supremacia do interesse público sobre o particular, quando, na verdade, o que há é a supremacia da lei e da Constituição.

Ávila conclui pela negação da existência de um princípio da supremacia do interesse público, porque um princípio explicativo não pode se apresentar como uma regra de preferência; também não pode ser identificado como um postulado normativo, já que para isso seria necessário haver uma definição objetiva e abstrata do conceito de interesse público, o que não é viável pela sua indeterminação, só podendo ser realizado no caso concreto, momento em que o intérprete realizará a ponderação para identificar a opção que proporcionará a realização, na máxima medida possível, dos interesses tutelados juridicamente, sejam públicos ou privados.

Ávila,[22] inspirado nas lições de Häberle,[23] defende ainda que não há colisão entre o interesse público e o privado, mas uma conexão estrutural, ocorrendo uma "indissociabilidade" entre estes interesses, na medida em que muitas vezes a garantia de um interesse individual pode representar a realização de um interesse público.

Nesta mesma linha de raciocínio, Binenbojm[24] parte da premissa da constitucionalização do direito administrativo e de que a finalidade, fundamento e limites do Estado estariam voltados a concretizar os paradigmas constitucionais, que tutelam tanto os interesses privados quantos os públicos, desenvolvendo o raciocínio no sentido de que tanto os interesses privados quanto os coletivos seriam espécies de interesses públicos, como, por exemplo, a situação em que o Estado, ao realizar a segurança individual, estaria também atendendo ao interesse público.

Todavia, logo em seguida, afirma que não rejeita a existência de um conceito de interesse público como interesse da coletividade,

---

[22] ÁVILA, Humberto. Repensando o Princípio da Supremacia do Interesse Público sobre o Particular. *Revista Eletrônica sobre a Reforma do Estado (RERE)*, Salvador: Instituto Brasileiro de Direito Público, n. 11, setembro/outubro/novembro de 2007. p. 13-14. Disponível em: <http://www.direitodoestado.com.br/rere.asp>. Acesso em: 26 nov. 2013.

[23] HÄBERLE, Peter. *La libertad fundamental en el Estado constitucional*. Peru: Fondo Editorial, 1997. p. 76.

[24] BINENBOJM, Gustavo. *Uma teoria do direito administrativo*: direitos fundamentais, democracia e constitucionalização. 3. ed. Rio de Janeiro: Renovar, 2014. p. 106.

retomando a dicotomia entre público/privado, que, aparentemente, tinha rejeitado anteriormente, concluindo que eventual conflito entre interesses privados e coletivos, espécies de interesses públicos, deve ser resolvido por meio da ponderação, quando se encontraria o "melhor interesse público".[25]

A primeira divergência entre a doutrina que defende a existência de um princípio da supremacia do interesse público e seus críticos está no método hermenêutico aplicado, já que a primeira trabalha com uma concepção axiológica, princípios como as normas mais importantes do sistema jurídico; os outros concebem os princípios em sua estrutura, seguindo as lições de Alexy, em que os princípios seriam mandamentos de otimização e, portanto, um princípio não poderia determinar que ele sempre prevalecerá.[26]

Por se tratar de conceitos de princípios oriundos de métodos diversos, esse debate perde força, pois se torna uma discussão meramente terminológica.[27]

Outra crítica à doutrina tradicional refere-se à tentativa de definir aprioristicamente uma supremacia do interesse público, quando apenas no caso concreto poder-se-á identificar o que seria interesse público e se este deve prevalecer perante os interesses individuais.[28]

Como visto acima, Mello defende um conceito unitário entre os interesses públicos e privados, como se estes se confundissem na busca do bem comum; por outro lado, os seus críticos, como Ávila,[29]

---

[25] BINENBOJM, Gustavo. *Uma teoria do direito administrativo*: direitos fundamentais, democracia e constitucionalização. 3. ed. Rio de Janeiro: Renovar, 2014. p. 107-108.

[26] SARMENTO, Daniel. Supremacia do interesse público? As colisões entre os direitos fundamentos e os interesses da coletividade. In: ARAGÃO, Alexandre Santos de; MARQUES NETO, Floriano de Azevedo. *Direito administrativo e seus novos paradigmas*. Belo Horizonte: Fórum, 2008. p. 141.

[27] SILVA, Virgílio Afonso da. Na encruzilhada liberdade-autoridade: a tensão entre direitos fundamentais e interesses coletivos. In: ALMEIDA, Fernando Dias Menezes de *et al.* (*orgs.*). *Direito público em evolução*: estudos em homenagem à Professora Odete Medauar. Belo Horizonte: Fórum, 2013. p. 741.

[28] SILVA, Virgílio Afonso da. Na encruzilhada liberdade-autoridade: a tensão entre direitos fundamentais e interesses coletivos. In: ALMEIDA, Fernando Dias Menezes de *et al.* (*orgs.*). *Direito público em evolução*: estudos em homenagem à Professora Odete Medauar. Belo Horizonte: Fórum, 2013. p. 741.

[29] ÁVILA, Humberto. Repensando o Princípio da Supremacia do Interesse Público sobre o Particular. *Revista Eletrônica sobre a Reforma do Estado (RERE)*, Salvador: Instituto Brasileiro de Direito Público, n. 11, setembro/outubro/novembro de 2007. p. 13-14. Disponível em: <http://www.direitodoestado.com.br/rere.asp>. Acesso em: 26 nov. 2013.

Sarmento[30] e Binebojm,[31] também afirmam tal identidade entre ambos os interesses, mas neste caso para justificar a rejeição da supremacia do interesse público. Contudo, conforme será explicado no próximo item, é muito perigoso esse tipo de identificação, sob pena de se colocar em risco os próprios direitos individuais. Além disso, em ambos os casos, essa espécie de confusão só pode ocorrer no plano abstrato, pois no caso concreto será possível identificar o conflito de interesses entre o Estado e o particular.[32]

Abstratamente, é possível imaginar que a realização de um interesse privado levará à satisfação do interesse da sociedade. Os exemplos mais claros se dão na área de segurança pública, até por causa da prevenção geral.

Entretanto, será que a determinação judicial para o fornecimento de medicamento ou tratamento de alto custo para um indivíduo estaria atendendo ao interesse da coletividade, que sofre com o péssimo atendimento devido a dificuldades orçamentárias?

Apesar de abstratamente todos terem interesse no instituto da desapropriação para a garantia do desenvolvimento urbano,[33] na situação concreta também resta evidente o conflito do interesse público com o privado.

Também é comum o choque entre interesses públicos, e nestas situações, igualmente, não é válido invocar a supremacia de um dos interesses envolvidos, não sendo adequado argumentar que tudo é interesse público com a finalidade de rejeitar o princípio da supremacia. Este merece ser refutado por outros argumentos mais sólidos, lapidados a partir dos fundamentos filosóficos do princípio da supremacia do interesse público, e da teoria hermenêutica adequada à solução deste tipo de conflito.

---

[30] Daniel Sarmento afirma: "Portanto, o quadro que se delineia diante dos olhos é muito mais o de convergência entre interesses públicos e os direitos fundamentais do que o de colisão. Tal situação, repita-se, não constitui exceção, mas a regra". SARMENTO, Daniel. Supremacia do interesse público? As colisões entre os direitos fundamentos e os interesses da coletividade. In: ARAGÃO, Alexandre Santos de; MARQUES NETO, Floriano de Azevedo. *Direito administrativo e seus novos paradigmas*. Belo Horizonte: Fórum, 2008. p. 121.

[31] BINENBOJM, Gustavo. *Uma teoria do direito administrativo*: direitos fundamentais, democracia e constitucionalização. 3. ed. Rio de Janeiro: Renovar, 2014. p. 106.

[32] SILVA, Virgílio Afonso da. Na encruzilhada liberdade-autoridade: a tensão entre direitos fundamentais e interesses coletivos. In: ALMEIDA, Fernando Dias Menezes de *et al.* (*orgs.*). *Direito público em evolução*: estudos em homenagem à Professora Odete Medauar. Belo Horizonte: Fórum, 2013. p. 741.

[33] MELLO, Celso Antônio Bandeira de. *Curso de Direito Administrativo*. 21. ed. São Paulo: Malheiros, 2008. p. 57.

2 Coletivismo x liberalismo: a dicotomia entre interesse público e interesse privado

Os limites da esfera privada e da pública estão inseridos na grande dicotomia entre o público e o privado. Esse conflito está muito presente nas relações entre o Estado e o indivíduo, reguladas pelo Direito Administrativo, refletindo a conflituosa relação entre a liberdade e a autoridade.[34]

A justificação da existência de um interesse público que poderia suprimir o interesse privado visando alcançar o bem comum remonta ao princípio aristotélico de que "o todo vem antes das partes".[35]

Posteriormente, este princípio vai ser invocado por Hegel para justificar a ideia de que o bem da totalidade por meio do Estado representa o bem das partes, buscando a justificação para a limitação impositiva da liberdade, o que implica o aumento da intervenção estatal coativa para regular os comportamentos individuais.[36]

Apesar de aparentemente sedutora a teoria moral por trás destas ideias, o coletivismo oriundo do historicismo e do organicismo hegeliano traz uma consequência perigosa: a possibilidade da total desconsideração dos direitos individuais sempre que o Estado entender que determinada medida é essencial à realização do bem comum, pois a sociedade vem antes do indivíduo.[37]

"O universo se encontra no Estado" – esse é um dos trechos da obra de Hegel que Popper cita para alertar sobre quão perigosa é aquela doutrina:

> Esses trechos mostram que o coletivismo radical de Hegel depende tanto de Platão quando depende de Frederico Guilherme II, rei da Prússia, no período crítico durante e após a Revolução Francesa. Sua doutrina é a de que o Estado é tudo, e o indivíduo, nada, pois deve tudo ao Estado, tanto sua existência física como a espiritual.[38]

O totalitarismo moderno herda suas ideias mais relevantes da doutrina de Hegel, entre as quais estão as conclusões de que: a) todo

---

[34] MEDAUAR, Odete. *Direito Administrativo moderno*. 9. ed. São Paulo: Editora Revista dos Tribunais, 2005. p. 387.

[35] BOBBIO, Norberto. *Estado, governo e sociedade*. 6. ed. Rio de Janeiro: Paz na terra, 1997. p. 24.

[36] BOBBIO, Norberto. *Estado, governo e sociedade*. 6. ed. Rio de Janeiro: Paz na terra, 1997. p. 25.

[37] BOBBIO, Norberto. *Liberalismo e democracia*. São Paulo: Brasiliense, 2000. p. 15.

[38] POPPER, Karl. *A sociedade aberta e seus inimigos*. Belo Horizonte: Editora Itatiaia; São Paulo: Editora da Universidade de São Paulo, 1974. v. 2, p. 37-38.

Estado é criado por uma nação (raça), que representa seu espírito, devendo a nação escolhida dominar o mundo; b) o Estado vive em uma situação natural de guerra total contra todos os outros Estados; c) o Estado é julgado apenas pela história, não tem obrigações morais, a utilidade pública é o único princípio de conduta pessoal; d) o Estado precisa ser guiado por uma grande personalidade, o herói (princípio da liderança), em contraste com o burguês egoísta.[39]

Os movimentos políticos totalitários que assolaram o mundo no século XX inspiraram-se nas ideias de Hegel, que são opostas à doutrina kantiana. Kant, em seu imperativo categórico, considera o homem como um fim em si mesmo.[40]

No marxismo também está presente o coletivismo, pois se tenta justificar a existência de um Estado com a força necessária para promover a igualdade em detrimento da liberdade e da propriedade privada. Trata-se de uma doutrina fundada no materialismo histórico, em que a luta entre as classes protagoniza a história.[41]

O tempo demonstrou que as previsões de Marx não se confirmaram, todavia, sua teoria foi reciclada no movimento comunitarista, que apesar de não ter uma unidade de ideias, mantém uma uniformidade nas críticas ao liberalismo.[42] Para o comunitarismo, os vínculos sociais, coletivos e culturais são essenciais à definição da identidade.[43]

Um subproduto do comunitarismo é o multiculturalismo, que realiza uma crítica pós-marxista; esta transplanta a luta de classes para a luta de grupos sociais relativamente homogêneos, levando em consideração questões econômicas, de nacionalidade, etnicidade, raça, gênero, sexualidade, etc. É um movimento que visa não só à redistribuição (por isso vai além do socialismo), mas também ao reconhecimento.[44]

Ao contrário, os liberais defendem que o indivíduo antecede o Estado, que foi instituído por meio de um contrato social. Para os libertários, defensores do Estado mínimo, a principal razão para que os

---

[39] POPPER, Karl. *A sociedade aberta e seus inimigos*. Belo Horizonte: Editora Itatiaia; São Paulo: Editora da Universidade de São Paulo, 1974. v. 2, p. 69.

[40] BINENBOJM, Gustavo. *Uma teoria do direito administrativo*: direitos fundamentais, democracia e constitucionalização. 3. ed. Rio de Janeiro: Renovar, 2014. p. 85.

[41] POPPER, Karl. *A sociedade aberta e seus inimigos*. Belo Horizonte: Editora Itatiaia; São Paulo: Editora da Universidade de São Paulo, 1974. v. 2, p. 118.

[42] GARGARELLA, Roberto. *As teorias de justiça depois de Rawls*: um breve manual de filosofia política. São Paulo: WMF Martins Fontes, 2008. p. 138.

[43] GARGARELLA, Roberto. *As teorias de justiça depois de Rawls*: um breve manual de filosofia política. São Paulo: WMF Martins Fontes, 2008. p. 140.

[44] CATÃO, Adrualdo de Lima. *Filosofia do direito*. São Paulo: Editora Método, 2014. p. 162.

indivíduos aceitem dispor de parcela de sua liberdade para conviverem sob a proteção do Estado é a garantia do direito de propriedade, do cumprimento dos contratos e da paz, não sendo moralmente justificável que o Estado faça mais do que isso.[45]

Essa corrente do liberalismo é inspirada pelas ideias de Locke, de que o homem antes de se apropriar das coisas tem a propriedade sobre sua própria pessoa.[46] Para Nozick,[47] qualquer obrigação imposta pelo Estado além do estritamente necessário à proteção contra agressão injusta, garantia da propriedade e o cumprimento dos contratos é uma restrição indevida à liberdade. Neste sentido, a redistribuição realizada por meio da arrecadação de tributos, para atender mais do que a estas funções, representaria um verdadeiro trabalho forçado, pois se estaria apropriando, indevidamente, de horas de trabalho do indivíduo.

Hayek, ao defender as ideias do liberalismo econômico, rejeitando o socialismo, espécie de coletivismo, afirma que algum controle à livre-iniciativa e aos métodos de produção pode ser compatível com a concorrência, como a proibição do uso de determinadas substâncias tóxicas, condicionamentos sanitários, limite das horas de trabalho, devendo ser ponderados, caso a caso, os benefícios e as desvantagens de cada medida. Para ele, "a manutenção da concorrência tampouco é incompatível com um amplo sistema de serviços sociais, desde que a organização de tais serviços não torne ineficaz a concorrência em vastos setores da vida econômica".[48]

Por sua vez, os liberais igualitários, que têm entre os seus principais representantes John Rawls,[49] para quem os indivíduos, antes da formação do Estado, participariam de acordo hipotético igualitário original, em que todos estariam cobertos pelo véu da ignorância, fariam escolhas racionais e isentas, e, portanto, não realizariam escolhas utilitaristas, pois não saberiam a qual grupo iriam pertencer na sociedade e, por este mesmo motivo, além das liberdades básicas, especialmente a liberdade de pensamento e de expressão, seriam definidas algumas

---

[45] SANDEL, Michel. *Justiça*: o que é fazer a coisa certa. 6. ed. Rio de Janeiro: Civilização Brasileira, 2012. p. 79.

[46] LOCKE, John. *Segundo tratado sobre o governo civil*: ensaios sobre a origem, os limites e os fins verdadeiros do governo civil. Petrópolis/RJ: Vozes, 1994. p. 42.

[47] NOZICK, Robert. *Anarquia, estado e utopia*. Rio de janeiro: Jorge Zahar Editor Ltda., 1991. p. 188.

[48] HAYEK, F. A. *O caminho da Servidão*. São Paulo: Instituto Ludwig Von Mises Brasil, 2010. p. 59.

[49] RAWLS, John. *Uma teoria da Justiça*. Brasília: Universidade de Brasília, 1981. p. 119.

medidas para garantir a igualdade de liberdade e de oportunidades,[50] por meio do princípio da diferença:

> O princípio da diferença, por exemplo, requer que as mais altas expectativas dos mais dotados contribuam às prospectivas dos menos favorecidos, ou como digo algumas vezes mais frouxamente, as desigualdades sociais e econômicas devem existir no interesse dos tipos representativos em todas as posições sociais relevantes.[51]

As principais críticas comunitaristas realizadas ao liberalismo são fundadas na concepção de pessoa própria do liberalismo, do homem como um fim em si mesmo, sem considerar as relações sociais; na neutralidade moral do Estado;[52] e na ideia de que existiriam princípios universais que colocariam os direitos individuais numa posição hierarquicamente superior à coletividade.[53]

Já os liberais não admitem a utilização da coerção estatal em favor de uma determinada concepção do bem, pois temem que o bem comum se sobreponha aos direitos fundamentais.[54] Também criticam o relativismo moral do multiculturalismo, que rejeita a existência dos direitos humanos universais, "valores liberais democráticos que formam a base de sustentação da sociedade ocidental, claramente inseridos no contexto liberal e de defesa da tolerância e da democracia".[55]

Por trás de muitas das críticas ao liberalismo, está a pré-compreensão de que o individualismo seria egoísta e o coletivismo (socialismo), altruísta. Para Popper, o individualismo liberal não é a antítese do altruísmo; o totalitarismo, fundado nas ideias coletivistas, é que seria um egoísmo coletivo, tribal.[56]

---

[50] RAWLS, John. *Uma teoria da Justiça*. Brasília: Universidade de Brasília, 1981. p. 93.

[51] RAWLS, John. *Uma teoria da Justiça*. Brasília: Universidade de Brasília, 1981. p. 92.

[52] GARGARELLA, Roberto. *As teorias de justiça depois de Rawls*: um breve manual de filosofia política. São Paulo: WMF Martins Fontes, 2008. p. 139-141.

[53] Boaventura de Souza Santos afirma que: "Se observarmos a história dos direitos humanos no período imediatamente a seguir a Segunda Grande Guerra, não é difícil concluir que as políticas de direitos humanos estiveram em geral a serviço dos interesses econômicos e geopolíticos dos Estados capitalistas hegemônicos". SOUZA SANTOS, Boaventura de. Por uma concepção multicultural de direitos humanos. In: SOUZA SANTOS, Boaventura de. *Reconhecer para libertar*: os caminhos do cosmopolitismo multicultural. Rio de Janeiro: Civilização Brasileira, 2003. p. 438.

[54] GARGARELLA, Roberto. *As teorias de justiça depois de Rawls*: um breve manual de filosofia política. São Paulo: WMF Martins Fontes, 2008. p. 143.

[55] CATÃO, Adrualdo de Lima. *Filosofia do direito*. São Paulo: Editora Método, 2014. p. 169.

[56] POPPER, Karl. *A sociedade aberta e seus inimigos*. Belo Horizonte: Editora Itatiaia; São Paulo: Editora da Universidade de São Paulo, 1974. v. 2, p. 115-123.

Após essas noções iniciais, pode-se afirmar que o coletivismo e o organicismo justificariam a supremacia do interesse público; já o liberalismo, a precedência do interesse privado. Neste ponto, cabe questionar: qual desses interesses deve prevalecer, o da sociedade, ou o do indivíduo?

Os liberais, ao realizarem uma separação entre a esfera pública e privada, põem as coisas nos seus devidos lugares, não dando margem ao desaparecimento da esfera privada, evitando que esta seja integrada ao bem público por meio de uma concepção unitária. Essa separação se funda na ideia kantiana de dignidade da pessoa humana, em que os direitos individuais não podem ser reduzidos a bens coletivos através de uma relação meio/fim, devendo o indivíduo ser levado a sério dentro de uma ordem de valores constitucionais.[57]

Ao aceitar a ideia de que os interesses particulares estão a serviço do interesse público, há o risco de se restringir desproporcionalmente as liberdades individuais, sem autorização legal específica, mas apenas com base numa cláusula geral de supremacia do interesse público, o que é uma afronta ao princípio democrático.[58]

Mesmo reconhecendo categorias de interesses que superariam a dicotomia público/privado, como no caso dos direitos coletivos,[59] continuarão a existir situações em que ficará muito bem caracterizado o choque entre o interesse público e o privado, ambos legítimos.

A Constituição Federal de 1988 alberga tanto a garantia dos direitos individuais fundados no ideal liberal (artigo 5º, CF) como os seus limites sociais (princípio da função social da propriedade, princípio da solidariedade, etc.) e os diversos direitos sociais também garantidos constitucionalmente, que possuem uma justificação coletivista.

Esses direitos representam teorias morais e de justiça antagônicas, mas que precisam conviver sem se anularem reciprocamente. Daniel Sarmento acredita que a Carta de Magna de 1988 tenha adotado uma terceira via, podendo "ser lida pelas lentes de um *comunitarismo liberal* ou de um *liberalismo comunitarista*", não adotando nem o individualismo, nem o organicismo, mas o personalismo".[60] Discorda-se disso, já

---

[57] ALEXY, Robert. *El concepto y la validez del derecho.* Barcelona: Editora Gedisa, 2004. p. 200.

[58] BINENBOJM, Gustavo. *Uma teoria do direito administrativo:* direitos fundamentais, democracia e constitucionalização. 3. ed. Rio de Janeiro: Renovar, 2014. p. 111.

[59] GARGARELLA, Roberto. *As teorias de justiça depois de Rawls:* um breve manual de filosofia política. São Paulo: WMF Martins Fontes, 2008. p. 169.

[60] SARMENTO, Daniel. Supremacia do interesse público? As colisões entre os direitos fundamentos e os interesses da coletividade. In: ARAGÃO, Alexandre Santos de; MARQUES

que o personalismo é uma teoria de origem comunitária que, por sua vez, tem raízes no próprio organicismo.[61]

O que há é uma amálgama de interesses essencialmente antagônicos, natural das constituições democráticas, em que ocorre um efetivo debate e composições políticas, formando um conjunto dialético de direitos e deveres.[62]

Nesses casos, não há como definir qual interesse deve prevalecer de forma prévia e abstrata, com base em uma cláusula geral de supremacia; isso só pode ocorrer examinando o caso concreto, fazendo uso da ponderação, passando por suas etapas necessárias e graduais, em que se realizarão os exames de adequação, necessidade e proporcionalidade em sentido estrito.

3 A ponderação como instrumento hermenêutico adequado para a definição de qual interesse deve prevalecer no caso concreto

Para se chegar a alguma conclusão sobre esta problemática, deve-se definir qual teoria dos direitos fundamentais será utilizada, já que, a depender da teoria adotada, pode ser dada uma maior ênfase à coletividade ou à individualidade. Apesar de essa opção teórica dever ser fundamentada, sempre existe uma margem de subjetivismo na escolha; mesmo assim, é importante explicitar as premissas de que se parte, para permitir um maior controle intersubjetivo e da comunidade acadêmica.[63]

Considerando os aspectos filosóficos e jurídicos até então estudados que demonstram a importância da garantia dos direitos individuais, pretende-se utilizar uma teoria liberal, que leva os direitos individuais a sério, a saber, a teoria dos direitos fundamentais de Robert Alexy, que expõe seus ideais liberais ao prefaciar o livro *Direito, razão, discurso: estudos para a filosofia do direito*:

NETO, Floriano de Azevedo. *Direito administrativo e seus novos paradigmas*. Belo Horizonte: Fórum, 2008. p. 117.

[61] SILVEIRA, Carlos Roberto da. *O humanismo personalista de Emmanuel Mounier e a repercussão no Brasil*. Tese de Doutorado. São Paulo: USP, 2010. p. 111.

[62] BARROSO, Luís Roberto. *Direito constitucional contemporâneo*: os conceitos fundamentais e a construção do novo modelo. 3. ed. São Paulo: Saraiva, 2011. p. 326.

[63] SILVA, Virgílio Afonso da. Na encruzilhada liberdade-autoridade: a tensão entre direitos fundamentais e interesses coletivos. In: ALMEIDA, Fernando Dias Menezes de *et al*. (*orgs*.). *Direito público em evolução*: estudos em homenagem à Professora Odete Medauar. Belo Horizonte: Fórum, 2013. p. 375.

Os onze artigos, aqui reunidos distinguem-se por seus objetos e tipo de apresentação. O que os liga são o método analítico e as ideias liberais da autonomia e da universalidade. Se a minha presunção é exata, que entre aquele método e estas ideias existe uma relação mais estreita, poderia pensar-se nisto, de falar de um "liberalismo analítico".[64]

Com a escolha de uma teoria dos direitos fundamentais, é possível definir qual o método de interpretação que será utilizado;[65] para Alexy, a colisão de princípios, interesses e valores, no caso, interesses públicos e particulares, deve ser solucionada por meio da ponderação, em que se estabelece uma relação de precedência condicionada às circunstâncias fáticas e jurídicas existentes,[66] o que significa que somente se poderá identificar qual interesse irá prevalecer na solução do caso concreto.

Outra razão que justifica a utilização desta doutrina é o fato de ela já estar bem disseminada entre os operadores do Direito, o que permite sua melhor aceitação, já que pelo menos a ponderação e a máxima da proporcionalidade são conhecidas e amplamente utilizadas, devendo-se reconhecer que, na maioria das vezes, são usadas equivocadamente como artifícios retóricos, sem precisão técnica.

Para a teoria dos direitos fundamentais de Alexy,[67] as normas que veiculam direitos fundamentais previstos na Constituição podem ter a natureza de regras ou princípios. Ambas as espécies possuem eficácia jurídica, deixando os princípios de ser considerados simples normas programáticas sem densidade normativa.

Não se utiliza uma diferenciação axiológica como faz Canaris,[68] ou pelo grau de importância, mas sim estrutural, em que as regras garantiriam direitos (deveres) definitivos e os princípios garantiriam

---

[64] ALEXY, Robert. *Direito, razão, discurso*: discursos para a filosofia do direito. Porto Alegre: Livraria do advogado, 2015. p. 13.

[65] SILVA, Virgílio Afonso da. Na encruzilhada liberdade-autoridade: a tensão entre direitos fundamentais e interesses coletivos. In: ALMEIDA, Fernando Dias Menezes de *et al.* (*orgs.*). *Direito público em evolução*: estudos em homenagem à Professora Odete Medauar. Belo Horizonte: Fórum, 2013. p. 372.

[66] SILVA, Virgílio Afonso da. Na encruzilhada liberdade-autoridade: a tensão entre direitos fundamentais e interesses coletivos. In: ALMEIDA, Fernando Dias Menezes de *et al.* (*orgs.*). *Direito público em evolução*: estudos em homenagem à Professora Odete Medauar. Belo Horizonte: Fórum, 2013. p. 50.

[67] ALEXY, Robert. *Teoria dos direitos fundamentais*. (Trad. Virgílio Afonso da Silva). São Paulo: Malheiros, 2008. p. 141.

[68] ÁVILA, Humberto. *Teoria dos princípios*. São Paulo: Malheiros, 2010. p. 36.

direitos *prima facie*.[69] Para a teoria de Alexy, os princípios não seriam axiologicamente mais importantes que as regras.[70]

As regras são mandamentos definitivos, e nesta condição, materializando-se as condutas previstas no fato-tipo, necessariamente advirá a consequência jurídica.[71] No caso dos princípios, ocorrendo no mundo dos fatos o evento previsto no seu suporte fático, os efeitos devem se realizar, na máxima medida possível, de acordo com as possibilidades fáticas e jurídicas existentes (mandamento de otimização).[72]

Na colisão entre princípios deverá ser realizado um sopesamento, permanecendo válidos todos os princípios em conflito.[73] A solução será produzida sempre levando em consideração o caso concreto, pois para se chegar a um resultado é necessário observar as circunstâncias jurídicas e fáticas que se apresentam naquele momento; se a situação muda, o resultado da ponderação poderá ser diferente. É o que Alexy denomina de "relação de precedência condicionada",[74] conceito de extrema relevância para esta teoria, já que o condicionamento da precedência à situação concreta é o que permite que os princípios funcionem como mandamentos de otimização.[75]

Rejeitando a possibilidade de que uma solução das colisões entre princípios ocorra a partir de uma relação incondicionada de precedência ou relações de precedência abstrata, Alexy formula a lei de colisão: "as condições sob as quais um princípio tem precedência em face de outro constituem o suporte fático de uma regra que expressa a consequência jurídica do princípio que tem precedência".[76]

Não se deve confundir o sopesamento realizado pelo legislador quando cria uma regra, momento em que decide que em determinada

---

[69] ALEXY, Robert. *Teoria dos direitos fundamentais*. (Trad. Virgílio Afonso da Silva). São Paulo: Malheiros, 2008. p. 90-91.

[70] SILVA, Virgílio Afonso da. Princípios e regras: mitos e equívocos acerca de uma distinção. *Revista latino-americana de estudos constitucionais,* v. 1, p. 615, 2003.

[71] ALEXY, Robert. *Teoria dos direitos fundamentais*. (Trad. Virgílio Afonso da Silva). São Paulo: Malheiros, 2008. p. 91.

[72] SILVA, Virgílio Afonso da. *Direitos fundamentais*: conteúdo essencial, restrições e eficácia. 2. ed. São Paulo: Malheiros, 2014. p. 46.

[73] SILVA, Virgílio Afonso da. *Direitos fundamentais*: conteúdo essencial, restrições e eficácia. 2. ed. São Paulo: Malheiros, 2014. p. 110.

[74] SILVA, Virgílio Afonso da. *Direitos fundamentais*: conteúdo essencial, restrições e eficácia. 2. ed. São Paulo: Malheiros, 2014. p. 50.

[75] ALEXY, Robert. *Teoria dos direitos fundamentais*. (Trad. Virgílio Afonso da Silva). São Paulo: Malheiros, 2008. p. 96.

[76] ALEXY, Robert. *Teoria dos direitos fundamentais*. (Trad. Virgílio Afonso da Silva). São Paulo: Malheiros, 2008. p. 99.

situação o interesse público tem um maior peso sobre o particular, com um princípio geral e abstrato de que sempre que houver um conflito entre interesses públicos e privados, aqueles devem prevalecer; até porque o legislador uma hora privilegia o interesse público, mas em tantas outras dá preferência aos direitos individuais.

Mesmo nas situações em que o exercício da autoridade administrativa esteja autorizado por lei, esta pode ser afastada na resolução do caso concreto. Para isso será necessário um maior ônus argumentativo ao se ponderar o princípio que garante o interesse individual e o princípio que serve de razão para a regra, além do princípio democrático e da competência do legislador.[77]

Nos demais casos em que o legislador não fizer esta escolha, será realizada uma ponderação para a solução do caso concreto e os princípios deverão ser ponderados de forma equilibrada, podendo prevalecer tanto o interesse público quanto o particular.[78] Contudo, para Alexy, existe uma preferência inicial pelos direitos individuais.

Para esta teoria há uma impossibilidade lógica da existência de um princípio que determine de forma prévia qual interesse deve prevalecer definitivamente (mas existem preferências *prima facie*), pois ao se definir previamente que um dos princípios e interesses sempre prevalece, não há ponderação, e se não há ponderação, não há princípio como mandamento de otimização.[79]

Ao se adotar esta teoria, está se privilegiando uma maior garantia aos direitos fundamentais e evitando que sejam realizados excessos pelo poder público, sob a justificativa axiomática do princípio da supremacia do interesse público sobre o particular.

Não se nega a existência de um princípio do interesse público que deve ser fomentado pelo Estado, nem da sua importância para o atingimento do bem comum, mas isso não autoriza presumir, de forma absoluta, que estes sempre tenham preferência. Após o juízo de ponderação na solução do caso concreto, pode ser que prevaleçam os interesses individuais; salienta-se, entretanto, que os direitos fundamentais individuais possuem maior peso abstrato (precedência *prima*

---

[77] BUSTAMANTE, Thomas. Princípios regras e conflitos normativos: uma nota sobre a superalidade das regras jurídicas e das decisões *contra legem*. *Direitos, Estado e Sociedade,* Rio de Janeiro, n. 37, p. 161-162, Jul./dez. 2010.

[78] BUSTAMANTE, Thomas. Princípios regras e conflitos normativos: uma nota sobre a superalidade das regras jurídicas e das decisões *contra legem*. *Direitos, Estado e Sociedade,* Rio de Janeiro, n. 37, p. 156-157, Jul./dez. 2010.

[79] ALEXY, Robert. *Teoria dos direitos fundamentais.* (Trad. Virgílio Afonso da Silva). São Paulo: Malheiros, 2008. p. 90.

facie), podendo este ser superado após a ponderação, o que exige um maior ônus argumentativo,[80] pois, como ensina Alexy, o indivíduo deve ser levado a sério dentro de uma ordem de valores constitucionais.[81]

Conclusão

O debate acerca da existência de um princípio da supremacia do interesse público sobre o privado, reconhecido como um dos pilares de todo o regime jurídico administrativo, e, portanto, inferido como um verdadeiro axioma,[82] tem avançado, especialmente após as críticas realizadas pelos autores que refizeram uma análise constitucionalizada de diversos institutos do direito administrativo.

Constatou-se que os fundamentos filosóficos deste debate remontam à dicotomia público/privado, havendo uma rica discussão filosófica desde as ideias de Aristóteles, posteriormente utilizadas no organicismo hegeliano, justificando a primazia do público, até a concepção de indivíduo e liberdade em Locke e Kant.

A discussão a respeito da primazia dos interesses da sociedade ou do indivíduo está no cerne da colisão dos ideais coletivistas e liberais, e acabou por permear a Constituição Federal de 1988, que traz em seu corpo valores e interesses antagônicos, mas que precisam ser ponderados sem se anularem, já que possuem a mesma estatura constitucional.

Havendo o conflito de interesses, valores e princípios, acredita-se que o uso da ponderação e da máxima da proporcionalidade, adotadas pela teoria dos direitos fundamentais de Alexy, seja útil como método hermenêutico. Esta é uma teoria analítica e de cunho liberal, pois leva a sério o indivíduo, que deve ter seus direitos justificados individualmente (e não coletivamente), não podendo estes ser reduzidos a fins coletivos.

Os direitos fundamentais individuais teriam uma prevalência *prima facie*, ou seja, possuiriam um maior peso abstrato, contudo, isso não impede que sejam superados pelo interesse público na ponderação no caso concreto, sendo para isso necessário um maior ônus argumentativo, não se devendo tão só invocar a supremacia do interesse público como artifício retórico.

---

[80] ALEXY, Robert. *El concepto y la validez del derecho*. Barcelona: Editora Gedisa, 2004. p. 207.

[81] ALEXY, Robert. *El concepto y la validez del derecho*. Barcelona: Editora Gedisa, 2004. p. 200.

[82] MELLO, Celso Antônio Bandeira de. *Curso de Direito Administrativo*. 21. ed. São Paulo: Malheiros, 2008. p. 66-67.

Tanto a fundamentação filosófica, que demonstra que os direitos individuais não podem ser reduzidos ao interesse público, quanto a perspectiva hermenêutica adotada, em que o interesse que irá prevalecer de forma definitiva somente poderá ser identificado na solução do caso concreto, esclarecem não ser possível a existência de um princípio da supremacia do interesse público sobre o privado; entretanto, isso não impede que o interesse público possa prevalecer no caso concreto, após o devido processo de ponderação.

Referências

ALEXY, Robert. *Direito, razão, discurso*: discursos para a filosofia do direito. Porto Alegre: Livraria do advogado, 2015.

ALEXY, Robert. *El concepto y la validez del derecho*. Barcelona: Editora Gedisa, 2004.

ALEXY, Robert. *Teoria dos direitos fundamentais*. (Trad. Virgílio Afonso da Silva). São Paulo: Malheiros, 2008.

ÁVILA, Humberto. Repensando o Princípio da Supremacia do Interesse Público sobre o Particular. *Revista Eletrônica sobre a Reforma do Estado (RERE)*, Salvador: Instituto Brasileiro de Direito Público, n. 11, setembro/outubro/novembro de 2007. Disponível em: <http://www.direitodoestado.com.br/rere.asp>. Acesso em: 26 nov. 2013.

ÁVILA, Humberto. *Teoria dos princípios*. São Paulo: Malheiros, 2010.

BAPTISTA, Patrícia. *Transformações do direito administrativo*. Rio de Janeiro: Renovar, 2003.

BARROSO, Luís Roberto. *Direito constitucional contemporâneo*: os conceitos fundamentais e a construção do novo modelo. 3. ed. São Paulo: Saraiva, 2011.

BINENBOJM, Gustavo. *Uma teoria do direito administrativo*: direitos fundamentais, democracia e constitucionalização. 3. ed. Rio de Janeiro: Renovar, 2014.

BUSTAMANTE, Thomas. Princípios regras e conflitos normativos: uma nota sobre a superalidade das regras jurídicas e das decisões *contra legem*. *Direitos, Estado e Sociedade*, Rio de Janeiro, n. 37, p. 156-162, Jul./dez. 2010.

BOBBIO, Norberto. *Estado, governo e sociedade*. 6. ed. Rio de Janeiro: Paz na terra, 1997.

BOBBIO, Norberto. *Liberalismo e democracia*. São Paulo: Brasiliense, 2000.

BORGES, Alice Maria Gonzáles. *Revista Brasileira de Direito Público*, Belo Horizonte, ano 4, n. 14, julho/setembro, 2006.

CATÃO, Adrualdo de Lima. *Filosofia do direito*. São Paulo: Editora Método, 2014.

CARVALHO FILHO, José Dos Santos. Interesse público: verdades e sofismas. In: DI PIETRO, Maria Sylvia Zanella; RIBEIRO, Carlos Vinícius Alves (*coord.*). *Supremacia do interesse público*: e outros temas relevantes do direito administrativo. São Paulo: Atlas, 2010.

DI PIETRO, Maria Sylvia Zanella. *Curso de Direito Administrativo*. São Paulo: Atlas, 2014.

DI PIETRO, Maria Sylvia Zanella. O princípio da supremacia do interesse público: sobrevivência diante dos ideais do neoliberalismo. In: DI PIETRO, Maria Sylvia Zanella; RIBEIRO, Carlos Vinícius Alves (coord.). Supremacia do interesse público: e outros temas relevantes do direito administrativo. São Paulo: Atlas, 2010.

GARGARELLA, Roberto. As teorias de justiça depois de Rawls: um breve manual de filosofia política. São Paulo: WMF Martins Fontes, 2008.

HÄBERLE, Peter. La libertad fundamental en el Estado constitucional. Peru: Fondo Editorial, 1997.

HAYEK, F. A. O caminho da Servidão. São Paulo: Instituto Ludwig Von Mises Brasil, 2010.

KRELL, Andreas J. Interesse público (primário) e interesses difusos no direito ambiental: o aspecto "político" de sua concretização. Revista de direito ambiental, São Paulo: Revista dos Tribunais, v. 63/2011, p. 11-48, julho/setembro, 2011.

LOCKE, John. Segundo tratado sobre o governo civil: ensaios sobre a origem, os limites e os fins verdadeiros do governo civil. Petrópolis/RJ: Vozes, 1994.

MEDAUAR, Odete. Direito Administrativo moderno. 9. ed. São Paulo: Editora Revista dos Tribunais, 2005.

MELLO, Celso Antônio Bandeira de. Curso de Direito Administrativo. 21. ed. São Paulo: Malheiros, 2008.

NOZICK, Robert. Anarquia, estado e utopia. Rio de janeiro: Jorge Zahar Editor Ltda., 1991.

OSÓRIO, Fábio Medina. Existe uma supremacia do interesse público sobre o privado no direito administrativo brasileiro? Revista dos Tribunais, São Paulo: Revista dos Tribunais, v. 770/1999, p. 53-92, Dezembro/1999.

POPPER, Karl. A sociedade aberta e seus inimigos. Belo Horizonte: Editora Itatiaia; São Paulo: Editora da Universidade de São Paulo, 1974. v. 2.

RAWLS, John. Uma teoria da Justiça. Brasília: Universidade de Brasília, 1981.

SANDEL, Michel. Justiça: o que é fazer a coisa certa. 6. ed. Rio de Janeiro: Civilização Brasileira, 2012.

SARMENTO, Daniel. Supremacia do interesse público? As colisões entre os direitos fundamentos e os interesses da coletividade. In: ARAGÃO, Alexandre Santos de; MARQUES NETO, Floriano de Azevedo. Direito administrativo e seus novos paradigmas. Belo Horizonte: Fórum, 2008.

SCHIER, Paulo Ricardo. Ensaio sobre a supremacia do interesse público sobre o privado e o regime jurídico dos direitos fundamentais. Revista dos Tribunais, São Paulo: Revista dos Tribunais, v. 845/2006, p. 22-36, março/2006.

SILVA, Virgílio Afonso da. Direitos fundamentais: conteúdo essencial, restrições e eficácia. 2. ed. São Paulo: Malheiros, 2014.

SILVA, Virgílio Afonso da. Na encruzilhada liberdade-autoridade: a tensão entre direitos fundamentais e interesses coletivos. In: ALMEIDA, Fernando Dias Menezes de et al. (orgs.). Direito público em evolução: estudos em homenagem à Professora Odete Medauar. Belo Horizonte: Fórum, 2013.

SILVA, Virgílio Afonso da. Ponderação e objetividade na interpretação constitucional. In: MACEDO JR., Ronaldo Porto; BARBIERI, Catarina Helena Cortada (orgs.). Direito e interpretação: racionalidades e instituições. São Paulo: Direito GV/Saraiva, 2011.

SILVA, Virgílio Afonso da. Princípios e regras: mitos e equívocos acerca de uma distinção. *Revista latino-americana de estudos constitucionais*, v. 1, p. 615, 2003.

SILVEIRA, Carlos Roberto da. *O humanismo personalista de Emmanuel Mounier e a repercussão no Brasil.* Tese de Doutorado. São Paulo: USP, 2010.

SOUZA SANTOS, Boaventura de. Por uma concepção multicultural de direitos humanos. In: SOUZA SANTOS, Boaventura de. *Reconhecer para libertar*: os caminhos do cosmopolitismo multicultural. Rio de Janeiro: Civilização Brasileira, 2003.

Informação bibliográfica deste texto, conforme a NBR 6023:2002 da Associação Brasileira de Normas Técnicas (ABNT):

LACERDA, Danilo Moura. Da justificação coletivista à supremacia do interesse público sobre o privado em contraponto à perspectiva liberal: a ponderação de interesses em conflito no caso concreto. In: CATÃO, Adrualdo de Lima *et al.* (Coord.). *Filosofia contemporânea do direito e conectividades*: teoria e pragmática. Belo Horizonte: Fórum, 2019. p. 229-248. ISBN 978-85-450-0630-5.

A TEORIA DA JUSTIÇA DE JOHN RAWLS
E A TRIBUTAÇÃO

LUCAS TELES BENTES

HELDER GONÇALVES LIMA

Introdução

O presente trabalho consiste na análise da teoria da justiça elaborada por John Rawls e como se assemelha ao conceito de tributação que é aplicado tanto pela ciência do direito quanto pelos próprios dispositivos constitucionais e legais espalhados pelo ordenamento jurídico.

A obra de John Rawls é relativamente recente, datada de 1971, mas trouxe grande relevância para a filosofia contemporânea sob a perspectiva de um tema já bastante conhecido, que é o conceito de justiça. O autor é considerado liberal, apesar de ter sofrido diversas críticas em razão de suas ideias – o que não será abordado no presente artigo –, e trouxe algumas concepções da forma como considera a justiça numa sociedade mais livre e igual, por meio de princípios elaborados sob uma ótica imparcial.

Rawls utiliza a noção de contrato para responder a uma questão fundamental de justiça política:

> Qual a concepção da justiça que melhor convém para precisar os termos da cooperação social entre cidadãos considerados como pessoas livres e iguais e como membros iguais e como membros normais e integrais da sociedade durante toda a vida?

Tal ideia se estreita com a concepção atual de tributação, já que a teoria do autor desponta para uma visão real de desigualdades que existem na própria sociedade e da forma com que se pode reduzi-las, para manter uma liberdade de oportunidades e de cooperação entre os partícipes de uma comunidade.

Em um primeiro momento, será abordada a teoria de justiça de Rawls, explicada com base na sua concepção de uma sociedade que busca a liberdade e a solidariedade em uma comunidade. Rawls tenta conciliar direitos iguais numa sociedade desigual, na busca por uma conciliação entre a meritocracia e a ideia de igualdade.

A proposta contratual hipotética elaborada por Rawls com a sua ideia de "posição original" e do "véu da ignorância", que são situações primordiais para se encontrar os princípios e valores de uma sociedade que busca o que seja correto para a coletividade, é uma forma de refletir sobre como uma sociedade pode ser considerada justa.

A busca por um princípio que seja racional e atinja os níveis mais altos e corretos de justiça, no sentido de estabelecer uma sociedade mais equânime, sem que sofra com o próprio egoísmo ínsito do homem, é uma maneira de visualizar de forma hipotética a legitimidade de uma sociedade que atenderia de forma mais justa todos os seus cidadãos.

Essa teoria que visa equacionar justiça e equidade será analisada na perspectiva da tributação, como meio do Estado para custear todas as suas atividades, possibilitando realizar tanto os seus direitos quanto os seus deveres, num Estado moderno que visa reduzir as desigualdades sociais e regionais (art. 3º da Constituição Federal).

Nesse aspecto, a teoria de Rawls encontra os seus princípios de justiça como equidade e elabora uma perspectiva solidária, na qual a tributação é um dos fatores que permitem a busca pela redução das desigualdades na sociedade.

Em razão dessa análise, será realizado um estudo da tributação no ordenamento jurídico brasileiro, para mostrar como a teoria de Rawls pode ser vista como influenciadora e aplicável na atualidade.

A perspectiva do direito tributário na teoria da justiça de Rawls possui muita semelhança com os princípios constitucionais previstos no ordenamento jurídico brasileiro. Uma vez que a tributação de impostos visa extrair um pouco da riqueza dos contribuintes para custear as necessidades básicas daqueles que mais necessitam dos serviços realizados pelo poder público, é possível notar que a tributação e a teoria de justiça de Rawls são intercambiáveis.

1 A teoria de justiça de John Rawls

A teoria de justiça de Rawls, primeiramente, é política, pois busca equilibrar sua concepção liberal com os seus ideais de moralidade por meio de práticas que visam a deixar a sociedade num patamar de igualdade, sem as suas características egoístas.

Sua teoria é contratualista, já que parte da concepção de que há um contrato social hipotético, por meio do qual os cidadãos de uma comunidade possuem uma aceitação coletiva através da concepção dos princípios de justiça. Não é analisado numa perspectiva elaborada por Hobbes ou Locke, mas como forma de estruturar uma sociedade que seja considerada justa, mediante a equidade. Em suma, esse acordo não é pensado como uma teoria de governo legítimo, senão como estrutura de uma teoria da justiça.[1]

Partindo de sua visão liberal, a teoria da justiça para Rawls deveria ocorrer por meio de um acordo comum entre os indivíduos que se encontrassem em patamar de equidade. Essa característica, por sua vez, seria alcançada por aspectos políticos objetivos, que não fossem influenciados por valores intrínsecos do homem (desconhecimento em relação a suas características individuais como sexo, raça, classe social, profissão, etc.). A justiça como equidade "usa o conceito de contrato de uma forma mais ampla, servindo para manter bem nítidas as exigências do conceito de justo".[2]

Rawls considera a sociedade como um sistema de cooperação formado por uma estrutura básica. A sociedade deve ser bem ordenada; nela, as instituições devem funcionar de forma independente e forte o suficiente para respeitar um "pluralismo razoável" de ideias, valores, etc. O autor observa que existem desigualdades sociais e que o ser humano, de forma racional, busca ponderar as situações com os seus sentidos de justiça e, assim, conviver de forma harmônica, respeitando o pluralismo.

Essa busca pela acomodação das diversas exigências do mundo moderno torna necessário que haja princípios que permitam estruturar o social, dividir benefícios e obter acordos comuns em uma sociedade que vive num contexto pluralista.

---

[1] CATARINO, João Ricardo. *Redistribuição tributária*: Estado social e escolha individual. Lisboa: Almedina, 2008.

[2] CATARINO, João Ricardo. *Redistribuição tributária*: Estado social e escolha individual. Lisboa: Almedina, 2008. p. 248.

Parte-se, então, antes de qualquer existência de uma instituição, do conceito de justiça que será suficiente para garantir a cooperação entre os partícipes de uma comunidade. Em suma, "[...] a justiça é fixada no âmbito de um acordo original celebrado por pessoas livres e racionais. [...] A posição de igualdade na teoria da justiça como equidade equivale ao estado de natureza na teoria tradicional do contrato social".[3]

Verifica-se, também, que algumas pessoas sempre obtêm maiores vantagens que outras. Isso deve ser evitado através de dois pilares que são base para a teoria de justiça que elaborou: a "posição original" e o "véu da ignorância".[4]

A aceitação de princípios universais de justiça seria medida suficiente para que os partícipes de uma comunidade aceitassem uma estrutura mínima básica, em respeito à equidade. Isso, no entanto, somente se daria por meio de um exercício hipotético.

As pessoas, para terem uma aceitação dos princípios universais de justiça, deveriam estar numa posição original, cobertas pelo véu da ignorância (falta de conhecimento de sua posição individual e coletiva na sociedade), sem que pudessem saber que posições sociais ocupavam, nem qualquer tipo de vantagem que teriam em determinadas escolhas. O princípio da justiça seria escolhido de forma imparcial, sem nenhum favorecimento de qualquer uma das partes.

Por meio do véu da ignorância, Rawls sustenta que qualquer pessoa almejaria pelo menos dois princípios mínimos de justiça, que são:

i) Cada pessoa deve ter um direito igual ao mais abrangente sistema de liberdades básicas iguais que seja compatível com um sistema semelhante de liberdades para as outras;

ii) As desigualdades sociais e econômicas devem ser ordenadas de tal modo que sejam ao mesmo tempo consideradas como vantajosas para todos dentro dos limites do razoável, e vinculadas a posições e cargos acessíveis por todos.[5]

Verifica-se, que pelo segundo princípio, que Rawls reconhece as desigualdades que existem na realidade. Assim, indica que a igualdade entre todos seria um ideal jamais alcançável, pois a desigualdade

---

[3] CATARINO, João Ricardo. *Redistribuição tributária*: Estado social e escolha individual. Lisboa: Almedina, 2008. p. 251.

[4] RAWLS, John. *Uma teoria da Justiça*. Brasília: Universidade de Brasília, 1981. p. 119.

[5] RAWLS, John. *Uma teoria da Justiça*. Brasília: Universidade de Brasília, 1981. p. 232.

sempre existirá, sendo considerada um princípio de justiça desde que implique em benefício para todos, inclusive para os desfavorecidos.

Esses princípios de justiça, nas lições de Gargarella, "[...] são os que resultariam de uma escolha realizada por pessoas livres, racionais e interessadas em si mesmas (não invejosas), colocadas em uma posição de igualdade".[6]

O autor indica que a sociedade será cooperativa na medida em que buscar de forma equânime diminuir essas desigualdades, que podem, inclusive, servir como fundamento para a distributividade da imposição tributária.

O segundo princípio se aproxima do conceito de igualdade, porquanto "[...] as maiores vantagens dos mais beneficiados pela loteria natural só são justificáveis se elas fazem parte de um esquema que melhora as expectativas dos membros menos favorecidos da sociedade".[7]

O autor admite um princípio da diferença, em que "não há injustiça no fato de alguns conseguirem benefícios maiores que os outros, desde que a situação das pessoas menos afortunadas seja, por esse meio, melhorada".[8]

Rawls indica que uma sociedade justa seria o valor que um grupo de pessoas livres e racionais busca para a sua vida, despidos de interesses egoístas, que tomam decisões arbitrárias na atribuição de seus direitos e deveres, estabelecendo equilíbrio na cooperação mútua dos partícipes de uma comunidade.

A teoria da justiça de Rawls assevera que uma sociedade seria igualitária na medida em que os partícipes de uma comunidade aceitassem as regras impostas e reconhecessem como legítimos os princípios de justiça elencados.

Assim, haveria um sistema de cooperação mútua entre eles e uma estrutura básica forte que permitiria a manutenção de uma convivência harmônica com a pluralidade razoável. De maneira geral, "[...] sem anuência das pessoas, ou seja, sem o livre-arbítrio de cada um para se manifestar favoravelmente às regras impostas, não haveria possibilidade de se manter a teoria da justiça aqui apresentada".[9]

---

[6] GARGARELLA, Roberto. *As teorias da justiça depois de Rawls*: um breve manual de filosofia política. São Paulo: WMF Martins Fontes, 2008. p. 20.

[7] GARGARELLA, Roberto. *As teorias da justiça depois de Rawls*: um breve manual de filosofia política. São Paulo: WMF Martins Fontes, 2008. p. 25.

[8] RAWLS, John. *Uma teoria da Justiça*. Brasília: Universidade de Brasília, 1981. p. 113.

[9] MACHADO, Kaline Pacífico de Britto. A aplicação do princípio da solidariedade social no Brasil sob a ótica de John Rawls. In: CATÃO, Adrualdo de Lima; NETTO, Antonio Alves

2 A tributação como meio de redistribuição

Da análise da teoria de justiça de Rawls é possível notar que, ao reconhecer o princípio da diferença e de entender que a sociedade, mesmo no seu exercício da "posição original" e sob o "véu da ignorância" terá problemas de desigualdades, com uns menos favorecidos que outros, e que deve haver uma redistribuição para se estabelecer uma sociedade de cooperação mútua com estruturas básicas, assemelha-se aos princípios da tributação que regem o ordenamento jurídico.

A tributação é o principal meio de arrecadação de receitas do Estado para custear suas atividades. A sua imposição ao contribuinte é um meio coercitivo encontrado pelo poder público para fazer frente a diversos deveres impostos pela Constituição.

O Estado fiscal, entendido como aquele que tem a tributação como a principal fonte arrecadatória, busca extrair uma parcela da riqueza do indivíduo para permitir a este exercer os seus direitos.

Na concepção de Estado Liberal, restava o entendimento de que a tributação era uma contraprestação financeira do particular ao Estado, para que este permitisse àquele o exercício do seu direito da propriedade privada, na medida em que se limitava a não intervir na economia, à exceção de previsões constitucionais.[10]

Nos tempos atuais, trata-se de uma opção político-constitucional, em que o tributo tem a função principal de obter financiamento para o custeio de diversas atividades públicas, restringindo a sua potencialidade na exploração de atividades econômicas, relegando esse papel aos particulares.[11]

Em termos sociais, o Estado tem o dever de custear diversas atividades que são direitos fundamentais dos cidadãos. O custeio desses serviços, por sua vez, é obtido por meio da imposição tributária. Essas receitas servirão para promover diversos direitos àqueles menos afortunados, que não possuem meios financeiros suficientes para custear seus direitos básicos mínimos.

Essa forma de atuação estatal decorre das mudanças ocorridas com o tempo, em que o chamado Estado Social passou a atuar de forma positiva nas diversas atividades consideradas essenciais para o homem.

Pereira; MONTEIRO, Vitor de Andrade (orgs.). *Filosofia do direito na contemporaneidade*: pragmatismo jurídico, análise econômica do direito e conectividades. Curitiba: Juruá, 2014. p. 277.

[10] CORREIA NETO, Celso de Barros. *O avesso do tributo*. São Paulo: Almedina, 2014. p. 87-88.

[11] CORREIA NETO, Celso de Barros. *O avesso do tributo*. São Paulo: Almedina, 2014. p. 82.

A sua conceituação pode ser extraída do seguinte excerto:

[...] O Estado social tem o propósito de reestruturar a ordem social, com vistas a promover a superação das desigualdades sociais e econômicas, pela criação de condições de via razoáveis, segurança e liberdade sociais, sem abandonar a ideia de Estado de Direito.[12]

Rawls entende que o objetivo primordial da tributação não é a arrecadação de receitas, mas a correção da distribuição da riqueza, visando evitar uma maior concentração de poder que viole as liberdades políticas e a igualdade de oportunidades.

Essa visão, no entanto, assemelha-se a uma concepção distributiva da tributação dos impostos sobre a renda no ordenamento jurídico pátrio, em que o Estado busca, por meio da tributação, extrair certa parcela de riqueza dos contribuintes para custear as necessidades públicas que melhor atenderão os mais necessitados.

Essas receitas serão despendidas em áreas sociais para diminuir as desigualdades sociais. Na visão da teoria da justiça de Rawls, seria uma forma de satisfazer o princípio da diferença.[13] É preciso indicar, contudo, que este autor entende que os impostos proporcionais devem prevalecer, e não os progressivos. Ainda mais, revela uma preferência por tributar a renda, por exemplo, da herança, para permitir maior igualdade de oportunidade aos partícipes.

Para tanto, a aplicação das normas tributárias, relativamente aos impostos, é realizada conforme a capacidade econômica do contribuinte e visando à isonomia, como forma de obter o conceito de justiça fiscal. Nesse aspecto, aquele que mais possui renda tenderá a realizar um pagamento maior de tributo, para redistribuir àquele que mais precisa.

O português José Saldanha Sanches, ao analisar o conceito de justiça fiscal, indica que o princípio da capacidade contributiva tornou-se um componente normal dos Estados e se concretizou como um dos principais princípios da justiça fiscal.[14]

A tributação, então, se assemelha à teoria de Rawls, pois é um instrumento que pode gerar a distribuição da renda, diminuindo as

---

[12] MÉLO, Luciana Grassano de Gouvêa. *Estado social e tributação*: uma nova abordagem sobre o dever de informar e a responsabilidade por infração. Recife: Editora Universitária da UFPE, 2008. p. 31.

[13] RAWLS, John. *Uma teoria da Justiça*. Brasília: Universidade de Brasília, 1981. p. 90.

[14] SANCHES, José Luis Saldanha. *Justiça fiscal*. Lisboa: Fundação Francisco Manuel dos Santos, 2010. p. 30.

desigualdades sociais e econômicas que são aceitas como princípios de justiça.

João Ricardo Catarino assim escreve sobre a obra do filósofo:

> Rawls reconhece que a elevação do mínimo social aumenta o nível de tributação, já que esse mínimo é suportado por transferências financiadas por impostos proporcionais sobre a despesa e o rendimento. Os níveis de tributação podem interferir com eficiência econômica e, por consequência, as perspectivas dos menos beneficiados não só deixam de melhorar como podem declinar. Ainda assim, Rawls considera que o mínimo correto foi atingido, ficando satisfeito o princípio da diferença.[15]

Ao analisar a questão da justiça fiscal, é possível notar que a tributação é um dos principais fatores na sociedade que necessitam da cooperação mútua e da aceitação dos partícipes de uma comunidade. A célebre frase "no taxation without representation" é um típico exemplo de como a sua aplicação na sociedade deve ser consentida.

A teoria de justiça de Rawls possui semelhanças com a concepção da tributação adotada pelo ordenamento jurídico, pois a extração de riqueza de acordo com a capacidade econômica do contribuinte se assemelha ao conceito de princípio da diferença, em que aqueles mais afortunados acabam pagando mais impostos para favorecer os serviços daqueles menos favorecidos.

Princípios como a isonomia tributária, impostos progressivos como o imposto de renda e de transmissão de herança, por exemplo, são alguns dos princípios que possuem como pano de fundo a concepção de redistribuição da renda por meio da tributação que a própria sociedade aceita como uma norma impositiva justa, a servir como forma de diminuir as desigualdades sociais.

A equidade na tributação, então, pode ser analisada sob o princípio da distribuição da carga fiscal, aplicando-se o princípio da capacidade contributiva como critério para a sua aplicação.[16]

---

[15] CATARINO, João Ricardo. *Redistribuição tributária*: Estado social e escolha individual. Lisboa: Almedina, 2008. p. 272.

[16] SANCHES, José Luis Saldanha. *Justiça fiscal*. Lisboa: Fundação Francisco Manuel dos Santos, 2010. p. 30.

Conclusão

Verifica-se que a teoria de justiça de Rawls é encarada de forma liberal, mesmo que em um primeiro momento possa ser assemelhada a uma justificativa moral para a redistribuição, muito parecida com as ideias comunitaristas. A sua obra, no entanto, elabora uma perspectiva de sociedade democrática justa, que reconhece a diversidade num contexto plural e libertário.

A sua teoria é interessante e possui muita influência na tributação, na medida em que, ao reconhecer o princípio da diferença, Rawls dá contornos modernos sobre a aplicação de impostos como uma forma de melhorar a distribuição social e diminuir as desigualdades.

No ordenamento jurídico pátrio, a tributação de impostos deve respeitar os princípios da igualdade e da capacidade contributiva, analisando a capacidade econômica do contribuinte para que o Estado extraia uma parcela de sua riqueza a fim de que o poder público possa custear os direitos sociais dos cidadãos.

Como foi verificado ao longo deste artigo, a teoria de Rawls é recente, mas criou um espaço de debates sobre a sociedade moderna, em que há uma pluralidade de ideias, religiões e concepções éticas que devem conviver de forma harmônica, numa estrutura cooperativa.

Sabe-se que a concepção contratual elaborada é hipotética, mas serve como meio de reflexão da forma como uma sociedade pode viver mais livre e igualitariamente. A tributação seria um instrumento de equilíbrio das desigualdades, que sempre farão parte da sociedade, servindo como baliza para o respeito dos cidadãos no tocante às normas impositivas, como meio de justiça.

Nota-se que a concepção de Rawls e a tributação são intercambiáveis, com diversas semelhanças que podem ser encaradas sob uma perspectiva de justiça fiscal nas sociedades modernas, ante a sua aceitação pelos partícipes de uma comunidade.

Referências

CATARINO, João Ricardo. *Redistribuição tributária*: Estado social e escolha individual. Lisboa: Almedina, 2008.

CORREIA NETO, Celso de Barros. *O avesso do tributo.* São Paulo: Almedina, 2014.

GARGARELLA, Roberto. *As teorias da justiça depois de Rawls*: um breve manual de filosofia política. São Paulo: WMF Martins Fontes, 2008.

MACHADO, Kaline Pacífico de Britto. A aplicação do princípio da solidariedade social no Brasil sob a ótica de John Rawls. In: CATÃO, Adrualdo de Lima; NETTO, Antonio Alves Pereira; MONTEIRO, Vitor de Andrade (orgs.). *Filosofia do direito na contemporaneidade*: pragmatismo jurídico, análise econômica do direito e conectividades. Curitiba: Juruá, 2014.

MÉLO, Luciana Grassano de Gouvêa. *Estado social e tributação*: uma nova abordagem sobre o dever informar e a responsabilidade por infração. Recife: Editora Universitária da UFPE, 2008.

RAWLS, John. *Uma teoria da Justiça*. Brasília: Universidade de Brasília, 1981.

SANCHES, José Luis Saldanha. *Justiça fiscal*. Lisboa: Fundação Francisco Manuel dos Santos, 2010.

Informação bibliográfica deste texto, conforme a NBR 6023:2002 da Associação Brasileira de Normas Técnicas (ABNT):

BENTES, Lucas Teles; LIMA, Helder Gonçalves. A teoria da justiça de John Rawls e a tributação. In: CATÃO, Adrualdo de Lima *et al*. (Coord.). *Filosofia contemporânea do direito e conectividades*: teoria e pragmática. Belo Horizonte: Fórum, 2019. p. 249-258. ISBN 978-85-450-0630-5.

O FUNDAMENTO FILOSÓFICO DO *COPYRIGHT* À LUZ DAS CONCEPÇÕES UTILITARISTAS EM JEREMY BENTHAM E JOHN STUART MILL

GERALDO MAGELA FREITAS TENÓRIO FILHO

Introdução

Os direitos autorais sempre mantiveram o aspecto patrimonialista como elemento primordial, o que se justifica na construção histórica dos direitos autorais. Desde o império greco-romano, eram privilégios concedidos pelo monarca, a título real (direito de propriedade), a um número restrito de pessoas, não necessariamente os autores, os quais detinham prerrogativas sobre as criações intelectuais, por um determinado lapso temporal.

Essa disciplina real foi norteada por concepções filosóficas utilitaristas a partir da limitação do direito autoral por um determinado lapso temporal, o qual, transcorrido, concede à coletividade o direito de acesso livre à criação intelectual; além do viés jusnaturalista, na medida em que, conforme o pensamento lockiano, aproxima-se a propriedade material da imaterial, composta por bens intangíveis.

Com a invenção da imprensa, feito atribuído à Johannes Gutenberg (1400-1468), no século XV, os impressores realizavam a exploração econômica da obra, mais uma vez presente o aspecto patrimonial ou capitalista de obtenção de lucro, de forma que os autores restaram desamparados juridicamente, gozando de proteção normativa posteriormente.

O *Statute of Anne* (1970) ou Estatuto da Rainha Ana, de 10 de abril de 1710, foi elaborado pela Rainha Ana I, da Grã-Bretanha, com o intento de resolver as disputas envolvendo autores e editores no tocante às criações autorais, com destaque para a situação dos livreiros franceses, detentores de privilégios de exploração exclusiva das criações intelectuais.

Novos ares foram trazidos pela Revolução Francesa (1789-1799), atribuindo a concepção filosófica iluminista à propriedade intelectual, a partir das contribuições de autores como Voltaire (1694-1778) e Diderot (1713-1784), culminando, em seguida, na elaboração de diplomas internacionais tuteladores dos direitos de autor, como, por exemplo, a Convenção de Berna (1886).

Inicialmente, apresentam-se algumas considerações sobre os principais aspectos relativos aos sistemas anglo-saxão (*copyright*) e francês (*droit d'auteur*) dos direitos autorais justificados, respectivamente, pela doutrina ético-filosófica utilitarista, exposta, sobretudo, pelos teóricos Jeremy Bentham (1748-1832) e John Stuart Mill (1806-1873) e pelas contribuições filosóficas manifestadas por autores como John Locke (1632-1704), apresentando a propriedade material como bem jurídico natural, absoluto e perpétuo. Os direitos autorais, quando limitados temporalmente, não mais reconhecendo seu caráter absoluto, trazem à baila o fim utilitário voltado à satisfação da felicidade coletiva, efetiva, no plano autoral, a partir da liberação das obras à sociedade.

Em momento seguinte, tecem-se algumas considerações sobre o utilitarismo surgido entre os séculos XVIII e XIX, a partir das contribuições de filósofos e economistas ingleses, destacando-se como seus principais expoentes, Jeremy Bentham (1748-1832) e John Stuart Mill (1806-1873).

Por fim, elencam-se as principais contribuições de John Stuart Mill para a conciliação entre o direito individual do autor e a filosofia utilitarista, influenciado por diversos teóricos, entre os quais, Aristóteles (384 a.C. - 322 a.C.), Nicolau Maquiavel (1469-1527), Francis Bacon (1561-1626), Thomas Hobbes (1588-1679), John Locke (1632-1704) e David Hume (1711-1776).

1 O sistema inglês (*copyright*) e francês (*droit d'auteur*) dos direitos autorais: um debate entre a teoria utilitarista e a concepção de direito natural do autor em Locke

O âmbito inglês foi responsável por inaugurar a normatividade moderna de proteção aos direitos autorais. Nele surgiu o *copyright*, sistema adotado pelos países anglo-saxões, especialmente o Reino Unido, além dos Estados Unidos da América (EUA), Israel, África do

Sul, entre outros. Fundamenta-se no âmbito patrimonial dos direitos autorais, ou seja, em seu caráter econômico, no qual se destaca a autorização do autor para a reprodução das criações intelectuais no plano físico ou virtual. Salvaguarda-se, desde o século XVIII, o direito de cópia nos países de língua inglesa, como, por exemplo, os EUA. Esse direito permanece disciplinado na Constituição americana (1787) e no *Copyright Act* (1790).

Sua origem remonta, em termos legais, à Inglaterra, no século XVIII, período no qual foi editada a primeira legislação autoral, o Estatuto da Rainha Ana (*Statute of Anne*), em 10 de abril de 1710, diploma normativo elaborado pela Rainha Ana I, da Grã-Bretanha, com o intento de resolver as disputas envolvendo autores e editores no tocante às criações autorais. Entre essas demandas, destaca-se o conflito entre as livrarias de Paris e as das províncias, em razão de aqueles terem obtido um decreto real salvaguardando-lhes o direito exclusivo de publicação de novas obras de escritores da atualidade, enquanto os livreiros das províncias ficavam limitados a editar clássicos e a revender edições parisienses.[1]

O Estatuto, surgido a partir da convergência de interesses financeiros da burguesia, sobretudo dos impressores e livreiros ingleses,[2] refletiu consideravelmente sobre a disciplina dos direitos autorais, extinguindo a perpetuidade, a partir da limitação do tempo de proteção da obra; eliminando o controle prévio ou censura, possibilitando a qualquer indivíduo figurar como editor ou impressor; além de tornar o *copyright* um verdadeiro direito salvaguardado ao autor e não mais aos editores, como ocorria anteriormente.

A partir desse período de efervescente tutela do autor, vislumbram-se duas teorias direcionadas à justificação do direito autoral. A primeira denomina-se teoria utilitarista. Essa concepção teórica, cujos principais aspectos serão explicitados em tópico específico do trabalho, surgiu como uma doutrina ético-filosófica apresentada, sobretudo, pelos teóricos Jeremy Bentham e John Stuart Mill.

À luz do pensamento de Jeremy Bentham, o qual desprezava profundamente a ideia dos direitos naturais, o mais relevante objetivo a ser atingido consiste em maximizar a felicidade, salvaguardando o prazer dos indivíduos em detrimento da dor. A utilidade é caracterizada

---

[1] PIMENTA, Eduardo. *Princípios de direitos autorais*: um século de proteção autoral no Brasil (1898-1998). Rio de Janeiro: Lúmen Júris, 2004. p. 5.

[2] FRAGOSO, João Henrique da Rocha. *Direito autoral*: da antiguidade à internet. São Paulo: Quartier Latin, 2009. p. 52.

como algo que traga prazer ou felicidade e evite a dor ou o sofrimento, devendo-se essa máxima ser buscada pelos cidadãos e legisladores.[3] *A posteriori*, no século XIX, John Stuart Mill versou sobre a conciliação entre os direitos individuais e a filosofia utilitarista, defendendo a liberdade do indivíduo, e não a interferência governamental.[4]

A teoria do direito natural[5] também foi utilizada para a justificação da propriedade autoral. Foi desenvolvida pelo filósofo inglês John Locke, com fulcro na teoria do fruto do trabalho (*labor theory of property*). Essa noção atribuída aos direitos autorais corrobora o argumento de que o autor é detentor do direito de propriedade sobre sua criação intelectual, inerente à própria obra. Salvaguarda-se ao autor a propriedade sobre o fruto de seu labor.

John Locke, pensador iluminista, defensor do liberalismo clássico[6] e influenciador de filósofos franceses como François-Marie Arouet ou Voltaire e Jean-Jacques Rousseau, teceu relevante contribuição para a teoria da propriedade, manifestada em algumas de suas obras: *Carta Acerca da Tolerância,*[7] *Ensaio Acerca do Entendimento Humano*[8] e *Segundo Tratado Sobre o Governo Civil,* em seu capítulo V.[9] Para Locke, os homens se reúnem em comunidades, subordinando-se a um governo comum, a fim de preservar a sua propriedade, inalienável, além dos direitos à vida e à liberdade, em sentido diverso ao pensamento manifestado por Thomas Hobbes, em sua obra intitulada *Leviatã,* o qual reconhece a inalienabilidade apenas ao direito à vida.[10]

---

[3] SANDEL, Michael J. *Justiça*: o que é fazer a coisa certa. (Trad. Heloisa Matias e Maria Alice Máximo). Rio de Janeiro: Civilização Brasileira, 2013. p. 48.

[4] MILL, John Stuart. *On liberty*. Cambridge: Cambridge University Press, 2005.

[5] Cf. LOCKE, John. *Segundo tratado sobre o governo*: ensaio relativo à verdadeira origem, extensão e objetivo do governo civil. São Paulo: Ed. Martin Claret, 2005.

[6] O liberalismo clássico ou tradicional, surgido no século XIX, na Europa e Estados Unidos da América (EUA), é uma filosofia político-econômica voltada à tutela da liberdade individual, limitando o poder estatal em razão da lei, além de salvaguardar o direito de propriedade. Teve como principais expoentes Adam Smith, John Locke, Voltaire, Montesquieu, entre outros. Eles acreditavam que o mercado, sem intervenções governamentais, é o mais eficiente mecanismo para satisfazer as necessidades humanas e canalizar recursos para seus usos mais produtivos, segundo: QUINTON, Anthony. Conservatism. In: *A companion to contemporary political philosophy*. Oxford: Blackwell Publishing, 2007. p. 246.

[7] LOCKE, John. *Carta acerca da tolerância*. (Trad. Anoar Aiex). São Paulo: Abril Cultural, 1983.

[8] LOCKE, John. *Ensaio acerca do entendimento humano*. (Trad. Anoar Aiex). São Paulo: Nova Cultural, 1999.

[9] LOCKE, John. *Segundo tratado sobre o governo*: ensaio relativo à verdadeira origem, extensão e objetivo do governo civil. São Paulo: Ed. Martin Claret, 2005.

[10] HOBBES, Thomas. *Leviatã*. (Trad. João P. Monteiro e Maria Beatriz da Silva). São Paulo: Abril Cultural, 1994.

A compreensão da liberdade, à luz da teoria dos direitos naturais, deve ser analisada no ambiente social. No tocante ao direito de propriedade, configura-se como um bem tangível (material) ou intangível (intelectual), ao passo que a noção de propriedade, conforme o pensamento de John Locke, aplica-se não apenas aos bens materiais, como também se refere a qualquer direito, a exemplo do de autor. Sobre esse direito, há a possibilidade de escassez, leciona David Hume, enquanto, no tocante à utilização dos bens materiais, a prática de justiça se demonstra inútil quando eles se apresentam em larga escala ou escassos.

Para o direito autoral, na sociedade contemporânea, compreendido como bem imaterial, a noção de escassez deve ser vislumbrada com cautela, ao passo que o desenvolvimento tecnológico permitiu a disseminação das criações intelectuais em larga escala por meio da internet, contrariando o caráter limitador conferido às criações intelectuais na Antiguidade.

Muitos estados americanos, tais como Massachusetts, New Hampshire e Road Island, consagraram em seus estatutos jurídicos a noção do *copyright* como um direito de propriedade, à luz do pensamento lockiano. A Declaração da Independência dos Estados Unidos da América, de 4 de julho de 1776, possui fundamentação teórica na obra John Locke,[11] principalmente nas seções 161, 223, 225 e 230 do seu *Segundo Tratado sobre o Governo Civil.*[12]

As teorias mencionadas apresentam alguns aspectos conflitantes, na medida em que a utilitarista salvaguarda um direito de monopólio temporário aos autores, fazendo-se necessária a observância de certas formalidades para o seu exercício. A jusnaturalista, por sua vez, reconhece a perpetuidade dos direitos autorais, dotado de dimensão moral ou pessoal, prescindindo de quaisquer aspectos formais como pressuposto para o gozo desse direito. O impasse reside no fato que se deve compreender o direito de autor como natural, associado à noção de que, após a publicação da obra, ao autor é tutelado apenas um monopólio temporal sobre a obra.[13]

Na França, entre os séculos XVIII e XIX, surgiu o *droit d'auteur*. Nele vislumbra-se uma aproximação com a concepção utilitarista e

---

[11] LOCKE, John. *Segundo tratado sobre o governo*: ensaio relativo à verdadeira origem, extensão e objetivo do governo civil. São Paulo: Ed. Martin Claret, 2005.

[12] STERN, Kenneth D. John Locke and the declaration of independence. In: *Cleveland Marshall Law Review*, Ohio, v. 15, p. 186-195, 1966.

[13] PATTERSON, Lyman Ray. *Copyright in historical perspective*. Nashville: Vanderbilt University Press, 1968.

consequencialista de justificação dos direitos dos autores, destacando-se o interesse social. Não obstante, também se identifica a compreensão jusnaturalista do direito autoral como um direito de propriedade, sem prejuízo de seu aspecto moral.[14]

Esse sistema se apresenta no período revolucionário francês, de 1789. Até então somente eram reconhecidos os direitos patrimoniais de autor, não se amparando os direitos morais, os quais passaram a ser considerados, pela jurisprudência francesa, no início do século XIX. Ele se apresenta como um sistema de concepção jurídica latino-germânica, inspirado nos decretos da Assembleia Constituinte Francesa (1791-1793) e reconhecido na Convenção de Berna (1886). Versa sobre o reconhecimento do autor e sua criação intelectual, como instrumento de sua propriedade.

Nesse cenário europeu, sobretudo na França, foram abolidos os privilégios concedidos aos editores, livreiros e autores. O direito de autor passou a ser tutelado por diversas legislações. Mesmo antes da Revolução Francesa, a Coroa já se manifestava em consonância com o caráter individualista e privatista dos direitos de autor, concedendo, em detrimento dos privilégios dos editores (*privilèges en librairie*), privilégios ao autor (*privilèges d'auteur*).

No tocante às contribuições teóricas essenciais à construção histórica do *droit d'auteur*, destacam-se: Denis Diderot e Marie Jean Antoine Nicolas de Caritat Condorcet. O primeiro ressaltou a proximidade entre a propriedade literária e as demais propriedades imobiliárias, defendendo-a como um direito absoluto e perpétuo dos autores e editores, sobre as criações intelectuais. Salvaguarda-se a extensão do direito de autor aos editores. Assim, a propriedade intelectual assume o caráter de direito fundamental do indivíduo, sendo resguardado ao autor e editor, que, adquirindo os direitos patrimoniais sobre a obra, goza do direito de utilizar-se dela como lhe convier em repetidas edições.[15]

Reconhece-se a naturalização do direito de autor sobre suas obras como propriedade absoluta, inviolável e transmissível por tempo indeterminado. Coaduna-se com os interesses comerciais da época, visto que, ao se ampliar a natureza protetiva do direito de autor aos

---

[14] ALVES, Marco Antônio Souza; PONTES, Leonardo Machado Pontes. O direito de autor como um direito de propriedade: um estudo histórico da origem do *copyright* e do *droit d'auteur*. In: *Anais do XVIII Congresso Nacional do CONPEDI*, Florianópolis: CONPEDI, p. 9.881, 2009.

[15] DIDEROT, Denis. *Carta sobre o comércio do livro*. (Trad. Bruno Feitler). Rio de Janeiro: Casa da Palavra, 2002. p. 52-69.

empresários, permitiu-lhes exercer o controle sobre as criações do intelecto, em substituição ao monopólio anteriormente exercido, em razão da concessão de privilégios reais, tutelando os interesses da classe burguesa em ascensão.[16]

Além do discurso promovido por Diderot, a contextura intelectual e política do século XVIII foi marcada por outras visões concorrentes. À luz de um ideal social, os revolucionários pregavam o fim da propriedade privada e a livre circulação das obras, em conformidade com o interesse público e o ideal iluminista, motivados por Condorcet. Esse autor lança mão de argumentos utilitaristas e consequencialistas, considerando utilidade pública a disseminação das obras à coletividade, em sentido contrário à censura prévia, ao monopólio real e comercial. Compreende que a propriedade literária, em sentido diverso da propriedade sobre os bens materiais, não deriva da ordem natural, devendo-se vislumbrar sua função social. O verdadeiro progresso das luzes pressupunha liberdade de criação, reprodução e difusão do conhecimento e da arte, sendo inadmissível a apropriação individual dos bens culturais.[17]

Em sentido contrário à noção de propriedade intelectual vinculada à material, Pierre-Joseph Proudhon também se manifesta no sentido de que o autor, antes de ser pai de sua obra, é fruto de seu tempo e cultura, herdeiro da civilização e das ideias que o precederam. Ademais, em perspectiva utilitarista, compreende que o direito autoral perpétuo é inútil, ao passo que as obras guardam sua efemeridade, transformando-se e renovando-se com o passar do tempo.[18]

Hodiernamente, não obstante as diferenças teóricas pontuais, os dois sistemas mencionados se aproximam. Muitas formalidades resguardadas pelo *copyright* foram abolidas pela Convenção de Berna (1886). Além disso, no âmbito do sistema anglo-saxão, tutelam-se, ainda que em menor intensidade, os direitos morais do autor, sem prejuízo da maior relevância atribuída aos elementos patrimoniais, servindo de estímulo ao progresso econômico e tecnológico.

---

[16] ALVES, Marco Antônio Souza; PONTES, Leonardo Machado Pontes. O direito de autor como um direito de propriedade: um estudo histórico da origem do *copyright* e do *droit d'auteur*. In: *Anais do XVIII Congresso Nacional do CONPEDI*, Florianópolis: CONPEDI, p. 9.883, 2009.

[17] CONDORCET, Jean-Antoine-Nicolas de Caritat. Fragmentssur la liberte de la presse. In: *Oeuvres de Condorcet*. Paris: Firmin Didot Frères, 1847. Tomo 11, p. 253-314.

[18] PROUDHON, Pierre-Joseph. *Les majorats littéraires*: examan d'un projet de loi ayant pour but de créer, au profit des auteurs, inventeurs et artistes, un monopole perpétuel. Bruxelles: Alphonse Ledégue, 1862.

Os sistemas *copyright* e *droit d'auteur* harmonizam-se em diversos aspectos. Suas dissonâncias são associadas, principalmente, às estratégias mercatórias e ao desenvolvimento tecnológico, devido às diferentes fundamentações jurídico-filosóficas às quais se filiam. Cabe ressaltar que "ainda existem muitas arestas a serem aparadas para que se possa afirmar que está, ao menos, havendo um processo de uniformização de procedimentos dos dois sistemas de proteção".[19]

2 A justificação utilitarista do *copyright* em Jeremy Bentham

O utilitarismo surge como doutrina ético-filosófica entre os séculos XVIII e XIX, a partir das contribuições de filósofos e economistas ingleses, destacando-se como seus principais expoentes Jeremy Bentham e John Stuart Mill, responsáveis pela aplicação do princípio da utilidade no âmbito político, legal e econômico O pensamento utilitarista já era utilizado na Antiguidade, pelo filósofo grego Epicuro de Samos (341 a.C. - 270 a.C.), entre outros pensadores da Grécia antiga.

Também foi praticado na Inglaterra, pelo bispo Richard Cumberland, filósofo moralista do século XVII, sem prejuízo das contribuições de Francis Hutcheson (1694-1746) e David Hume (1711-1776). Influenciou as ideias desenvolvidas por Peter Singer, que aplicou o fundamento utilitarista para a resolução de conflitos morais vivenciados nos séculos XX e XXI. Ele praticou um utilitarismo distinto de sua visão clássica, privilegiando as diferenças, em sentido diverso àquele, sempre voltado à maximização do prazer e à redução da dor.[20]

A doutrina utilitarista compreende a natureza benéfica das ações praticadas pelos indivíduos quando elas proporcionam a máxima felicidade do âmbito coletivo. Adota-se uma perspectiva eudemonista, consoante a qual a busca pela felicidade, em âmbito individual e coletivo, pressupõe a adoção de ações que conduzam a esse fim. A felicidade, apregoada por Aristóteles na Antiguidade, consagra uma natureza principiológica cujo alcance prescinde a realização de atos voltados à sua consecução.[21]

---

[19] MALLMANN, Querino. A natureza jurídica do direito da propriedade intelectual: o direito de autor. In: *Revista do Mestrado em Direito da UFAL*, Maceió: Edufal, v. 2, n. 3, p. 224, 2008.

[20] SINGER, Peter Albert David. *Vida ética*: os melhores ensaios do mais polêmico filósofo da atualidade. (Trad. Alice Xavier). Rio de Janeiro: Ediouro, 2002.

[21] ARISTÓTELES. Ética a Nicômaco. (Trad. Leonel Vallandro e Gerd Bornheim da versão inglesa de W. D. Ross). In: *Os Pensadores*. São Paulo: Nova Cultural, 1991.

O utilitarismo, na medida em que se apresenta como um critério geral de moralidade eudemonista, incide sobre as ações individuais e políticas, no âmbito social, político e jurídico. A ação moralmente correta é aquela que promove a felicidade de todos, analisando-se as consequências dos atos praticados, de forma a somente produzir resultados positivos. Reconhece-se, como objetivo moral, a maximização da felicidade. A coisa certa a se fazer é aquela que ocasione prazer ou felicidade, evitando a dor e o sofrimento.[22]

À luz das definições de Jeremy Bentham, o princípio da utilidade caracteriza-se como

> aquele que aprova ou desaprova qualquer ação, segundo a tendência que tem a aumentar ou a diminuir a felicidade da pessoa cujo interesse está em jogo, ou, o que é a mesma coisa em outros termos, segundo a tendência a promover ou a comprometer a referida felicidade.[23]

Analisa-se a justeza da ação conforme as consequências produzidas, no sentido de gerar dor ou prazer aos indivíduos.[24]

No cômputo geral das consequências das ações praticadas, uma ação só pode ser considerada correta caso gere mais prazer do que dor, e só pode ser condenada caso gere mais dor que prazer.[25] Não existem ações boas e más em si mesmas, cabendo analisar os fins pretendidos e o que proporcionam à coletividade.

A corrente apresentada norteia-se por diversos fundamentos principiológicos. De início, tem-se a noção de bem-estar (físico, moral e intelectual), objetivo que deve ser visado em toda ação moral praticada pelo indivíduo. Ademais, corrobora-se o consequencialismo, termo filosófico de autoria de Elizabeth Anscombe (1919-2001), em sua obra intitulada *Modern Moral Philosophy*,[26] de 1958, na qual demonstra que um agente é responsável tanto pelas consequências intencionais de seu ato, quanto também pelas não intencionais. Portanto, as consequências

---

[22] BENTHAM, Jeremy. *An Introduction to the Principles of Moral and Legislation*. Edinburgh: William Tait, 1843. p. 09-10.

[23] BENTHAM, Jeremy. *An Introduction to the Principles of Moral and Legislation*. Edinburgh: William Tait, 1843. p. 10.

[24] SINGER, Marcus. Actual consequences of utilitarianism. In: *Mind*, Oxford, v. 86, n. 341, p. 67, jan. 1977.

[25] BENTHAM, Jeremy. *An Introduction to the Principles of Moral and Legislation*. Edinburgh: William Tait, 1843. p. 69-70.

[26] ANSCOMBE, Gertrude Elizabeth Margaret. Modern moral philosophy. In: *Philosophy 33*, n. 124, jan. 1958.

devem ser levadas em consideração quando se fazem juízos sobre o correto/certo ou errado/incorreto.

Cabe analisar o saldo líquido de bem-estar proporcionado à coletividade de indivíduos afetados pelas ações. Admite-se o sacrifício de uma minoria em prol do bem comum, compensando-se o aspecto negativo, sem prejuízo da exigência ou dever de maximização do bem-estar geral. A imparcialidade e o universalismo, epistemologicamente analisados por Immanuel Kant (1724-1804),[27] são conceitos inerentes ao utilitarismo, os quais atribuem aos prazeres e sofrimentos ou dores a mesma relevância, independentemente dos indivíduos afetados.

Para Bentham, todos nós somos governados pelos sentimentos de dor e prazer, nossos mestres soberanos, do quais provém a compreensão de certo e errado.[28] Esse fundamento se aplica ao âmbito social e legislativo, visto que devem ser elaboradas leis que maximizem a felicidade da comunidade em geral, constituída por cidadãos e legisladores, sendo inadmissível a rejeição a esse argumento moral.[29]

Quando trazido o utilitarismo para o âmbito do *copyright*, o direito dos autores se caracteriza como um direito que lhes é atribuído por um determinado lapso temporal, para que possa explorar comercialmente, e com exclusividade, a sua criação, justificando-se tal prerrogativa em razão de atuar como um instrumento de incentivo à produção do intelecto e, por conseguinte, à remuneração dos seus autores. Verdadeiro monopólio temporário conferido aos autores, a partir do cumprimento de certas formalidades.

O Estatuto da Rainha Ana (*Statute of Anne*), de 1710, consagrou o direito autoral como um instrumento essencial à consecução do bem comum, salvaguardando a perspectiva iluminista de promoção e circulação do conhecimento. Esse caráter utilitarista foi reconhecido no julgado elaborado pela Câmara dos Lordes (*The House of Lords of the United Kingdom*), em 1774. Esse caso foi de grande relevância em matéria literária. A situação fática diz respeito ao livreiro escocês Alexander Donaldson, proprietário de um negócio voltado à realização de reimpressões baratas dos clássicos, que foi acusado de pirataria quando publicou uma edição de James Thomson, "The Seasons", trabalho para

---

[27] KANT, Immanuel. Fundamentação da metafísica dos costumes. In: *Os Pensadores – Kant (II)*. (Trad. Paulo Quintela). São Paulo: Abril Cultural, 1980.

[28] BENTHAM, Jeremy. *An Introduction to the Principles of Moral and Legislation*. Edinburgh: William Tait, 1843.

[29] SANDEL, Michael J. *Justiça*: o que é fazer a coisa certa. (Trad. Heloisa Matias e Maria Alice Máximo). Rio de Janeiro: Civilização Brasileira, 2013. p. 48-49.

o qual Thomas Becket e um grupo de outros livreiros e impressores de Londres afirmou ter o direito de impressão. Questiona-se, portanto, a natureza jurídica do *copyright*, se seria ele um direito legal, uma licença limitada, pertencente ao Estado, ou um direito comum, perpétuo e absoluto.[30]

A perspectiva utilitarista, evidenciada no Diploma de 1710, também reverberou sobre a legislação norte-americana de 1790, no âmbito do Capítulo I, Seção 8, o qual salvaguarda a necessidade de promoção, pelo poder público, do progresso da ciência e das artes úteis, garantindo, por tempo limitado, aos autores e inventores, o direito exclusivo aos seus escritos ou descobertas. Embora, em muitas ocasiões, as Cortes britânicas tenham se manifestado em sentido contrário, posicionando-se favoravelmente à concepção lockiana relativa à propriedade do *copyright*, a exemplo do caso *Edred versus Ashcroft*, ocorrido em 2003, no qual a Suprema Corte dos Estados Unidos da América tratou sobre a extensão do prazo de proteção conferido às criações intelectuais, especificamente, na situação fática, livros e animações.

Indaga-se pela possibilidade de aplicação da corrente utilitarista à legislação autoral brasileira, influenciada pelo direito de autor. A resposta é positiva, em se tratando dos seus aspectos patrimoniais, tendo em vista que esses direitos perduram por 70 anos (artigos 41 a 45 da Lei nº 9.610/98), caindo em domínio público após o transcurso do prazo. A partir de então, a criação intelectual torna-se acessível à coletividade, salvaguardado o desenvolvimento econômico e tecnológico, em cumprimento à sua função social, proporcionando um benefício coletivo.

Sem prejuízo dos aspectos positivos trazidos pela doutrina suscitada ao âmbito dos direitos autorais, cumpre destacar algumas objeções a essas disposições teóricas, manifestadas por Michael J. Sandel, filósofo político e professor de filosofia política na Universidade de Harvard (*Harvard University*), nos Estados Unidos da América (EUA). Muitos acusam o utilitarismo de inobservância aos direitos individuais, ao considerar apenas a soma das satisfações e desprezando o indivíduo.

Outra objeção apresentada ao argumento utilitarista diz respeito ao trato conferido aos valores, considerados pelos utilitaristas como moeda comum. Assim, todas as preferências possuem o mesmo peso no cômputo geral da moralidade. Para aqueles que se opõem a essa

---

[30] ROSE, Mark. The author as proprietor: Donaldson v. Becket and the genealogy of modern authorship. *Representations*, Berkley, v. 23, p. 51-85, 1988.

compreensão, não seria possível colocar na mesma balança valores de naturezas distintas. Destacam-se eventos nos quais se aplica a lógica utilitarista, a partir de uma análise de custos e benefícios.[31]

Tendo em vista as inúmeras objeções ao argumento utilitarista, buscou-se renovar suas bases, adaptando-as à proteção dos direitos fundamentais. Assim, o caráter humanista foi utilizado para reformular a doutrina utilitária, atribuindo-se maior relevo à dignidade da pessoa humana e aos direitos individuais, entre os quais se destacam os direitos autorais e industriais, consagrados na Constituição Federal de 1988, em seu artigo 5º, incisos XXVII, XXVIII, alíneas a e b e XXIX, inseridos no Título II, Capítulo I, correspondente ao rol dos direitos e garantias individuais.

Para tanto, foram relevantes as contribuições filosóficas de John Stuart Mill. Ele procurou, a partir das considerações iniciais de Bentham, estabelecer uma conciliação entre os direitos individuais e a filosofia utilitarista, conforme ficará demonstrado no tópico seguinte.

3 Em defesa da liberdade: as contribuições de John Stuart Mill para a conciliação entre o direito individual do autor e a filosofia utilitarista

John Stuart Mill era filho do utilitarista James Mill, amigo e seguidor de Jeremy Bentham. Mill foi educado por seu pai, escutando, desde a sua infância, os diálogos dele com Bentham. Seus escritos refletem sua interação com o empirismo inglês, teoria do conhecimento a qual o compreende como proveniente da experiência sensorial do observador. Ele possui diversos teóricos adeptos, entre os quais: Aristóteles, Nicolau Maquiavel, Francis Bacon, Thomas Hobbes, John Locke e David Hume.

John Mill se vale do método indutivo, raciocínio voltado à compreensão da ciência a partir da observação, ou seja, da análise dos casos particulares, a fim de extrair uma verdade geral. Os argumentos indutivos extraem das premissas fundamentos para a conclusão, desprovidos de definitividade.[32] Parte-se de premissas particulares, em busca de uma lei universal.

---

[31] SANDEL, Michael J. *Justiça*: o que é fazer a coisa certa. (Trad. Heloisa Matias e Maria Alice Máximo). Rio de Janeiro: Civilização Brasileira, 2013. p. 55-56.

[32] COPI, Irving; COHEN, Carl. *Introduction to logic*. New York: Macmillan Publishing Company, 2008. p. 45-46.

O autor buscou conciliar os direitos e as garantias fundamentais individuais com a filosofia utilitarista adotada por seu antecessor Jeremy Bentham. Para tanto, em sua obra *On Liberty*,[33] de 1859, defende a liberdade do indivíduo para fazer o que quiser, desde que não ocasione danos a outrem. O poder público não deve interferir na liberdade individual a fim de tutelar o cidadão ou impor as crenças da maioria. Não havendo prejuízo ao próximo, os sujeitos são livres para agir, mantendo o domínio total sobre o seu corpo e a sua mente. Para ele, a liberdade pressupõe considerações utilitaristas, como instância final para a resolução de todas as questões éticas, considerando os interesses dos indivíduos como seres em constante evolução.[34]

Stuart Mill preocupou-se também em conciliar a liberdade individual com a justiça social, compreendendo a necessidade de cada indivíduo como ser responsável por atuar na melhora de sua posição social. Converge com Bentham no tocante à necessidade de que toda ação seja voltada a maximizar a felicidade ou o prazer e a reduzir a dor. No entanto, em sentido contrário àquele, considera a qualidade do ato praticado pelo sujeito, no exercício de sua autonomia individual. Nesse sentido, observa que "[...] a qualidade é tão levada em conta quanto a utilidade; seria absurdo supor que a avaliação dos prazeres dependesse unicamente da quantidade". A coletividade incide sobre as ações individuais, não obstante, em algumas situações, devem-se levar em conta os limites à autonomia individual.

Para Mill, a maximização da utilidade deve ser feita em longo prazo e não de maneira imediatista, caso a caso.[35] Ele assevera que a observância à liberdade individual conduzirá à máxima felicidade humana. Sandel, analisando os efeitos da liberdade evidenciados por Mill, aduz que eles não fornecem uma base moral efetiva para os direitos individuais, em razão de alguns fatores. Destaca-se o fato de que o respeito aos indivíduos como pressuposto para o progresso social acaba por limitar esses direitos em razão da coletividade. Além disso, ao fundamentar os direitos individuais à luz da filosofia utilitarista, desconsidera-se a noção de que a violação dos direitos de alguém, além dos seus efeitos coletivos, ocasiona um mal ao indivíduo.

---

[33] MILL, John Stuart. *On liberty*. Cambridge: Cambridge University Press, 2005.
[34] SANDEL, Michael J. *Justiça*: o que é fazer a coisa certa. (Trad. Heloisa Matias e Maria Alice Máximo). Rio de Janeiro: Civilização Brasileira, 2013. p. 64.
[35] MILL, John Stuart. *On liberty*. Cambridge: Cambridge University Press, 2005. p. 1-8.

A felicidade máxima da vida humana não deve ser atingida considerando a moral utilitarista em sentido absoluto, ou seja, forçando os indivíduos a agir conforme os costumes e convenções ou a opinião dominante.[36] O exercício das faculdades humanas perceptivas pressupõe a realização de escolhas. A realização de algo por costume não implica nenhuma escolha, na medida em que o sujeito não foi capaz de discernir e desejar a melhor conduta a ser adotada. As capacidades mentais devem ser estimuladas constantemente, a partir da avaliação dos atos praticados.[37]

Em sua obra *Utilitarianism*, Mill demonstra a distinção, pelos utilitaristas, dos prazeres mais elevados e menos elevados. Os superiores produzem virtudes mais nobres, ou seja, prazer intenso e duradouro.[38] No entanto, o pensamento de Jeremy Bentham não realiza essa distinção, compreendendo todos os valores em uma única escala. Para ele, as experiências são diferenciadas em razão da quantidade de prazer e de dor que proporcionam, e não de maneira qualitativa, como expressa Mill ao ressaltar a existência de valores com maior relevo.[39]

A ênfase nos direitos fundamentais, em detrimento da violação da esfera individual pela autoridade estatal, refletiu o pensamento iluminista no século XVIII. O Iluminismo foi um movimento cultural surgido na Europa, período em que, numa perspectiva racional, buscou reformar a sociedade e o conhecimento herdado da tradição medieval. Visava promover a interação cultural, em detrimento da intolerância religiosa e estatal. Foi defendido por filósofos tais como Diderot, D'Alembert, Voltaire e Montesquieu.

Esse movimento influenciou os ideais libertários da Revolução Francesa (1789-1799), período de profunda agitação política e social no ambiente francês, em oposição aos interesses da monarquia absolutista. Defendiam-se os fundamentos principiológicos da liberdade, igualdade e fraternidade (*liberté, égalité, fraternité*), culminando na Declaração dos Direitos do Homem e do Cidadão (1789), de grande relevo na consagração dos direitos individuais, em uma concepção jusnaturalista, a qual os compreende como direitos naturais, universais e exigíveis a qualquer tempo, porquanto, inerentes à natureza humana.

---

[36] SANDEL, Michael J. *Justiça*: o que é fazer a coisa certa. (Trad. Heloisa Matias e Maria Alice Máximo). Rio de Janeiro: Civilização Brasileira, 2013. p. 65-66.

[37] MILL, John Stuart. *On liberty*. Cambridge: Cambridge University Press, 2005. p. 29-39.

[38] MILL, John Stuart. *Utilitarianism*. Indianapolis: Hakett Publishing, 1979.

[39] SANDEL, Michael J. *Justiça*: o que é fazer a coisa certa. (Trad. Heloisa Matias e Maria Alice Máximo). Rio de Janeiro: Civilização Brasileira, 2013. p. 67-68.

Outro momento de bastante relevância na efetivação dos direitos e garantias fundamentais, especialmente do direito à liberdade, foi a Revolução Americana, também conhecida como Guerra da Independência dos Estados Unidos da América (EUA), ocorrida em 1776, após a assinatura do Tratado de Paris (1763), responsável por extinguir a Guerra dos Sete Anos (1756-1763). Como diploma normativo resultante desse momento histórico, destaca-se a Declaração da Independência dos Estados Unidos da América (EUA), momento em que as 13 colônias da América do Norte declararam sua independência perante a Grã-Bretanha. Seus dispositivos foram influenciados pelo pensamento lockiano, reconhecendo expressamente o direito natural dos indivíduos como direitos inerentes, anteriores ao Estado e à sociedade. Em razão das leis naturais, salvaguarda-se ao homem o direito à vida, à liberdade e à igualdade.[40]

Para os defensores da liberdade individual, destaca-se a noção de um Estado mínimo, limitado à proteção dos indivíduos "contra a violência, o roubo, a fraude, a fiscalização do cumprimento de contratos",[41] conforme dispõe Robert Nozick (1938-2002) em sua obra intitulada *Anarquia, Estado e Utopia*, na qual apresenta as funções do Estado moderno, explicitando objeções ao liberalismo, ao socialismo e ao conservadorismo e expondo uma nova teoria de justiça redistributiva, fundada num modelo utópico de Estado mínimo. Essa limitação estatal faz-se necessária para compreender que qualquer outra forma de Estado mais amplo viola os direitos da pessoa.[42]

Há, ainda aqueles que apregoam a ausência total do Estado. Denominam-se libertários os anarquistas franceses do século XIX; defendem a liberdade pessoal, política e jurídica como elemento nuclear da sociedade, não conferindo autoridade e poder ao Estado.

Aplicando-se a perspectiva libertária ao plano dos direitos autorais, o *download* de músicas da internet não viola esses direitos, visto que não há escassez da criação intelectual, como ocorre em relação aos bens materiais (propriedade material, por exemplo). Pelo contrário, opera-se a sua disseminação à coletividade, contribuindo para a efetivação do direito de autor, consagrado, entre outros diplomas, na Constituição Federal de 1988, em seu artigo 5º, incisos XXVII, XXVIII, XXIX, no rol

---

[40] STERN, Kenneth D. John Locke and the declaration of independence. In: *Cleveland Marshall Law Review*, Ohio, v. 15, p. 186-195, 1966.

[41] NOZICK, Robert. *Anarquia, Estado e Utopia*. Rio de Janeiro: Jorge Zahar Editor, 1991. p. 42.

[42] NOZICK, Robert. *Anarquia, Estado e Utopia*. Rio de Janeiro: Jorge Zahar Editor, 1991. p. 171.

dos direitos e garantias fundamentais, e do direito à cultura, também salvaguardado na Carta Magna, em seu artigo 215. Em perspectiva utilitarista, salvaguarda o bem-estar geral, ao disponibilizar o acesso às criações intelectuais.

O filósofo Karl Popper (1902-1994), à luz da teoria evolucionista do Estado, em sua obra *A Sociedade Aberta e Seus Inimigos* (*The Open Society and its Enemies*), lançada no auge da Segunda Guerra Mundial, em 1945, tece inúmeras críticas ao historicismo teleológico, reconhecendo-o como método falho que não produz nenhum resultado de valor, pois busca tornar a história compreensível através de uma interpretação teísta, ou seja, na crença em um Deus dotado de valor supremo.[43] Para ele, o historicismo conduz necessariamente a uma sociedade "tribal" e "fechada", com total desprezo às liberdades individuais. Ademais, expõe objeções às concepções adotadas por filósofos como Platão (427 a.C. - 347 a.C.), Georg Wilhelm Friedrich Hegel (1770-1831) e Karl Marx (1818-1883), acu-sando-os de totalitários por sustentarem suas filosofias políticas no historicismo.

Não se admite a interferência do Estado em sentido contrário aos usos lícitos das criações intelectuais, ao passo que figuram como relações sociais ocorridas na contemporaneidade que demonstram a natureza evolutiva do direito, fundando seus valores em processos sociais de adaptação.[44] O direito positivo é responsável pela regulamentação dos indivíduos, em ambiente físico ou virtual, com fulcro nesses preceitos disseminados socialmente.

Considerações finais

As contribuições doutrinárias apresentadas nesse construto permitiram uma compreensão de algumas justificações filosóficas para os direitos autorais. Os direitos autorais, em razão de sua natureza híbrida, compreendem direitos patrimoniais e morais. Os primeiros sempre estiveram presentes na dogmática jurídico-autoral, porquanto a propriedade autoral era representada a partir de privilégios reais sobre o uso das criações intelectuais. No entanto, esse uso não é absoluto ao ponto de limitar o acesso coletivo às obras intelectuais. Modelou-se a esfera

---

[43] POPPER, Karl. *A sociedade aberta e seus inimigos*. São Paulo: Editora da Universidade de São Paulo, 1974. v. 1, p. 22.

[44] PONTES DE MIRANDA, Francisco Cavalcante. *Sistema de ciência positiva do Direito*. Rio de Janeiro: Borsoi, 1972. Tomo I.

protetiva dos direitos autorais à perspectiva utilitarista, por força da qual, embora se resguardem direitos individuais de uso, gozo e fruição das obras intelectuais, não se desampara a coletividade, culminando em seu aprimoramento cultural.

O sistema anglo-saxônico do *copyright*, ao filiar-se ao utilitarismo apresentado por Jeremy Bentham, compreendeu o direito dos autores como uma prerrogativa que lhes é atribuída por um determinado lapso temporal, para que possa explorar comercialmente, e com exclusividade, a sua criação. Transcorrido esse prazo, a obra cai em domínio público, sendo passível de utilização pela sociedade.

O fim social a que se destinam as criações intelectuais não contraria o fato de que os direitos autorais resguardados são dotados de individualidade, no tocante ao ser enquanto criador intelectual. Esses direitos individuais devem harmonizar-se com outros também fundamentais à manutenção da justiça social. Essa preocupação foi evidenciada por Stuart Mill. Por força disso, na seara autoral, os indivíduos são livres para atuar licitamente sobre as criações intelectuais, observando-se a qualidade dos atos praticados, o que conduzirá, a longo prazo, à maximização da felicidade coletiva, ao obter o acesso aos bens intelectuais, respeitando-se o caráter individual dos direitos autorais.

Referências

ALVES, Marco Antônio Souza; PONTES, Leonardo Machado Pontes. O direito de autor como um direito de propriedade: um estudo histórico da origem do *copyright* e do *droit d'auteur*. In: *Anais do XVIII Congresso Nacional do CONPEDI*, Florianópolis: CONPEDI, p. 9.881-9.883, 2009.

ANSCOMBE, Gertrude Elizabeth Margaret. Modern moral philosophy. In: *Philosophy* 33, n. 124, jan. 1958.

ARISTÓTELES. Ética a Nicômaco. (Trad. Leonel Vallandro e Gerd Bornheim da versão inglesa de W. D. Ross). In: *Os Pensadores*. São Paulo: Nova Cultural, 1991.

BENTHAM, Jeremy. *An Introduction to the Principles of Moral and Legislation*. Edinburgh: William Tait, 1843.

CONDORCET, Jean-Antoine-Nicolas de Caritat. Fragmentssur la liberte de la presse. In: *Oeuvres de Condorcet*. Paris: Firmin Didot Frères, 1847. Tomo 11.

COPI, Irving; COHEN, Carl. *Introduction to logic*. New York: Macmillan Publishing Company, 2008.

DIDEROT, Denis. *Carta sobre o comércio do livro*. (Trad. Bruno Feitler). Rio de Janeiro: Casa da Palavra, 2002.

FRAGOSO, João Henrique da Rocha. *Direito autoral*: da antiguidade à internet. São Paulo: Quartier Latin, 2009.

HOBBES, Thomas. *Leviatã*. (Trad. João P. Monteiro e Maria Beatriz da Silva). São Paulo: Abril Cultural, 1994.

KANT, Immanuel. Fundamentação da metafísica dos costumes. In: *Os Pensadores – Kant (II)*. (Trad. Paulo Quintela). São Paulo: Abril Cultural, 1980.

LOCKE, John. *Carta acerca da tolerância*. (Trad. Anoar Aiex). São Paulo: Abril Cultural, 1983.

LOCKE, John. *Ensaio acerca do entendimento humano*. (Trad. Anoar Aiex). São Paulo: Nova Cultural, 1999.

LOCKE, John. *Segundo tratado sobre o governo*: ensaio relativo à verdadeira origem, extensão e objetivo do governo civil. São Paulo: Ed. Martin Claret, 2005.

MALLMANN, Querino. A natureza jurídica do direito da propriedade intelectual: o direito de autor. In: *Revista do Mestrado em Direito da UFAL*, Maceió: Edufal, v. 2, n. 3, p. 224, 2008.

MILL, John Stuart. *On liberty*. Cambridge: Cambridge University Press, 2005.

MILL, John Stuart. *Utilitarianism*. Indianapolis: Hakett Publishing, 1979.

NOZICK, Robert. *Anarquia, Estado e Utopia*. Rio de Janeiro: Jorge Zahar Editor, 1991.

PATTERSON, Lyman Ray. *Copyright in historical perspective*. Nashville: Vanderbilt University Press, 1968.

PIMENTA, Eduardo. *Princípios de direitos autorais*: um século de proteção autoral no Brasil (1898-1998). Rio de Janeiro: Lúmen Júris, 2004.

PONTES DE MIRANDA, Francisco Cavalcante. *Sistema de ciência positiva do Direito*. Rio de Janeiro: Borsoi, 1972. Tomo I.

POPPER, Karl. *A sociedade aberta e seus inimigos*. São Paulo: Editora da Universidade de São Paulo, 1974. v. 1.

PROUDHON, Pierre-Joseph. *Les majorats littéraires*: examan d'un projet de loi ayant pour but de créer, au profit des auteurs, inventeurs et artistes, un monopole perpétuel. Bruxelles: Alphonse Ledégue, 1862.

QUINTON, Anthony. Conservatism. In: *A companion to contemporary political philosophy*. Oxford: Blackwell Publishing, Ano: 2007

ROSE, Mark. The author as proprietor: Donaldson v. Becket and the genealogy of modern authorship. *Representations*, Berkley, v. 23, p. 51-85, 1988.

SANDEL, Michael J. *Justiça*: o que é fazer a coisa certa. (Trad. Heloisa Matias e Maria Alice Máximo). Rio de Janeiro: Civilização Brasileira, 2013.

SINGER, Marcus. Actual consequences of utilitarianism. In: *Mind*, Oxford, v. 86, n. 341, p. 67, jan. 1977.

SINGER, Peter Albert David. *Vida ética*: os melhores ensaios do mais polêmico filósofo da atualidade. (Trad. Alice Xavier). Rio de Janeiro: Ediouro, 2002.

STERN, Kenneth D. John Locke and the declaration of independence. In: *Cleveland Marshall Law Review,* Ohio, v. 15, p. 186-195, 1966.

Informação bibliográfica deste texto, conforme a NBR 6023:2002 da Associação Brasileira de Normas Técnicas (ABNT):

TENÓRIO FILHO, Geraldo Magela Freitas. O fundamento filosófico do *copyright* à luz das concepções utilitaristas em Jeremy Bentham e John Stuart Mill. In: CATÃO, Adrualdo de Lima *et al.* (Coord.). *Filosofia contemporânea do direito e conectividades*: teoria e pragmática. Belo Horizonte: Fórum, 2019. p. 259-277. ISBN 978-85-450-0630-5.

REPÚBLICA E FORMA REPUBLICANA DE GOVERNO: UMA DISTINÇÃO AXIOLOGICAMENTE ORIENTADA

HÉLIO PINHEIRO PINTO

Introdução

No estudo da Teoria Geral do Estado e da Ciência Política, a forma de governo é a classificação que, tradicionalmente, opõe República à Monarquia.

Porém, ao se analisar mais aprofundadamente a questão, percebe-se que se, por um lado, a *forma republicana de governo* tem um sentido negativo, conduzindo, automaticamente, à ideia de uma "não monarquia", por outro, a *República*, em sentido amplo, é concebida – por herança da Antiguidade clássica – como um *modo* de governar, como propriedade do povo (*res populi*) ou coisa pública (*res publica*), sendo irrelevante saber quem e quantos exercem o poder ou como ocorre o processo de escolha dos governantes, especialmente o do chefe de Estado. O importante mesmo é a finalidade do exercício do poder: se centrada no interesse público ou nas aspirações privadas (critério teleológico).

Nessa dimensão axiológica, como se verá, o oposto da *República* não é propriamente a *Monarquia*, mas o governo injusto ou despótico, na medida em que a *República* incorpora um sistema de valores que a afasta da mera preocupação com a forma institucional de governo.

Partindo desse pressuposto, o objetivo deste trabalho é analisar a relação entre a *República* e a *forma republicana de governo*, visando descobrir se são expressões equivalentes ou distintas. No fundo, buscar-se-ão respostas para as seguintes indagações: *República* e *forma republicana de governo* são duas faces de uma mesma realidade? A instituição de um Estado sobre as vestes formais de uma *República* significa, necessariamente, que ele seja partidário de ideais republicanos? É possível a existência de uma *monarquia republicana*?

Para se obter respostas razoavelmente seguras, será analisado o conceito de *República* em suas duas dimensões: substantiva e formal. Para tanto – mesmo que a preocupação principal deste trabalho não seja um estudo de natureza histórica –, afigura-se imprescindível examinar o republicanismo clássico, passando pelo moderno, até chegar-se ao que, contemporaneamente, convencionou-se chamar de *neorrepublicanismo*.[1]

1 A dimensão substantiva ou axiológica do termo *república*: uma *sociologia da virtude*

Historicamente, a ideia de *República* é, por natureza, um conceito polissêmico, quase insuscetível de definição. Ao longo dos anos significou uma pluralidade de coisas, como, por exemplo: Estado, governo constitucional, comunidade politicamente organizada, democracia e certa forma de governo.[2]

Apesar de multifacetada, a palavra *República* pode ser traduzida em duas dimensões: (i) uma substantiva, positiva, axiológica ou ampla; e (ii) outra formal, negativa ou restrita.

No segundo sentido, *República* significa *forma* institucional de organização de poder político (a *forma republicana de governo*) oposta à Monarquia, sendo um fenômeno relativamente recente, tendo sido formalmente consagrada, pela primeira vez, nessa acepção antimonárquica, na Constituição americana de 1787[3] e seguida por várias outras.[4]

---

[1] Sobre as várias faces e teorias do republicanismo, cf: SKINNER, Quentin. The Republican ideal of political liberty. In: BOCK, G.; SKINNER Q.; VIROLI, M. (ed.). *Machiavelli and Republicanism*. Cambridge: University Press, 1993; MICHELMAN, Frank Isaac. Law's Republic. *Yale Law Journal*, v. 97, n. 8, p. 1.493-1.537, jul. 1988; SUNSTEIN, Cass R. Beyond the Republican Revival. *Yale Law Journal*, v. 97, n. 8, 1988; PETTIT, Philip. *Republicanism*: a theory of freedom and government. Oxford: Oxford University Press, 1997; VIROLI, Maurizio. *Republicanism*. New York: Hill and Wang, 2002.

[2] Nesse sentido, cf.: VEIGA, Paula Margarida Cabral dos Santos. *O Presidente da República*: contributo para uma compreensão republicana do seu estatuto constitucional. Tese (Doutoramento em Ciências Jurídico-políticas) – Faculdade de Direito, Universidade de Coimbra, Coimbra, 2010. p. 328; e, PINTO, Ricardo Leite. *O "momento maquiavélico" na Teoria Constitucional Norte-Americana*: republicanismo, história, teoria política e constituição. 2. ed. Lisboa: Universidade Lusíada Editora, 2010. (Coleções Teses). p. 45.

[3] A "forma republicana de governo" foi garantida pela Secção 4 do art. 4 da Constituição dos Estados Unidos da América: "The United States shall guarantee to every state in this Union a *Republican Form of Government* [...]".

[4] Por exemplo, em Portugal, a *forma republicana de governo* apareceu após a revolução de 1910, que destituiu a monarquia constitucional (art. 1º da Constituição de 1911). No

Por outro lado, na dimensão substantiva, a *República* está associada a um *modo* de governar centrado na *virtude cívica* e orientado para a busca do *bem comum*. Nesse aspecto, seus vestígios são muito mais remotos, recuando à Grécia e à Roma antigas,[5] na medida em que foi

> instituída pelos romanos, no início do século V a.c., [...] encerra a ideia de coisa comum, de um bem pertencente à coletividade, correspondente em linhas gerais à antiga noção grega de *politeia*, regime em que os cidadãos participavam ativamente da gestão da *polis*.[6]

Começa-se, então, por descortinar a dimensão axiológico-substantiva do conceito de *República*.

1.1 As experiências republicanas clássicas: liberdade negativa? Não, obrigado!

Em que pese a palavra *República* nunca ter tido um sentido historicamente unívoco, suas diferentes concepções, na Antiguidade clássica, permitem extrair delas uma ideia central em comum: as noções de restrição do poder absoluto, de governo justo e do exercício do poder político orientado para o bem da comunidade.[7]

De fato, o republicanismo clássico da Grécia, que se estendeu até Roma, dava enorme valor à participação dos cidadãos na vida e nos assuntos da comunidade, como forma de exercício de um autogoverno. Para os antigos republicanos, a *liberdade* significava tão somente o poder dos cidadãos de tomar parte das deliberações políticas, em condições de igualdade. Ser cidadão, nas cidades-Estados gregas, consistia num envolvimento ativo e direto na governação da cidade, ainda que em detrimento dos assuntos particulares. Nesse contexto, o pensamento

---

Brasil, a *República* apareceu na Constituição de 1891 (art. 1º), na sequência da derrubada da monarquia constitucional parlamentarista do Império do Brasil. Na França, a palavra *República* é historicamente ligada à substituição da monarquia pela soberania popular, em 1789.

[5] PINTO, Ricardo Leite. *Neo-Republicanismo, democracia e Constituição*. Lisboa: Universidade Lusíada Editora, 2006. (Coleção Ensaios). p. 37.

[6] LEWANDOWSKI, Enrique Ricardo. Reflexões em torno do princípio Republicano. In: VELLOSO, Carlos Mário da Silva; ROSAS, Roberto; AMARAL, António Carlos Rodrigues do (Coord.). *Princípios constitucionais fundamentais. Estudos em homenagem ao Professor Ives Gandra da Silva Martins*. São Paulo: Lex Editora S.A, 2005. p. 376.

[7] JELLINEK, George. *Teoria general del estado*. (Trad. Fernando de Los Rios). Buenos Aires: Albatroz, 1921. p. 536-537.

republicano considerava a cidadania como uma *virtude cívica*, a qual era ligada a um conjunto de deveres sócio-comunitários, destacando-se a obrigação de devoção à pátria e de buscar o bem comum. Embora essa cidadania não fosse estendida a todos os indivíduos da *polis* grega nem a todos os habitantes de Roma, o importante é que, para os considerados cidadãos, a virtude era uma característica indissociável do republicanismo antigo.[8]

Rui Ramos, em irretocável síntese, conclui que o republicanismo clássico se sustentava em três princípios fundamentais:

> Primeiro, o de que a força de uma comunidade residia na coesão dos seus membros; segundo, que essa coesão se atinge através da participação no tipo de acção colectiva representada pelo governo ou pela defesa da comunidade; terceiro, o de que o homem só tem verdadeiramente acesso à sua própria autonomia individual através da experiência da autonomia coletiva. E complementa: A 'virtude' cardinal da república, a sua base de coesão, é o 'patriotismo', a devoção dos indivíduos ao bem comum. A decadência das nações acontece quando os membros da comunidade colocam os seus interesses particulares acima do interesse colectivo e a vida cívica se desfaz. Este é o princípio da 'corrupção' das repúblicas.[9]

Como se percebe, na visão clássica de *República*, os antigos encaravam a sociedade em termos *orgânicos*, isto é, como algo distinto da soma individual de seus membros. O bem comum era, assim, algo diferente do que era bom para cada um dos cidadãos. A liberdade era vista apenas como *liberdade positiva*, ou seja, como poder-dever de participar do processo de decisão política.

Segundo Benjamin Constant, essa *liberdade dos antigos*

> consistia em exercer coletiva, mas diretamente, várias partes da soberania inteira, em deliberar na praça pública sobre a guerra e a paz, em concluir com os estrangeiros tratados de aliança, em votar as leis, em pronunciar julgamentos, em examinar as contas, os atos, a gestão dos magistrados; em fazê-los comparecer diante de todo um povo, em acusá-los de delitos, em condená-los ou em absolvê-los; mas, ao mesmo

---

[8] No sentido exposto, confira-se: MADEIRA, Vinícius de Carvalho. *República, democracia e reeleições*: o princípio da Renovação. Porto Alegre: Ed. Sergio Antônio Fabris, 2013. p. 47-48; ALVES, Pedro Delgado. O Princípio republicano. *Revista da Faculdade de Direito da Universidade de Lisboa*, v. 48, n. 1-2, p. 181-182, 2007; e URBANO, Maria Benedita. Cidadania para uma Democracia Ética. In: *Boletim da Faculdade de Direito da Universidade de Coimbra*, v. 83. p. 524-525, 2007.

[9] RAMOS, Rui. Oliveira Martins e a ética republicana. In: *Penélope*, n. 18, p. 167-187, 1998.

tempo que consistia nisso o que os antigos chamavam liberdade, eles admitiam, como compatível com ela, a submissão completa do indivíduo à autoridade do todo. Assim, diz o autor: entre os antigos, o indivíduo, quase sempre soberano nas questões públicas, é escravo em todos os seus assuntos privados.[10]

Como se percebe, a *liberdade dos antigos*, essencialmente de natureza *positiva* e impositiva, contrapõe-se à *liberdade dos modernos*, primordialmente de caráter *negativo*, consistindo na liberdade do cidadão de se *omitir*, na sua desobrigação de participar das decisões políticas e de se envolver na resolução dos problemas comunitários. A *liberdade dos modernos* prega a proteção dos indivíduos contra a ingerência do Estado, livrando-os dos constrangimentos advindos da necessidade de viver em sociedade. De membro ativo e envolvido nas decisões políticas, o cidadão, na visão liberal, passa a ser dotado prioritariamente de direitos (os direitos individuais), sem que lhe seja exigida qualquer outra obrigação a não ser o pagamento de impostos e o respeito aos direitos individuais alheios. A participação nas decisões políticas e o envolvimento na resolução dos problemas da sociedade deixam de ser obrigatórios e passam a ser facultativos.[11]

Em que pese aquela crítica dirigida à *liberdade (positiva) dos antigos* apontada por Benjamin Constant, consistente no sacrifício da liberdade individual em prol da liberdade política ("entre os antigos, o indivíduo, quase sempre soberano nas questões públicas, é escravo em todos seus assuntos privados"), o fato é que a experiência republicana da Antiguidade clássica revela que o termo *República* não era ligado a qualquer *forma institucional de governo*, pois que não se dava importância a quem e quantos exerciam o poder ou como se realizava a seleção do governante, mas sim à finalidade do exercício desse poder: a realização do *bem comum*, a proteção da *res publica* (critério teleológico). Ou seja, o oposto da *República* não era necessariamente a *Monarquia*, mas o governo injusto ou despótico, orientado para a persecução de interesses privados (*res privata*).

Fica claro, portanto, que a *República*, concebida nesse sentido largo, tinha um caráter *axiológico*, significando um peculiar *modo* de

---

[10] CONSTANT, Benjamin. Da liberdade dos antigos comparada à dos modernos. In: *Revista Filosofia Política*, n. 2, 1985. Disponível em: <http://caosmose.net/candido/unisinos/textos/benjamin.pdf>. Acesso em: 31 mai. 2018.

[11] Nesse sentido, Cf. MADEIRA, Vinícius de Carvalho. *República, democracia e reeleições*: o princípio da Renovação. Porto Alegre: Ed. Sergio Antônio Fabris, 2013. p. 52-53.

governar baseado em valores (*ethos*), em que sobressaía a *soberania popular*, o que implicava a obrigação dos cidadãos de se envolverem nos problemas da comunidade (*participação política*), isso através de um *processo dialógico* (o diálogo republicano) que, pautado pelos postulados da *liberdade* e *igualdade*,[12] tinha por fim a *definição consensual* do que seria o *bem comum*, já se acentuando, como se vê, a enorme importância do que hoje se chama *cidadania*.

Essa maneira de conceber a *República*, como predicativo de um governo preocupado com a realização do interesse da coletividade, por um lado, era dominante na gestão da coisa pública da Grécia e Roma antigas, e, por outro, não era estranha à doutrina clássica, conforme se verá na seção seguinte.

1.2 Os autores clássicos: a compatibilidade da *República* com qualquer forma de governo justo e regulado por leis

Esse sentido substantivo de *República* que se acabou de examinar, para além de ter sido uma realidade prática da Grécia e da Roma antigas, também repercutia na doutrina clássica, nomeadamente nos escritos de Platão, Aristóteles, Políbio e Cícero, entre outros. Esses autores, ao classificarem as formas de governo, mesmo fazendo, em alguma medida, a oposição do governo exercido por uma só pessoa (monarquia) ao governo de muitos (república), aceitavam a ideia de que a "governança solitária" poderia ser boa, quando não fosse injusta, arbitrária ou despótica. Ou seja, um dos critérios utilizados na identificação das formas puras de governo foi a *finalidade* do exercício do poder: a busca do interesse coletivo (predomínio do critério qualitativo-teleológico sobre o quantitativo).

De fato, Platão, na sua obra *A República*,[13] ao classificar as formas de governo, tenta projetar um regime ideal que tenha por objetivo a

---

[12] A noção de que a liberdade não existe sem igualdade, modernamente, foi retomada por ROUSSEAU: "Se se procurar em que consiste precisamente o maior bem de todos, que deve ser a base de qualquer sistema de legislação, constataremos que ele se reduz a estes dois objetivos principais: a *liberdade* e a *igualdade*. A liberdade, porque qualquer dependência particular é outra força tirada ao corpo do Estado; a igualdade, porque a liberdade não pode subsistir sem ela". (ROUSSEAU, Jean-Jacques (1762). *O Contrato Social*. (Trad. Manoel João Pires. Introdução e notas de João Lopes Alves). [s.l.: s.n.], 2012. p. 131. (Temas e Debates e Círculo de Leitores).

[13] PLATÃO. *A República*. (Trad. e notas de Maria Helena da Rocha Pereira). Lisboa: Fundação Calouste Gulbenkian, imp. 2014.

realização da justiça. Dessa maneira, entende que existem seis formas de governo, das quais duas seriam manifestações da constituição ideal (a monarquia e a aristocracia); uma terceira (a timocracia) estaria na fase de transição entre a constituição ideal e as três formas imperfeitas: a tirania, a oligarquia e a democracia.[14] Veja-se que a *Monarquia* é considerada uma forma institucional de governo justa.

Aristóteles, por sua vez, estabeleceu a classificação tripartida das formas de governo. No Livro III da obra *Política*,[15] ele adota um critério misto para sua classificação, prendendo-se ao número de governantes (quem governa?) e ao interesse que norteia a sua ação (como governa?). Nessa direção, quando o governo é conduzido em atenção ao interesse geral da comunidade, há as formas sãs ou puras, que, de acordo com o número de governantes, podem ser *monarquia* (governo "bom" de um só), *aristocracia* (governo "bom" de poucos ou governo dos melhores) e *politeia* (república)[16] (governo "bom" de muitos).

A forma degenerada dessas três categorias emerge quando a ação governamental é realizada em proveito do interesse particular dos titulares do poder, e são, respectivamente, a *tirania* (governo "mau" de um só), a *oligarquia* (governo "mau" de poucos) e a *democracia* (ou demagogia) (governo "mau" de muitos).[17]

Portanto, em Aristóteles, fica claro que o principal valor republicano é o bem comum, que pode estar presente em qualquer forma justa ou não despótica de governo, inclusive na Monarquia.

Políbio, no livro *História*, apresenta como formas sadias de governo a *monarquia*, a *aristocracia* e *democracia*.[18] Como formas desviadas, destaca a *tirania*, a *oligarquia* e a *oclocracia* (governo das massas). O critério para a separação das formas boas e más de governo passa a ser a existência de um governo fundado no consenso e na legalidade, e não especificamente no interesse que preside a ação governativa. Por outro lado, defende a necessidade de concretização de uma forma

---

[14] BOBBIO, Norberto. *A teoria das formas de governo*. (Trad. Sérgio Bath). 10. ed. Brasília: Editora UnB, 1998. p. 47.

[15] ARISTÓTELES. *Política*. (Trad. de António Campelo Amaral e Carlos de Carvalho Gomes). Lisboa: Vega, 1998.

[16] Na Antiguidade clássica, a palavra *República* era estranha à língua grega, porém, o termo *Politeia* tinha um significado semelhante à *República*, mas também a regime político, Constituição ou mesmo Estado. ALVES, Pedro Delgado. O Princípio republicano. *Revista da Faculdade de Direito da Universidade de Lisboa*, v. 48, n. 1-2, p. 167, 2007.

[17] Nesse sentido, cf. ALVES, Pedro Delgado. O Princípio republicano. *Revista da Faculdade de Direito da Universidade de Lisboa*, v. 48, n. 1-2, p. 168, 2007.

[18] Vale destacar que a democracia passa a integrar as boas formas de governo.

de governo mista (uma síntese entre as três formas boas), como maneira de assegurar a estabilidade e a justiça, bem como de reduzir os efeitos da anaciclose, combinando elementos monárquicos, aristocráticos e democráticos.[19] Mais uma vez se percebe que a ideia de governo justo está ligada ao critério qualitativo e não ao quantitativo, sendo mesmo a Monarquia uma forma de governo reta.

Por seu turno, Cícero, na obra *De Republica*, quanto às formas de governo, limita-se a reproduzir os ensinamentos polibianos. Porém, é a sua densificação do conceito de República que mais chama a atenção. Para o autor, *República* deve ser concebida não apenas em oposição à Monarquia, porém, principalmente, como propriedade do povo (*res popoli*), como coisa pública (*res publica*), sendo irrelevante voltar os olhos para quem e quantos exercem o poder ou como se opera a escolha do chefe de Estado, mas apenas para a *finalidade* do exercício desse poder: o interesse comum. O oposto da República não era a Monarquia, mas, primordialmente, o governo injusto, não regulado por leis. Dessa forma, uma República poderia ser monárquica, aristocrática ou democrática, só sendo incompatível com as tiranias, oligarquias e governos das massas.[20]

É no sentido "aristotélico" e, primordialmente, "ciceroniano" – de governo justo e regulado por leis – que a concepção de *República* é transportada da Idade Antiga e vai percorrer as idades Média e Moderna, até chegar, conforme veremos, à Idade Contemporânea, quando então passa a ser sinônimo de *não monarquia,* ganhando uma nova dimensão: a dimensão formal, negativa ou restrita. É o que se verá na sequência.

2 A dimensão negativa do termo *república* e a *forma republicana de governo*: duas faces de uma mesma realidade?

Como visto, a ideia original de *República* não era associada a uma não monarquia, até porque durante muito tempo nem sequer se cogitava em uma forma de governo distinta da monárquica. *República*

---

[19] No sentido do texto apresentado, cf. BOBBIO, Norberto. *A teoria das formas de governo.* (Trad. Sérgio Bath). 10. ed. Brasília: Editora UnB, 1998. p. 67-69; e ALVES, Pedro Delgado. O Princípio republicano. *Revista da Faculdade de Direito da Universidade de Lisboa,* v. 48, n. 1-2, p. 168-169, 2007. A forma mista de governo pode ser verificada, por exemplo, na República Romana, que combinava elementos monárquicos (os cônsules), aristocráticos (o Senado) e democráticos (os comícios populares).

[20] ALVES, Pedro Delgado. O Princípio republicano. *Revista da Faculdade de Direito da Universidade de Lisboa,* v. 48, n. 1-2, p. 169, 2007.

consistia, unicamente, numa modalidade ou qualidade de governo justo e não despótico, voltado ao interesse comum e regulado por leis. Apenas com o surgimento das monarquias absolutas, tidas como consagradoras de governos arbitrários, é que a *República* passou a ser encarada como uma forma de governo oposta à *Monarquia*.[21]

Na Idade Contemporânea, o principal marco divisor no estudo do republicanismo ocorre no século XIX, principalmente na sequência das Revoluções liberais americana e francesa. Até então, a forma de governo republicana era a exceção, e a monarquia era a regra. Após aquelas revoluções, os Estados passaram a adotar, predominantemente, a forma republicana de governo[22] no seu conceito negativo de não monarquia, alterando-se o significado do termo *República*, que perde a conexão direta e exclusiva com o atingimento do interesse comum e com a promoção da virtude cívica, passando a ser associada também ao governo em que o poder emana do povo, que o exerce diretamente ou por meio de seus representantes, e que, portanto, tem como características essenciais a *eletividade* dos exercentes das funções políticas (executivas e legislativas), a *temporariedade* dos mandatos e a *responsabilidade* dos governantes pela gestão dos negócios públicos. São características diametralmente opostas às da Monarquia, que pressupõe vitaliciedade, hereditariedade e irresponsabilidade.[23]

No sentido restrito e negativo, portanto, a *forma republicana de governo* é uma maneira de conceber e organizar o poder político, nomeadamente no que diz respeito ao regime de acesso, conservação e transmissão da titularidade dos cargos públicos, especialmente do cargo de chefe de Estado. Significa governo e soberania do povo em oposição ao governo e soberania do monarca. Significa, em última análise, o direito de as pessoas escolherem seus próprios funcionários para a administração da coisa pública. Saliente-se, porém, que como esses elementos, no fundo, fazem parte do legado das revoluções liberais,[24]

---

[21] BARCELOS, Ana Paula. Algumas reflexões sobre o princípio Republicano. In: SOUSA, Marcelo Rebelo de *et al.* (Coord.). *Estudos de homenagem ao Prof. Doutor Jorge Miranda*: Direito Constitucional e Justiça Constitucional. Edição da Faculdade de Direito da Universidade de Lisboa: Coimbra Editora, 2012. v. 1, p. 218.

[22] ALVES, Pedro Delgado. O Princípio republicano. *Revista da Faculdade de Direito da Universidade de Lisboa*, v. 48, n. 1-2, p. 179-180, 2007.

[23] LEWANDOWSKI, Enrique Ricardo. Reflexões em torno do princípio Republicano. In: VELLOSO, Carlos Mário da Silva; ROSAS, Roberto; AMARAL, António Carlos Rodrigues do (Coord.). *Princípios constitucionais fundamentais. Estudos em homenagem ao Professor Ives Gandra da Silva Martins*. São Paulo: Lex Editora S.A, 2005. p. 379.

[24] VIOLA, André. *La notion de République dans la jurisprudence du Conseil Constitutionnel*. Paris: LGDJ, 2002. p. 47.

a *República* perde o exclusivismo desses valores, na medida em que eles acabam também presentes nas monarquias constitucionais, cujas formas de governo podem mesmo ser designadas de *repúblicas coroadas* ou *monarquias republicanas.*[25]

Diante dessa nova realidade, Bobbio acentua que

> quando Maquiavel escrevia que todos os Estados são ou principados ou repúblicas, fazia afirmação que correspondia perfeitamente à realidade de seu tempo. [...] mesma distinção repetida hoje constringe a realidade a um esquema inadequado, senão mesmo deformante, porque distingue aquilo que não é facilmente distinguível: por exemplo, a monarquia inglesa da república italiana.[26]

Talvez, por essa mesma compreensão, Adams tenha sinalizado que uma "república" também albergaria a existência de um rei desde que fossem asseguradas a *rule of law*, a segurança das pessoas e a garantia da propriedade.[27] Ainda nessa perspectiva, segundo Marnoco e Souza,

> não é somente o modo de nomeação do chefe do Estado que dá garantias seguras à liberdade, mas o complexo das instituições políticas, podendo estas ser organizadas de modo a conceder taes garantias, tanto na forma republicana como na monarchica. Arremata que *não se é menos livre na Inglaterra do que nos Estados Unidos, embora se seja por processos diferentes.*[28]

Presente esse cenário, indaga-se: *República* e *forma republicana de governo* são duas faces de uma mesma realidade?

Um mero "sim" ou um simples "não" seria resposta demasiadamente simplista e reducionista, considerando a complexidade que tal indagação encerra. Porém, é possível desde logo afirmar, com segurança, que não há de se confundir *República* com *forma republicana de governo*, pois embora esta indique a existência daquela, a recíproca não

---

[25] ALVES, Pedro Delgado. O Princípio republicano. *Revista da Faculdade de Direito da Universidade de Lisboa*, v. 48, n. 1-2, p. 201, 2007.

[26] BOBBIO, Norberto. *Estado, governo, sociedade*: para uma teoria geral da política. (Trad. Marco Aurélio Nogueira). 12. ed. Rio de Janeiro: Paz e Terra, 2005. p. 106-108.

[27] ADAMS, John. *A defense of the constitutions of the United States of America*. London: [s.n.], 1794. v. 3, p. 159-160.

[28] SOUSA, José Ferreira Marnoco e. *Direito politico – poderes do Estado*: sua organização segundo a sciencia politica e o direito constitucional português. Coimbra: França Amado, 1910. p. 217-218. Disponível em: <http://purl.pt/843/4/br-3924_PDF/br-3924_PDF_24-C-R0075/br-3924_0000_capa-capa_t24-C-R0075.pdf>. Acesso em: 31 mai. 2018.

é sempre verdadeira. Ou seja, a *República* pode não reclamar uma *forma republicana de governo*, não obstante esta geralmente só exista naquela.

Explica-se. No sentido amplo, substantivo ou axiológico, a *República* ultrapassa a questão das formas institucionais de governo, podendo assumir uma variedade delas, inclusive – mas não só – a *forma republicana de governo*, pois, axiologicamente, há *República* onde há ideias e instituições republicanas. Por outro lado, apenas no sentido restrito, formal e negativo, a *República* está associada à forma de administração pública não pessoal, sendo, assim, o oposto da Monarquia.

Portanto, para se desincumbir do ônus de responder àquela indagação – embora sem a menor pretensão de encerrar esse intricado problema –, pode-se dizer que *República* e a *forma republicana de governo* não são, necessariamente, duas faces de uma mesma realidade, embora esta se insira, geralmente, no contexto daquela – mas nem sempre. Com efeito, para quem conecta o princípio republicano ao democrático, não é possível ser tachado de *República* – a não ser no seu sentido estritamente negativo – um Estado que, não obstante assuma a *forma republicana de governo*, adota um regime de governo autoritário, onde, não raras vezes, verifica-se o fenômeno da personificação do poder, que, inevitavelmente, conduz ao absolutismo.[29]

Com essa compreensão, pode haver "repúblicas" e "formas republicanas de governo" sem republicanismo ou sem funcionamento republicano das instituições políticas. Os exemplos são fartos. Na França, foi uma "República" o regime – nada republicano – do *Terror*. Em Portugal, o Estado Novo era formalmente uma "República" (art. 5º da Constituição de 1933), mas apenas na dimensão negativa de não monarquia, pois seu ideário era antirrepublicano. Atualmente, a "República" Bolivariana da Venezuela se aproxima de uma ditadura incompatível com os verdadeiros ideais republicanos.

Em suma, *República* é bem mais do que a mera *forma republicana de governo*.

---

[29] Sem uma legitimação do poder pautada pela soberania popular, ou seja, sem democracia, parece não ser possível a existência de uma República. Confira-se, a propósito, a lição de Canotilho: "A República assume como *res publica-res populi* para excluir qualquer título de legitimação metafísico. [...] A República ainda é uma ordem de domínio – de pessoas sobre pessoas –, mas trata-se de um domínio sujeito à *deliberação política* de cidadãos livres e iguais. Precisamente por isso, a forma republicana de governo está associada à ideia de *democracia deliberativa*". (CANOTILHO, José Joaquim Gomes. *Direito Constitucional e Teoria da Constituição*. 7. ed. Coimbra: Almedina, 2003. p. 224).

3 O resgate do republicanismo clássico: o neorrepublicanismo e a ênfase na cidadania

No século XV, durante o Renascimento italiano, Maquiavel – nas suas obras *O Príncipe*[30] e *Discursos sobre a primeira década de Tito Lívio*[31] – divide e distingue as formas de governo em apenas dois sistemas: Repúblicas e Principados (monarquias). Embora confira ao termo *República* o sentido de forma de governo, não despreza a sua dimensão substancial. Ao contrário, foi o primeiro a defender a recuperação dos valores do republicanismo antigo. Um dos aspectos mais relevantes de sua obra reside na importância atribuída à noção de *virtù*, inspirada na virtude cívica do republicanismo clássico.[32]

Com base em seus ensinamentos, recentemente – especialmente após os estudos históricos em torno do republicanismo clássico, feitos por J. G. A. Pocock[33] – fala-se em um *neorrepublicanismo*, uma corrente de pensamento que insiste na atualidade das instituições e valores republicanos, nascidos na Antiguidade clássica, que estariam – ou deveriam estar – presentes nas sociedades e políticas atuais, destacando-se as seguintes noções, todas "filhas" do republicanismo antigo: a) virtude cívica e bem comum; b) participação política e razão dialógica; c) soberania popular; e d) modelização da cidadania.[34]

A *virtude cívica* dos indivíduos – a *virtù* de Maquiavel, por oposição às virtudes morais e cristãs – é associada ao valor central do republicanismo clássico: a procura do bem comum (por contraposição às ambições pessoais geradoras de corrupção, que é um vício cívico). A definição do que seja bem comum ou interesse público, na visão neorrepublicana, deve partir dos próprios cidadãos e é alcançada por

---

[30] MAQUIAVEL, Niccolò. *O príncipe*. (Trad. Fernanda Pinto Rodrigues e M. Antonieta Mendonça). Mem Martins: Europa-América, D.L. 1994.

[31] MAQUIAVEL, Niccolò. *Discorsi sopra la prima deca di Tito Livio*. Firenze: Successori Le Monnier, 1901.

[32] ALVES, Pedro Delgado. O Princípio republicano. *Revista da Faculdade de Direito da Universidade de Lisboa*, v. 48, n. 1-2, p. 170, 2007; BOBBIO, Norberto. *A teoria das formas de governo*. (Trad. Sérgio Bath). 10. ed. Brasília: Editora UnB, 1998. p. 84; e LEWANDOWSKI, Enrique Ricardo. Reflexões em torno do princípio Republicano. In: VELLOSO, Carlos Mário da Silva; ROSAS, Roberto; AMARAL, António Carlos Rodrigues do (Coord.). *Princípios constitucionais fundamentais. Estudos em homenagem ao Professor Ives Gandra da Silva Martins*. São Paulo: Lex Editora S.A, 2005. p. 382.

[33] POCOCK, J. G. A. *The Machiavellian Moment*: florentine political thougth and the atlantic Republican Tradition. Princeton: Princeton University Press, 1975.

[34] PINTO, Ricardo Leite. *O "momento maquiavélico" na Teoria Constitucional Norte-Americana*: republicanismo, história, teoria política e constituição. 2. ed. Lisboa: Universidade Lusíada Editora, 2010. (Coleções Teses). p. 150 e ss.

meio da *razão dialógica* (método de composição dos conflitos por meio de um compromisso conversacional – o diálogo republicano) e da *participação dos indivíduos na vida pública* (consistente no "alargamento do processo de discussão e deliberação onde todos possam participar em condições de igualdade no acesso à arena pública e que é crismado na democracia deliberativa").[35]

A *soberania popular* – outro valor recuperado do republicanismo clássico – traduz, na versão atualizada do neorrepublicanismo, a liberdade republicana e está ligada ao princípio eletivo, mas não se limita a ele. Com efeito, destaca-se a importância da modelização ou *revigoramento da cidadania*, reconstruindo-se o papel do homem na sociedade política "através da conversa cívica e da participação na *polis*, onde são acentuados os deveres e as responsabilidades, como ideal de liberdade",[36] pois, desde a Antiguidade clássica, "a essência da cidadania radica *na dimensão pública da existência humana*".[37] [38]

Essa soberania popular compreende, ainda, uma abertura constitucional – o *ridurre ai principii* maquiavélico – que permite regressar aos princípios republicanos e fazer face à corrupção, nomeadamente através da possibilidade de *revisão da constituição*, para que o povo tenha

---

[35] PINTO, Ricardo Leite. *Neo-Republicanismo, democracia e Constituição*. Lisboa: Universidade Lusíada Editora, 2006. (Coleção Ensaios).

[36] PINTO, Ricardo Leite. *Neo-Republicanismo, democracia e Constituição*. Lisboa: Universidade Lusíada Editora, 2006. (Coleção Ensaios). p. 20-21.

[37] Paula Veiga reconhece que, modernamente, a cidadania deve ter acepções mais largas, defendendo a superação do conceito de cidadania vinculado ao espaço ou à nacionalidade. Nesse sentido, a autora fala em "cidadania cosmopolita" ou "inclusiva", na qual o cidadão não se opõe ao estrangeiro e onde este, tendencialmente, deve obter não apenas as cidadanias civil e social (direitos civis e sociais), mas também a cidadania política, pois esta "não pode deixar de constituir um dos *núcleos essenciais* da cidadania, já que 'ninguém sente pertencer a uma comunidade se não puder participar activamente na definição de seu rumo'". (VEIGA, Paula Margarida Cabral dos Santos. Alguns dilemas da emancipação da cidadania na era cosmopolita. In: *Boletim da Faculdade de Direito da Universidade de Coimbra*. Coimbra Editora, [s.d.]. p. 1.107, 1.108 e 1.116. (STVDIA IVRIDICA, 101. Ad honorem, 5)).

[38] A propósito, a cidadania efetiva pressupõe uma democracia participativa ou deliberativa, significando a possibilidade de intervenção prévia e direta dos *cidadãos* nos procedimentos de tomada de decisão política e no controle do exercício do poder. Pressupõe o acesso permanente do povo a seus representantes – e não apenas no período das eleições, como na democracia meramente representativa, não se reduzindo a cidadania apenas ao voto. Inclui, para além da democracia direta (referendo, plebiscito, iniciativa legislativa popular), outras formas de participação da sociedade na administração pública, como é o caso do instituto do *amicus curiae* (uma realidade nas decisões mais importantes do Supremo Tribunal Federal brasileiro), do orçamento participativo e das audiências públicas como pressupostos para a legitimidade das decisões político-judicial-administrativas mais importantes.

a chance de alterá-la ou aboli-la quando entender que isso é necessário para preservar o bem comum e corrigir distorções causadas por vícios cívicos, assente na ideia de que uma geração não pode vincular para sempre as gerações futuras por intermédio da petrificação da Carta Magna.[39]

Por fim, cumpre destacar ainda que, sendo a virtude cívica um conjunto de tendências para "agir bem pelas boas razões", ela tem de ser desejada ou escolhida, sendo inviável forçar, por lei, um homem a ser virtuoso, embora seja possível ensinar-lhe tal qualidade. Por essa razão, na concepção neorrepublicana deve haver uma especial preocupação com a *educação para a cidadania*, educação essa realizada num ambiente de liberdade e pensamento críticos (liberdade de expressão), sob pena de se configurar uma imposição "antirrepublicana" dos valores republicanos, onde o bem comum não passa de uma infusão arbitrária da virtude cívica.[40] [41]

Conclusão

Diante de tudo o que foi exposto, é legítimo assentar que *República* e *forma republicana de governo* não são, necessariamente, duas faces de uma mesma realidade. Com efeito, embora esta seja um presságio da existência daquela, a recíproca não é sempre verdadeira, pois, diante

---

[39] PINTO, Ricardo Leite. O *"momento maquiavélico" na Teoria Constitucional Norte-Americana*: republicanismo, história, teoria política e constituição. 2. ed. Lisboa: Universidade Lusíada Editora, 2010. (Coleções Teses). p. 225.

[40] PINTO, Ricardo Leite. O *"momento maquiavélico" na Teoria Constitucional Norte-Americana*: republicanismo, história, teoria política e constituição. 2. ed. Lisboa: Universidade Lusíada Editora, 2010. (Coleções Teses). p. 85.

[41] Conforme sintetiza Pinto (PINTO, Ricardo Leite. O *"momento maquiavélico" na Teoria Constitucional Norte-Americana*: republicanismo, história, teoria política e constituição. 2. ed. Lisboa: Universidade Lusíada Editora, 2010. (Coleções Teses). p. 155), Suzanna Sherry faz uma interessante distinção entre *virtude* e *boas maneiras*, sendo estas, ao contrário daquela, passíveis de imposição legal. A virtude pressupõe que o cidadão partilhe um conjunto de valores e representa um certo estado de espírito. Ter boas maneiras tem a ver com o comportamento civilizado, ou seja, é apenas um comportamento exterior definido como correto. As boas maneiras podem ser legalmente impostas, como é o caso da obrigação de votar, por exemplo. Porém, o exercício do voto só será virtuoso se houver uma escolha livre e consciente do melhor candidato possível para a persecução do bem comum, o que nos leva a voltar os olhos para a importância da *educação para a cidadania republicana*. Cf. SHERRY, Suzanna. Speaking of virtue: a Republican approach to university regulation of hate speech. *Minnesota Law Review*, v. 75, p. 933-944, 1990-1991. Disponível em: <http://discoverarchive.vanderbilt.edu/xmlui/bitstream/handle/1803/6521/Speaking%20of%20Virtue.pdf?sequence=1&isAllowed=y>. Acesso em: 31 mai. 2018.

da dupla dimensão que o conceito de *República* alberga, ela pode não reclamar uma *forma republicana de governo*.

Realmente, no sentido amplo/substantivo/axiológico, a *República* é associada a um governo voltado para o interesse comum, regulado por leis e legitimado pela soberania popular. Incorpora um sistema de valores que a afastam da mera preocupação com a escolha das formas de administração da coisa pública, opondo-se apenas aos governos injustos, despóticos ou arbitrários. Nessa concepção, a *República* compatibiliza-se com a *Monarquia* e com vários outros regimes políticos, inclusive com a *forma republicana de governo*, embora a esta não se limite, pois *República* pertence muito mais ao domínio do *ethos* do que ao das instituições, sendo, sobretudo, uma "sociologia da virtude".[42] É essa dimensão axiológica a que deve ser ressaltada e é ela que distancia os conceitos de *República* e de *forma republicana de governo*.

Por isso, utilizando o critério do *interesse público* – sem olvidar a interligação do princípio republicano com o democrático, como antes visto –, no conceito amplo de *República* cabe qualquer forma de organização política justa, não tirana e não autoritária, inclusive a monarquia constitucional, como é o caso, por exemplo, de Espanha, Inglaterra e Japão, que podem ser designados de *monarquias republicanas*. Em verdade, podem-se classificar as formas de governo em apenas duas: *republicanas e não republicanas* ou, se se preferir, *republicanas e despóticas*.

Com efeito, a *República* deve ser encarada como coisa pública (*res publica*), conceito oposto ao de coisa privada (*res privata*); nessa perspectiva, está associada ao bem comum, que é buscado por meio da virtude cívica, a qual é instrumentalizada pela razão dialógica e pela participação política, o que pressupõe, além da *liberdade,* uma dimensão *igualitária* (igualdade de acesso e condições no processo de deliberação política) e uma forte atenção para a *capacitação* dos cidadãos, para que façam uso correto e consciente da soberania popular, pois a República, já dizia Marnoco e Souza, "só pode ser bem intentada num ambiente de perfeita educação política".[43]

---

[42] PINTO, Ricardo Leite. *O "momento maquiavélico" na Teoria Constitucional Norte-Americana*: republicanismo, história, teoria política e constituição. 2. ed. Lisboa: Universidade Lusíada Editora, 2010. (Coleções Teses). p. 46.

[43] SOUSA, José Ferreira Marnoco e. *Direito politico – poderes do Estado*: sua organização segundo a sciencia politica e o direito constitucional português. Coimbra: França Amado, 1910. p. 217. Disponível em: <http://purl.pt/843/4/br-3924_PDF/br-3924_PDF_24-C-R0075/br-3924_0000_capa-capa_t24-C-R0075.pdf>. Acesso em: 31 mai. 2018.

Assim, exige-se uma especial dedicação à *educação para a cidadania republicana*, importante não para formar cidadãos moralmente perfeitos, mas porque as virtudes cívicas são necessárias para a própria estabilidade e permanência da *res publica*, cuja força "será tanto maior quanto mais elevado for o grau de maturidade cívica dos cidadãos e quanto mais conscientes estejam de que são titulares não só de direitos, mas também de deveres em face da coletividade",[44] cujos membros não podem ser vistos, nem devem se ver, "como criaturas atomísticas que visam apenas prosseguir os seus próprios e egoísticos interesses".[45] Isso é República, em sentido largo e substantivo.

Por fim, cabe uma última palavra. Se é certo que a tradição republicana acentua a participação de todos na boa administração da coisa pública, não é menos certo também que as condições e circunstâncias da Grécia e da Roma antigas são absolutamente diversas do pluralismo e da heterogeneidade (cultural, social, política, religiosa, econômica, étnica e geográfica) do mundo contemporâneo. Atento a isso, há de se ter uma visão realista e atual do republicanismo, não havendo como se advogar a tese de um puritanismo e heroísmo exacerbados. Com efeito, o republicanismo fundado em uma comunidade *orgânica* não pode assumir contornos absolutos, de modo que hoje não é possível a subordinação ontológica da parte ao todo, do cidadão à grandeza da cidade, principalmente em razão da ideia de respeito aos direitos humanos fundamentais (ainda que em detrimento de algum interesse coletivo) como pré-condição de qualquer deliberação política.

Nessa perspectiva, o ideal é harmonizar a *liberdade dos antigos* (focada nos deveres cívicos e na dimensão comunitária) com a *liberdade dos modernos* (que enfatiza os direitos individuais e a dimensão subjetiva), buscando "uma articulação da *liberdade-participação política* com a *liberdade-defesa* perante o poder".[46] Em outras palavras, considerado que "o excesso da razão nem sempre é desejável, e que os homens acomodam-se quase sempre melhor aos meios do que às extremidades",[47]

---

[44] LEWANDOWSKI, Enrique Ricardo. Reflexões em torno do princípio Republicano. In: VELLOSO, Carlos Mário da Silva; ROSAS, Roberto; AMARAL, António Carlos Rodrigues do (Coord.). *Princípios constitucionais fundamentais. Estudos em homenagem ao Professor Ives Gandra da Silva Martins*. São Paulo: Lex Editora S.A, 2005. p. 382-384.

[45] PINTO, Ricardo Leite. *O "momento maquiavélico" na Teoria Constitucional Norte-Americana*: republicanismo, história, teoria política e constituição. 2. ed. Lisboa: Universidade Lusíada Editora, 2010. (Coleções Teses). p. 148.

[46] CANOTILHO, José Joaquim Gomes. *Direito Constitucional e Teoria da Constituição*. 7. ed. Coimbra: Almedina, 2003. p. 226.

[47] MONTESQUIEU, Charles-Louis de Secondat. *Do espírito das leis. Introdução, tradução e notas de Miguel Morgado*. Lisboa: Edições 70, 2011. p. 316.

e levando em consideração a ética aristotélica, afigura-se prudente repudiar os extremos e ter em conta que a *virtude está no meio*, o que autoriza a defesa de uma liberdade que não seja exclusivamente negativa nem puramente positiva, havendo em curso, hodiernamente, a realização de um esforço doutrinário para se conciliar o liberalismo com o republicanismo.

É nessa terceira via que deve ser colocado o acento tônico da liberdade neorrepublicana: uma liberdade enquanto *não dominação*,[48] que pressupõe – segundo Ricardo Leite Pinto, com base nas concepções de Pettit – certa *participação* do cidadão na vida da *polis* e certa *interferência* do Estado no agir dos indivíduos, onde o que importa não é a "quantidade", mas a "qualidade" dessa interferência, pois "ser-se livre não significa a oposição a toda e qualquer interferência, mas apenas oposição àquelas concretas modalidades que geram dependência, vulnerabilidade ou suspeição".[49]

Referências

ADAMS, John. *A defense of the constitutions of the United States of America*. London: [s.n.], 1794. v. 3.

ALVES, Pedro Delgado. O Princípio republicano. *Revista da Faculdade de Direito da Universidade de Lisboa*, v. 48, n. 1-2, p. 165-270, 2007.

ARISTÓTELES. *Política*. (Trad. de António Campelo Amaral e Carlos de Carvalho Gomes). Lisboa: Vega, 1998.

BARCELOS, Ana Paula. Algumas reflexões sobre o princípio Republicano. In: SOUSA, Marcelo Rebelo de et al. (Coord.). *Estudos de homenagem ao Prof. Doutor Jorge Miranda*: Direito Constitucional e Justiça Constitucional. Edição da Faculdade de Direito da Universidade de Lisboa: Coimbra Editora, 2012. v. 1.

BOBBIO, Norberto. *A teoria das formas de governo*. (Trad. Sérgio Bath). 10. ed. Brasília: Editora UnB, 1998.

BOBBIO, Norberto. *Estado, governo, sociedade*: para uma teoria geral da política. (Trad. Marco Aurélio Nogueira). 12. ed. Rio de Janeiro: Paz e Terra, 2005.

CANOTILHO, José Joaquim Gomes. *Direito Constitucional e Teoria da Constituição*. 7. ed. Coimbra: Almedina, 2003.

---

[48] PETTIT, Philip. *Republicanism*: a theory of freedom and government. Oxford: Oxford University Press, 1997.

[49] PINTO, Ricardo Leite. *O "momento maquiavélico" na Teoria Constitucional Norte-Americana*: republicanismo, história, teoria política e constituição. 2. ed. Lisboa: Universidade Lusíada Editora, 2010. (Coleções Teses). p. 34-35.

CONSTANT, Benjamin. Da liberdade dos antigos comparada à dos modernos. In: *Revista Filosofia Política*, n. 2, 1985. Disponível em: <http://caosmose.net/candido/unisinos/textos/benjamin.pdf>. Acesso em: 31 mai. 2018.

JELLINEK, George. *Teoria general del estado*. (Trad. Fernando de Los Rios). Buenos Aires: Albatroz, 1921.

LEWANDOWSKI, Enrique Ricardo. Reflexões em torno do princípio Republicano. In: VELLOSO, Carlos Mário da Silva; ROSAS, Roberto; AMARAL, António Carlos Rodrigues do (Coord.). *Princípios constitucionais fundamentais. Estudos em homenagem ao Professor Ives Gandra da Silva Martins*. São Paulo: Lex Editora S.A, 2005.

MADEIRA, Vinicius de Carvalho. *República, democracia e reeleições*: o princípio da Renovação. Porto Alegre: Ed. Sergio Antônio Fabris, 2013.

MAQUIAVEL, Niccolò. *O príncipe*. (Trad. Fernanda Pinto Rodrigues e M. Antonieta Mendonça). Mem Martins: Europa-América, D.L. 1994.

MAQUIAVEL, Niccolò. *Discorsi sopra la prima deca di Tito Livio*. Firenze: Successori Le Monnier, 1901.

MICHELMAN, Frank Isaac. Law´s Republic. *Yale Law Journal*, v. 97, n. 8, p. 1.493-1.537, jul. 1988.

MONTESQUIEU, Charles-Louis de Secondat. *Do espírito das leis. Introdução, tradução e notas de Miguel Morgado*. Lisboa: Edições 70, 2011.

PETTIT, Philip. *Republicanism*: a theory of freedom and government. Oxford: Oxford University Press, 1997.

PINTO, Ricardo Leite. *Neo-Republicanismo, democracia e Constituição*. Lisboa: Universidade Lusíada Editora, 2006. (Coleção Ensaios).

PINTO, Ricardo Leite. *O "momento maquiavélico" na Teoria Constitucional Norte-Americana*: republicanismo, história, teoria política e constituição. 2. ed. Lisboa: Universidade Lusíada Editora, 2010. (Coleções Teses).

PLATÃO. *A República*. (Trad. e notas de Maria Helena da Rocha Pereira). Lisboa: Fundação Calouste Gulbenkian, imp. 2014.

POCOCK, J. G. A. *The Machiavellian Moment*: florentine political thougth and the atlantic Republican Tradition. Princeton: Princeton University Press, 1975.

RAMOS, Rui. Oliveira Martins e a ética republicana. In: *Penélope*, n. 18, p. 167-187, 1998.

ROUSSEAU, Jean-Jacques (1762). *O Contrato Social*. (Trad. Manoel João Pires. Introdução e notas de João Lopes Alves). [s.l.: s.n.], 2012. (Temas e Debates e Círculo de Leitores).

SHERRY, Suzanna. Speaking of virtue: a Republican approach to university regulation of hate speech. *Minnesota Law Review*, v. 75, p. 933-944, 1990-1991. Disponível em: <http://discoverarchive.vanderbilt.edu/xmlui/bitstream/handle/1803/6521/Speaking%20of%20Virtue.pdf?sequence=1&isAllowed=y>. Acesso em: 31 mai. 2018.

SKINNER, Quentin. The Republican ideal of political liberty. In: BOCK, G.; SKINNER Q.; VIROLI, M. (ed.). *Machiavelli and Republicanism*. Cambridge: University Press, 1993.

SOUSA, José Ferreira Marnoco e. *Direito politico – poderes do Estado*: sua organização segundo a sciencia politica e o direito constitucional português. Coimbra: França Amado, 1910. Disponível em: <http://purl.pt/843/4/br-3924_PDF/br-3924_PDF_24-C-R0075/br-3924_0000_capa-capa_t24-C-R0075.pdf>. Acesso em: 31 mai. 2018.

SUNSTEIN, Cass R. Beyond the Republican Revival. *Yale Law Journal*, v. 97, n. 8, 1988.

URBANO, Maria Benedita. Cidadania para uma Democracia Ética. In: *Boletim da Faculdade de Direito da Universidade de Coimbra*, v. 83. p. 515-539, 2007.

VEIGA, Paula Margarida Cabral dos Santos. Alguns dilemas da emancipação da cidadania na era cosmopolita. In: *Boletim da Faculdade de Direito da Universidade de Coimbra*. Coimbra Editora, [s.d.]. p. 1.107-1.123. (STVDIA IVRIDICA, 101. Ad honorem, 5).

VEIGA, Paula Margarida Cabral dos Santos. *O Presidente da República*: contributo para uma compreensão republicana do seu estatuto constitucional. Tese (Doutoramento em Ciências Jurídico-políticas) – Faculdade de Direito, Universidade de Coimbra, Coimbra, 2010.

VIOLA, André. *La notion de République dans la jurisprudence du Conseil Constitutionnel*. Paris: LGDJ, 2002.

VIROLI, Maurizio. *Republicanism*. New York: Hill and Wang, 2002.

Informação bibliográfica deste texto, conforme a NBR 6023:2002 da Associação Brasileira de Normas Técnicas (ABNT):

PINTO, Hélio Pinheiro. República e forma republicana de governo: uma distinção axiologicamente orientada. In: CATÃO, Adrualdo de Lima *et al.* (Coord.). *Filosofia contemporânea do direito e conectividades*: teoria e pragmática. Belo Horizonte: Fórum, 2019. p. 279-297. ISBN 978-85-450-0630-5.

UMA CRÍTICA AO MODELO LIBERAL DE CIDADANIA? SOBRE A NOÇÃO DE CIDADANIA NA MODERNIDADE POLÍTICA

BRUNO JORGE RIJO LAMENHA LINS

Introdução

A cidadania se afirma na contemporaneidade como uma das temáticas dominantes na conjuntura intelectual e no âmbito da opinião pública. Trata-se, sem dúvida, de um dos poucos temas capazes de agregar algum potencial de mobilização no discurso e na prática política das democracias ocidentais, sendo capaz de gerar um significativo impacto emocional e ideológico[1] no íntimo dos atores sociais. Não por acaso, a temática da cidadania desperta, quase automaticamente, certa aura de consenso e de adesão imediata e acrítica em torno de qualquer processo social a ela associado.[2]

A transformação da cidadania em um instrumento ideológico poderoso para a suposição de determinados consensos ou para a reprodução dos valores e práticas sociais concernentes à ordem vigente não lhe retira a condição de categoria analítica estratégica para a compreensão e o desenvolvimento da filosofia política contemporânea. Nessa perspectiva, a hipótese mais provável é que o recurso à cidadania – uma temática até então estigmatizada[3] – como apelo ideológico no discurso e na prática política contemporânea, decorra do advento, sobretudo nas

---

[1] LÖWY, Michael. *As aventuras de Karl Marx contra o Barão de Münchhausen*. 9. ed. São Paulo: Cortez, 2007. p. 11-13.

[2] SAES, Décio Azevedo Marques de. *Cidadania e capitalismo*: uma crítica à concepção liberal de cidadania. Disponível em: <http://www.unicamp.br/cemarx/criticamarxista/16saes.pdf>. Acesso em: 19 jun. 2010.

[3] COVRE, Maria Lourdes Manzini. *O que é cidadania?* São Paulo: Brasiliense, 2006. p. 7.

últimas duas décadas, da questão como um tema central da filosofia política.[4]

Nessa perspectiva, nossa investigação inicia-se por uma abordagem da cidadania à luz do legado deixado pela Antiguidade Clássica, notadamente pela civilização grega. A necessidade de tal reflexão não se dá em virtude de uma pretensa "evolução histórica", mas diante da constatação de que é a experiência da filosofia política grega quem lega à modernidade política os mais valiosos subsídios para pensar a cidadania no âmbito da democracia liberal.

Doravante, nossa discussão se encaminhará para a identificação dos traços distintivos do quadro político da modernidade, no sentido de verificar o que restou e o que há de novo em relação ao sentido clássico do político em tal conjuntura histórica. Estabelecendo um diálogo com a concepção liberal de cidadania a partir da obra de dois autores, o sociólogo T. H. Marshall e o jusfilósofo John Rawls, problematizaremos o esvaziamento da esfera do político e seu processo de colonização e dissolução em relação à esfera do privado na modernidade.

O ponto de chegada de nosso trabalho situar-se-á, pois, numa tentativa de "salvar" o modelo liberal de cidadania, reconhecendo as imensuráveis conquistas que a modernidade política legou à civilização ocidental a partir da crítica estabelecida pela teórica política belga Chantal Mouffe em relação à teoria da justiça rawlsiana.

1 Por uma noção clássica de cidadania

A definição clássica de cidadania enquanto categoria analítica se traduz na ideia de pertencimento à totalidade dos membros de uma comunidade política.[5] Trata-se, pois, do reconhecimento da existência de um vínculo entre um membro isolado e uma determinada organização política, credenciando-o, em tese, a tomar parte dos negócios públicos através da articulação mais ou menos permanente junto a seus pares na persecução de finalidades que atendam aos interesses da coletividade e não apenas aos seus objetivos pessoais. Numa palavra, cidadania é o vínculo que assegura o acesso à esfera do público.[6]

---

[4] CARRACEDO, José Rubio. *Teoria crítica de la ciudadanía democrática.* Madrid: Trotta, 2007. p. 11.

[5] GIDDENS, Anthony. *O Estado-nação e a violência.* São Paulo: Edusp, 2008. p. 228.

[6] MOÁS, Lucilene da Costa. *Cidadania e poder local.* Rio de Janeiro: Lumen Juris, 2002. p. 14.

É fácil perceber, portanto, que "cidadania" não é um conceito novo e construído no bojo do chamado projeto político da modernidade.[7] Como é sabido, a separação entre um âmbito específico para questões privadas e uma arena própria para a discussão de questões atinentes ao interesse de toda a coletividade (públicas) constitui uma questão amplamente teorizada já pela filosofia política da Antiguidade Clássica.

Pensando a separação entre o público e o privado na Grécia antiga, Hannah Arendt[8] destaca que a diferenciação entre uma esfera da vida pública e uma esfera da vida privada diz respeito ao reconhecimento de campos distintos e separados para a família e para a política. A construção da cisão entre público e privado tem um marco temporal claro: o surgimento da antiga cidade-Estado. Nessa perspectiva, argumenta a teórica alemã:

> O surgimento da cidade-estado significa que o homem recebera além de sua vida privada, uma espécie de segunda vida, o seu *bios politikos*. Agora cada cidadão pertence a duas ordens de existência; e há uma grande diferença entre aquilo que lhe é próprio (*idion*) e o que é comum (*koinon*).[9]

O simples viver destinava-se ao campo familiar, isto é, à esfera privada. Segundo o pensamento político da Grécia clássica, não havia nenhuma dignidade nas atividades desempenhadas pelo homem no âmbito de sua vida privada, por uma única razão: em tal campo, todo o agir humano está condicionado ao atendimento de suas necessidades e carências biológicas, contingências que não distingue os seres humanos de todas as outras espécies animais. Conforme aduz Hannah Arendt, "a comunidade natural do lar decorria da necessidade; era a necessidade que reinava sobre todas as atividades exercidas no lar".[10]

Essa leitura é importante para traçar uma distinção crucial entre a noção de vida privada na Antiguidade Clássica e na contemporaneidade ocidental: ao invés da horizontalidade formal de direitos com a qual

---

[7] CARRACEDO, José Rubio. *Teoria crítica de la ciudadanía democrática*. Madrid: Trotta, 2007. p. 14.

[8] ARENDT, Hannah. *A condição humana*. (Trad. Roberto Raposo). São Paulo: Forense Universitária, 2004. p. 37.

[9] ARENDT, Hannah. *A condição humana*. (Trad. Roberto Raposo). São Paulo: Forense Universitária, 2004. p. 33.

[10] ARENDT, Hannah. *A condição humana*. (Trad. Roberto Raposo). São Paulo: Forense Universitária, 2004. p. 40.

estamos habituados em nossos dias, a desigualdade jurídica constituía a característica fulcral da esfera privada na Grécia clássica. A família se afirmava, portanto, como um espaço profundamente hierarquizado capaz de admitir, sem dificuldade, a existência de direitos que não podiam ser fruídos por estrangeiros, escravos e mulheres, por exemplo.

A esfera pública – relativa à *polis*, a cidade-Estado grega – opunha-se à esfera familiar por ser um espaço de liberdade, do encontro entre iguais, a marca definitiva da vitória sobre as necessidades prementes da vida. A política não se destinava de forma alguma a ser apenas um instrumento de proteção da sociedade. Tratava-se, na realidade, da busca pela vida segundo o bem, "da garantia contra a futilidade da vida individual, o espaço garantido contra essa futilidade e reservado à relativa permanência, senão imortalidade dos mortais".[11]

Deve-se observar, desde logo, que as concepções de liberdade e igualdade na *polis* grega eram bastante diversas daquelas com as quais estamos habituados no mundo ocidental contemporâneo, ou seja, daquelas forjadas no âmbito do projeto político da modernidade. Ser livre, nas cidades-Estado gregas, significava não se sujeitar às carências e demandas biológicas, uma ocupação considerada – como visto – sem nenhuma dignidade.

Nessa perspectiva, liberdade significava um estar entre iguais, entre pares e somente com eles lidar, pois, ao ascender à esfera política, o homem não se submetia ao comando ou à dominação de ninguém, tampouco comandava ou podia submeter alguém ao seu jugo – situações restritas à esfera familiar. A questão da igualdade constituía, portanto, a própria substância da liberdade. Diferente de sua correlata moderna, a igualdade da Grécia antiga admitia abertamente e até pressupunha, como condição, a existência de sujeitos formalmente desiguais – como estrangeiros, escravos e mulheres. "Ser livre significava ser isento da desigualdade presente no ato de comandar, e mover-se numa esfera onde não existiam governo nem governados".[12]

Em texto clássico, Benjamin Constant preleciona que a chamada "liberdade dos antigos"[13] dizia respeito à repartição do poder social entre todos os membros-cidadãos de uma determinada pátria.

---

[11] ARENDT, Hannah. *A condição humana*. (Trad. Roberto Raposo). São Paulo: Forense Universitária, 2004. p. 66.

[12] ARENDT, Hannah. *A condição humana*. (Trad. Roberto Raposo). São Paulo: Forense Universitária, 2004. p. 41-42.

[13] Cf. CONSTANT, Benjamin. Da liberdade dos antigos comparada à dos modernos. *Revista Filosofia Política*, n. 2, 1985.

A noção de indivíduo, nesse contexto histórico, é totalmente estranha. O problema da liberdade, portanto, se reduzia à participação nos negócios públicos. Por outro lado, a chamada "liberdade dos modernos" denota um sentido absolutamente oposto, uma vez que concerne à afirmação da autonomia privada e à segurança e garantia dos negócios e privilégios particulares. O projeto político da modernidade – e isso será discutido mais detidamente a seguir – retirou a liberdade da esfera pública, confinando-a na esfera privada, o que será decisivo para pensar a questão da cidadania em nossos dias.

A cidadania na *polis* concretizava-se através do agir (*praxis*) e especialmente do discurso (*lexis*)[14] acerca de tudo aquilo que era considerado um negócio público, ou seja, todas as demandas que transcendiam as necessidades vitais do homem e, por tal razão, eram consideradas virtuosas. Eis o fundamento para a célebre referência aristotélica do homem como animal político: segundo Aristóteles,[15] a exsurgência e a discussão sobre questões públicas constituíam a substância necessária ao atingimento do bem comum – o meio, portanto, através do qual uma vida digna se tornava possível em uma dada coletividade. Nessa perspectiva, o diálogo público deveria sempre ser uma composição entre iguais, utilizando, como instrumento, apenas a persuasão e as palavras, nunca a força ou a violência.

Como aduz Giorgio Agamben,[16] não é por acaso que Aristóteles constrói a sua meta de comunidade perfeita através da oposição do simples fato de viver (uma demanda biológica) com a vida politicamente qualificada. É paradigmática, nesse sentido, uma das passagens narradas por Platão na Apologia de Sócrates:

> Ora, é possível que alguém pergunte: "Sócrates, não poderias tu viver longe da pátria, calado e em paz?" Eis justamente o que é mais difícil fazer aceitar a alguns dentre vós: se digo que seria desobedecer ao deus e que, por essa razão, eu não poderia ficar tranquilo, não me acreditaríeis,

---

[14] "Somente o homem, entre todos os animais, possui o dom da palavra; a voz indica a dor e o prazer, e por essa razão é que ela foi outorgada aos outros animais. Eles chegam a sentir sensações da dor e de prazer, e a fazerem-se entender entre si. A palavra, contudo, tem a finalidade de fazer entender o que é útil ou prejudicial, e, consequentemente, o que é justo e o injusto. O que especificamente diferencia o homem é que ele sabe distinguir o bem do mal, o justo do que não o é, e assim todos os sentimentos dessa ordem cuja comunicação forma exatamente a família do Estado". ARISTÓTELES. *Política*. São Paulo: Martin Claret, 2001. p. 14.

[15] ARISTÓTELES. *Política*. São Paulo: Martin Claret, 2001.

[16] AGAMBEN, Giorgio. *Homo sacer*: a vida nua e o poder soberano. (Trad. Henrique Burigo). Belo Horizonte: UFMG, 2007. p. 10.

supondo que tal afirmação é, de minha parte, uma fingida candura. Se, porém, digo que o maior bem para um homem é justamente este, discorrer todos os dias sobre a virtude e os outros argumentos sobre os quais me ouvistes raciocinar, examinando a mim mesmo e aos outros, e que uma vida sem esse exame não é digna de um ser humano, ainda menos acreditaríeis no que digo. Entretanto, esta é a pura verdade.[17]

Não nos propomos a identificar algum padrão de linearidade ou evolução histórica entre as noções clássica e contemporânea de cidadania. No entanto, não podemos negar a notável contribuição da Antiguidade Clássica – especialmente a experiência grega, considerada o berço da civilização ocidental – para o chamado projeto político da modernidade. Uma das mais significativas "heranças" legadas à contemporaneidade ocidental está, justamente, na íntima ligação que ainda perdura entre o problema da cidadania e a questão da esfera do político, ainda que isoladamente o significado de tais categorias, em nossos dias, assuma parâmetros totalmente diferentes daqueles teorizados na Grécia clássica.

2 Cidadania e modernidade: o ocaso do político

Ao longo do tempo, vários critérios têm sido apontados como distintivos daquilo que, na teoria social, convencionou-se chamar de modernidade. De maneira geral, parece suficientemente preciso o apontamento do sociólogo inglês Anthony Giddens, que apresenta a modernidade ou o projeto civilizatório da modernidade como o "estilo, costume de vida ou organização social que emergiram na Europa a partir do século XVII e que ulteriormente se tornaram mais ou menos mundiais em sua influência",[18] institucionalmente marcado pelo aparecimento do Estado-nação e da produção capitalista sistemática.

Forjado na fé no poder da razão humana,[19] o que denominamos projeto civilizatório da modernidade evidentemente não constitui um programa ou ideário concretamente condensado, mas um conjunto de valores e práticas sociais que assumiram, gradualmente, uma posição dominante no âmbito das formações socioculturais ocidentais

---

[17] PLATÃO. *Apologia de Sócrates*. São Paulo: Martin Claret, 2001. p. 72.

[18] GIDDENS, Anthony. *O Estado-nação e a violência*. São Paulo: Edusp, 2008. p. 11.

[19] SHAPIRO, Ian. *Os fundamentos morais da política*. São Paulo: Martins Fontes, 2006. p. 9.

a partir do século XVII. Esse conjunto se estrutura, segundo Sérgio Paulo Rouanet,[20] em três pilares centrais: as ideias de universalidade, individualidade e autonomia,[21] de onde advêm diversas construções, entre as quais aquelas que identificam no progresso contínuo da humanidade e no domínio racional sobre a natureza os elementos centrais para a consecução da emancipação humana e da sempre sonhada felicidade dos homens e dos povos.

Propomos, no entanto, que o principal ponto de ruptura da modernidade em relação às formações sócio-históricas que a precederam no Ocidente reside em seu projeto político. Isso porque é no campo político que "as relações sociais se formam e são simbolicamente ordenadas".[22] Neste particular, a modernidade legou à sociedade ocidental uma mudança de paradigma sem precedentes: a promessa da liberdade e da igualdade para todos através do advento de uma forma democrática de organização do poder político[23] – construções teóricas oriundas do ideário iluminista e das revoluções liberais do século XVII, concretizadas sob a égide da chamada democracia liberal.

A centralidade do campo político na modernidade, portanto, acha-se ocupada por duas tradições que, embora comumente relacionadas, são absolutamente distintas: a tradição liberal e a tradição democrática. Na realidade, tais ideários somente se aproximaram, de forma definitiva e consistente, a partir de meados do século XIX,[24] ou seja, aproximadamente dois séculos após as revoluções liberais do século XVII.

Há uma polissemia clara quando nos referimos a uma tradição liberal. O liberalismo, na realidade, acabou condensando historicamente uma vasta gama de ideias em um longo período de tempo – que se estende até nossos dias – e contemplando a obra de diferentes auto-

---

[20] ROUANET, Sérgio Paulo. *Mal-estar na modernidade*: ensaios. São Paulo: Companhia das Letras, 1999. p. 9.

[21] Universalidade porque visa a todos os seres humanos, independentemente de qualquer distinção. Individualidade porque considera os seres humanos como pessoas concretas, para além de seus papéis de integrantes de uma coletividade. E autonomia porque compreende esses seres humanos individualizados como plenamente capazes de agir no espaço público (autonomia política), obter sua sobrevivência através do próprio labor (autonomia econômica) e pensar por si mesmos (autonomia intelectual).

[22] MOUFFE, Chantal. *O regresso do político*. (Trad. Ana Cecília Simões). Lisboa: Gradiva, 1996. p. 25.

[23] MOUFFE, Chantal. *O regresso do político*. (Trad. Ana Cecília Simões). Lisboa: Gradiva, 1996. p. 24.

[24] MOUFFE, Chantal. *O regresso do político*. (Trad. Ana Cecília Simões). Lisboa: Gradiva, 1996. p. 25.

res, desde John Locke até Alexis de Tocqueville, passando por Adam Smith, Immanuel Kant, Montesquieu, John Rawls, entre tantos outros. Se sistematizar um ideário tão plural sob uma única denominação é um esforço complicado, é possível afirmar que, de maneira geral, os problemas fundamentais daquilo que, historicamente, se refletiu em torno da questão do liberalismo estiveram associados a dois campos muito claros: a teoria econômica e a teoria política.

Em linhas muito gerais, podemos relacionar o liberalismo econômico com a defesa da economia de mercado e o liberalismo político com a defesa de um Estado que intervenha o mínimo possível nos negócios privados dos indivíduos (o Estado mínimo). Pode-se falar ainda em um liberalismo ético, que coloca o indivíduo e a defesa de sua liberdade no primeiro plano de uma hierarquia de valores.[25] Como aduz Norberto Bobbio, "tanto a exigência de liberdade econômica quanto a exigência de liberdade política são consequências práticas, traduzíveis em regras e instituições, do primado axiológico do indivíduo".[26]

Nessa perspectiva, Cecília Caballero Lois destaca que "o liberalismo vai propugnar uma separação entre o âmbito público e o privado, além de um espaço político neutro e regido por princípios de justiça acordados de forma imparcial".[27]

A compatibilidade entre democracia e liberalismo tem sido objeto de intensos debates, não obstante seja praticamente hegemônico, durante mais de um século, o entendimento de que a primeira seja um prosseguimento natural do último.[28] Esta compreensão, contudo, apenas é viável se encarada a partir de um ponto de partida específico, a saber, a fórmula política que consubstancia a tradição democrática – a noção de soberania popular.

Assim, se somente o indivíduo é o intérprete autorizado de seus interesses,[29] é razoável supor que a gestão do poder político seja

---

[25] MOUFFE, Chantal. *O regresso do político*. (Trad. Ana Cecília Simões). Lisboa: Gradiva, 1996. p. 22-24.

[26] BOBBIO, Norberto. *O futuro da democracia*. 9. ed. (Trad. Marco Aurélio Nogueira). São Paulo: Paz e Terra, 2000. p. 128-130.

[27] LOIS, Cecília Caballero. Da união social à comunidade liberal: o liberalismo político de John Rawls e o republicanismo cívico liberal de Ronald Dworkin. In: LOIS, Cecília Caballero (Org.). *Justiça e democracia entre o universalismo e o comunitarismo*. São Paulo: Landy, 2005. p. 25.

[28] BOBBIO, Norberto. *O futuro da democracia*. 9. ed. (Trad. Marco Aurélio Nogueira). São Paulo: Paz e Terra, 2000. p. 139.

[29] CARRACEDO, José Rubio. *Teoria crítica de la ciudadanía democrática*. Madrid: Trotta, 2007. p. 139.

titularizada pelo próprio povo. Em tal nível, é possível vislumbrar a interpenetração entre o primado axiológico do indivíduo propugnado por grande parte das reflexões liberais e o projeto democrático construído a partir das revoluções liberais do século XVII no Ocidente. Questões mais delicadas historicamente, contudo, foram aquelas que discutiam os limites e a extensão de um eventual igualitarismo esteado no ideário democrático ou mesmo do sufrágio universal.[30] Debates que podem enfraquecer, mas não desnaturam as possibilidades de articulação entre liberalismo e democracia.[31]

Ademais, como já destacado, é no contexto do projeto político delineado pela chamada "democracia liberal" que se concretizará, sem dúvida, o maior legado da modernidade política aos nossos dias: a promessa da liberdade e da igualdade para todos os indivíduos, que se consubstancia, em nossos dias, a partir da questão dos direitos e garantias fundamentais, no plano nacional, e dos direitos humanos, no plano internacional.

A exemplo da cidadania, a democracia não é uma invenção da modernidade política. Remonta, novamente, à experiência da Grécia clássica, especificamente do período histórico de sua *polis* mais notável, Atenas. Evidentemente, pensar a democracia ateniense sob a ótica e os padrões contemporâneos resultará, inexoravelmente, na conclusão de que tal regime de governo pode ser considerado, no mínimo, altamente incompleto.

Tratava-se, como já apontamos no tópico anterior, de uma sociedade escravocrata e que, além dos próprios escravos, excluía as mulheres e os estrangeiros do jogo político. O modelo de democracia direta, pensado para um grupo social (os cidadãos atenienses) diminuto e uma cidade-Estado de pequenas proporções, se comparada com a complexidade das cidades modernas, é reconhecidamente inviável quando confrontado com a promessa de expansão da liberdade e da igualdade para todos, o que consubstancia todo o projeto político da modernidade.[32]

---

[30] BOBBIO, Norberto. *Liberalismo e democracia*. 6. ed. (Trad. Marco Aurélio Nogueira). São Paulo: Brasiliense, 2007. p. 42-43.

[31] Conforme lembra Mouffe (Cf. MOUFFE, Chantal. *O regresso do político*. (Trad. Ana Cecília Simões). Lisboa: Gradiva, 1996. p. 114-145), alguns teóricos não concordam quanto à possibilidade de articular liberalismo e democracia. Talvez a crítica mais contundente e bem acabada nesse sentido seja do alemão Carl Schmitt, no prefácio à 2ª edição de *A Crise da Democracia Parlamentar* (1926), no qual defende a incompatibilidade entre a homogeneidade exigida pela democracia e o individualismo liberal.

[32] SHAPIRO, Ian. *Os fundamentos morais da política*. São Paulo: Martins Fontes, 2006. p. 248.

O pensamento político grego, contudo, transmitiu – praticamente na íntegra – os princípios fundamentais para justificar o modelo democrático moderno, entre os quais se destaca uma tipologia clara das formas de governo que opõe as vantagens de um "governo dos muitos", "do povo" – a democracia – em relação ao governo de alguns poucos.[33] Tal superioridade se baseia na ideia de que, nas questões que afetam a coletividade e a vida, o povo sabe governar a si mesmo adequadamente. Disto deriva a rejeição total à noção de que o poder político deve ser encarado como uma dádiva concedida a um monarca ou a um grupo restrito e, por isso, transmitido hereditariamente.[34]

Segundo Norberto Bobbio:

> O que se considera que foi alterado na passagem da democracia dos antigos à democracia dos modernos, ao menos no julgamento dos que veem como útil tal contraposição, não é o titular do poder político, que é sempre o "povo", entendido como o conjunto dos cidadãos a quem cabe em última instância o direito de tomar as decisões coletivas, mas o modo (mais ou menos amplo) de exercer esse direito.[35]

Há, no entanto, outros dois aspectos diferenciais importantes que merecem ser mencionados quando confrontadas a democracia ateniense e a democracia forjada sob a égide da modernidade política. O primeiro deles diz respeito à relação entre Estado e sociedade. Na Grécia clássica, tal dicotomia simplesmente não existe. Não subsistia diferença entre a esfera do social e a esfera do político.[36]

---

[33] BOBBIO, Norberto. *Liberalismo e democracia*. 6. ed. (Trad. Marco Aurélio Nogueira). São Paulo: Brasiliense, 2007. p. 32.

[34] SHAPIRO, Ian. *Os fundamentos morais da política*. São Paulo: Martins Fontes, 2006. p. 248.

[35] BOBBIO, Norberto. *Liberalismo e democracia*. 6. ed. (Trad. Marco Aurélio Nogueira). São Paulo: Brasiliense, 2007. p. 31-32.

[36] Hannah Arendt (Cf. ARENDT, Hannah. *A condição humana*. (Trad. Roberto Raposo). São Paulo: Forense Universitária, 2004. p. 33) destaca que o termo social, derivação do latim *societas*, embora tenha sido por algum tempo, de Sêneca a Tomás de Aquino, indicado como a tradução adequada para o *zoon politikon* aristotélico, possui um significado diverso do sentido político para a filosofia política grega. A ideia do social traduz-se na associação de homens para o atingimento de um fim específico, não necessariamente relacionado à discussão dos negócios públicos. Isto não fazia o menor sentido para a civilização grega. "Não que Aristóteles ou Platão ignorasse ou não desse importância ao fato de que o homem não pode viver fora da companhia dos homens; simplesmente não incluíam tal condição entre as características especificamente humanas. Pelo contrário, ela era algo que a vida humana tinha em comum com a vida animal – razão suficiente para que não pudesse ser fundamentalmente humana. A companhia natural, meramente social, da espécie humana era vista como limitação imposta pelas necessidades da vida biológica, necessidades estas que são as mesmas para o animal humano e para outras formas de vida animal".

É claro que o termo "social", latino, é posterior à experiência grega ora narrada. No entanto, pensando no sentido contemporâneo do "social", não subsistia nada equivalente no idioma grego. Fora da família, para o atendimento das necessidades vitais, a única associação de homens imaginada e imaginável é aquela associada ao exercício da cidadania, conforme descrito no tópico anterior. É somente neste contexto, o político, que seria possível pensar uma "sociedade" grega.

Segundo Alejandro Serrano Caldera, "para os gregos, a sociedade é um fato natural e, assim, o sentido da democracia está ligado ao sentido da necessidade, pois o ser humano agrupa-se em sociedade pelo fato de não poder ser diferente".[37] Apenas nesse contexto é que faz sentido outra célebre passagem de Aristóteles: "Ora, o que não consegue viver em sociedade, ou que não necessita de nada porque se basta a si mesmo, não participa do Estado; é um bruto ou uma divindade".[38] A sociedade aqui nada mais é que a esfera pública, o exercício da cidadania.

A modernidade política, por sua vez, apresenta uma proposta absolutamente diversa. Há uma cisão e uma tensão muito claras entre sociedade civil, de um lado, e Estado, do outro. O esforço do político, nesse contexto, é estabelecer vias de comunicação, de troca e de cooperação para que sejam reduzidas as contradições e os conflitos entre sociedade civil e Estado.[39] É interessante notar que a modernidade não encara a sociedade como um fato natural e necessário, como ocorre na filosofia política grega.

Para os modernos, a sociedade é fruto de um ato de vontade – o contrato social –, mediante o qual os indivíduos abrem mão de parcela de sua liberdade em troca de um quinhão de segurança provido por um modelo organizado de vida coletiva.[40]

A oposição entre Estado e sociedade concretizou as possibilidades de que os indivíduos encontrassem diversos pontos de contato entre seus interesses privados, o que permitiu a unificação de suas demandas particulares sob a égide da necessidade de desenvolvimento econômico e por meio de certa "valorização política do domínio privado".[41]

---

[37] CALDERA, Alejandro Serrano. *Razão, direito e poder*: reflexões sobre a democracia e a política. (Trad. Antonio Sidekum). São Leopoldo: Nova Harmonia, 2005. p. 23.

[38] ARISTÓTELES. *Política*. São Paulo: Martin Claret, 2001. p. 15.

[39] CALDERA, Alejandro Serrano. *Razão, direito e poder*: reflexões sobre a democracia e a política. (Trad. Antonio Sidekum). São Leopoldo: Nova Harmonia, 2005. p. 23.

[40] Cf. HOBBES, Thomas. *Leviatã ou matéria, forma e poder de um Estado eclesiástico e civil.* São Paulo: Martin Claret, 2003. p. 31; LOCKE, John. *Segundo Tratado sobre o Governo.* São Paulo: Martin Claret, 2009. p. 17.

[41] BOBBIO, Norberto *et al. Dicionário de política.* 12. ed. Brasília: UnB, 2004. v. 1, p. 429.

Nessa perspectiva, a dicotomia estabelecida pela modernidade política entre Estado e sociedade, para muitos, inevitável, dada a alta complexidade da conjuntura sócio-histórica moderna, dissolveu a clara demarcação – existente na civilização grega – entre esfera pública e esfera privada, fundamentalmente por conta da entrada de demandas privadas no âmbito público.

A valorização política do domínio privado identifica-se com aquilo que Hannah Arendt define como "ascensão do social", ou seja, "a transformação da preocupação individual com a propriedade privada em preocupação pública".[42] Assim, com a entrada do privado na esfera pública e o esvaziamento desta última, pois seu conteúdo ingressara no âmbito do público, resta a submersão de ambas as esferas a uma única, denominada pela teórica alemã como "esfera do social",[43] onde não mais resta claro o que é público e o que é privado.

Na modernidade política, portanto, a única coisa que os indivíduos podem ter em comum são suas demandas privadas, já que não resta nenhuma preocupação superior com aspectos relacionados ao bem de todos, da coletividade. Daí decorre a concepção absolutamente instrumental do político legada pela tradição liberal,[44] que o identifica como um campo de disputa onde os indivíduos cooperam para a maximização de seus interesses privados.[45]

Exemplo paradigmático do que se diz é a teoria rawlsiana da justiça que, fundamentalmente, identifica a esfera do político como um campo que oferece uma estrutura básica institucional para o ambiente social – através da fixação de princípios de justiça e fundada num "consenso baseado no interesse próprio"[46] – com o objetivo de assegurar os meios para que cada indivíduo possa realizar a sua própria concepção individual de bem, ou seja, os seus interesses privados.[47]

---

[42] ARENDT, Hannah. *A condição humana.* (Trad. Roberto Raposo). São Paulo: Forense Universitária, 2004. p. 78.

[43] ARENDT, Hannah. *A condição humana.* (Trad. Roberto Raposo). São Paulo: Forense Universitária, 2004. p. 79.

[44] MOUFFE, Chantal. *O regresso do político.* (Trad. Ana Cecília Simões). Lisboa: Gradiva, 1996. p. 149.

[45] MOUFFE, Chantal. *O regresso do político.* (Trad. Ana Cecília Simões). Lisboa: Gradiva, 1996. p. 69-74.

[46] MOUFFE, Chantal. *O regresso do político.* (Trad. Ana Cecília Simões). Lisboa: Gradiva, 1996. p. 73.

[47] FORST, Rainer. *Contextos de justiça.* São Paulo: Boitempo, 2010. p. 173-174.

Nas palavras do próprio John Rawls,

> a justiça como equidade abandona o ideal de uma comunidade política e vê a sociedade como muitos indivíduos distintos, ou como muitas associações distintas, cooperando exclusivamente para realizar o próprio benefício pessoal ou associativo, sem ter qualquer fim último em comum (aqui fim último é entendido como um fim valorizado ou desejado em si, e não somente um meio para obter outra coisa).[48]

Voltaremos a discutir a concepção liberal do político nos tópicos posteriores. Por ora, retomemos a linha de raciocínio estabelecida indicando um segundo aspecto diferencial importante no confronto entre a democracia ateniense e a democracia forjada na modernidade política. Trata-se da ideia de estabelecimento de limites claros à intervenção do Estado na autonomia privada dos indivíduos, através da afirmação de direitos e garantias inerentes à própria condição do indivíduo e oponíveis ao próprio ente estatal.

Eis uma noção absolutamente estranha, não só ao pensamento grego, mas a toda a tradição política do mundo ocidental[49] e que está intimamente conectada ao entendimento tipicamente moderno de encarar a liberdade do cidadão numa perspectiva negativa, ou seja, de não intervenção em seus negócios privados – diferentemente da noção de liberdade positiva dos antigos, que identificava o ser livre com a participação política efetiva na articulação e decisão sobre os negócios públicos.

Nesse sentido, é ilustrativa a compreensão de John Locke, principal teórico da qualificação pública da vida privada na Idade Moderna como instrumento de contestação da legitimidade do poder do Estado, acerca do que deve ser entendido como "poder político":

> Entendo, pois, por poder político, o direito de elaborar as leis, incluindo a pena de morte e, portanto, as demais penalidades menores, no intuito de regular e conservar a propriedade, e de utilizar a força da comunidade para garantir a execução de tais leis e para protegê-la de ofensas externas. E tudo isso visando só ao bem da comunidade.[50]

---

[48] RAWLS, John. *O liberalismo político*. São Paulo: Ática, 2000. p. 249.

[49] CALDERA, Alejandro Serrano. *Razão, direito e poder*: reflexões sobre a democracia e a política. (Trad. Antonio Sidekum). São Leopoldo: Nova Harmonia, 2005. p. 27.

[50] LOCKE, John. *Segundo Tratado sobre o Governo*. São Paulo: Martin Claret, 2009. p. 249.

O bem da comunidade para Locke não é outro senão a manutenção da ordem pública, ou seja, o provimento de segurança através da "proteção da propriedade privada e de todos os direitos dela decorrentes".[51] Uma série de direitos inalienáveis e oponíveis ao próprio Estado, portanto. É neste último contexto, no reino da proteção da liberdade individual e da afirmação de direitos e garantias fundamentais, que a modernidade política construiu a sua noção de cidadania.

3 Problematizando a concepção liberal de cidadania

3.1 A concepção clássica de cidadania em T.H. Marshall

O sentido da cidadania no contexto da modernidade política – construído, principalmente, à luz da democracia liberal – é definido através do vínculo estabelecido entre cada indivíduo e uma determinada comunidade política, não a partir da participação política efetiva, mas da outorga de determinados direitos e garantias por parte do ente estatal.[52]

Nessa perspectiva, tornou-se clássico o ensaio apresentado, em 1949, pelo sociólogo inglês T. H. Marshall, intitulado *Citizenship and Social Class*. Na oportunidade, Marshall tenta delinear o desenvolvimento da cidadania na modernidade política do Reino Unido, justamente com foco na positivação de direitos, e lança as bases do que contemporaneamente poderíamos chamar de modelo liberal de cidadania.

Para Marshall, a cidadania

> é um *status* que se outorga aos que são membros de pleno direito de uma comunidade. Todos os que possuem esse *status* são iguais no que se refere aos direitos e deveres que ele implica. Não há princípio universal que determine quais devem ser estes direitos e deveres, mas as sociedades onde a cidadania é uma instituição em desenvolvimento criam uma imagem da cidadania ideal em relação com a qual pode se medir o êxito e até a qual podem se dirigir as aspirações.[53]

---

[51] SULOCKI, Victoria-Amalia de. *Segurança Pública e Democracia*: aspectos constitucionais das políticas públicas de Segurança. Rio de Janeiro: Lumen Juris, 2007. p. 24.

[52] BENDIX, Reinhard. *Construção nacional e cidadania*. (Trad. Mary Amazonas Leite de Barros). São Paulo: Edusp, 1996. p. 109-110.

[53] MARSHALL, T.H. Ciudadanía y clase social. *Revista Española de Investigaciones Sociológicas*, n. 79, p. 312-313, Madrid: CIS, 1997. Tradução livre do texto: "es un status que se otorga a los que son miembros de pleno derecho de una comunidad. Todos los que poseen esse status son iguales en lo que se refiere a los derechos y deberes que implica. No hay principio universal que determine cuáles deben ser estos derechos y deberes, pero las

O sociólogo inglês subdivide esses "direitos de cidadania" em três grupos que foram sendo paulatinamente integrados à experiência jurídico-política bretã do século XVII ao século XX, e que atualmente se verificam, em maior ou menor medida e com processos históricos diversos, na grande maioria dos Estados nacionais do Ocidente: os direitos civis, os direitos políticos e os direitos sociais.[54]

Na medida em que o aparecimento e a concretização de tais direitos demandam a existência de quadros institucionais específicos,[55] é razoável concluir que a estratégia marshalliana de apontar os direitos e garantias fundamentais como o parâmetro da cidadania na modernidade política equivale a requalificar o campo do político a partir de demandas individuais, relegando ao segundo plano a participação efetiva no processo de tomada de decisão e na gestão dos negócios públicos.

Isso já foi discutido no tópico anterior, ao expor a proposta arendtiana de dissolução da esfera do público e do privado através do advento de uma esfera mista do social, orientada – a partir do paradigma ético do liberalismo – para a publicização de preocupações eminentemente privadas. Não é à toa, portanto, que a centralidade das reflexões de T. H. Marshall se orienta pela discussão acerca do grau de influência e da tensão estabelecida entre a cidadania e a desigualdade socioeconômica estruturalmente reproduzida pelo sistema capitalista.

Reconhecendo a inexorável convivência/tensão, no âmbito da democracia liberal, entre o princípio da igualdade erigido por seu modelo liberal de cidadania e o princípio da desigualdade econômica reproduzido pelas relações de produção capitalista, T. H. Marshall pontifica:

> E se eu estou correto em afirmar que a cidadania foi uma instituição que se desenvolveu na Inglaterra a partir da última parte do século XVII, então é evidente que seu desenvolvimento coincide com o surgimento do capitalismo, que é um sistema não de igualdade, mas de desigualdade.

---

sociedades donde la ciudadanía es una instituición em desarollo crean uma imagen de la ciudadanía ideal en relación con la cual puede medirse el éxito y hacia la cual pueden dirigirse las aspiraciones".

[54] MARSHALL, T.H. Ciudadanía y clase social. *Revista Española de Investigaciones Sociológicas*, n. 79, p. 302-303, Madrid: CIS, 1997.

[55] MARSHALL, T.H. Ciudadanía y clase social. *Revista Española de Investigaciones Sociológicas*, n. 79, p. 303-305, Madrid: CIS, 1997.

Há algo aqui que necessita de explicação. Como é possível que esses *dois princípios* opostos tenham podido crescer e florescer lado a lado em um mesmo solo?[56]

Outros aspectos também podem ser apontados a fim de justificar esse verdadeiro processo de reconfiguração da cidadania em relação à experiência que a Grécia clássica legou para a modernidade política neste particular. Um deles foi o aparecimento do Estado-nação – uma estrutura de gestão complexa, detentora do monopólio de manutenção da ordem pública, contando com grande extensão territorial e um significativo contingente populacional.

O surgimento de um aparato estatal em tais moldes promoveu a ampliação do nível de interdependência das comunidades locais em relação ao centro político, além de estender bastante a vigilância do poder administrativo estatal.[57] O próprio Marshall, analisando a experiência bretã, reconhece o efeito integrador proporcionado por uma concepção de cidadania que universaliza uma série de direitos e garantias, agregando-os às prerrogativas do indivíduo ante a comunidade política.[58]

Poder-se-ia objetar – quanto à nossa crítica acerca do esvaziamento da esfera do político em sua formulação clássica (a participação política efetiva dos cidadãos nos negócios públicos) no âmbito do modelo liberal de cidadania – que um dos focos da concepção marshalliana de cidadania centra-se, justamente, na afirmação de direitos políticos, o que afastaria a tese de que a participação do indivíduo nos negócios públicos estaria comprometida.

A preocupação de Marshall – e do próprio liberalismo clássico como teoria política – em termos de direitos políticos, contudo, restringe-se à extensão do sufrágio universal e ao voto como instrumento de acesso à democracia representativa. Uma concepção absolutamente passiva e fundada nas atividades privadas do indivíduo, na maximiza-

---

[56] MARSHALL, T.H. Ciudadanía y clase social. *Revista Española de Investigaciones Sociológicas,* n. 79, p. 303, Madrid: CIS, 1997. Tradução livre do texto: "Y si estoy em lo cierto al afirmar que la ciudadanía há sido una institución que se há desarrollado en Inglaterra al menos desde la última parte del siglo XVII, entonces es evidente que su desarrollo coincide com el surgimiento del capitalismo, que es un sistema no de igualdad, sino de desigualdad. Hay algo aquí que necesita explicación. ¿Cómo es posible que esos dos principios opuestos pudieram crecer y florecer codo com codo em un mismo suelo?".

[57] GIDDENS, Anthony. *O Estado-nação e a violência.* São Paulo: Edusp, 2008. p. 228.

[58] MARSHALL, T.H. Ciudadanía y clase social. *Revista Española de Investigaciones Sociológicas,* n. 79, p. 319-320, Madrid: CIS, 1997.

ção de seus interesses particulares, sem consciência de suas obrigações para com a coletividade.[59] Como é sabido, "a instauração do sufrágio universal e do regime democrático não implica o estabelecimento de um efetivo controle dos governantes pela maioria social".[60]

Nesse aspecto, ainda que faça referência à existência de deveres inerentes à concepção liberal de cidadania – em tese, relacionados à tomada de parte nos negócios públicos, no bem-estar da coletividade –, Marshall tem muita dificuldade para indicar quais seriam tais deveres cívicos no contexto da democracia liberal e, quando o faz, também os projeta sob a ótica quase exclusiva do indivíduo, ainda que aponte o atingimento de finalidades supostamente comprometidas com o interesse da coletividade, senão vejamos:

> Caso se invoque a cidadania em defesa dos direitos, não se deve ignorar os deveres que ela implica. Isto não significa que um homem sacrifique sua liberdade individual ou se submeta incondicionalmente a todas as demandas do governo. Implica, no entanto, que seus atos devam se inspirar em um vívido sentido de responsabilidade para com o bem-estar da comunidade. [...] O dever cujo cumprimento é mais óbvio e imediatamente necessário para que se faça jus ao direito é o dever de pagar os impostos e as contribuições aos seguros. Mas como ambos são pagos obrigatoriamente, não há nisto nenhum ato de vontade nem sentimento intenso de lealdade. A educação e o serviço militar também são obrigatórios. Os demais deveres são vagos e estão inclusos na obrigação geral de viver a vida que tem um bom cidadão, na medida em que presta o serviço que promove o bem-estar da comunidade. Mas a comunidade é tão grande que a obrigação parece remota e irreal. De imensa importância é o dever de trabalhar, mas o efeito do trabalho de um homem no bem-estar de toda a sociedade é tão infinitamente pequeno que é difícil crer que pode ocasionar muito dano se alguém se nega a fazê-lo ou o faz com mesquinhez.[61]

---

[59] CARRACEDO, José Rubio. *Teoria crítica de la ciudadanía democrática*. Madrid: Trotta, 2007. p. 67-68.

[60] SAES, Décio Azevedo Marques de. *Cidadania e capitalismo*: uma crítica à concepção liberal de cidadania. Disponível em: <http://www.unicamp.br/cemarx/criticamarxista/16saes. pdf>. Acesso em: 19 jun. 2010.

[61] MARSHALL, T.H. Ciudadanía y clase social. *Revista Española de Investigaciones Sociológicas*, n. 79, p. 336-340, Madrid: CIS, 1997. Tradução livre do texto: "Si se invoca a la ciudadanía en defesa de los derechos, no deben ignorarse los deberes que ella implica. Esto no significa que un hombre sacrifique su libertad individual o se someta incondicionalmente a todas las demandas del gobierno. Pero sí implica que sus actos deben inspirarse en un vívido sentido de responsabilidad para con el bienestar de la comunidad. [...] El deber cuyo cumplimiento es más obvio y inmediatamente necesario para que prime el derecho es el deber de pagar los impuestos y las contribuiciones a los seguros. Pero como ambos

Isso talvez se deva à possível adesão de Marshall a uma concepção mais conservadora de liberalismo político, que inviabiliza a percepção de verdadeiras tarefas coletivas na sociedade, além da ausência de sentido na ideia de bem comum, com a identificação exclusiva de bens individuais ou, no máximo, de um agregado de preferências particulares. Poder-se-ia objetar, nesse sentido, que a análise do modelo liberal de cidadania sob a ótica de um liberalismo político de matiz mais "afirmativo" seria capaz de resgatar o papel do político e da participação política efetiva na gestão dos negócios públicos.

Nesse sentido, José Rubio Carracedo indica que o liberalismo afirmativo aponta um modelo de cidadania menos autocentrado e mais capaz de observar as suas obrigações cívicas. Cita como exemplos as reflexões dos jusfilósofos norte-americanos John Rawls e Ronald Dworkin, referenciais da possível articulação entre o clássico individualismo liberal e o exercício da cooperação social.[62] É justamente nas ideias de um deles, John Rawls, que centraremos nossos esforços no subtópico posterior, refletindo sobre as possibilidades de salvar o político dentro de um modelo liberal de cidadania.

3.2 A cidadania liberal no contexto do pensamento rawlsiano

Na contemporaneidade, a filosofia política rawlsiana tem sido apontada, reconhecidamente, como o principal e mais consistente esforço na reelaboração das teorias modernas do contrato social, esteada naquilo que Alejandro Serrano Caldera[63] nomeia como "neo-jusnaturalismo", ou seja, "uma filosofia moral que faz residir a justiça na inviolabilidade essencial da justiça natural que corresponde a cada ser humano mais além, inclusive, da vontade geral do contrato social".

---

pagos son obligatorios, no hay en ello ningún acto de voluntad ni sentimiento intenso de lealtad. La educación y el servicio militar también son obligatorios. Los demás deberes son vagos y están incluidos en la obligación general de vivir la vida que tiene un buen ciudadano que, en la medida en que puede, presta el servicio que promueve el bienestar de la comunidad. Pero la comunidad es tan grande que la obligación parece remota e irreal. De inmensa importancia es el deber de trabajar, pero el efecto del trabajo de un hombre en el bienestar de la sociedad toda es tan infinitamente pequeño que es difícil que crea que puede ocasionar mucho daño si se niega a hacerlo o lo realiza con mezquindad".

[62] CARRACEDO, José Rubio. *Teoria crítica de la ciudadanía democrática.* Madrid: Trotta, 2007. p. 71.

[63] CALDERA, Alejandro Serrano. *Razão, direito e poder*: reflexões sobre a democracia e a política. (Trad. Antonio Sidekum). São Leopoldo: Nova Harmonia, 2005. p. 24-25.

Evidentemente, não pretendemos dar conta de toda a contribuição do pensamento rawlsiano à filosofia política contemporânea. Nosso objetivo, neste particular, é discutir quais os limites e as possibilidades de reconfiguração do modelo liberal de cidadania à luz da proposta de liberalismo político delineada pelo jusfilósofo americano. Isto importa nas reflexões acerca de uma indagação levantada pelo próprio John Rawls: como é possível existir uma sociedade justa e estável, cujos cidadãos livres e iguais são partidários de diferentes concepções morais, filosóficas e religiosas, muitas das quais conflitantes e até incompatíveis?[64]

A resposta rawlsiana para a aludida indagação está na sua concepção de justiça como equidade. É preciso levar em conta, em primeiro lugar, que a justiça deve ser pensada no contexto de uma sociedade marcada tanto por um incessante conflito de interesses individuais quanto pelo interesse comum de que a cooperação social viabilize, através da persecução dos objetivos pessoais de cada indivíduo, uma vida melhor e mais próspera em relação àquela que cada um teria se vivesse isolado.[65]

Daí por que a proposta teórica de John Rawls está intimamente ligada, como já mencionado, ao paradigma do contrato social: "a ideia intuitiva de justiça enquanto equidade consiste em pensar os primeiros princípios de justiça enquanto, eles próprios, o objeto de um acordo original numa situação inicial definida convenientemente".[66]

Tais princípios de justiça já foram dados na própria indagação acima formulada. Para Rawls, na esteira da tradição liberal, o estabelecimento de liberdades iguais e de um padrão de igualdade social são os parâmetros inexoravelmente eleitos. Tal escolha se dá num procedimento equitativo baseado numa posição original equânime e alheia às circunstâncias naturais e sociais em que as partes estão inseridas, com o intuito de satisfazer dois objetivos: a) que cada indivíduo possa realizar seus talentos e seus projetos de vida; b) que essa realização obedeça a condições de justiça social a obstar o surgimento de desigualdades que impeçam permanentemente parte da população de aproveitar tal oportunidade:[67]

---

[64] RAWLS, John. *O liberalismo político*. São Paulo: Ática, 2000. p. 179.
[65] RAWLS, John. *Uma teoria da justiça*. Brasília: Universidade de Brasília, 1981. p. 113.
[66] RAWLS, John. *Uma teoria da justiça*. Brasília: Universidade de Brasília, 1981. p. 107.
[67] FORST, Rainer. *Contextos de justiça*. São Paulo: Boitempo, 2010. p. 173.

Primeiro princípio

Cada pessoa tem de ter igual direito ao mais extensivo sistema total de básicas liberdades iguais, compatíveis com um similar sistema de liberdade para todos.

Segundo princípio

As desigualdades sociais e econômicas têm de ser ajustadas de maneira que sejam tanto

(a) para o maior benefício dos menos privilegiados, consistente com o princípio justo de poupança e;

(b) ligadas a cargos e posições abertos a todos, sob condições de equitativa igualdade de oportunidade.[68]

Como já delineado, tais princípios de justiça instrumentalizam a maneira como as principais instituições sociais distribuem tanto os direitos e deveres fundamentais quanto as vantagens obtidas na dinâmica da cooperação social. Assim, existem bens sociais básicos, tais como "direitos, liberdades e oportunidades, bem como renda e riquezas",[69] além do autorrespeito[70] – como direitos que devem ser distribuídos a todos, embora de forma não necessariamente equânime –, com o objetivo de viabilizar que cada indivíduo esteja apto a realizar a sua própria concepção de bem e os seus planos de vida.

Uma das marcas fundamentais da concepção política de justiça rawlsiana é a inexistência de uma concepção única de bem. Cada indivíduo é livre para eleger a sua concepção pessoal de bem, absolutamente própria, e buscar os meios legítimos existentes para alcançá-la, desde que não viole os princípios de justiça racionalmente estabelecidos. Não há, portanto, como na filosofia política clássica de Platão e Aristóteles, uma ideia fixa de bem razoável a racional a ser perseguida por toda a coletividade.[71]

---

[68] RAWLS, John. *Uma teoria da justiça*. Brasília: Universidade de Brasília, 1981. p. 232.

[69] RAWLS, John. *Uma teoria da justiça*. Brasília: Universidade de Brasília, 1981. p. 90.

[70] Segundo Forst (Cf. FORST, Rainer. *Contextos de justiça*. São Paulo: Boitempo, 2010. p. 175), a ideia de "autorrespeito", descrita por Rawls como bem social básico fundamental, possui dois lados: "primeiro, o 'sentido do próprio valor' de ter uma concepção do bem que é reconhecida como valiosa pelos outros (um determinado grupo) e pela própria pessoa, e, segundo, a autoconfiança na própria capacidade de poder também realizar essa representação de bem. Portanto, a dimensão política do autorrespeito consiste no reconhecimento como concidadão pleno, e a dimensão ética consiste em ser estimada como pessoa com um plano de vida digno de ser reconhecido".

[71] RAWLS, John. *Uma teoria da justiça*. Brasília: Universidade de Brasília, 1981. p. 184.

John Rawls conclui, taxativamente, que "nenhuma doutrina abrangente é adequada enquanto concepção política para um regime constitucional", como é o caso das democracias ocidentais. Logo, é bem possível que uma sociedade justa comporte indivíduos que compartilham convicções religiosas, filosóficas e políticas divergentes ou totalmente antagônicas. Como manter, contudo, a sua estabilidade? A questão aqui pode ser reformulada: "como podemos defender nossa doutrina abrangente e, ao mesmo tempo, afirmar que não seria razoável usar o poder estatal para obter a adesão de alguém a ela?".

O pensamento rawlsiano tenta dar conta da resposta a tal indagação através da ideia de consenso sobreposto (*overlapping consensus*). Trata-se, em termos muitos gerais, do reconhecimento de que existem valores específicos relacionados à esfera do político, tais como os princípios de justiça delineados anteriormente e o uso público da razão,[72] que devem ser capazes de superar quaisquer outros valores com eles conflitantes, valores estes oriundos das convicções pessoais e da visão de mundo de cada indivíduo.[73]

Na ambiência de um modelo democrático, onde o poder político é exercido por cidadãos livres e iguais e as instituições são edificadas sob parâmetros racionais de justiça, Rawls propõe que qualquer convicção pessoal ou visão de mundo individual forjada nesse contexto social – ou seja, sob a égide do paradigma do razoável – será capaz de dialogar com a estrutura básica da sociedade, erigindo-a como parte de sua própria convicção ética.[74] De maneira que "a justiça como equidade não é razoável, a menos que possa, de uma forma adequada, conquistar o seu apoio, dirigindo-se à razão de cada cidadão, do modo como isso é concebido dentro de sua própria estrutura".[75]

Feita essa rápida preleção acerca de alguns aspectos do pensamento rawlsiano, tem-se que, inegavelmente, o centro de sua concepção de justiça social situa-se justamente no ideal de cidadania.[76] Não é

---

[72] Numa definição breve de "razão pública" na teoria rawlsiana: "razão pública é a razão de cidadãos iguais que, enquanto corpo coletivo, exercem um poder político final e coercitivo uns sobre os outros ao promulgar leis e emendar sua constituição", destinando-se "aos cidadãos quando atuam na argumentação política no fórum público e, por isso, também aos membros dos partidos políticos e aos candidatos em campanha, assim como a outros grupos que os apoiam". (Cf. RAWLS, John. *O liberalismo político*. São Paulo: Ática, 2000. p. 263-264).

[73] RAWLS, John. *O liberalismo político*. São Paulo: Ática, 2000. p. 180-186.

[74] FORST, Rainer. *Contextos de justiça*. São Paulo: Boitempo, 2010. p. 125-126.

[75] RAWLS, John. *O liberalismo político*. São Paulo: Ática, 2000. p. 189.

[76] FORST, Rainer. *Contextos de justiça*. São Paulo: Boitempo, 2010. p. 173.

incorreto afirmar, neste particular, que Rawls avança bastante em relação a Marshall, sobretudo ao defender a tese de que os cidadãos de uma sociedade bem ordenada devem tomar o exercício das virtudes políticas – a cooperação num projeto de sociedade – como um bem desejável.

Nessa perspectiva, poder-se-ia extrair do pensamento rawlsiano, segundo Forst, o entendimento de que a cidadania "determina-se não como o pertencimento a uma comunidade integrada eticamente, tampouco apenas a partir do conceito de pessoa como portadora de direitos subjetivos".[77] Contudo, embora supere teoricamente o modelo marshalliano, pensamos que Rawls não consegue se desvencilhar da identificação reducionista da titularidade de direitos e garantias fundamentais como conteúdo essencial da cidadania e, por conseguinte, do político. A nosso aviso, há – pelo menos – três razões fundamentais para isso.

A primeira delas diz respeito a não identificação da autonomia política dos indivíduos como uma condição fundamental para a interpretação e a legitimidade da chamada estrutura básica da sociedade e para a gestão adequada de uma sociedade pluralista, mas como mera espécie de direito fundamental, ou seja, os direitos políticos. A simples referência, como aspecto marginal, às virtudes políticas como um bem desejável não é capaz de superar as fragilidades da teoria rawlsiana na questão da autonomia política do cidadão.

Isso se torna evidente, sobretudo, diante da ausência de qualquer tentativa de aprofundamento do modelo clássico de democracia representativa, com o objetivo de viabilizar caminhos menos tortuosos para o exercício de tais virtudes políticas. Basta ver que a noção de cidadão, para Rawls, está atrelada tão somente a duas capacidades morais: a) ter uma concepção própria de bem; e b) ter um senso de justiça.[78]

Neste sentido, John Rawls continua atrelado à concepção clássica que basicamente reduz o jogo democrático ao processo eleitoral. É o que se evidencia de passagem onde o jusfilósofo estadunidense sugere – sem promover nenhum acréscimo – que o exercício do voto é a mais relevante expressão da relação entre democracia e poder político:

---

[77] FORST, Rainer. *Contextos de justiça*. São Paulo: Boitempo, 2010. p. 129.
[78] MOUFFE, Chantal. *O regresso do político*. (Trad. Ana Cecília Simões). Lisboa: Gradiva, 1996. p. 70.

A democracia envolve, como assinalei, uma relação política entre cidadãos no interior da estrutura básica da sociedade na qual nasceram e na qual normalmente passam toda a sua vida; isso implica ainda uma parte igual no poder político coercitivo que os cidadãos exercem uns sobre os outros ao votar, e de outras formas também.[79]

A segunda razão está ligada à tentativa de Rawls de reduzir as tensões e o caráter eminentemente agonístico do jogo democrático através de regras neutrais e unânimes para uma concepção política de justiça.[80] Nessa perspectiva, o pensamento rawlsiano não parece compreender que a sociedade democrática inaugurada pela modernidade política se encontra permanentemente exposta a uma indeterminação radical, na qual todos os marcos sinalizadores de certeza encontram-se absolutamente dissolvidos.

Trata-se de uma sociedade "sem limites claramente definidos, uma estrutura social impossível de descrever na perspectiva de um ponto de vista singular ou universal".[81] Tudo isso decorre, em síntese, da ausência de uma garantia final ou de uma fonte de legitimação permanente, como era a figura do príncipe no Absolutismo, por exemplo. Todo consenso numa sociedade democrática deve ser considerado provisório, aberto à contestação, razão pela qual não são adequadas formulações aprioristicas como os princípios de justiça estabelecidos por Rawls.

Neste sentido, Duarte pontifica:

> A legitimidade e a durabilidade das instituições políticas não dependem da formação racional discursiva de uma vontade coletiva, submetida à força do melhor argumento para o caso, à maneira de Habermas, nem da hipótese de uma situação ideal, recoberta pelo "véu da ignorância", em que as partes racionais dos cidadãos formariam um consenso racional em torno de princípios universais de "justiça equitativa", à maneira de Rawls, mas da disposição presente e contínua dos cidadãos para continuar a apoiar o poder, as leis e as instituições políticas constituídas por um contrato efetivo que vincula os cidadãos entre si.[82]

---

[79] RAWLS, John. *O liberalismo político*. São Paulo: Ática, 2000. p. 266.

[80] MOUFFE, Chantal. *O regresso do político*. (Trad. Ana Cecília Simões). Lisboa: Gradiva, 1996. p. 49.

[81] MOUFFE, Chantal. *O regresso do político*. (Trad. Ana Cecília Simões). Lisboa: Gradiva, 1996. p. 89.

[82] DUARTE, André. *Hannah Arendt*: repensar o direito à luz da política democrática radical. Disponível em: <http://works.bepress.com/cgi/viewcontent.cgi?article=1019&context=andre_duarte>. Acesso em: 9 jun. 2010.

A terceira e última razão está ligada à rejeição quanto à existência e à possibilidade de um bem comum político na teoria rawlsiana. Nessa perspectiva, tal modelo teórico enxerga – como já dito – a sociedade como um grupo de "indivíduos distintos, ou como muitas associações distintas, cooperando exclusivamente para realizar o próprio benefício pessoal ou associativo, sem ter qualquer fim último em comum".[83] Propõe uma visão instrumental de política que não impede a permanência da colonização e da dissolução da esfera pública por preocupações eminentemente privadas.

Tal perspectiva favorece a manutenção de uma concepção de cidadania intimamente ligada ao esforço de reduzir as desigualdades materiais estruturalmente reproduzidas pelo sistema capitalista, deixando de lado novas modalidades de desigualdade que se apresentam para além de uma matriz exclusivamente econômica, como é o caso das demandas trazidas pelos diversos movimentos sociais que campeiam na contemporaneidade: movimento feminista, movimento ambientalista, movimento homoafetivo, entre outros.[84]

4 Uma crítica ao modelo liberal de cidadania?

Pensamos que duas perguntas conexas permanecem sem resposta no atual estado de nossas reflexões. São elas: a) seria inadequada uma concepção de cidadania que, tal qual o modelo liberal, privilegiasse essencialmente os direitos e as garantias fundamentais como seu conteúdo? b) seria preciso pensar em um modelo absolutamente diverso daquele oferecido pela tradição liberal para forjar uma concepção de cidadania capaz de resgatar o político do ostracismo a que foi relegado desde o advento da modernidade política?

Sob nenhuma hipótese as respostas a tais indagações podem ser positivas. Apesar de suas limitações, a tradição liberal, notadamente à luz de esforços teóricos formidáveis como a teoria da justiça rawlsiana, presta uma contribuição de valor inestimável ao progresso da democracia na contemporaneidade, restando absolutamente inegociável abrir mão de conquistas como a afirmação de direitos e garantias fundamentais inalienáveis e oponíveis ao próprio Estado, fundados

---

[83] RAWLS, John. *O liberalismo político*. São Paulo: Ática, 2000. p. 293.

[84] MOUFFE, Chantal. *O regresso do político*. (Trad. Ana Cecília Simões). Lisboa: Gradiva, 1996. p. 77.

sob o paradigma da promessa de liberdade e igualdade para todos os indivíduos.[85]

Nessa perspectiva, melhor seria falar em insuficiência e não em inadequação do modelo liberal de cidadania, à luz do instrumental teórico que nos propusemos a problematizar: o pensamento de Marshall e Rawls. Ao invés de refutar a presença dos direitos e garantias fundamentais como parte do conteúdo da cidadania – e, por conseguinte, do político –, necessário se faz ir para além dessa perspectiva, o que se torna possível através da retomada de uma crítica já estabelecida em outros pontos deste ensaio, qual seja, a rejeição do caráter instrumental assumido pelo político no âmbito do liberalismo.

A transformação do político em mera correia de transmissão de interesses privados na modernidade política é legitimada integralmente por ideias como as esposadas por Rawls. Segundo ele, é impossível definir uma concepção de bem única em torno de uma determinada comunidade política. Por trás de tal instrumentalização encontra-se, sem sombra de dúvida, a crise da política em nossos dias que, despida de qualquer substância ética própria, é encarada em muitas partes do Ocidente como um "ofício vil de enriquecimento pessoal e de benefício individual, desprovido de todo fim teleológico e de toda transcendência".[86] Um objeto passível de mercantilização e distante das demandas mais imediatas dos indivíduos isoladamente considerados, que restam dispersos e absolutamente desmobilizados.

A saída para tal questão, diferentemente do que esposam teóricos comunitaristas como Michael Sandel, não está na possibilidade de resgatar, à luz da experiência da Antiguidade Clássica, um sentido do político orientado numa ordem moral comum e capaz de sacrificar, como preço a pagar pelo restabelecimento da dignidade do político, o indivíduo e os direitos e garantias fundamentais.[87]

O pluralismo de concepções de bem moral delineado por John Rawls é um dos maiores méritos de sua teoria da justiça. Não se pode mais supor a viabilidade de uma moral social única para uma mesma comunidade política, sob pena de rejeitarmos todo o acúmulo civilizatório mobilizado em séculos de modernidade política. A questão

---

[85] MOUFFE, Chantal. *O regresso do político*. (Trad. Ana Cecília Simões). Lisboa: Gradiva, 1996. p. 81.

[86] CALDERA, Alejandro Serrano. *Razão, direito e poder*: reflexões sobre a democracia e a política. (Trad. Antonio Sidekum). São Leopoldo: Nova Harmonia, 2005. p. 84.

[87] MOUFFE, Chantal. *O regresso do político*. (Trad. Ana Cecília Simões). Lisboa: Gradiva, 1996. p. 47.

aqui está na dissociação, operada a partir da obra de Maquiavel, entre moralidade e política. Ao propor o retorno de uma concepção moral única para a sociedade, um teórico como Michael Sandel estabelece uma crítica influenciada pelo pensamento aristotélico.

É preciso compreender, contudo, que embora Aristóteles tenha muito a legar à concepção do político na modernidade, ele não poderia compreender a possibilidade de dissociação entre bem comum político e bem comum moral, o que só é possível à luz de uma crítica operada "no quadro da modernidade e das conquistas da revolução democrática".[88]

Qual seria, então, o bem comum político possível de ser erigido numa teoria como a rawlsiana? Pensamos que a própria concepção de justiça de Rawls – fundada nos princípios políticos da liberdade e da igualdade – pode ser encarada adequadamente como uma proposta de bem comum político que define a prioridade dos direitos em relação às várias concepções de bem moral e estabelece a viabilidade de uma proposta ética para consubstanciar o político na modernidade. A possibilidade de compartilhar um sentido ético para o político gestado no seio da tradição ocidental pode colaborar para a superação de outra dificuldade identificada por alguns críticos da concepção liberal de cidadania: a necessidade de desvinculá-la da enfraquecida estrutura do Estado-nação, para que se comece a pensar nos termos de uma cidadania pós-nacional.[89]

Acerca da necessidade de fixar um sentido ético próprio para o político e para a cidadania na contemporaneidade, aduz Chantal Mouffe:

> Aquilo que partilhamos e faz de nós concidadãos num regime democrático-liberal não é uma ideia substantiva de bem, mas um conjunto de princípios políticos específicos de tal tradição: os princípios da liberdade e da igualdade para todos. Estes princípios constituem aquilo que podemos chamar, seguindo Wittgenstein, uma "gramática" da conduta política. Ser cidadão é reconhecer a autoridade de tais princípios e as regras que os incorporam, tê-los como informadores de nossa opinião política e de nossas ações. Estar associado em termos de reconhecimento dos princípios democrático-liberais: é este o significado de cidadania que quero propor.[90]

---

[88] MOUFFE, Chantal. *O regresso do político*. (Trad. Ana Cecília Simões). Lisboa: Gradiva, 1996. p. 50-51.

[89] CARRACEDO, José Rubio. *Teoría crítica de la ciudadanía democrática*. Madrid: Trotta, 2007. p. 66.

[90] MOUFFE, Chantal. *O regresso do político*. (Trad. Ana Cecília Simões). Lisboa: Gradiva, 1996. p. 90.

O resgate da esfera do político na contemporaneidade a partir da identificação de um sentido ético em sua existência só é relevante, evidentemente, se acompanhado por uma mudança de postura dos cidadãos no sentido de deixarem de ser entes passivos e resignados, para ampliarem a sua participação efetiva nos negócios públicos. O reconhecimento de uma unidade axiológica própria do político é fundamental para pensar a cidadania como algo mais do que a simples titularidade de direitos, como um compromisso ético de cada indivíduo para com a sua comunidade política, sem que isto esteja associado, evidentemente, a uma compreensão utópica desta última como um paraíso de cidadãos virtuosos.

Do ponto de vista teórico, isto passa por um aprofundamento da noção de igualdade adotada pelo modelo rawlsiano, visando estabelecê-la – como aduz Michael Walzer[91] – como igualdade complexa. Tal perspectiva significa que os diferentes bens sociais existentes devem ser distribuídos, não de maneira uniforme, mas a partir da diversidade de critérios que reflitam a variedade desses bens sociais e os significados a eles atribuídos. Somente assim é possível pensar o princípio político da igualdade como uma ferramenta capaz de dar conta das inúmeras novas demandas capitaneadas pelas diversas "minorias" sociais, tais como as mulheres, os diversos segmentos da comunidade LGBTQ+, os negros, os indígenas, entre outros grupos sociais.

Do ponto de vista prático, merece ser mencionada uma série de iniciativas tais como a revalorização dos espaços coletivos e de reivindicação (como os movimentos sociais), o estabelecimento de diretrizes educacionais claras para fomentar o desenvolvimento de intelectos críticos e voltados a uma cultura efetivamente cidadã[92] e o estabelecimento de mecanismos de controle social e descentralização na gestão da coisa pública.[93] O processo de democratização, portanto, deve se estender desde a esfera das relações políticas até a esfera das relações sociais (família, trabalho, vizinhança, escola, gênero), ainda que se reconheça a especificidade desses diferentes campos.

Por fim, destaque-se que o paradigma da democracia na contemporaneidade não pode restar submetido a propostas teóricas ou

---

[91] WALZER, Michael. *Esferas da justiça*: uma defesa do pluralismo e da igualdade. São Paulo: Martins Fontes, 2003. p. 1-35.

[92] CARRACEDO, José Rubio. *Teoria crítica de la ciudadanía democrática*. Madrid: Trotta, 2007. p. 172-173.

[93] MOÁS, Lucilene da Costa. *Cidadania e poder local*. Rio de Janeiro: Lumen Juris, 2002. p. 30-49.

práticas que se orientem pela ideia de fixação de consensos racionais permanentes. Mais que a descoberta de seu sentido ético, é somente o reconhecimento do caráter agonístico da democracia contemporânea, com a consequente provisoriedade dos resultados e dos eventuais consensos alcançados, que pode assegurar o aperfeiçoamento permanente da tradição democrática e a possibilidade de que o potencial criativo e a dignidade do político permaneçam a salvo.[94]

Conclusão

Em essência, a noção clássica de política consiste numa via de mão dupla estabelecida entre o titular da soberania estatal – no caso da modernidade política, o povo – que dá origem e legitimidade à estrutura de poder, e o aparelho de gestão do poder político, com o objetivo de alcançar determinados objetivos comuns no âmbito de uma determinada comunidade política, finalidades estas distintas em relação aos interesses particulares que movem o agir individual.

Este artigo procurou lançar algumas das bases de um necessário debate acerca da vitalidade e da adequação do modelo liberal clássico de cidadania às demandas históricas que a contemporaneidade impõe. Não nos parece uma tese demasiadamente ousada associar a apatia e a desmobilização política em nossos dias com a progressiva perda de relevância da esfera do político no contexto da modernidade política. A transformação da noção de cidadania, nesse contexto, em um mero estatuto legal de direitos e garantias fundamentais engessa o potencial criativo e mobilizador da política, favorecendo a transformação de questões como a soberania popular e a própria democracia também em meros princípios/regras de direito.

O ideal de cidadania deve ser pensado para além de um mero estatuto legal, na perspectiva de uma prática cotidiana que mitigue o hiperindividualismo que campeia em nossos dias, em prol de um compromisso com a construção de uma efetiva cultura pública democrática. Tal perspectiva, associada ao reconhecimento da possibilidade de identificação de um sentido ético na esfera do político na contemporaneidade, poderá contribuir decisivamente para o aprofundamento e a perenização da revolução democrática na sociedade ocidental.

---

[94] MOUFFE, Chantal. *Por um modelo agonístico de democracia.* Disponível em: <http://ojs.c3sl. ufpr.br/ojs2/index.php/rsp/article/view/7071/5043>. Acesso em: 18 jun. 2010.

Não se ignoram as dificuldades significativas advindas da distância entre a formulação teórica de um modelo de aprofundamento da noção liberal de cidadania, com foco em revigorar e restabelecer a dignidade do político na contemporaneidade, e as condições objetivas da realidade de democracias jovens e fragilizadas em países periféricos, como o Brasil, notadamente num cenário em que o interesse e a participação na vida pública, e a própria adesão à democracia, declinam significativamente.[95]

Ao identificar, contudo, no agonismo, e consequentemente no debate permanente, o cerne espiritual do jogo democrático, a reflexão empreendida neste artigo considera não só desejável, como também possível, que o resgate da dignidade da esfera do político esteja associado à revalorização da democracia como a única forma legítima de organização do poder político na atualidade.

Referências

AGAMBEN, Giorgio. *Homo sacer*: a vida nua e o poder soberano. (Trad. Henrique Burigo). Belo Horizonte: UFMG, 2007.

ARISTÓTELES. *Política*. São Paulo: Martin Claret, 2001.

ARENDT, Hannah. *A condição humana*. (Trad. Roberto Raposo). São Paulo: Forense Universitária, 2004.

BENDIX, Reinhard. *Construção nacional e cidadania*. (Trad. Mary Amazonas Leite de Barros). São Paulo: Edusp, 1996.

BOBBIO, Norberto *et al*. *Dicionário de política*. 12. ed. Brasília: UnB, 2004. v. 1.

BOBBIO, Norberto. *Liberalismo e democracia*. 6. ed. (Trad. Marco Aurélio Nogueira). São Paulo: Brasiliense, 2007.

BOBBIO, Norberto. *O futuro da democracia*. 9. ed. (Trad. Marco Aurélio Nogueira). São Paulo: Paz e Terra, 2000.

CALDERA, Alejandro Serrano. *Razão, direito e poder*: reflexões sobre a democracia e a política. (Trad. Antonio Sidekum). São Leopoldo: Nova Harmonia, 2005.

CARRACEDO, José Rubio. *Teoria crítica de la ciudadanía democrática*. Madrid: Trotta, 2007.

CONSTANT, Benjamin. Da liberdade dos antigos comparada à dos modernos. *Revista Filosofia Política*, n. 2, 1985.

COVRE, Maria Lourdes Manzini. *O que é cidadania?* São Paulo: Brasiliense, 2006.

DUARTE, André. *Hannah Arendt*: repensar o direito à luz da política democrática radical. Disponível em: <http://works.bepress.com/cgi/viewcontent.cgi?article=1019 &context=andre_duarte>. Acesso em: 9 jun. 2010.

---

[95] LATINOBARÓMETRO. *Informe anual 2017*. Disponível em: <www.latinobarometro.org>. Acesso em: 11 fev. 2018.

FORST, Rainer. *Contextos de justiça*. São Paulo: Boitempo, 2010.

GIDDENS, Anthony. *O Estado-nação e a violência*. São Paulo: Edusp, 2008.

HOBBES, Thomas. *Leviatã ou matéria, forma e poder de um Estado eclesiástico e civil*. São Paulo: Martin Claret, 2003.

LATINOBARÓMETRO. *Informe anual 2017*. Disponível em: <www.latinobarometro.org>. Acesso em: 11 fev. 2018.

LOCKE, John. *Segundo Tratado sobre o Governo*. São Paulo: Martin Claret, 2009.

LOIS, Cecília Caballero. Da união social à comunidade liberal: o liberalismo político de John Rawls e o republicanismo cívico liberal de Ronald Dworkin. In: LOIS, Cecília Caballero (Org.). *Justiça e democracia entre o universalismo e o comunitarismo*. São Paulo: Landy, 2005.

LÖWY, Michael. *As aventuras de Karl Marx contra o Barão de Münchhausen*. 9. ed. São Paulo: Cortez, 2007.

MARSHALL, T.H. Ciudadanía y clase social. *Revista Española de Investigaciones Sociológicas*, n. 79, p. 302-340, Madrid: CIS, 1997.

MOÁS, Lucilene da Costa. *Cidadania e poder local*. Rio de Janeiro: Lumen Juris, 2002.

MOUFFE, Chantal. *O regresso do político*. (Trad. Ana Cecília Simões). Lisboa: Gradiva, 1996.

MOUFFE, Chantal. *Por um modelo agonístico de democracia*. Disponível em: <http://ojs.c3sl. ufpr.br/ojs2/index.php/rsp/article/view/7071/5043>. Acesso em: 18 jun. 2010.

PLATÃO. *Apologia de Sócrates*. São Paulo: Martin Claret, 2001.

RAWLS, John. *O liberalismo político*. São Paulo: Ática, 2000.

RAWLS, John. *Uma teoria da justiça*. Brasília: Universidade de Brasília, 1981.

ROUANET, Sérgio Paulo. *Mal-estar na modernidade*: ensaios. São Paulo: Companhia das Letras, 1999.

SHAPIRO, Ian. *Os fundamentos morais da política*. São Paulo: Martins Fontes, 2006.

SAES, Décio Azevedo Marques de. *Cidadania e capitalismo*: uma crítica à concepção liberal de cidadania. Disponível em: <http://www.unicamp.br/cemarx/criticamarxista/16saes. pdf>. Acesso em: 19 jun. 2010.

SULOCKI, Victoria-Amalia de. *Segurança Pública e Democracia*: aspectos constitucionais das políticas públicas de Segurança. Rio de Janeiro: Lumen Juris, 2007.

WALZER, Michael. *Esferas da justiça*: uma defesa do pluralismo e da igualdade. São Paulo: Martins Fontes, 2003.

Informação bibliográfica deste texto, conforme a NBR 6023:2002 da Associação Brasileira de Normas Técnicas (ABNT):

LINS, Bruno Jorge Rijo Lamenha. Uma crítica ao modelo liberal de cidadania? sobre a noção de cidadania na modernidade política. In: CATÃO, Adrualdo de Lima *et al.* (Coord.). *Filosofia contemporânea do direito e conectividades*: teoria e pragmática. Belo Horizonte: Fórum, 2019. p. 299-328. ISBN 978-85-450-0630-5.

SOBRE OS AUTORES

Adrualdo de Lima Catão
Doutor em Direito pela Universidade Federal de Pernambuco (UFPE). Professor da disciplina de "Fundamentação Filosófica dos Direitos Fundamentais" do Programa de Pós-Graduação em Direito da Faculdade de Direito de Alagoas (FDA), Universidade Federal de Alagoas (UFAL). Líder do Grupo de Pesquisa em Pragmatismo Jurídico, Teorias da Justiça e Direitos Humanos (GPPJ) da Universidade Federal de Alagoas (UFAL). Secretário Executivo do Gabinete Civil do Governo do Estado de Alagoas.

Bruno de Lima Acioli
Mestre em Direito pela Universidade Federal de Alagoas (UFAL). Membro do Grupo de Pesquisa em Pragmatismo Jurídico, Teorias da Justiça e Direitos Humanos (GPPJ) da Universidade Federal de Alagoas (UFAL). Professor de Direito Civil e Empresarial na Faculdade de Tecnologia de Alagoas (FAT). Advogado.

Bruno Jorge Rijo Lamenha Lins
Mestre em Direito pela Universidade Federal de Alagoas (UFAL). Professor de Introdução ao Estudo do Direito do Centro Universitário Cesmac, campus do Agreste. Procurador da República no Município de Arapiraca, Alagoas.

Bruno Oliveira de Paula Batista
Mestre em Direito pela Universidade Federal de Alagoas (UFAL). Professor de Direito Processual Civil do Centro Universitário Cesmac e da Uninassau. Advogado.

Daniel Allan Miranda Borba
Mestre em Direito pela Universidade Federal de Alagoas (UFAL). Professor de Direito Administrativo e de Direito do Trabalho do Centro Universitário Cesmac. Procurador do Município de Maceió.

Danilo Moura Lacerda
Mestre em Direito pela Universidade Federal de Alagoas (UFAL). Procurador Federal na Advocacia-Geral da União.

Francisco Malaquias de Almeida Neto
Mestre em Direito pela Universidade Federal de Alagoas (UFAL). Professor de Direito Administrativo da Faculdade de Maceió (FAMA). Advogado.

Geraldo Magela Freitas Tenório Filho
Mestre em Direito pela Universidade Federal de Alagoas (UFAL). Advogado.

Gustavo Guilherme Maia Nobre Silva
Mestre em Direito pela Universidade Federal de Alagoas (UFAL). Assistente legislativo na Assembleia Legislativa do Estado de Alagoas.

Gustavo Henrique Gonçalves Nobre
Mestre em Direito pela Universidade Federal de Alagoas (UFAL). Advogado.

Helder Gonçalves Lima
Doutorando em Direito Tributário pela Pontifícia Universidade Católica do Rio Grande do Sul (PUC/RS). Mestre em Direito Tributário pela Pontifícia Universidade Católica de São Paulo (PUC/SP). Professor de Direito da Universidade Federal de Alagoas (UFAL).

Hélio Pinheiro Pinto
Doutorando em Direito pela Universidade de Coimbra. Mestre em Ciências Jurídico-Políticas, menção em Direito Constitucional, pela Faculdade de Direito da Universidade de Coimbra. Juiz de Direito.

Jéssica Ferreira Nunes
Mestre em Direito pela Universidade Federal de Alagoas (UFAL). Assessora jurídica no Tribunal de Justiça do Estado de Alagoas.

Lucas Teles Bentes
Mestre em Direito pela Universidade Federal de Alagoas (UFAL). Advogado.

Márcio Roberto Torres
Mestre em Direito pela Universidade Federal de Alagoas (UFAL). Membro do Grupo de Pesquisa em Pragmatismo Jurídico, Teorias da Justiça e Direitos Humanos (GPPJ) da Universidade Federal de Alagoas (UFAL). Professor de Direito do Trabalho do Centro Universitário Cesmac. Procurador do Município de Maceió.

Mariana Oliveira de Melo Cavalcanti
Mestranda em Direito pela Universidade Federal de Alagoas (UFAL). Coordenadora do Grupo de Pesquisa em Pragmatismo Jurídico, Teorias da Justiça e Direitos Humanos (GPPJ) da Universidade Federal de Alagoas. Professora de Direito Constitucional. Advogada.

Nigel Stewart Neves Patriota Malta
Doutorando em Educação pela Universidade Federal de Alagoas (UFAL). Mestre em Direito pela Universidade Federal de Alagoas (UFAL). Chefe de gabinete do Des. João Luiz Azevedo Lessa no Tribunal de Justiça do Estado de Alagoas.

SOBRE OS AUTORES | 331

Paula Falcão Albuquerque
Mestre em Direito pela Universidade Federal de Alagoas (UFAL). Professora de Direito Empresarial na Faculdade de Maceió (FAMA) e na Uninassau. Advogada.

Vagner Paes Cavalcanti Filho
Mestre em Direito pela Universidade Federal de Alagoas (UFAL). Professor de Direito Administrativo da Uninassau. Vice-presidente da Ordem dos Advogados do Brasil, Conselho Seccional de Alagoas. Advogado.

Esta obra foi composta em fonte Palatino Linotype, corpo 10
e impressa em papel Offset 75g (miolo) e Supremo 250g (capa)
pela Laser Plus Gráfica, em Belo Horizonte/MG.